中国千万人的易地扶贫搬迁：
理论、政策与实践

仇焕广 冷淦潇 刘明月 汪三贵 ◎ 著

中国财经出版传媒集团
经济科学出版社
Economic Science Press

图书在版编目（CIP）数据

中国千万人的易地扶贫搬迁：理论、政策与实践/
仇焕广等著．—北京：经济科学出版社，2021.8
（人大农经精品书系）
ISBN 978 - 7 - 5218 - 2770 - 5

Ⅰ．①中…　Ⅱ．①仇…　Ⅲ．①不发达地区 - 扶贫 - 移
民 - 研究 - 中国　Ⅳ．①D632.4②F126

中国版本图书馆 CIP 数据核字（2021）第 161667 号

责任编辑：刘　莎
责任校对：郑淑艳
责任印制：王世伟

中国千万人的易地扶贫搬迁：理论、政策与实践
仇焕广　冷淦潇　刘明月　汪三贵　著
经济科学出版社出版、发行　新华书店经销
社址：北京市海淀区阜成路甲 28 号　邮编：100142
总编部电话：010 - 88191217　发行部电话：010 - 88191522
网址：www. esp. com. cn
电子邮箱：esp@ esp. com. cn
天猫网店：经济科学出版社旗舰店
网址：http：//jjkxcbs. tmall. com
北京季蜂印刷有限公司印装
787×1092　16 开　28.5 印张　420000 字
2021 年 8 月第 1 版　2021 年 8 月第 1 次印刷
ISBN 978 - 7 - 5218 - 2770 - 5　定价：120.00 元

前　言

　　脱贫攻坚战是我国"十三五"期间的重大战略任务，党的十八届五中全会提出"到2020年实现现行标准下农村贫困人口脱贫，贫困县全部摘帽，解决区域性整体贫困"的减贫目标。从20世纪80年代中期，中国政府开始实施有针对性的减贫政策，坚持以项目为中心的开发式扶贫、采用区域瞄准方式和推动政府主导下的全社会扶贫，扶贫工作取得了巨大的成就。以世界银行人均每天1.90美元的贫困线标准估计，1990~2013年中国贫困人口减少7.3亿人，占全球贫困人口减少量的67.4%。但由于发展不平衡，全国贫困人口规模仍然很大，贫困问题依然十分突出，脱贫攻坚任务已进入"啃硬骨头、攻坚拔寨"的冲刺期。截至2015年底，全国仍有14个集中连片特殊困难地区、592个国家扶贫开发工作重点县、12.8万个贫困村、1900万个贫困户、557万贫困人口。为此，2015年11月，《中共中央　国务院关于打赢脱贫攻坚战的决定》发布，标志着脱贫攻坚进入了加速加力阶段。

　　在以习近平同志为核心的党中央坚强领导下，占世界人口近1/5的中国全面消除绝对贫困，脱贫攻坚取得历史性重大成就，不仅为中国实现全面建成小康社会的目标奠定了坚实基础，还为全球减贫提供了宝贵的中国方案和中国经验。在各类精准扶贫政策的帮扶下，以现行农村贫困标准衡量，我国1978年的农村贫困人口7.7亿人，农村贫困发生率从1978年的97.5%下降到零。特别是，随着脱贫攻坚力度的加大，连续7年来我国每年减贫1000万人以上，"十三五"时期实现5575万农村贫困人口脱贫、832 个贫困县全部"脱贫摘帽"，为全面建成小康社会奠定了坚实基础。与此同时，中国的脱贫攻坚成果对全球减贫贡献率超过 70%，提前 10 年实现联合国 2030 年可持续发展议程减贫目标，为全球减贫事业作出了巨大贡献。世界银行发布的报告指出，中国在快速经济增长和减少贫困方面取得了"史无前例的成就"；联合国秘书长古特雷斯评价道，过去 10 年，中国是为全球减贫作出最大贡献的国家。不仅如此，中国的减贫脱贫方略，也为全球减贫提供了中国方案和中国经验，尤其为其他发展中国家提供了重要借鉴。

精准脱贫措施是实现脱贫攻坚目标的基础，其中易地扶贫搬迁作为"头号工程"，是脱贫攻坚中成本最高、工作难度最大的措施。为确保脱贫攻坚目标如期实现，2015 年习近平总书记首次提出"五个一批"的脱贫措施：发展生产脱贫一批、易地扶贫搬迁脱贫一批、生态补偿脱贫一批、发展教育脱贫一批、社会保障兜底一批。我国从 20 世纪 80 年代的"三西"地区开发扶贫政策开始，就将政府组织的自愿移民作为扶贫的重要手段（白南生等，2000），截至 2015 年底，已累计安排易地扶贫搬迁中央补助投资 363 亿元，搬迁贫困人口 680 多万人[①]。但"十三五"期间的搬迁规模和政府投资力度是史无前例的，其政策投资力度远远大于之前所有年份的扶贫搬迁投资总和。根据《全国"十三五"易地扶贫搬迁规划》，"十三五"期间，我国将投资约 9 463 亿元，将1 000 万建档立卡贫困人口从自然条件恶劣、生态环境脆弱、不具备基本生产和发展条件的区域搬迁到基础设施较为完善、生态环境较好的地方。由于搬迁人口众多、安置资源约束显著、搬迁对象贫困程度更深，以及配套工程实施难度大等原因，易地扶贫搬迁任务艰巨。

"十三五"期间，易地扶贫搬迁规划建设任务已全面完成，搬迁取

---

① 国家乡村振兴局. 全国"十三五"易地扶贫搬迁规划. http://www.cpad.gov.cn/art/2017/4/28/art_50_62482.html.

得显著成效。全国累计建成集中安置区 3.5 万个，其中农村安置点 3 万个；建成安置住房 266 万余套，户均住房面积 80.6 平方米；配套新建或改扩建中小学和幼儿园 6 100 多所、医院和社区卫生服务中心 1.2 万多所、养老服务设施 3 400 余个、文化活动场所 4 万余个；960 多万建档立卡贫困群众已全部乔迁新居，其中城镇安置 500 多万人，农村安置约 460 万人[①]，"搬得出"目标已全面完成。此外，易地扶贫搬迁建档立卡贫困户人均纯收入从 2016 年的 4 221 元提高到 2019 年的 9 313 元，年均增幅 30.2%[②]，易地扶贫搬迁取得初步成效。

巩固易地扶贫搬迁成果是"十四五"实现巩固拓展脱贫攻坚成果同乡村振兴有效衔接的重要内容。搬迁不是目的，让易地扶贫搬迁户在新的安置区实现"稳得住、能致富"是本质要求。要巩固好易地扶贫搬迁的脱贫成果，后续扶持工作是关键。为此，2020 年 11 月发布的《中共中央关于制定国民经济和社会发展第十四个五年规划和二〇三五年远景目标的建议》中提到"做好易地扶贫搬迁后续帮扶工作"。2021年中央一号文件再次明确提出"扎实做好易地搬迁后续帮扶工作，持续加大就业和产业扶持力度，继续完善安置区配套基础设施、产业园区配套设施、公共服务设施，切实提升社区治理能力"。要更好地推进易地扶贫搬迁后续扶持工作，就需要对易地扶贫搬迁政策的实施现状、政策影响、典型经验和做法、存在的问题以及未来如何完善等方面进行系统性的深入研究。基于此，本研究利用课题组积累的多期大规模易地扶贫搬迁户追踪调研数据和典型省份的案例材料，梳理了易地扶贫搬迁政策的历史演变，总结了易地扶贫搬迁的实施现状，并重点从社区管理、产

[①] 中新经纬，总投资过万亿！官方："十三五"易地扶贫搬迁任务全面完成 . https: // baijiahao. baidu. com/s？ id = 1685023717538013952&wfr = spider&for = pc.

[②] 国家乡村振兴局 . 全国"十三五"易地扶贫搬迁规划 . http: //www. cpad. gov. cn/art/ 2017/4/28/art_50_62482. html.

业扶持和就业扶持方面，提炼了不同地区易地扶贫搬迁的典型做法和模式，进而深入剖析了易地扶贫搬迁后续发展面临的问题，不仅可以为我国持续巩固拓展脱贫攻坚成果提供完善建议，也可以为全球其他国家尤其是发展中国家制定相关扶贫政策提供中国方案和中国经验。

从 2016 年开始我们研究团队就对中国的易地扶贫搬迁展开系统研究。依据各省的计划搬迁规模，在搬迁人口达 50 万及以上的省份中抽取甘肃、广西、贵州、湖南、山西、陕西、四川和云南 8 省，开展基期调研。之后又于 2017 年、2019 年、2020 年开展了跟踪调查，收集了大量的、丰富的、翔实的一手数据和资料，为本书的出版奠定了坚实的基础。经过几年的跟踪研究，团队成员目睹了易地扶贫搬迁这一伟大壮举，从"穷山恶水"的大山沟到设施齐全的移民新村，从简易破陋的土坯房到窗明几净的电梯房，从交通靠走、通信靠吼到出门坐车、上网购物……，亲身感受着搬迁户生产生活条件的变化。在调研过程中，每每遇到年长的受访者，都会情绪激动地表示："感恩党的政策好，感恩国家还惦记着我们，从没想过有生之年还能走出大山，过上这样的幸福生活。"搬迁不仅帮助贫困户离开了"一方水土养不活一方人"的地区，也为他们搬来了新生活、新希望、新未来。每当看到搬迁户一张张笑脸传达出喜悦和希望，展现出对美好生活憧憬和向往的时候，内心不由自主地赞扬中国共产党的伟大领导和我国特色社会主义制度的政治优势，以及广大扶贫干部的无悔付出，才托举起贫困搬迁户的幸福新生活。谨以此书献给在扶贫道路上默默奉献的人们。

本书共分三篇：第一篇是总篇。首先，梳理了中国易地扶贫搬迁政策的历史演变；其次，利用易地扶贫搬迁户跟踪调查数据和典型案例资料分析易地扶贫搬迁政策的实施现状及成效；最后，从社区管理、产业扶持和就业扶持方面构建易地扶贫搬迁后续扶持长效机制。

第二篇是专题研究篇。主要围绕易地扶贫搬迁后续社区管理、产业扶持、就业扶持三个方面深入研究易地扶贫搬迁后续发展的现状、形成的典型做法和经验、存在的问题以及未来完善的方向，为进一步推进易地扶贫搬迁后续扶持工作提供科学依据。

　　第三篇是典型案例研究篇。主要选取"十三五"期间易地扶贫搬迁任务较重的 8 个省，包括甘肃、广西、贵州、湖南、山西、陕西、四川、云南，基于案例调研资料，深入分析这些省份实施易地扶贫搬迁的成效、形成的典型经验和做法、存在的问题以及未来发展方向，最后提出进一步完善的对策建议。

　　由于能力有限，书中难免存在不足或不妥之处，恳请读者批评指正，以便我们不断改进提高。

作者

2021 年 6 月

目 录

第二篇 专题研究篇

第三篇　典型案例研究篇

第一篇

总　篇

第一章

易地扶贫搬迁政策梳理及历史演变

贫困是人类社会的顽疾，摆脱贫困始终是古今中外治国安邦的重要事件。新中国成立 70 余年来，中国政府高度重视扶贫工作，相继出台实施一系列中长期扶贫规划，从救济式扶贫到开发式扶贫再到精准扶贫，探索出一条符合中国国情的农村扶贫开发道路，为全面建成小康社会奠定了坚实基础。回顾中国 70 多年的扶贫战略，依据其反贫困目标可以分为五个阶段：一是保生存阶段（1949～1977 年）；二是保生存、促发展阶段（1978～1985 年）；三是解决温饱阶段（1986～2000 年）；四是巩固温饱阶段（2001～2010 年）；五是全面小康阶段（2011～2020 年）。经过全党全国各族人民的共同努力，中国脱贫攻坚战取得了全面胜利，完成了消除绝对贫困的艰巨任务。

精准扶贫是中国扶贫开发工作在新常态、新形势背景下做出的创新实践。精准扶贫最基本的定义是扶贫政策和措施要针对真正的贫困家庭和人口，通过对贫困人口有针对性的帮扶，从根本上消除导致贫困的各种因素和障碍，达到可持续脱贫的目标。精准扶贫主要解决"扶持谁""谁来扶""怎么扶""如何退"的问题，内容主要包括精准识别、精准帮扶、精准管理和精准考核。精准扶贫坚持分类施策，包括实施易地搬迁脱贫、发展特色产业脱贫、引导劳务输出脱贫、结合生态保护脱贫、着力加强教育脱贫、开展医疗保险和医疗救助脱贫、实行农村最低生活保障制度兜底脱贫、探索资产收益扶贫等措施，但主要是"五个一批"① 工程。

易地扶贫搬迁作为精准扶贫"五个一批"工程的首要工程和标志性工程，主要是指将贫困群众从"一方水土养不起一方人"的贫困地区搬迁出来，彻底摆脱恶劣的生存环境和艰苦的生产生活条件，增加其就业机会，实现稳定脱贫。易地扶贫搬迁政策历史演变过程可分为初步探索阶段（1982～2000 年）、试点推进阶段（2001～2010 年）、全面推进阶段（2011～2015 年）、攻坚巩固阶段（2016～2020 年）四个阶段，政策目标具有延续性和一致性。但由于不同阶段扶贫任务的差异性，使得不同阶段的具体措施和政策效果存在差异。此外，通过梳理易地扶贫搬迁政策的演变规律，发现易地扶贫搬迁政策的动因和对象在不同阶段有所变化。

第一节　中国扶贫政策梳理及历史演变

历经 70 多年艰苦卓绝的奋斗，新中国逐步走向繁荣昌盛，人民生活实现历史性跨越，逐步迈向全面小康，绝对贫困将要得到历史性的消除。回顾中国消除绝对贫困的扶贫战略，发现其主要经历了"保生存—保生存与促发展—解决温饱—巩固温饱—全面小康"五个阶段，每个阶段都有不同的贫困特征、政策措施和扶贫效果。

---

① "五个一批"是指发展生产脱贫一批、易地搬迁脱贫一批、生态补偿脱贫一批、发展教育脱贫一批、社会保障兜底一批。

一、保生存阶段的扶贫政策（1949～1977 年）

新中国成立时，国民经济萧条，通货膨胀严重，处于崩溃的边缘。当时的中国是一个经济落后的农业国家，社会总产值中农业占 58.5%，工业（包括手工业）占 25.2%，商业占 12.2%。基础工业发展落后，成为制约工业化的"瓶颈"。这种状况下，人均国民收入水平较低，1950 年时仅有 31 美元，相当于当时美国人均国民收入的 1.8%、苏联的 9.1%、联邦德国的 7.1%、英国的 4.5%、法国的 5.0%（张磊，2007），国民普遍处于极端贫困状况。

为尽快缓解这种局面，中国政府先后实施土地改革、三大改造等政策，以促进国民经济的恢复发展，缩小资源占有、收入占有的差异。虽然没有出台具体的扶贫计划，但众多的政策制度都是围绕减缓大面积普遍存在的农村贫困状况而开展。此阶段反贫困的主要措施包括：一是通过土地改革赋予农民基本生产资料。1950 年开始的土地改革，废除了封建土地所有制，重新分配了大约占全国耕地面积 43% 的土地，保证"耕者有其田"。同时把地主或乡绅的牲畜、农具、粮食等生产生活资料分给贫农，帮助其维持生计。二是实施农业互助合作组织，提高农业生产效率。1953 年，中共中央通过《关于发展农业生产合作社的决议》，在全国范围内推广农业生产合作社。到 1956 年底，全国 90% 的农户参加了高级农业生产合作社，有效解决了部分农民生产困难的问题，提高了生产效率。三是改革农村分配制度，切断贫富分化根源。农村实施人民公社体制，将土地、生产资料的所有权集体化，依据农民在生产单位的劳动时间和劳动质量来分配收入，彻底切断了产生贫富差距和造成两极分化的经济根源。四是发展农村公共事业，提升生产生活水平。开展大规模的农村基础设施建设，改善农村灌溉设施和交通条件；建立全国性的农村信用合作社网络，改善农村金融服务；形成农业技术推广网络，积极为农民提供技术服务；基本形成生产大队办小学，公社办中学，"区委会"办高中的农村教育格局；建立以集体经济为基础、以集体与个人相结合、互助互济的合作医疗体制；创建以人民公社集体经济为依托的社会保障制度，包括"五保户"供养制度、特困户救济和救灾制度（汪三贵，2019）。

随着土地改革和互助合作运动的开展，农业生产迅速恢复，农民的生活质量得以改善。按可比价计算（1950 年 = 100），农村居民家庭人均收入由 1952 年的 49.35 元增加到 1957 年的 57.62 元，增加 16.8%。人民公社体制的实施也有效减缓了农村的极端贫困问题，在人口快速增长和粮食供应普遍不足的情况下，通过平均分配有效地防止了大规模饥饿现象的产生，但是农民总体生活水平依然较低（汪三贵、胡骏，2020）。1957~1977 年，农村居民人均热量摄取量都小于 2 100 大卡，平均营养水平都低于维持人体最低营养的标准（张磊，2007）。

二、保生存、促发展阶段的扶贫政策（1978~1985 年）

依据《中国农村贫困监测报告》中 1978 年贫困线的设定标准（100 元/人年），可以估算出，当时的贫困发生率约为 30.7%，贫困人口规模约为 2.5 亿。导致这一时期大面积贫困发生的主要原因是农业经营体制不再适应生产力发展的需要。

1978 年，党的十一届三中全会对 1949 年以来的经济和社会发展经验教训进行了总结，重新确立了实事求是的思想路线，强调了经济建设的重要性，并实施了一系列重大改革。中国的扶贫事业也进入了以农村经济体制改革驱动扶贫的崭新历史阶段，反贫困的主要措施包括：一是实施家庭联产承包责任制，提高农民生产积极性。针对农村生存性贫困，中国推行家庭联产承包责任制以替代人民公社体制和平均主义的分配制度，将生产和分配职能还给农民，大大激发了农民生产积极性，提高了农业生产效率。二是提高主要农产品收购价格，促进农民增收。为调动农民发展农业生产的积极性，1979 年国家大幅度提高粮、油、棉等主要农副产品的收购价格，使全国农副产品收购价格总指数比上年上升 22.1%，农民从提价中获得的收入占实际增收总额的 15.5%（张磊，2007）。三是改革购销体制和农产品流通体制，扩大农民收入来源。在农产品统购方面，减少了统购品种，扩大了议购议销产品范围。在农产品流通方面，允许国家控制之外的农副产品在城乡间贸易往来，允许农民从事饮食、服务业、运输业等，增加创收渠道。四是实施区域性扶贫开发，缓解特定地区贫困程度。由于自然、历史、体制改革等多种原因，区域之间的贫困差异逐步显现，引起了中国政府的高度重视。1980年，设立"支援经济不发达地区发展资金""为解决贫困地区基础设施严重不足的以工代赈资金"等，用于专门扶持包括革命老区和民族自治县在内的贫困地区，帮助贫困地区改变面貌（汪三贵，2020）。1983年，中国政府实施"三西"农业建设计划，对甘肃河西、定西地区和宁夏西海固地区的 47 个县进行区域综合性扶贫开发。1984 年，中国政府出台《关于帮助贫困地区尽快改变面貌的通知》，帮助少数民族聚居区、革命老根据地区等贫困地区改变生产条件和摆脱贫困。1984 年还专门设立以工代赈资金，帮助贫困地区解决基础设施严重不足的问题（汪三贵，2020）。民主党派、工商联利用其自身优势，通过科学技术传播和智力投入，为革命老区、少数民族地区和边远地区的脱贫致富和社会发展服务（张磊，2007）。

农村经济体制改革带来了巨大的减贫效应，农村居民家庭人均纯收入由 1979 年的 160.7 元增加到 1985 年的 397.6 元，增长了 1.5 倍，扣除价格上涨因素，实际增长了 87.23%（汪三贵，2019）。按照当时世界银行和中国的贫困标准，绝对贫困人口分别下降 63% 和 50%，农村贫困状况得到大规模缓解。此阶段实施的区域性扶贫开发政策，也为后来实施大规模的农村扶贫开发计划积累了经验。

三、解决温饱阶段的扶贫政策（1986~2000 年）

随着市场化经济改革的推进和体制改革效应的下降，农村经济增长的"涓滴效应"放缓，农村不平等程度加大。1985 年，全国仍然还有1.25 亿农村贫困人口没有解决温饱问题。这些人口主要分布在东、中、西部 18 个贫困地区，尤其是革命老区、少数民族地区、边远地区和欠发达地区。贫困问题从普遍性逐渐转向区域性，整体性的制度变革和全面的经济增长很难在缓解贫困方面有更大的作为。

为解决这些特殊贫困区域的贫困与发展问题，中国政府继续实施以往那些有利于经济、社会发展政策措施，同时将扶贫开发工作纳入了国民经济和社会发展的整体布局中，实施有组织、有计划、大规模的扶贫开发战略。一是确立了中国农村扶贫组织体系。1986 年，中国政府成立了国务院贫困地区经济开发领导小组，统筹贫困地区的扶贫开发工作。领导小组下设办公室，负责办理日常工作，地方各级政府的农村扶贫组织仿照中央政府的模式，都设有由相关部门组成的扶贫领导小组及其办公室。二是确定了贫困县和贫困标准。为提高扶贫工作效率，中国政府将贫困人口比较集中的县定为贫困县，作为专项扶贫计划的基本瞄准单位。同时基于食物贫困线（约占60%[①]）与非食物贫困线（40%）确定中国农村绝对贫困标准，进而估计贫困人口。1986年的农村绝对贫困标准为213元，估算出的贫困人口为1.31亿。三是安排专项扶贫资金，促进经济发展。1986~1993年，中央政府累计提供了467.2亿元扶贫资金。其中，专项扶贫贷款249亿元，占53.30%；以工代赈资金89亿元，占19.05%；财政发展资金129.2亿元，占27.56%。贫困地区面貌得到历史性改变，农民温饱问题初步得到解决。四是实施国家"八七"扶贫攻坚，加快解决温饱。加强党政机关定点扶贫和东西协作扶贫，鼓励全社会资源参与扶贫；增加贫困县数量，以覆盖更多的贫困人口；增加了对贫困人口生存环境、教育、医疗卫生和发展能力等方面的关注；加强贫困监测和评估，为政府制定相关政策提供依据。

总体来看，扶贫工作脱离社会救助系统，成为相对独立、有组织的社会工程；扶贫方式改变传统的救济式扶贫策略，实施以"造血式"为主的开发性扶贫方针；扶贫资金的使用由分散平均向重点集中转变，扶贫资金投放方式更加多元化；扶贫主体不再是单一的政府支援，鼓励更多的社会力量积极参与，逐步构建专项扶贫、社会扶贫、行业扶贫的大扶贫格局（曾小溪、汪三贵，2017）。这一阶段的扶贫工作取得了积极成效，到2000年中国农村贫困人口减少至3 209万人，贫困发生率下降到3.4%，基本解决了贫困人口的温饱问题（汪三贵、胡骏，2020）。

[①]　按恩格尔系数为0.6计算（刘福成，1998）。

四、巩固温饱阶段的扶贫政策（2001～2010 年）

21 世纪初，全国农村未解决温饱的贫困人口有 3 000 多万，低收入贫困人口有 6 000 多万，成为新阶段农村扶贫开发的主要对象（张磊，2007）。这些贫困人口总体上呈分散化趋势，主要集中在中西部的革命老区、少数民族地区、边疆地区和特困地区的贫困乡村，具有"大分散、小集中"的特征。

为适应农村贫困状况的新变化和巩固扶贫成果，中国政府于 2001 年实施了《中国农村扶贫开发纲要（2001～2010 年)》，确定了"政府主导、社会参与、自力更生、开发扶贫、全面发展"的方针，反贫困实践进入巩固温饱的新阶段。扶贫开发工作在此阶段的新探索主要包括：一是调整贫困县，确定重点贫困村，完善贫困标准。2001 年，中国政府重新调整了重点扶持的县，并将以往所称的国家重点扶持贫困县改为国家扶贫开发工作重点县。为更好地瞄准贫困人口，将扶贫开发的具体措施落实到贫困乡村。地方各级政府通过参与式的方式在全国共确定了 14.8 万个重点村，覆盖了全国 76% 的贫困人口。在继续加大对绝对贫困人口扶持力度的同时，制定了农村低收入贫困标准，并相应确定了农村低收入贫困人群（张磊，2007）。二是着力抓好整村推进、劳动力转移培训和产业化扶贫工作。在贫困村实施整村推进项目，改善贫困人口的生产生活条件，发挥贫困群众的主体作用，提高贫困村可持续发展能力。开展劳动力技能培训，促进贫困地区劳动力转移，扩大贫困人口的收入渠道，缓解贫困地区的人地矛盾和生态压力。实施产业化扶贫措施，扶持和培育龙头企业，带动贫困地区农业结构调整，增加农民收入。三是进一步推进贫困地区社会事业发展。继续加大对贫困地区农村义务教育的投资力度，实施"国家贫困地区义务教育工程""农村中小学教师工资专项"等项目,促进贫困地区农村教育的发展。实施了新型农村合作医疗制度和贫困人口医疗救助制度,为提高农村重大疾病、传染病、地方病防治和控制能力打下了坚实的基础。四是建立最低生活保障制度。2007 年,农村最低生活保障制度全面实施,因各种原因丧失劳动能力难以维持基本生活需要的农民得以获得生活补贴,避免陷入极端贫困,自此进入了扶贫开发政策与最低生活保障制度衔接的"两轮驱动"阶段。

这一时期的反贫困工作不再是简单的"经济开发式",而是向综合的"社会开发式"转变,更加注重通过再分配手段来消除贫困,既关注引起贫困的各种直接原因,也关注贫困问题发生背后的深层次的政策制度和社会背景。经过 10 年的扶贫开发,到 2010 年底,按照年人均可支配收入 1 274 元的贫困标准,中国农村贫困人口减少至 2 688 万人,农村贫困发生率下降到 2.8%。

五、全面小康阶段的扶贫政策 (2011 ~ 2020 年)

随着国家扶贫新标准的确定,全国 2010 年底的贫困人口由人均收入 1 274 元标准下的 2 688 万人增加到 1.28 亿人,占全国农村总人口的 13.4%。这时期的贫困人口具有分散化与碎片化的特征,大多分布在社会事业发展程度较低的中西部地区,贫困程度深,自我发展能力弱,扶贫开发成本高。

为彻底消除绝对贫困,解决全面建设小康社会的最大短板,中国政府将扶贫开发工作提高到前所未有的高度,制定和实施了一系列新的扶贫战略。一是颁布《中国农村扶贫开发纲要 (2011 ~ 2020 年)》。2011年,中国政府颁布了扶贫开发新纲要,标志着扶贫工作正式进入以确保全面实现小康为目标的阶段。新纲要不仅明确了"两不愁、三保障"

的扶贫总体目标，确定了特色优势产业、饮水安全、生产生活用电等主要任务，还将扶贫主战场从原来的贫困县转到 14 个连片特困地区。另外，实施专项扶贫、行业扶贫和社会扶贫，以进一步加快贫困地区发展，确保全国人民共同实现全面小康。二是实施精准扶贫基本方略。2013 年，习近平总书记在湘西考察时首次提出"精准扶贫"的重要思想，强调扶贫要实事求是，因地制宜。2014 年，中共中央办公厅、国务院办公厅印发《关于创新机制扎实推进农村扶贫开发工作的意见》，从体制机制创新角度对扎实推进农村扶贫开发工作做出了明确要求和详细部署。2015 年，中共中央、国务院出台《关于打赢脱贫攻坚战的决定》，发出了确保到 2020 年农村贫困人口实现脱贫的总攻令。2016 年，国务院印发《"十三五"脱贫攻坚规划》，全面阐明"十三五"时期国家脱贫攻坚总体思路、基本目标、主要任务和重大举措。2018 年，中共中央、国务院出台《关于打赢脱贫攻坚战三年行动的指导意见》，完善顶层设计、强化政策措施、加强统筹协调，推动脱贫攻坚工作更加有效地开展。

总体来看，扶贫开发方式由"大水漫灌"转向"精准灌溉"，扶贫资源使用由多头分散转向统筹集中，扶贫考评体系由侧重考核地区经济发展指标转向考核脱贫成效（左停、苏武峥，2020）。据统计，建档立卡贫困户人均纯收入从 2015 年的 2 982 元增加到 2020 年的 10 740 元，年均增幅比全国农民收入高 20 个百分点，生活质量明显提高[①]。截至2019 年底，贫困人口减少至 551 万人，贫困发生率降至 0.6%[②]；截至2020 年 11 月，全国 832 个贫困县全部宣布"摘帽"，区域性整体贫困

---

① 中共国家乡村振兴局党组. 人类减贫史上的伟大奇迹 [EB/OL]（2021 - 02 - 16）. http：//www. cpad. gov. cn/art/2021/2/16/art_624_186713. html.

② 习近平：在决战决胜脱贫攻坚座谈会上的讲话 [EB/OL]（2020 - 03 - 06）. http：// www. xinhuanet. com/politics/leaders/2020 - 03/06/c_1125674682. htm.

基本得到解决（见图1-1）。

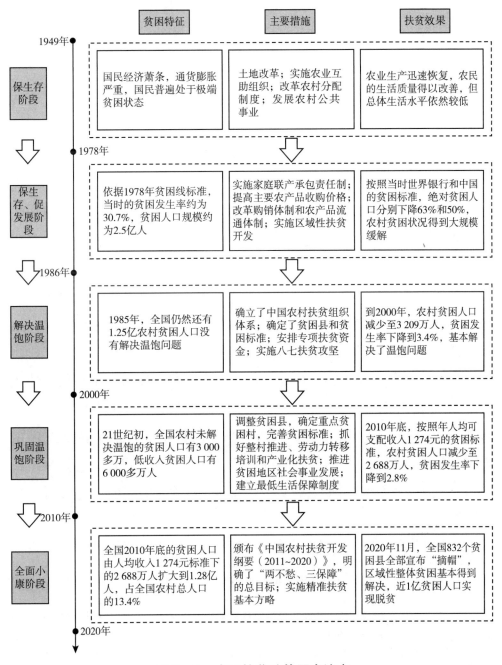

图1-1 中国扶贫政策历史演变

第二节　中国的精准扶贫政策

一、精准扶贫政策的形成过程

精准扶贫是中国扶贫开发工作在新常态、新形势背景下做出的创新实践，其政策形成经历了逐步丰富和深化的过程。2013 年 11 月，习近平总书记在湘西考察时提出"扶贫要实事求是，因地制宜。要精准扶贫，切忌喊口号，也不要定好高骛远的目标"①，这标志着精准扶贫理念的诞生。2013 年 12 月，中共中央办公厅、国务院办公厅印发《关于创新机制扎实推进农村扶贫开发工作的意见》②，明确要深化改革，建立精准扶贫工作机制，在全国推行精准扶贫工作。2015 年 1 月，习近平总书记在云南考察时指出"要以更加明确的目标、更加有力的举措、更加有效的行动，深入实施精准扶贫、精准脱贫，项目安排和资金使用都要提高精准度，扶到点上、根上，让贫困群众真正得到实惠"③。2015 年 6 月，习近平总书记在贵州考察期间提出了"六个精准要求"，即"扶持对象精准、项目安排精准、资金使用精准、措施到户精准、因村派人（第一书记）精准、脱贫成效精准"④。2015 年 10 月，习近平总

① 新中国峥嵘岁月｜习近平总书记提出"精准扶贫"［EB/OL］（2019 - 11 - 28）. http：// www. xinhuanet. com/2019 - 11/28/c_1125286329. htm.

② 中共中央办公厅　国务院办公厅印发《关于创新机制扎实推进农村扶贫开发工作的意见》［EB/OL］（2014 - 1 - 25）. http：//www. gov. cn/zhengce/2014 - 01/25/content_2640104. htm.

③ 习近平在云南考察工作时强调：坚决打好扶贫开发攻坚战　加快民族地区经济社会发展［EB/OL］（2015 - 1 - 22）. http：//cpc. people. com. cn/n/2015/0122/c64094 - 26428249. html.

④ 【六个精准】［EB/OL］（2017 - 9 - 26）. http：//theory. people. com. cn/n1/2017/0906/ c413700 - 29519522. html.

书记在减贫与发展论坛上提出"中国在扶贫攻坚工作中采取的重要举措，就是实施精准扶贫方略，找到'贫根'，对症下药，靶向治疗"[①]。2015 年，中共中央、国务院颁发《关于打赢脱贫攻坚战的决定》[②]，把精准扶贫、精准脱贫作为基本方略，坚决打赢脱贫攻坚战。

二、精准扶贫政策的内涵

那么，什么是精准扶贫？依据《关于创新机制扎实推进农村扶贫开发工作的意见》，精准扶贫是指通过对贫困户和贫困村精准识别、精准帮扶、精准管理和精准考核，引导各类资源优化配置，实现扶贫到村到户，逐步构建扶贫工作长效机制，为科学扶贫奠定坚实基础（葛志军、邢成举，2015）。精准扶贫最基本的定义是扶贫政策和措施要针对真正的贫困家庭和人口，通过对贫困人口有针对性的帮扶，从根本上消除导致贫困的各种因素和障碍，达到可持续脱贫的目标（汪三贵、郭子豪，2015）。简单地说，精准扶贫就是将扶贫资源到户到人，而不仅仅停留在贫困地区和贫困县层面上。与以往的扶贫政策相比，精准扶贫具有目标更加明确、措施更具针对性、管理更加精细的特征。总体而言，精准扶贫并不仅仅只是一种战略、一种政策、一种机制，更应当是包括理论、战略、政策、机制和行为的完整系统。

精准扶贫主要解决"扶持谁""谁来扶""怎么扶""如何退"的问题，内容主要包括精准识别、精准帮扶、精准管理和精准考核。精准识别就是通过民主、科学和透明的程序将低于贫困标准的家庭或人口识

---

① 习近平主席在 2015 减贫与发展高层论坛上的主旨演讲（全文）［EB/OL］（2015 - 10 - 26）. http：//www. xinhuanet. com/politics/2015 - 10/16/c_1116851045. htm.

② 中共中央　国务院关于打赢脱贫攻坚战的决定［EB/OL］（2015 - 12 - 7）. http：//www. gov. cn/zhengce/2015 - 12/07/content_5020963. htm.

别出来，即在有限的贫困规模下，识别出最贫困、最需要扶持的家庭或人口。同时找准造成这些家庭或人口贫困的主要原因，这是精准扶贫的基础。精准帮扶是在精准识别的基础上，针对贫困家庭或人口的致贫原因，因户和因人制宜地采取针对性的帮扶措施，消除致贫的关键因素和脱贫的关键障碍。同时为贫困村和贫困户确定帮扶责任制人，精准带动其脱贫致富。精准管理是指借助信息化手段，对贫困家庭或人口进行精细管理，即依据其致贫原因，精细匹配针对性帮扶措施，有效解决脱贫问题。同时对建档立卡系统进行动态管理，及时调出已经脱贫的家庭和人口，及时调入新的贫困家庭和人口，保持精准扶贫的有效性。精准考核是指对贫困地区地方政府的精准扶贫效果进行考核检查，以调动地方政府的工作积极性和保证精准扶贫的质量。精准考核的建立，将改变以往农村扶贫领域考核的形式化问题，通过量化考核，精准评价不同层级扶贫部门的工作成效。

三、精准扶贫政策的主要做法

精准扶贫坚持分类施策，包括实施易地搬迁脱贫、发展特色产业脱贫、引导劳务输出脱贫、结合生态保护脱贫、着力加强教育脱贫、开展医疗保险和医疗救助脱贫、实行农村最低生活保障制度兜底脱贫、探索资产收益扶贫等措施，但主要是"五个一批"工程。

（一）易地扶贫搬迁

易地扶贫搬迁是指将贫困群众从"一方水土养不起一方人"的贫困地区搬迁出来，彻底摆脱恶劣的生存环境和艰苦的生产生活条件，增加他们就业机会，实现稳定脱贫。"十三五"期间的易地扶贫搬迁具有以下特征：一是搬迁任务繁重艰巨。利用5年时间搬迁约1 000万贫困人口，时间紧迫，任务艰巨。二是搬迁对象贫困程度更深。2016年尚未搬迁的贫困人口属于经过多轮扶持仍未啃下来的"硬骨头",生存环境和居住条件更为恶劣,贫困程度更深。三是工程实施难度更大。易地扶贫搬迁既要精心组织做好安置住房、配套水电路气网等基础设施和教育、卫生、文化等公共服务设施建设,也要依据不同安置方式,扎实推进产业培育、就业培训等后续发展工作,确保实现稳定脱贫[①]。

"十三五"期间,易地扶贫搬迁承担着约 1 000 万农村贫困群众的脱贫任务,是"五个一批"工程的头号工程和标志性工程。搬迁工程总投资约 9 463 亿元,其中:建档立卡搬迁人口住房建设投资约 3 094 亿元,安置区配套基础设施建设投资 1 962 亿元,基本公共服务设施建设投资 866 亿元,共计 5 922 亿元,占 62.58%。安置方式主包括集中安置和分散安置,集中安置主要以行政村内就近安置、建设移民新村安置、小城镇或工业园区安置、乡村旅游区安置和其他安置为主;分散安置主要以插花安置和其他安置为主。建档立卡搬迁人口主要通过发展特色农林业、发展劳务经济、发展现代服务业、资产收益扶贫、社会兜底保障方式脱贫。

(二)产业扶贫

产业扶贫是一种坚持市场主导、政府引导,以促进贫困人口增收和贫困地区发展为目标,立足贫困地区资源禀赋、贫困状况,科学规划、选择、培育扶贫产业,建立相应的收益分配机制,并以产业扶贫支持政策作为支撑的扶贫方式(刘建生等,2017;王春萍和郑烨,2017)。产业扶贫承担 3 000 万以上贫困人口的脱贫任务,在"五个一批"工程中涉及对象最广、涵盖面最大,是打赢脱贫攻坚战的重要保障,也是其他扶贫措施取得成效的重要基础。

---

① 国家发展改革委. 全国"十三五"易地扶贫搬迁规划. 2016.

产业扶贫主要包括农林产业扶贫、旅游扶贫、电商扶贫、资产收益扶贫和科技扶贫。农林产业扶贫主要是指通过发展特色种植业、特色养殖业和特色林产业，带动贫困户增收致富。旅游扶贫主要是指基于贫困地区特色优势资源，发展乡村旅游、休闲农业和特色文化旅游。电商扶贫主要是指以电子商务为手段，拉动网络创业和网络消费，推动贫困地区特色产品销售。资产收益扶贫主要是指通过引导贫困户将自有资源或自有资金入股企业、合作社、家庭农（林）场等，与新型经营主体形成利益共同体，分享经营收益。科技扶贫主要是指通过加大贫困地区新品种、新技术的开发和引进，培养科技致富带头人，解决贫困地区产业发展和贫困户创业发展的关键技术问题。

（三）生态扶贫

生态扶贫是指遵循"绿水青山就是金山银山"理念，将扶贫开发同生态保护相结合，通过实施重大生态工程建设、加大生态补偿力度、大力发展生态产业、创新生态扶贫方式等方式，推动贫困地区生态可持续发展，使贫困人口从生态保护与修复中得到更多实惠，实现脱贫攻坚与生态文明建设"双赢"。生态扶贫坚持中央统筹、地方负责，政府引导、主体多元，因地制宜、科学发展，精准施策、提高实效的基本原则，力争到2020年组建1.2万个生态建设扶贫专业合作社，吸纳10万贫困人口参与生态工程建设，新增生态管护员岗位40万个，通过大力发展生态产业，带动约1 500万贫困人口增收①。

生态扶贫重大建设扶贫工程主要包括退耕还林还草工程、退牧还草工程、青海三江源生态保护和建设二期工程、京津风沙源治理工程、天然林资源保护工程、三北等防护林体系建设工程、水土保持重点工程、石漠化综合治理工程、沙化土地封禁保护区建设工程、湿地保护与恢复

---

① 国家发展改革委，国家林业局，财政部，水利部，农业部，国务院扶贫办. 生态扶贫工作方案. 2018.

工程和农牧交错带已垦草原综合治理工程。生态扶贫通过多种途径助力贫困人口脱贫，一是通过参与工程建设获取劳务报酬，二是通过生态公益性岗位得到稳定的工资性收入，三是通过生态产业发展增加经营性收入和财产性收入，四是通过生态保护补偿等政策增加转移性收入。

（四）教育扶贫

教育扶贫是指针对贫困地区的贫困人口进行教育投入和教育资助，以提高当地贫困人口的科学文化素质，提升掌握脱贫致富的知识和技能，最终彻底摆脱贫困。治穷先治愚，扶贫先扶智，实施教育精准扶贫，改善贫困地区教育资源，保证贫困人口掌握一技之长，是从根本上实现贫困人口稳定脱贫，遏制贫困代际传递的关键途径（汪三贵，2019）。"十三五"时期，教育扶贫坚持加快发展、服务全局，分类施策、精准发力，就业导向、重在技能，政府主导、合力攻坚的基本原则，力争到 2020 年贫困地区基础教育能力明显增强，职业教育体系更加完善，高等教育服务能力明显提升，教育总体质量显著提高，基本公共教育服务水平接近全国平均水平。

教育扶贫以贫困县和贫困人口为重点，主要采取五大重点举措。一是夯实教育脱贫根基，主要聚焦学前教育和义务教育两个人生起点阶段，以及教师队伍建设、特殊群体等薄弱领域。二是提升教育脱贫能力，紧紧围绕中等职业教育和职业培训两个重要抓手，帮助贫困人口不会因缺少技能无法就业而陷入贫困。三是拓宽教育脱贫通道，通过积极发展普通高中教育、完善就学就业资助服务体系等措施，拓宽贫困家庭子女纵向流动通道。四是拓展教育脱贫空间，动员高校通过定点扶贫、对口支援等形式，在加强决策咨询服务、助推特色产业发展等方面支持贫困地区发展。五是集聚教育脱贫力量，从精神动力、财政支持、教育帮扶、信息技术、社会力量五个层面，构建多方参与、协同推进的教育脱贫大格局[①]。

（五）社会保障兜底

社会保障兜底是指对完全或部分丧失劳动能力的贫困人口进行重点救助，帮助其如期实现脱贫。这部分群体主要是患有重病、重残、无劳动能力的贫困对象，自身无法依靠产业扶持、就业帮助等其他措施实现脱贫，政府要优先按照程序认定其为兜底保障对象，实施兜底保障工作，帮助其实现脱贫。"十三五"时期，社会保障兜底坚持应保尽保、动态管理和资源统筹的原则，对符合低保标准的农村贫困人口实行政策性保障兜底，通过农村低保制度与扶贫开发政策的有效衔接，形成政策合力，确保到2020年现行扶贫标准下农村贫困人口全部脱贫[②]。

社会保障兜底涉及社会救助、社会保险和社会福利三个重要内容。社会救助是由政府财政承担的基本生活保障，包括贫困地区最低生活保障制度、特困人员救助供养制度、临时救助制度等。社会保险主要对贫困人口的生活风险起到保障作用，包括新型农村合作医疗制度、新型农村养老保险制度等。社会福利通过再分配社会资源，可改变贫困人口的生活质量，包括残疾人福利制度、妇女儿童福利制度等（汪三贵，2020）。社会保障兜底脱贫的主要举措包括健全社会救助体系、提高贫困地区基本养老保障水平和健全"三留守"人员和残疾人关爱服务体系。

---

① 教育部，国家发展改革委，民政部，财政部，人力资源社会保障部，国务院扶贫办. 教育脱贫攻坚"十三五"规划. 2016.

② 民政部，国务院扶贫办，中央农办，财政部，国家统计局，中国残联. 关于做好农村最低生活保障制度与扶贫开发政策有效衔接的指导意见. 2016.

第三节　易地扶贫搬迁政策梳理及历史演变

一、易地扶贫搬迁政策梳理

易地扶贫搬迁政策经过 1982～2021 年的不断探索，各项工作稳步推进，脱贫工作成效显著。根据易地扶贫搬迁政策的演变规律，可将易地扶贫搬迁实践过程分为初步探索、试点推进、全面推进、攻坚巩固四个阶段，其具体措施和政策效果各不相同，呈现出不同的特点。

（一）初步探索阶段（1982～2000 年）

1. 主要政策

1982 年 12 月，国务院办公厅发布《关于成立三西（河西、定西、西海固）地区农业建设领导小组的通知》，宣布成立"三西"地区农业建设领导小组，加快甘肃河西走廊商品粮基地建设，改变甘肃定西、宁夏西海固地区的贫困面貌。为此，国家设立"三西"农业建设专项补助资金，制定"三西专项资金"管理规定和办法，推进实施"三西"地区农业建设和扶贫移民搬迁。从 1983 年开始，中央财政每年拨出两亿元的专项资金，用十年时间，扶持开发自然条件较好的甘肃河西地区和宁夏河套地区，改造自然条件最差的甘肃中部干旱地区十八个县和宁夏西海固干旱高寒地区的八个县。"三西"农业建设提出"吊庄移民"的易地扶贫搬迁方式，一是鼓励定西、西海固等地贫困农民自愿流向河西、河套谋生，迁出地和迁入地政府提供相关支持；二是通过以工代赈有计划地从甘肃中部和西海固招民工在河西、河套新建水利工程，工程结束后愿意留下的可选择就地安家落户。

"八七"扶贫攻坚时期，在中央政策的指引下，除甘肃、宁夏外，中西部其他一些省区也制定和出台了扶贫移民相关政策，希望通过扶贫移民解决本地区缺乏基本生存条件区域的贫困问题，确保顺利实现扶贫攻坚目标。如广西壮族自治区政府在 1993～2000 年间先后印发《广西贫困地区部分群众异地安置试点方案》《广西壮族自治区石山地区部分群众异地安置工作若干规定》《广西壮族自治区跨地区扶贫异地安置工作若干问题的规定》等文件，明确了扶贫移民系列政策措施。广西壮族自治区扶贫移民对象为生活在国家划定的 28 个贫困县中石山乡、镇中人均耕地面积在 0.3 亩（合 0.02 公顷）以下的贫困人口；安置方式以农业安置为主；扶贫移民资金主要从中央分配给广西的专项扶贫资金和自治区用于扶贫开发的专项资金中筹集；安置点建设的补助标准为县内安置每人补助 3 500 元，地区（地级市）内跨县安置每人补助 4 000 元，跨地区（地级市）安置每人补助 4 500 元[①]。

除广西外，湖北、云南等地在国家"八七"扶贫攻坚时期也出台了扶贫移民政策文件，对生活在深山区、石山区等生存条件极端恶劣地区的贫困人口实施移民搬迁。1998 年，湖北省出台《湖北省人民政府关于对部分特困地区实施开发式移民的通知》，对移民建房、生产用地、税收、基础设施、教育、医疗、公共服务、资金使用等方面进行了政策规定。1999 年，云南省出台《云南省人民政府关于实施异地开发扶贫的决定》，明确扶贫移民对象要满足两个条件：一是居住地生态环境恶劣，自然灾害频发，基本丧失生存条件，土地负载过重，人均耕地少于 0.3 亩（合 0.02 公顷）；二是有劳动能力、遵纪守法、实行计划生育、愿意到异地通过自己的辛勤劳动脱贫致富。扶贫移民资金来源主要有中央、省级财政专项扶贫资金和转移方地州市县财政配套资金，以工代赈

---

① 参见《广西壮族自治区石山地区部分群众异地安置工作若干规定》。

资金，扶贫专项贷款和省贴息贷款，以及行业部门安排的项目资金等。

总体而言，该阶段政策主要呈现两大特征：一方面，易地扶贫搬迁处于初步的探索阶段，虽然中国在此之前已有比较成功的水库移民经验，但是对扶贫移民搬迁仍是空白。整个过程以政府引导为主，并建立在农户自愿的基础之上。另一方面，易地扶贫搬迁实施区域有限，主要集中在中西部地区，没有在全国推广，相关政策制定以地方为单位开展、各地为政，政策的实施具有较为明显的地方特色。

2. 政策成效

这一阶段的扶贫搬迁主要由"三西"扶贫阶段和"八七"计划阶段组成，且这两个阶段具有明显的延续性。"三西"扶贫阶段的搬迁有效解决了贫困地区极度干旱缺水的困境和搬迁群众生存困难问题，是一项兼具救灾、扶贫和生态保护三重目标的扶贫措施，开启了中国有计划、有组织、大规模移民扶贫开发的先河。这个阶段的搬迁以局部地区的试点为主，主要通过以工代赈方式进行扶贫开发。"三西"扶贫阶段取得的成功，为后续"八七"扶贫计划阶段的搬迁实施奠定了基础，易地扶贫搬迁开始向整个中西部地区扩展。与"三西"扶贫时期相比，"八七"计划阶段的搬迁资金投入更大，实施的领域和范围更广。

（二）试点推进阶段（2001～2010 年）

1. 主要政策

为巩固温饱成果、解决遗留问题，并在此基础上实现全面小康，中央政府于 2001 年制定并实施《中国农村扶贫开发纲要（2001～2010年)》，提出要结合退耕还林还草对居住在生存条件恶劣地区的特困人口实行搬迁扶贫；试点先行，搞好规划，稳步推进；坚持自愿原则；做好搬迁后生计发展工作，保障扶贫开发效果；鼓励经济发达省市适当吸收贫困地区扶贫搬迁人口；处理好迁入人口和本地人口的关系；做好迁出地退耕还林还草等工作，确保生态环境有明显改善。中央政策出台不久，国家计划委员会立即响应，同年出台《关于易地扶贫搬迁试点工程的实施意见》，确定利用国债资金在西部地区开展易地扶贫搬迁试点工程，由国务院统一领导、有关省区政府负责组织实施。试点工程包含减少贫困人口和改善生态环境双重目标，坚持扶贫与生态建设相结合、群众自愿等基本原则，被视为新世纪扶贫工作和实施西部大开发战略的重要举措。

按照中央文件精神，西部地区相关省区进一步制定了扶贫移民的细化政策。例如，内蒙古发展计划委员会 2001 年出台《关于实施生态移民和异地扶贫移民试点工程的意见》，提出"要结合生态建设、扶贫开发和小城镇建设，实施生态移民和异地扶贫移民试点工程，以加强农村牧区基础设施建设，改善农牧民居住条件和生产方式，增加农牧民收入，提高农牧民生活质量"。2007 年，国家发展改革委员会印发《易地扶贫搬迁"十一五"规划》，系统阐述了扶贫移民的形势、指导思想与原则、搬迁对象、搬迁与安置方式、搬迁目标与任务、主要建设内容、资金筹集等，提出了相关保障措施。该文件明确易地扶贫搬迁亦称生态移民，旨在达到消除贫困和改善生态双重目标；扶贫搬迁对象为生活在缺乏基本生存条件地区，且具备搬迁和安置条件的农村贫困人口；中央财政补助标准为人均不超过 5 000 元；农区以耕地安置为主，发展种植业，牧区以草场安置为主，发展畜牧业。

总体而言，这一阶段政策主要呈现两大特征：一是由于我国易地扶贫搬迁政策尚属于试点探索阶段，国内改革实践经验缺乏，国外经验借鉴有限，故该阶段政策总量较少，强调群众自愿与政府引导相结合；二是为着力改善特困人口的生活生产条件，政策集中在民生保障和财政与金融政策两个维度。在此阶段，易地扶贫搬迁资金筹集形成中央政府、地方政府和群众多方筹措机制，并辅以民生保障和生态环境建设，既消除贫困又改善生态，确保搬迁人口"搬得出，稳得住，能致富"。

2. 政策成效

初步探索时期和试点推进时期在政策做法、基本目标等方面具有明显的延续性。我国的易地扶贫搬迁经历了局部探索到全国推广的过程，解决贫困人口的温饱问题始终是易地扶贫搬迁的基本方向，在实施过程中，相关的政策扶持更多地向农村倾斜，脱贫成果不断得到巩固。"十五"期间累计安排国债投资 56 亿元，搬迁 122 万人。通过实施试点工程，安置区生产生活条件明显改善，搬迁群众增收渠道逐步拓宽，迁出区生态环境得到有效保护和恢复，促进了人口、资源、环境的协调发展，试点工作取得了较好成效。"十一五"期间，国家累计安排易地扶贫搬迁中央预算内投资 76 亿元，连同地方投资总投资 106 亿元，搬迁162.7 万人。通过引导、带动其他相关支农投资和出台配套政策，加强了住房、农田水利、乡村道路、人畜饮水、农村能源、教育卫生等设施建设，大幅提高了搬迁群众的生产条件和生活质量。

（三）全面推进阶段（2011~2015 年）

1. 主要政策

随着扶贫开发工作的大力推进，扶贫事业取得巨大成就，截至2010 年，按照年人均纯收入 1 274 元的扶贫标准，全国农村贫困人口已减至 2 688 万人，贫困发生率下降到 2.8%。扶贫开发形势也发生了变化，扶贫开发已经从以解决温饱问题为主要任务的阶段转入巩固温饱成果、加快脱贫致富、改善生态环境、提高发展能力、缩小发展差距的新阶段[1]。

为适应扶贫开发形式的新变化和巩固扶贫成果，中国政府制定《中国农村扶贫开发纲要（2011~2020 年）》，确定了未来十年农村扶贫开发工作目标是"到 2020 年，稳定实现扶贫对象不愁吃、不愁穿，保障

---

① 中共中央　国务院. 中国农村扶贫开发纲要（2011~2020 年）. 2011.

其义务教育、基本医疗和住房"。易地扶贫搬迁工作在此阶段的新探索主要包括：一是确定了要依据"政府主导、群众自愿"的基本原则进行扶贫移民，规定实施范围是中西部地区（不含新疆和西藏自治区），重点是连片特困地区；搬迁对象为"生存在环境恶劣、不具备基本生产和发展条件、'一方水土养不活一方人'的深山区、石山区、荒漠区、地方病多发区等地区的农村贫困人口"。二是确定了要依据地方资源差异规划不同的安置方式，行政区内可配置安置资源的，采取就近、分散插花、规模集中等多种方式安置；行政区内缺乏安置资源的，可创造条件实施跨区安置；有条件的地方，也可根据搬迁群众的劳动技能和当地就业吸纳能力，探索依托中小城镇、工业园区搬迁安置。三是在资金筹措方面设立了不同层面的指导标准，中央财政按人均不超过 6 000 元的标准提供补助，主要用于支持搬迁群众住房和安置点基本生产生活设施建设，省级政府安排的投资规模不低于中央投资规模的30%，补助住房建设的面积控制在 40～60 平方米/户。四是要求各地编制或修订本地"十二五"易地扶贫搬迁规划，要求各地的易地扶贫搬迁规划要"与当地经济社会发展总体规划相衔接，特别是与连片特困地区扶贫攻坚规划、整村推进、以工代赈、安全饮水、乡村公路等专项规划有机衔接"。中西部相关各省（自治区、直辖市）据此制定了符合本地实际情况的实施规划，并组织开展移民搬迁。

2. 政策成效

2011～2015 年是易地扶贫搬迁实践全面推进的阶段，此阶段的政策与城镇化、工业化相结合，初步形成了有中国特色的易地扶贫搬迁政策体系，扶贫事业取得显著成效。一是大幅改善了贫困地区生产生活条件。通过实施易地扶贫搬迁工程，建设了一大批安置住房及水、电、路、气、网等配套基础设施，以及一大批教育、卫生、文化等公共服务设施，有力推动了贫困地区人口、产业集聚和城镇化进程。二是资金保障充足，累计搬迁人口量大。"十二五"时期，国家累计安排中央预算内投资 231 亿元，是前 10 年投入的 1.75 倍，并带动其他中央部门资金、地方投资和群众自筹资金近 800 亿元；累计搬迁贫困人口 394 万人，是前 10 年的 1.37 倍。截至 2015 年，国家累计安排易地扶贫搬迁中央补助投资 363 亿元，搬迁贫困人口 680 万。三是实现脱贫致富与生态环保"双赢"局面。通过实施易地扶贫搬迁工程，大幅改善了贫困地区的生产生活条件，改变了特困地区人口"贫困—环境退化—进一步贫困"恶性循环的生产状况。

（四）攻坚巩固阶段（2016～2020 年）

1. 主要政策

2015 年，国家发展改革委、国务院扶贫办会同财政部、国土资源部、中国人民银行五部门联合印发《"十三五"时期易地扶贫搬迁工作方案》[①]（以下简称《方案》），拉开"十三五"易地扶贫搬迁工作的序幕。《方案》主要包括四项内容：一是明确了搬迁对象。"十三五"时期易地扶贫搬迁对象主要是居住在生存环境差、不具备基本发展条件，以及生态环境脆弱、限制或禁止开发地区的农村建档立卡贫困人口。二是坚持群众自愿、积极稳妥方针。加大政府投入力度，创新投融资模式和组织方式，完善相关后续扶持政策。三是多渠道筹集易地扶贫搬迁资金。通过增加中央预算内投资规模、调整地方政府债务结构、加大专项建设基金支持力度、引导农户自筹资金以及由有关金融机构发放长期低息贷款等渠道筹集资金。四是确定以市场化运作的省级投融资主体为承贷主体。结合各地实际，采取政府购买市场服务的形式，确定市场化运作的省级投融资主体作为承贷主体，承接相关项目资金和贴息贷款。

[①] 发展改革委，扶贫办，财政部，国土资源部，人民银行 . "十三五"时期易地扶贫搬迁工作方案 . 2015.

2016 年，国家发展改革委印发《全国"十三五"易地扶贫搬迁规划》①，标志着正式进入"十三五"易地扶贫搬迁新时期。一是瞄准建档立卡贫困人口，使"搬哪些人"更精准；二是围绕脱贫目标选择安置点，使"搬到哪里去"更合理；三是保基本防负债，使"建什么房子"更明确；四是创新投融资模式，使"钱从哪里来"有保障；五是因人施策促增收，使"搬后怎么脱贫"更清晰。

随着易地扶贫搬迁工作的不断深入，2019 年国家发改委印发《关于进一步加大易地扶贫搬迁后续扶持工作力度的指导意见》②，明确了当前和今后一个时期做好易地扶贫搬迁后续扶持工作的总体要求、主要目标、重点任务和支持政策。次年印发《2020 年易地扶贫搬迁后续扶持政策措施的通知》③ 从六个方面明确了 25 项具体政策措施。为进一步凝聚各地区、各部门合力，持续加大易地扶贫搬迁后续扶持力度，决战决胜脱贫攻坚战提供了重要保障。

2. 政策成效

按照党中央、国务院的统一部署，国家发展改革委会同国务院扶贫办、财政部、自然资源部、中国人民银行等部门和 22 个有易地扶贫搬迁任务的省份全力推进、合力攻坚，新时期易地扶贫搬迁工作取得了巨大成效。一是建设任务取得决定性进展。截至 2020 年 9 月底，全国已完成约 957 万贫困人口的搬迁建设任务。二是政策供给和资金保障充足有力。形成了工作方案、搬迁规划和政策问答、配套支持政策、资金管理办法、后续扶持工作指导意见等完善的政策制度体系。三是取得良好的经济、社会和生态效益。各地立足安置区资源优势，因户因人施策，

---

① 发展改革委. 全国"十三五"易地扶贫搬迁规划. 2016.

② 发展改革委，扶贫办，教育部等. 关于进一步加大易地扶贫搬迁后续扶持工作力度的指导意见. 2019.

③ 发展改革委，教育部，民政部等. 2020 年易地扶贫搬迁后续扶持政策措施的通知. 2020.

促进搬迁群众增收，大部分搬迁群众实现了脱贫。实施迁出区生态修复与宅基地复垦，迁出区的生态环境得到明显改善。

二、易地扶贫搬迁政策的演变规律

通过追溯移民搬迁政策的演进，特别是对 21 世纪以来易地扶贫搬迁政策的回顾，可以发现搬迁政策的特征，以及搬迁动因和对象的变化规律（见表 1 - 1）。

表 1 - 1 易地扶贫搬迁的演化特点

演进阶段	时间跨度	主要政策文件	搬迁原因	成效
初步探索	1982 ~ 2000 年	《关于成立三西地区农业建设领导小组的通知》《国家八七扶贫攻坚计划（1994 ~ 2000 年）》	自然条件差	开启了易地扶贫搬迁的先河，在搬迁地区取得了良好的经济、社会和生态效益
试点推进	2001 ~ 2010 年	《中国农村扶贫开发纲要（2001 ~ 2010 年）》《关于易地扶贫搬迁试点工程的实施意见》《易地扶贫搬迁"十一五"规划》	工程建设	易地扶贫搬迁试点有序推进，不断丰富易地扶贫搬迁的政策经验
全面推进	2011 ~ 2015 年	《中国农村扶贫开发纲要（2011 ~ 2020 年）》《易地扶贫搬迁"十二五"规划》	生态保护	截至 2015 年，国家累计下达资金 363 亿元，搬迁贫困人口 680 万；大幅改善了贫困地区的生产生活条件
攻坚巩固	2016 ~ 2020 年	《"十三五"时期易地扶贫搬迁工作方案》《全国"十三五"易地扶贫搬迁规划》	扶贫开发	搬迁建设任务全面完成，950 多万贫困搬迁群众乔迁新居，有效解决了全国近 1/5 贫困人口的脱贫问题

（一）易地扶贫搬迁的政策特征

（1）从根本上解决贫困是易地扶贫搬迁的出发点。易地扶贫搬迁起源于深度贫困地区反贫困的实践，主要是针对资源环境承载力较低的区域采取的扶贫举措。这些地区多处于生存条件恶劣的偏远深山，交通、医疗、饮用水等条件差，导致当地发展受阻，农户增收艰难，因灾致贫返贫、因病致贫返贫的现象时有发生，是全面脱贫工作中的重点和难点。这些贫困人群借助搬迁的方式，彻底改善生存环境，才能从源头突破自然环境制约，加速脱贫节奏。

（2）促进城乡公共服务均等化是易地扶贫搬迁的基本要求。深度贫困地区大多分布在深山石山、边远荒漠等自然环境恶劣的区域，往往人口居住分散、基础设施匮乏、生产发展受限、产业支持薄弱，只有从根本上改变这种落后的居住环境，才能实现基础设施、公共服务均等化，进而促进特色产业发展。通过易地扶贫搬迁让贫困群众集中居住，实现人口布局的调整和集聚，促进资源整合与产业集约，最大化基础设施和公共服务价值，使有限的投入惠及更多的人民群众，加速实现城乡公共服务均等化。

（3）从源头上解决生态保护是易地扶贫搬迁的长远谋划。易地扶贫搬迁群众大都对自然资源过度依赖，或者仍采取传统的生产生活方式。多数贫困人群分布在国家生态保护功能区，属于限制或禁止开发的区域。脆弱的生态环境与过度的资源依赖矛盾不断升级，陷入了持续贫困和环境破坏的双重境地。对散居在生态脆弱地区的群众实施整体搬迁，集中安置，将大幅地降低对山林、水土的破坏，从根本上解决生态保护所面临的问题，促使迁入地和迁出地通过优化人口布局，最终实现全面协调可持续发展。

（二）搬迁动因变化

第一阶段，实施易地扶贫搬迁政策是为了解决一些地区自然条件恶劣导致经济难以发展和贫困的问题。这个时期基本解决了贫困人群的温饱问题，但21世纪的中国面临着城乡差距、社会贫富差距扩大的问题。第二阶段，在易地扶贫搬迁工程的示范带动下，为逐步推进易地扶贫搬迁的落实，各试点地区结合当地实际，统筹各方资源，实施生态移民、避灾搬迁等搬迁工程。第三阶段，扶贫的重点为缩小发展差距，将扶贫重点由解决生存问题转为解决发展问题。第四阶段的政策主要是为了巩固前期的扶贫成果，消除限制农村贫困地区进一步发展的因素，促进农村地区共同富裕与全社会的高质量、可持续发展。

（三）搬迁对象变化

第一阶段的扶持对象主要是经济不发达的山区、少数民族聚居地区和革命老区、边远地区的贫困群众。第二阶段由于城乡收入差距逐渐扩大，中国的扶贫政策开始向农村平均人口倾斜，以进一步解决剩余人口的贫困问题，巩固扶贫成果，这一阶段的扶持对象为宁夏、云南、贵州、内蒙古4个省区。第三阶段在前期试点地区经验总结的基础上，将易地扶贫搬迁政策进行全面推进，重点关注贫困地区生态环境保护。第四阶段的政策扶持对象为居住在生存条件恶劣、公共服务匮乏地区的贫困群众，指出要有条件地引导向中小城镇、工业园区移民，切实提高贫困群众的生活水平。

第二章

易地扶贫搬迁政策实施现状及成效

易地扶贫搬迁是中央确定的"五个一批"精准脱贫工程之一，也是解决生存环境恶劣地区极端贫困问题的关键措施，是根据政府主导与群众自愿相结合的原则，并兼具生态、避灾与发展等多维目标的搬迁政策（Xue et al.，2013；孙永珍，2013；翟绍果等，2019；何得桂，2014）。一方面，易地扶贫搬迁与水库移民的最大的差异在于自愿原则和扶持力度（周恩宇，2017）；另一方面，与生态移民相比，易地扶贫搬迁又包含了减贫的可持续发展理念（孙永珍，2013；侯茂章，2017）。白永秀等（2018）和翟绍果等（2019）对于易地扶贫搬迁的执行过程、演进特征和扶持机制进行了分析，认为扶贫搬迁的关键在于化解"一方水土养不活一方人"的发展困境。

截至 2020 年底，全国已搬迁建档立卡贫困户 262 万户，共计 961 万贫困人口，"搬得出"的任务已全部完成。易地扶贫搬迁工作主要集中在西部地区，具有以集中安置为主、以无土安置方式为主，以及半数以上集中搬迁至大型安置点的特点。集中安置主要采取行政村内就近安置、建设移民新村安置、小城镇或工业园区安置、乡村旅游区安置和其他安置为主；分散安置主要以插花安置和其他安置为主（吴新叶和牛晨光，2018）。邰秀军等（2017）和刘伟等（2015）认为集中安置但不连片的方式将更有利于贫困户减贫脱贫。集中安置中，城镇安置易地扶贫安置社区中最常见的模式，城镇安置是将农村贫困人口集中安置在城镇，为迁移农户集中修建住房，并配套医疗教育等资源，形成新的移民小区的一种模式（汪三贵，2017），新型城镇化的发展给易地搬迁的贫困户提供了融入当地社会更好的机会（王晓毅，2016）。城镇安置是地方政府视为拉动经济增长的重要引擎、促进贫困人口脱贫致富的关键举措（马流辉和曹锦清，2017；李培林和王晓毅，2013）。但另外，城镇安置也会存在融入问题和社会文化治理问题（周恩宇，2017）。

"两不愁、三保障"是实现脱贫攻坚的重要目标，也是搬迁所致力解决的问题。"两不愁"是指稳定实现贫困人口不愁吃、不愁穿；"三保障"是指保障其义务教育、基本医疗和住房安全。易地扶贫搬迁工作使大部分贫困群众摆脱了饮水难、上学难、就医难、住危房等问题的困扰。搬迁后饮食、饮水、教育、医疗和住房都得到保障和提高。多数学者发现易地搬迁对贫困户的生产生活具有正向的促进作用，能够改善搬迁户的生计资本结构（宁静等，2018；郭华等，2019；Khatiwada et al.，2017；王君涵等，2020），增加搬迁家庭的收入，降低农户的贫困脆弱性（汪磊和汪霞，2016；金梅和申云，2017；李聪，2018）。但从政策目标的角度分析其影响效果的研究较少，本章从"两不愁、三保障"的角度分析易地扶贫搬迁政策的实施成效，利用调研数据对政策目标的实现进行客观评估。

在易地扶贫搬迁入住工作完成的同时，全国进入后续扶持的工作阶段，以进一步促进搬迁户实现"稳得住、能致富"的目标。搬迁后续扶持工作主要集中在产业发展、就业扶持和社区融入方面。产业发展通过促进生产、提高资产收益和提供就业的方式带动贫困户增收；就业扶持通过提供公益性岗位、建立扶贫车间和劳务输出外出务工的方式带动就业；社区融入通过加强经济融入、政治与身份融入、文化融入、社会和心理融入四个方面来促进贫困户生活富裕和社区的和谐稳定。通过产业、就业和社区融入三方面的扶持，搬迁户的稳定性和可持续性得到加强，易地扶贫搬迁后续工作取得显著成效，本章第三节对于易地扶贫搬迁后续发展现状及成效进行分析。

第一节　全国易地扶贫搬迁的总体情况分析

根据国务院扶贫办建档立卡数据库，截至 2020 年底，全国已搬迁建档立卡贫困户 262 万户，共计 961 万贫困人口，易地扶贫搬迁任务全部完成。精准扶贫时期易地扶贫搬迁工作具有以下特点：

（1）搬迁人口地域分布较为集中，73% 集中在西部地区（见图 2-1），贵州、四川、云南、湖北和陕西 5 省搬迁人口占比达59%。西部地区 12 省（区、市）已搬迁建档立卡贫困人口 701 万人，占全国已搬迁建档立卡贫困人口的 73%；中部地区 6 省已搬迁建档立卡贫困人口 237 万人，占全国已搬迁建档立卡贫困人口的 25%；东部地区 4 省已搬迁建档立卡贫困人口 22 万人，占全国已搬迁建档立卡贫困人口的 2%。已搬迁人口最多的 5 个省份为贵州、四川、云南、湖北和陕西，共搬迁建档立卡贫困人口 564 万人，占全国已搬迁贫困人口的 59%。

（2）易地扶贫搬迁以集中安置方式为主，占比 78%。根据易地扶贫搬迁人口安置集中度，易地扶贫搬迁安置模式可分为分散安置和集中安置两大类。截至 2020 年底，全国已搬迁人口中，分散安置人口（211万人）占 22%，集中安置人口（750 万人）占总搬迁人口的 78%。集中安置中县城、小城镇或工业园区安置人口最多，占集中安置人口的45%，行政村内就近安置占比 28%；建设移民新村安置占比 15%；乡村旅游区安置占比 1%；其他安置方式占比 11%。

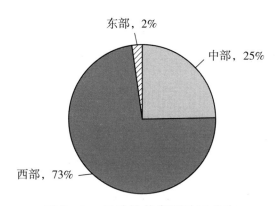

图 2 - 1 易地扶贫搬迁地区分布

（3）易地扶贫搬迁以无土安置方式为主，占比 64%。县城、小城镇或工业园区安置、乡村旅游区安置、村外安置属于无土安置；行政村内就近安置、建设移民新村安置以及村内安置属于有土安置。分省份来看，无土安置比例较高的省份有贵州、广西、河南和陕西，有土安置比例较高的省份有四川和湖北。

（4）56% 集中安置人口搬迁至 800 人以上的大型安置点。目前，全国共有 34 002 个集中安置点，其中，800 人以下安置点 32 509 个，共安置贫困人口 329 万人，占总集中安置人口的 44%；800 人以上大型安置点 1 458 个，共安置贫困人口 414 万人，占总安置人口的 56%。大型安置点安置人口中 64% 集中在小城镇或工业园区安置点。目前，全国 800人以上大型安置点以小城镇或工业园区安置形式为主，安置贫困人口265 万人，占 800 人以上大型安置点总安置人口（414 万人）的 64%。800 人以下的小型安置点以行政村内就近安置为主，安置贫困人口 188万人，占小型安置点安置人口（329 万人）的 57%。

第二节 "两不愁、三保障"完成情况

2016 年、2019 年中国人民大学扶贫研究院调研组在湖北、湖南、广西、四川、贵州、云南、陕西、甘肃 8 个省份进行了两期易地扶贫搬迁调研活动，这 8 省易地扶贫搬迁人口占全国总搬迁人口的 74%，样本具有代表性。调研内容包括易地扶贫搬迁人群基本特征、生活基本条件、收入情况、消费情况等。

2016 年共调研易地搬迁户数 2 185 户 8 330 人，其中建档立卡搬迁户 2 019 户 7 649 人，非建档立卡同步搬迁户 166 户 681 人。2019 年调研追踪样本 2 034 户 8 710 人，追踪率达到 93%，其中建档立卡贫困户有 1 944 户 8 295 人，占比 96%。2019 年，调研的"十三五"易地搬迁户新房建成的比例为 94%，交房验收的比例为 87%，入住比例为 82%，入住时间集中在 2017 年和 2018 年。

已入住新家的搬迁户中，分散搬迁为主要搬迁方式，户数占比 62%；集中安置为主要安置方式，户数占比 73%。在集中安置方式中，主要为行政村内就近安置和县城、小城镇或工业园区安置方式。行政村内就近安置户数占比为 44%，县城、小城镇或工业园区安置户数占比为 40%，建设移民新村安置户数比例为 14%，乡村旅游区安置占比 1%，其他安置占比 1%。

本部分以 2016 年、2019 年所调研的 2 034 户易地扶贫搬迁户为分析对象，对"两不愁、三保障"完成情况展开讨论。

一、饮食更加均衡，饮水更加安全

根据中国营养膳食均衡搭配比例，与 2016 年搬迁前相比，2019 年搬迁后搬迁户每人每天所摄取粮食质量更加接近均衡范围（250~400克），搬迁户的饮食结构更加均衡。利用调研数据，对搬迁家庭半个月食用大米、面粉、玉米、杂粮等粮食质量进行统计分析，发现搬迁户人均每天摄取面食的质量在均衡范围内的比例显著增加，从 2016 年的 17% 增加到 2019 年的 26%。

从肉食情况来看，搬迁户搬迁后人均食肉的质量显著上升，肉食量处于均衡的户数比例有显著增加。对数据中每户近半个月所摄取牛羊肉、猪肉、鸡肉及其他肉类等进行统计分析，可以看出与 2016 年相比，2019 年搬迁后摄取肉食的质量有所增加，并且人均摄取肉食的质量在均衡范围（40~75 克）内的户数比例更高。搬迁前人均获取肉食整体偏少，平均每人每天摄取 0~40 克肉食的占比最高，达 53%，搬迁后平均每人每天摄取大于 75 克肉食的户数占比最高，占比 54%；而搬迁后摄取肉食在均衡范围，即 40 克到 75 克的比例也有所增加，从 19% 增加到 24%。

搬迁后，蛋类的每人每天的摄入量有所增加，并且摄入量在均衡范围的户数比例有所增加。对追踪数据中每户近半个月所摄取蛋类质量进行统计分析，可以看出与 2016 年相比，2019 年每人每天能够摄取蛋类的比例有所增加，并且在均衡范围（40~50 克）内的户数占比从 2016 年的 4% 增加到 2019 年的 9%；搬迁后没有蛋类摄入的户数比例明显降低，从 55% 下降到 38%。

搬迁后用自来水的户数比例有所增加，户均取水距离有所减少。从搬迁前后家庭用水来源的变化来看，搬迁后用自来水的户数比例明显上升，从 2016 年的 55%增加到 94%，增幅近 40 个百分点，用井水或泉水的户数比例从 31%下降到 2%，用窖水的户数比例从 8%下降到 1%；从取水距离来看，搬迁后取水距离超过 20 分钟的情况明显减少，从 14%的户数比例下降到 0；取水距离在 0～20 分钟的户数比例从 28%下降到 13%；取水距离为 0 分钟的户数占比从 58%增加到 87%。总体来看，饮水情况得到明显改善。

二、义务教育资源可获得性更强

从 2016 年与 2019 年易地扶贫搬迁家庭周围中小学资源分布情况分析来看，已搬迁户和未搬迁户 2019 年距小学、初中的距离均有所缩短，并且已搬迁户距离减少的幅度要大于未搬迁户。已搬迁户 2016 年搬迁前距最近的小学的距离平均有 7.3 千米，距最近的初中的距离平均有 15.8 千米，未搬迁户距最近的小学、初中的距离分别为 7 千米和 11.3 千米，均比搬迁户近；在 2019 年搬迁后，已搬迁户距小学的距离减少 2.1 千米，往返时间缩短 1 小时 20 分钟，距初中的距离减少 7.3 千米，往返时间缩短 2 小时，未搬迁户距最近小学、初中的距离的均值则减少 1.2 千米和 2.2 千米。已搬迁户距离减少的幅度要显著大于未搬迁户，表明易地扶贫搬迁显著改善了搬迁户家庭学生的上学条件。

从家庭距孩子学校的平均距离来看，2019 年搬迁后易地扶贫已搬迁户距学校的距离要近于未搬迁户。易地扶贫已搬迁户的正在上学的孩子的家距离学校平均 12 千米，上学平均需要花费 63.6 分钟；而未搬迁户上学孩子的家距离学校平均 14 千米，上学平均需要花费 86.5 分钟。未搬迁户的孩子上学距离比已搬迁户平均远 2 千米，平均花费时间长 22.9 分钟。说明搬迁后搬迁户的孩子上学距离更近，所需要花费的时间更短。

三、基本医疗可获得性增强

从 2016 年与 2019 年易地扶贫已搬迁户与未搬迁户的医疗资源分布情况来看，已搬迁户与未搬迁户距最近的诊所、医院的距离均有所下降，并且已搬迁户距离的缩短的程度均大于未搬迁户。2016 年搬迁前，已搬迁户距最近的诊所的距离平均为 5.6 千米，距最近医院的距离平均有 15.3 千米，未搬迁户距最近的诊所、医院的平均距离分别为 5.3 千米和 14.1 千米，均小于已搬迁户。在 2019 年搬迁后，已搬迁户距最近的诊所的距离的均值减少到 1.7 千米，缩短 3.9 千米，往返时间缩短 1.5 小时，距医院距离缩短 5.5 千米，往返时间缩短 2 小时。未搬迁户距最近诊所、医院的距离的均值则减少到 3.7 千米和 10.9 千米，均高于已搬迁户。说明已搬迁户距医疗和诊所的距离减少的幅度要显著大于未搬迁户，因此，易地扶贫搬迁显著改善了搬迁户家庭的就医便利程度。

四、住房安全得到保障

（一）搬迁后房屋结构显著改善

从住房的房屋结构来看，搬迁户搬迁后房屋结构有明显的改善，从土木结构变成砖混结构。"十三五"易地搬迁户在 2016 年搬迁前有 77% 的搬迁户为土木结构，9% 为砖混结构，8% 为石头房，6% 为砖木结构以及有 2 户为茅草房。2019 年搬迁户搬迁后住房的房屋结构基本均为砖混结构，占比为 97%，砖木和土木结构仅占 3%，已搬迁的搬迁户没有住石头房和茅草房的情况。

（二）搬迁后居住海拔降低，居住环境改善

搬迁后海拔有所降低，居住环境有所改善。根据搬迁后海拔高度变

化可以看出，13.6%的原居住在海拔 2 400 米以上的高山、高原地区的搬迁户均搬迁至 2 400 米以下，800～1 600 米较适合宜居带的居住比例有所增加，从 11.1%增加到 14.5%，1 600～2 400 米的居住比例从 11.8%增加到 21.9%，800 米以下宜居带的居住比例没有变化，为 63.6%。

（三）搬迁后住房质量得到提高

从住房质量来看，搬迁户在搬迁前后住房质量有明显变化，从严重损坏的住房变成质量较好的住房。针对 2019 年已搬迁的搬迁户，在 2016 年搬迁前，55%的住户表示房屋严重损坏，30%的住房是一般损坏，仅有 15%的住房是完好或基本完好。2019 年搬迁后，78%的住户表示房屋完好，19%的搬迁户表示房屋基本完好，仅有 3%的搬迁户表示房屋一般损坏，一般损坏的原因主要为漏水、漏雨。

第三节　易地扶贫搬迁后续发展现状与成效

为调研易地扶贫搬迁后续发展情况，中国人民大学扶贫研究院调研组于 2020 年 7 月在湖南、广西、四川、贵州、云南、陕西、甘肃、山西 8 个省区进行了为期 14 天的易地扶贫搬迁调研活动，调研对象包括安置区干部和搬迁贫困人口，调研内容包括易地扶贫搬迁人群的基本特征、生活基本条件、收入情况、消费情况以及后续产业、就业、社会融入的情况等。

2020 年调研的 48 个安置区 553 户易地搬迁户中，建档立卡贫困户样本有 535 户，同步搬迁户有 18 户，平均每个省区调研 69 个样本，所调研的样本中有 515 户已脱贫，脱贫比例为 93.1%。根据调研情况，目前 48 个所调研安置区全部建设完成，搬迁户全部搬迁入住。平均交钥匙时间为 2017 年 9 月，平均入住时间为 2018 年 12 月。

调研样本的主要搬迁方式为分散搬迁。分散搬迁 376 户，占比 68%，自然村整体搬迁 177 户，占比 32%。调研样本的主要安置方式为集中安置，集中安置 546 户，占比 98.7%，分散安置 7 户，占比 1.3%。集中安置的搬迁户中，行政村内就近安置 131 户，占比 23.7%，建设移民新村安置 195 户，占比 35.3%，县城、小城镇或工业园区安置 222 户，占比 40.1%。

本部分以 2020 年所调研的 553 户易地扶贫搬迁户和 48 个安置区作为分析对象，对易地扶贫搬迁后续发展现状及成效进行分析。

一、易地扶贫搬迁后续产业发展现状与成效

（一）产业扶贫项目参与情况

搬迁户 2020 年参与产业扶贫项目的比例为 72%，其中西部地区搬迁户参与产业项目的比例最高，并且在行政村内就近安置的搬迁户更有机会参与产业扶贫项目。从调研区域来看，中部地区参与产业扶贫项目的比例较低，为 66%，西部地区搬迁户参与产业扶贫项目的比例相对较高，为 74%；从安置方式来看，在行政村内就近安置的搬迁户参与产业扶贫项目的比例最高，达到了 76%。

（二）产业项目类型及分布

调研搬迁户在 2020 年中参与比例最高的后续扶持产业项目类型是种植业，其次是养殖业和林果业；无论是对于中部地区还是西部地区，搬迁户主要从事的产业项目类型均是种植业和养殖业；行政村内就近安置、建设移民新村安置是以种植业作为主要产业项目类型。

2020 年搬迁户参加种植业项目的比例有 48.0%；参加养殖业项目的比例有 26.7%；参加林果业项目的比例有 22.4%；参加旅游业项目的比例为 0.2%；参加加工业项目的比例有 0.8%。从区域划分来看，

中西部地区分别有 78.6% 和 39.4% 的搬迁户从事种植业项目，参与的养殖业项目的搬迁户比例则分别为 14.3% 和 30.2%，由此可见中部地区搬迁户参与种植业产业项目中的比例要显著高于西部地区。

（三）产业带动模式及增收情况

在 2020 年调研中，搬迁户参与的产业扶贫项目的主要带动模式为资产收益带动，其次是生产带动，就业带动的户均收入最多。从参与方式来看，有 34% 的农户通过参与农业合作社、个体户的生产带动方式来参加产业项目，59% 的农户通过入股获得资产收益的方式参与产业项目，7% 的农户通过提供劳动获得务工收入的方式被带动参与到产业扶贫项目中。2019 年生产带动平均每户收益为 5 933 元，资产收益带动给予平均每户分红收益为 925 元，就业带动搬迁户平均每户能增收 9 337 元。从不同产业类型看，加工业带动搬迁户户均收益更多，其次是养殖业。2019 年参与加工业的搬迁户的户均年收益为 5 300 元，参与养殖业的搬迁户从产业中获得的收益为 4 299 元，参与种植业的搬迁户的户均收益为 3 469 元，林果业所能带动的户均收益为 3 182 元（见图 2-2）。

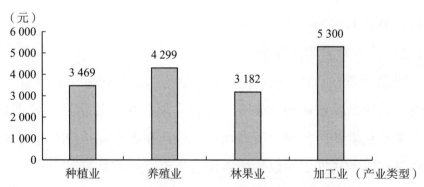

图 2-2　2019 年不同产业类型带动的户均收益

（四）安置区投资规模

2020 年安置区对于当地的后续扶持产业发展项目政府投资规模最大的是旅游业，其次是林果业；政府补贴金额最高的产业项目是养殖业和林果业。对于旅游业产业项目，安置区平均投资规模为 7 540 万元，林果业平均投资规模则为 4 177 万元，安置区政府对于种植业和养殖业产业的投资规模分别为 936 万元和 2 903 万元，安置区政府对于加工产业的平均投资规模为 348 万元。在政府补贴金额方面，安置区政府对于养殖业和林果业产业补贴的金额分别为 1 297 万元和 983 万元，种植业、加工业、旅游业产业安置区政府补贴的平均金额分别为 682 万元、281 万元、137 万元。

二、易地扶贫搬迁后续就业扶持现状与成效

（一）搬迁户就业现状

1. 安置区提供就业岗位情况

当地政府与安置区为搬迁群众提供的就业岗位略显不足，尤其是县城安置模式提供的就业岗位比例过低。从安置区提供的公益性岗位来看，安置区提供的公益性岗位占劳动力总数的 3.3%。县城安置与乡镇安置的安置区提供的公益性岗位各占劳动力安置区人数的 3.2%，村内安置的安置区提供的公益性岗位占劳动力安置区人数的 6.9%；从安置区提供的扶贫车间岗位来看，安置区提供的扶贫车间岗位占劳动力总数的 6.9%。县城安置的安置区提供的扶贫车间岗位占劳动力安置区人数的 5.1%，乡镇安置的安置区提供的扶贫车间岗位占劳动力安置区人数的 13.0%，村内安置的安置区提供的扶贫车间岗位各占劳动力安置区人数的 2.6%；从安置区组织劳务输出的情况来看，安置区平均输出 7.1% 的劳动力外出就业。县城安置的安置区平均输出 5.7% 的劳动力

外出就业，乡镇安置的安置区平均输出 10.5% 的劳动力外出就业，村内安置的安置区平均输出 19.7% 的劳动力外出就业（见表 2 – 1）。

表 2 –1　　　　　　　　　安置区提供的岗位比例　　　　　　　单位：%

安置区	公益性岗位	扶贫车间	组织化劳务输出	总计
县城安置	3.2	5.1	5.7	14.0
乡镇安置	3.2	13.0	10.5	26.7
村内安置	6.9	2.6	19.7	29.3
全样本	3.3	6.9	7.1	17.3

受新冠肺炎疫情影响，部分劳动力不能按时外出务工。为加快恢复和稳定贫困劳动力就业，帮助贫困群众长效增收、稳定脱贫，当地政府与安置区积极采取措施，缓解新冠肺炎疫情带来的负面影响。在调查的 48 个安置区中，43.8% 的安置区公益性岗位增多，新设置了防疫员、消毒员、理发员等与疫情相关的岗位；12.5% 的安置区公益性岗位工资提高；4.2% 的安置区扶贫车间招工人数增加。

2. 就业率

易地搬迁户基本能够实现一户一就业，但各省区实现一户一就业的比例存在差距（见表 2 –2）。在有劳动力的 544 户易地搬迁户家庭中，实现一户一就业的比例为 97%。其中，贵州与陕西的易地搬迁户实现一户一就业的比例为 100%；广西与湖南的易地搬迁户实现一户一就业的比例为 98.7%；云南的易地搬迁户实现一户一就业的比例为 98.3%；甘肃的易地搬迁户实现一户一就业的比例为 94.4%；山西的易地搬迁户实现一户一就业的比例为 92.6%；四川的易地搬迁户实现一户一就业的比例为 91.7%。

表 2 - 2　　　　　　　搬迁贫困户实现一户一就业的情况

省区	实现一户一就业		未实现一户一就业	
	户数（户）	比例（%）	户数（户）	比例（%）
四川	55	91.7	5	8.3
山西	50	92.6	4	7.4
甘肃	67	94.4	4	5.6
云南	59	98.3	1	1.7
广西	74	98.7	1	1.3
湖南	76	98.7	1	1.3
贵州	64	100.0	0	0.0
陕西	67	100.0	0	0.0
全样本	528	97.0	16	3.0

搬迁劳动力总体就业率较高，但不同安置模式的搬迁劳动力就业率略有差异（见表 2 - 3）。从样本安置区所有劳动力的整体就业情况来看，2020 年 8 省区 48 个安置区内的平均就业率为 87.6%。县城安置的安置区的劳动力人数为 83 564 人，就业率为 86.7%；乡镇安置的安置区的劳动力人数为 26 416 人，就业率为 90.4%；村内安置的安置区的劳动力人数为 2 495 人，就业率为 89.2%。

表 2 - 3　　　　　　　安置区劳动力就业情况

项目	劳动力人数（人）	已就业人数（人）	就业率（%）
县城安置	83 564	72 461	86.7
乡镇安置	26 416	23 888	90.4
村内安置	2 495	2 226	89.2
全样本	112 475	98 575	87.6

3. 非农就业类型

从非农就业地点来看，搬迁劳动力本地非农就业比例较之外出就业比例更高。易地扶贫搬迁样本整体的非农就业率为73.1%。其中，本地非农就业的劳动力比例为39.4%，高出外出就业劳动力比例（33.7%）5.7个百分点。

搬迁劳动力实现本地就业较为依赖就业帮扶政策，且自主实现本地就业的搬迁劳动力，其就业稳定性较差（见图2-3）。实现本地就业的搬迁劳动力中，有50.3%是通过政策性岗位，包括公益性岗位（30.3%）、合作社帮工（9.4%）、扶贫车间工作（8.4%）和参与安置区基础设施建设（2.2%）。此外，自主实现本地就业的搬迁劳动力中，打零工的劳动力占比最高，达到19.8%，说明搬迁劳动力本地自主就业的稳定性较差。

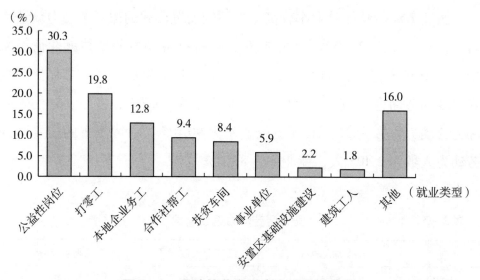

图2-3 易地扶贫搬迁户本地就业类型

大部分外出就业的搬迁劳动力通过自身获取的信息渠道实现就业。93%的劳动力通过自己或亲朋好友渠道就业，7%的劳动力通过政府组织介绍渠道就业。

4. 外出就业约束

大部分易地搬迁农户不存在外出就业约束，但仍有9.2%的搬迁户存在想外出就业但没有机会的情况。从外出就业需求实现情况来看，90.8%的易地搬迁家庭不存在想外出就业但没机会的情况；7.4%的易地搬迁家庭中有1人想外出打工但没有机会；1.4%的易地搬迁家庭中有2人想外出打工但没有机会；0.4%的易地搬迁家庭中有3人想外出打工但没有机会。整体来看，9.2%的搬迁户存在劳动力外出就业约束，这些家庭想外出就业但没有机会的劳动力占家庭总劳动力的平均比例为49.4%。

（二）技术培训情况

1. 动员参与培训情况

大部分安置区培训采取小班教学，个别安置区一次培训人数过多。根据调研情况，48个样本安置区中，58.7%的安置区一次培训人数不超过50人；21.7%的安置区一次培训人数在50~80人；19.6%的安置区一次培训人数在100人以上。

2. 培训类型

62.2%的易地扶贫搬迁户参加过政府组织的技能培训，针对易地扶贫搬迁户组织的培训以种养技术、服务业培训为主。如图2-4所示，在接受过培训的搬迁户中，45.9%的搬迁户主要接受了种养技术培训，26.2%的搬迁户主要接受了服务业培训，9.2%的搬迁户主要接受了制造业培训，9%的搬迁户主要接受了手工业培训，3.5%的搬迁户主要接受了创业技能培训，6.2%的搬迁户主要接受了其他类型的培训，如公益性岗位培训、法律法规或政策培训、管理技能培训等。

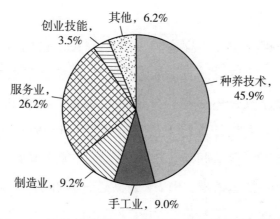

图 2 - 4 易地扶贫搬迁户接受的就业培训类型情况

3. 培训成效

搬迁户对于政府提供的技术培训基本满意。45.4%的搬迁户认为技术培训非常有用，35.1%的搬迁户认为技术培训比较有用，4.7%的搬迁户认为技术培训作用一般，13.3%的搬迁户认为技术培训比较没用，1.5%的搬迁户认为技术培训非常没用（见图2-5）。

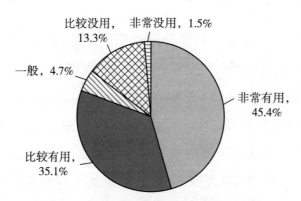

图 2 - 5 易地扶贫搬迁户就业培训成效

（三）搬迁户对后续就业帮扶的政策需求和满意度

1. 政策需求

易地扶贫搬迁户对就近就业、种养殖和提高劳动技能的就业帮扶措施需求较高（见图2－6）。34.0%的搬迁户有就近就业方面的政策需求，25.1%的搬迁户有种养殖方面的政策需求，18.8%的搬迁户有提高劳动技能方面的政策需求，13.6%的搬迁户有居家就业方面的政策需求，12.3%的搬迁户有创业方面的政策需求，9.8%的搬迁户有外出就业方面的政策需求，4.9%的搬迁户有村里分红方面的政策需求，1.3%的搬迁户有其他方面的政策需求，包括高薪酬岗位、旅游项目、工程项目、家政、残疾人岗位等。

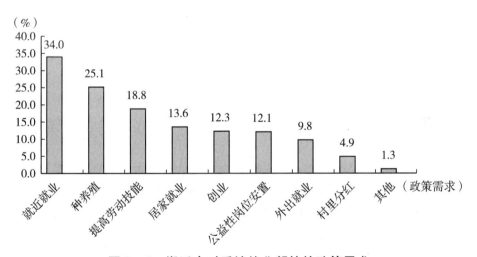

图2－6　搬迁户对后续就业帮扶的政策需求

2. 政策满意度

搬迁农户对后续就业帮扶政策基本满意（见图2－7）。62.8%的搬迁农户对后续就业帮扶政策非常满意；24.6%的搬迁农户对后续就业帮扶政策比较满意；10.7%的搬迁农户对后续就业帮扶政策满意程度表示一般；1.4%的搬迁农户对后续就业帮扶政策比较不满意；0.5%的搬迁农户对后续就业帮扶政策非常不满意。

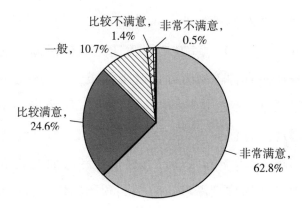

图 2 - 7　搬迁户对后续就业帮扶的政策满意度

三、易地扶贫搬迁后续社区融入现状与成效

（一）经济融入情况

1. 总收入情况及分布

从经济融入来看，易地扶贫搬迁户的家庭人均总收入整体显著提高。如表 2 - 4 所示，2020 年易地扶贫搬迁户人均总收入达到 10 370元，远高于同期收入贫困线，与调研的 2015 年搬迁前的人均 2 471 元相比增长 3. 19 倍，显著高于同期全国农村居民收入增长率（40. 3%）。各省的平均总收入存在差距，其中，云南调研样本平均收入最高，为58 719 元；其次是陕西省，调研样本平均总收入为 49 686 元；另外，贵州调研样本平均总收入为 42 825 元，甘肃调研样本平均总收入为39 261 元，广西调研样本平均总收入为 37 192 元，山西调研样本平均总收入为 34 849 元，四川调研样本平均总收入为 33 657 元，湖南调研样本平均总收入为 31 454 元。

表 2 - 4   2020 年分省区平均总收入及人均收入

省区	户数（户）	平均户均收入（元）	平均人均收入（元）
云南	62	58 719	12 791
四川	64	33 657	9 308
山西	67	34 849	14 540
广西	76	37 192	8 698
湖南	79	31 454	7 844
甘肃	71	39 261	8 732
贵州	66	42 825	9 267
陕西	68	49 686	12 635
全部	553	40 567	10 370

从人均收入来看，山西省的人均收入最高，平均人均收入为 14 540 元，其次是云南省，平均人均收入为 12 791 元。平均人均收入最低的省份为湖南省，为 7 844 元。

从安置类型来看，不同安置模式下平均家庭总收入和人均收入差别不大，县城安置的搬迁户人均收入最少。其中，县城安置的搬迁户平均总收入为 40 437 元，平均人均收入为 9 628 元；乡镇安置搬迁户平均总收入为 43 903 元，平均人均收入为 11 281 元；村内安置搬迁户的平均总收入为 37 133 元，平均人均收入为 10 051 元。总体来看，三种安置方式平均总收入近似，其中乡镇安置的平均总收入稍稍偏高（见表 2 - 5）。

表 2 - 5　　　　　不同安置类型下搬迁户平均总收入及人均收入

安置类型	户数（户）	平均户均收入（元）	平均人均收入（元）
县城安置	165	40 437	9 628
乡镇安置	200	43 903	11 281
村内安置	188	37 133	10 051

另外，三种安置方式的群体中，共有 62.2% 的搬迁人口表示搬迁后总收入有显著增加，经济融入情况较好。其中，县城安置中，70.9%的搬迁户表示家庭年总收入较搬迁之前有所增加，23%的搬迁户表示收入不变，6.2%的搬迁户表示收入有所减少；乡镇安置中，53.9%的搬迁户表示收入有所增加，36.3%的搬迁户表示收入不变，9.8%的搬迁户表示收入有所减少；村内安置中，70.0%的搬迁户表示收入有所增加，26.7%的搬迁户表示收入不变，3.3%的搬迁户表示收入有所减少。

2. 收入构成及分布

如表 2 - 6 所示，在收入构成方面，搬迁户的家庭总收入中占比最高的是工资性收入，平均占比为 57.4%，县城安置搬迁户的工资性收入占比最高，为 60.5%，乡镇安置搬迁户为 58.5%，村内安置搬迁户为 53.6%，务工比例显著增加；经营性收入平均占比为 18.1%，其中，村内安置的经营性收入占比最高，为 22.0%，其次是乡镇安置的搬迁户，经营性收入占比为 17.0%，县城安置搬迁户的经营性收入平均占比为 15.0%；财产净收入平均占比为 3.1%，县城安置搬迁户为 2.3%，乡镇安置居民为 2.8%，村内安置搬迁户为 4.1%；转移性收入平均占比为 21.1%，县城安置搬迁户为 22.2%，乡镇安置搬迁户为 21.1%，村内安置搬迁户为 20.2%。总体来看，工资性收入占总收入的比重最大，且在三种安置群体中均属最重要的收入来源。在经营净收入方面，村内安置搬迁户的经营净收入占总收入的比例较高。

表 2 - 6 搬迁人口收入结构差异

收入类型	总样本	村内安置	乡镇安置	县城安置
人均收入（元）	10 370	9 628	11 281	10 051
经营净收入（%）	18.1	22.0	17.0	15.0
工资性收入（%）	57.4	53.6	58.5	60.5
财产净收入（%）	3.1	4.1	2.8	2.3
转移性收入（%）	21.1	20.2	21.1	22.2

3. 总支出情况及分布

搬迁后样本家庭总支出平均为 23 733 元，搬迁后 63.5% 的人表示总支出有所增加，县城安置的总支出最高，平均为 26 237 元，其次是乡镇安置搬迁户，平均总支出为 23 116 元，村内安置搬迁户总支出总额最少，平均有 17 694 元。从整体收支情况来看，80.8% 的人表示能够收支相抵，并且每年每户平均能够储蓄 16 835 元。

从支出结构来看，首先，搬迁户的恩格尔系数，即食品支出占总支出的比重平均为 48.5%，根据国际标准，恩格尔系数在 40%~50% 范围内表示是小康水平，所以搬迁户平均已达到小康水平。其中，县城安置的恩格尔系数最高，平均有 51.3%，乡镇安置的恩格尔系数最低，平均为 45.0%。除食品消费外，搬迁户消费支出占比最高的为医疗费用支出，平均占比 12.7%，其中村内安置搬迁户的医疗费用支出占比最高，平均为 15.2%（见表 2 - 7）。

表 2 - 7 搬迁人口支出结构差异

支出	总样本	村内安置	乡镇安置	县城安置
户均支出（元）	23 733	17 694	23 116	26 237
人均支出（元）	6 017.2	5 219.2	6 277.1	6 606.5
食品支出（%）	48.5	49.9	45.0	51.3

续表

支出	总样本	村内安置	乡镇安置	县城安置
衣着支出（%）	6.5	7.0	7.0	6.8
水电燃气支出（%）	6.3	7.3	6.6	6.4
生活用品及服务支出（%）	5.3	3.8	7.6	5.1
交通通信费用支出（%）	7.3	8.4	7.6	7.7
教育文化娱乐支出（%）	3.9	3.3	3.7	5.4
医疗费用支出（%）	12.7	15.2	13.2	12.6
其他商品和服务支出（%）	9.5	5.1	9.3	4.8

（二）身份融入情况

80%以上搬迁户会参加安置地的换届选举，90%以上搬迁户认为自己是现居住地本地人，身份认同感较强。从调研情况来看，所调研的安置区中有一半曾举办民主选举，居委会成员是通过民主重新选举产生，并且77.1%的安置区的居委会构成中有搬迁户，搬迁户参与民主选举的比例平均为80.3%。整体来看，搬迁户的政治融入较好。91.7%的搬迁户表示在迁入地能够得到更好的发展，不愿返回迁出地。

搬迁户中户口迁移比例较低。具体来看，县城安置搬迁户有92.7%未迁移户口，仅有7.3%的搬迁户将户口迁移到居住地，在未迁移的搬迁户中，36.2%的搬迁户表示有政策也愿迁移，但还未办理，有8.6%的搬迁户表示有政策也不愿迁移户口，55.3%的搬迁户表示无相关政策；乡镇安置中，82.0%的搬迁户未迁移户口，18.0%的搬迁户表示已迁移，已迁移户口的搬迁户中，41.7%的搬迁户为农村户口，27.8%的搬迁户为城镇户口，30.6%的搬迁户为临时过渡户口；村内安置中，89.4%的搬迁户表示未迁移户口。虽然91.7%的安置区的搬迁户均没有迁移户口，但是搬迁户均可享受城镇人口待遇，在当地上学和就医，除了部分地区关于房子不动产权证的办理有所受限，但是不会对搬迁户的居住和基础设施的使用产生影响，搬迁户整体的身份认同感和融入感仍较强。

县城安置的搬迁户身份认同感相对较低。在整体身份认同感和融入感方面，在问及是否觉得自己是现居住地本地人的问题，县城安置中，57.0%的搬迁户表示非常同意，27.9%的搬迁户表示比较同意，6.7%的搬迁户表示一般，8.5%的搬迁户表示比较不同意或非常不同意；乡镇安置中，70.0%的搬迁户表示非常同意，24.0%的搬迁户表示比较同意，2.5%的搬迁户表示一般，有3.5%的搬迁户表示比较不同意或非常不同意；村内安置中，84.6%的搬迁户表示非常同意，12.8%的搬迁户表示比较同意，1.1%的搬迁户表示一般，1.6%的搬迁户表示比较不同意或非常不同意。

（三）文化融入情况

从文化融入来看，大部分搬迁户不存在语言障碍，交流顺畅。根据调研发现，因为搬迁户搬迁后仍然在熟悉的民族范围内，搬迁后97.6%的搬迁户与当地人不存在语言障碍，可能少数搬迁户存在口音问题，但并不会影响正常交流。具体来看，县城安置中，92.0%的搬迁户表示完全没有语言障碍，4.3%的搬迁户表示对于当地人的口音大部分都能听懂，有1.8%和0.6%的搬迁户分别表示不太能和搬迁地社区居民交流或者完全无法交流；乡镇安置中，97.0%的搬迁户表示完全可以听懂当地人的日常交流，1.5%的搬迁户表示大部分能听懂，1.5%的搬迁户表示完全无法和当地人进行交流；村内安置中，96.3%的搬迁户表示日常交流完全没有问题，1.6%的搬迁户表示能听懂当地人大部分交流，1%的搬迁户表示不太能听懂当地人的交流或完全无法和当地居民交流。

在问及是否适应新家周边的风俗习惯问题时，县城安置搬迁户中有97.6%的人回答可以适应，只有2.4%的搬迁户给出相反答案；乡镇安置搬迁户中有99.5%的人回答可以适应，只有0.5%的搬迁户表示无法适应；村内安置搬迁户中有98.4%的居民回答可以适应，有1.6%的搬迁户表示无法适应。

从搬迁户去周边文化休闲场所的频率来看，每周都参加文化休闲活动的搬迁户占比75.6%，每天都去周边文化休闲场所的搬迁户占比41.2%，说明搬迁户在文化融入方面障碍较少。具体来看，县城安置中，43.0%的搬迁户表示每天都去，21.2%的搬迁户表示一周去2~6次，7.9%的搬迁户表示一周仅去1次，16.4%的搬迁户表示几乎不去；乡镇安置中，35.0%的搬迁户表示每天都去，26.0%的搬迁户表示一周去2~6次，12.5%的搬迁户表示一周仅去1次，25.5%的搬迁户表示几乎不去；村内安置中，46.3%的搬迁户表示每天都去，27.1%的搬迁户表示一周去2~6次，7.5%的搬迁户表示一周仅去1次，11.7%的搬迁户表示几乎不去。

（四）社会融入情况

在社会融入方面，搬迁户对于社区的生活方式仍存在一定的不适应，但生活习惯逐渐改善。调研中发现，在搬迁的初期，搬迁户对于小区生活和管理方式不适应，存在随处乱扔垃圾、高空抛物等现象，由村民身份向市民身份的转变存在困难，但搬迁后通过引导和教育，生活习惯逐渐改善，生活方式也发生转变。98.2%的搬迁户已经适应使用抽水马桶，97.1%的搬迁户已经适应使用电磁炉、煤气灶等做饭工具，在楼房住户中96.7%的搬迁户习惯了上下楼梯，并且99.6%的搬迁户已经会自觉把垃圾扔到固定投放点。总体来看，96.9%的搬迁户能够适应安置区生活，仅0.8%的搬迁户表示与邻居发生过矛盾，主要因为个人生活问题而产生冲突，如醉酒闹事、精神问题以及原有种植养殖的利益冲突等。

具体来看，县城安置搬迁户中80.6%的人表示非常适应迁入地社区的生活，仅1.2%的搬迁户表示非常不适应；乡镇安置中，78.5%的搬迁户表示非常适应迁入地社区生活，仅0.5%的搬迁户表示非常不适应；村内安置中，88.3%的搬迁户表示非常适应迁入地社区生活，仅0.5%的搬迁户表示非常不适应。

（五）心理融入情况

在心理融入方面，总体来看，大部分搬迁户表示对当前的社区生活非常满意，并且打算长期居住。调研结果显示，搬迁户中有83.2%表示对当前的社区生活非常满意，有15.4%表示比较满意。并且有93.7%的搬迁户非常愿意在现居住地长期居住，有4.2%的搬迁户比较愿意在安置点长期居住。搬迁后，搬迁户之间以及搬迁户与非搬迁户之间相处融洽，仅3.8%的搬迁户表示会受到当地非搬迁户的歧视或排斥，主要原因可能是原本生活习惯的差异或者原居民与搬迁户生活水平落差而产生的排斥心理。总体来看，搬迁户自身的心理融入感较强，主人翁意识也在慢慢培养。

具体来看，在问及社区生活满意度，县城安置搬迁户中，80.6%表示非常满意，18.8%表示比较满意，仅0.6%表示一般满意；乡镇安置搬迁户中，80.5%表示非常满意，16.5%表示比较满意，2.5%表示一般满意，仅0.5%表示比较不满意；村内安置搬迁户中，88.3%表示非常满意，11.2%表示比较满意，仅0.5%表示非常不满意。

在问及是否打算长期居住在搬迁地，县城安置搬迁户中，93.9%表示非常同意，5.5%表示比较同意，仅0.6%表示比较不同意；乡镇安置搬迁户中，93.5%表示非常同意，3.5%表示比较同意，2.0%表示一般同意，0.5%表示比较不同意，0.5%表示非常不同意；村内安置搬迁户中，93.6%表示非常同意，3.0%表示比较同意，2.1%表示一般同意，仅0.5%表示比较不同意。

第三章

易地扶贫搬迁后续扶持机制

　　五年内搬迁 1 000 万人口的易地扶贫搬迁是人类近现代历史上绝无仅有的一项复杂的社会工程。搬迁入住只是完成了阶段性的目标，"稳得住、能致富"才是决定成败的关键。在 2020 年全面脱贫之后，对易地扶贫搬迁人口的扶持力度可能会下降，出现回迁、返贫的问题，影响"精准扶贫"战略的效果，加之搬迁人口数量较大，若不能解决好这部分人的后续发展问题，可能会激化社会矛盾甚至引发社会动荡。因此，应建立易地扶贫搬迁后续扶持机制，以促使其长期稳定脱贫。根据易地扶贫搬迁工作的核心要求，其长期稳定脱贫机制应包含产业、就业、社区融入等方面。

　　目前关于易地扶贫搬迁后续扶持的研究较少，主要集中在产业发展、就业扶持和社会融入方面。第一，在产业方面，周等（Zhou et al.，2018）认为利用土地制度创新可以建立良好的利益联结机制为易地扶贫搬迁后续产业发展提供支持；并有学者指出需要同时配套安置后的培训和援助，才能达到事半功倍的效果（Knapp and White，2016）。另外，侯茂章和周璟（2017）总结湖南省易地扶贫搬迁后续产业发展 11 种模式，并提出适合安置地情况的产业发展模式。郭俊华和边少颖（2018）利用案例分析了民营企业在后续产业发展中的作用。第二，在就业扶持方面，政府提供就业机会的扶持政策能够显著降低搬迁户的返迁意愿，加强技能培训能够激发移民自我发展的内生动力（吕建兴等，2019；陈坚，2017）。孙晗霖等（2018）发现易地扶贫搬迁后续基础设施建设、产业发展、就业扶持对于脱贫户满意度均具有正向影响，且影响程度依次递增。第三，在社会融入方面，政策社群更加关注贫困群众的获得感，在移民社会融入与后续发展能力等方面推出多项举措（翟绍果，2019），一方面，以公共服务供给为切入点，构建易地扶贫搬迁贫困户的社会支持体系（邹英和向德平，2017）。另一方面，利用各种社区管理手段和多元化的组织形式解决搬迁人群心理问题，使搬迁人群更好地融入新生活（王曙光，2019）。

但是，以往研究对于各地针对易地扶贫搬迁后续扶持工作开展的一系列典型经验和做法并没有进行梳理和总结，本章首先通过总结各地在产业发展、就业扶持和社区融入方面的典型经验和做法，为构建易地搬迁后续扶持长效机制提供借鉴。其次，通过分析易地扶贫搬迁后续扶持中需要关注的几个问题，提出强化易地扶贫搬迁后续扶持的政策建议。最后，对易地扶贫搬迁后续扶持工作进行展望，提出长期稳定脱贫的有效机制。

第一节　易地扶贫搬迁后续扶持工作的典型经验

一、后续产业发展的典型经验

（一）选择符合当地产业基础和资源禀赋的特色产业，促进产业可持续发展

选择符合当地特色、市场环境、自然地理条件、农户主观意愿以及市场需求的产业作为扶贫主导产业才能实现后续扶持稳定的目标。各地应实地考察当地自然资源条件、市场环境，结合农户的生产技能水平，选择可持续发展的产业作为主导产业，例如，山西云州区的黄花产业和有机旱作农业项目；云南省的包括橘子、橙子、枇杷在内的特色水果产业；陕西省紫阳县以富硒茶为主，富硒粮蔬、富硒畜禽为辅的富硒产业等。此外，利用当地劳动力资源禀赋与丰富的自然环境或独特的民族风情、文化传承，可带动扶贫车间、旅游业等产业发展。例如，四川省宣汉县围绕巴山大峡谷安置区打造溪口湖生态观光区、巴人谷民俗休闲区、罗盘顶养生养心区、桃溪谷体验度假区"四大板块"，依托巴山大峡谷土特产品，加大对旅游产品的开发力度，打通农村电商销售渠道，同时打造独具特色的"商业风情街"，以此带动贫困户经营性收入增加，实现脱贫。

（二）电商扶贫与消费扶贫相结合，推动农村产品营销

贫困地区特色农产品可通过电商平台在线上销售给全国各地的消费者，拓宽搬迁户的销售渠道，增加贫困搬迁户收入。贫困地区受到交通和地域的限制，一方面运输成本较高，无法降低产品售价，缺乏市场竞争力；另一方面由于市场环境的影响，即便真正具有特色的农产品也无法进行推广和扩大销路。而互联网电商通过我国新兴的互联网电子消费平台，结合我国日益发展的物流系统，使得贫困地区实现与广大全国市场的对接，突破贫困地区本地销售的局限，为易地扶贫搬迁后续产业发展提供强大的市场动力。另外，通过全国各地的消费者购买贫困地区的产品与服务，帮助贫困人口增收脱贫的消费扶贫也是一种有效的扶贫方式。易地扶贫搬迁后续产业要开拓市场，也离不开电商平台这一主要手段。

二、后续就业扶持的典型经验

（一）多渠道组合式帮扶，实现就业帮扶全覆盖

各地已探索形成了较为成熟的多渠道组合式后续就业帮扶模式，实现了对不同搬迁群众就业帮扶的全覆盖。一方面，收集并追踪更新搬迁劳动力就业现状、就业意愿和就业需求等信息。另一方面，根据搬迁劳动力的就业特征实施针对性就业帮扶措施。

针对有外出意愿的搬迁群众，依托对口帮扶企业和东西部协作等资源，组织劳务输出，实现稳定就业。例如，贵州省水城县以东西部扶贫协作为契机，向浙江省多地和辽宁省大连市输出劳动力并签订劳务合作协议书和稳岗协议，同时通过社会劳务中介公司为输出劳动力提供跟踪就业服务和保障。

针对有劳动力但不愿外出或无法外出务工的搬迁群众，通过培育特色产业或配套扶贫车间扩大本地就业吸纳能力，实现搬迁群众就近就地稳定就业。例如，陕西省平利县打造富硒特色产品，通过土地流转、劳务用工等形式带动贫困搬迁户增收，成效显著。

针对无力脱贫、无业可扶、无业可就的弱劳动力，开发建筑、保洁、护河、护林、护路等公益性岗位，实现搬迁群众兜底就业。例如，云南省会泽县万人以上大型安置点结合实际情况开发了"欣枫巡逻队"和"欣城大叔"自治服务队等特色公益性岗位，既实现了60岁以上老年劳动力的就业，也增强了搬迁群众的自治意识。

（二）设立县级平台公司，完善后续就业帮扶相关方的利益联结机制

贵州省威宁县和云南省会泽县探索设立县级平台公司，统筹整合土地、厂房、人力、资金等资源，进行信息传递和共享，进而加强劳动力

供给方（搬迁群众）、劳动力需求方（产业基地、企业等）和政府等多方的利益联结机制，实现共赢。

平台公司负责整合搬迁群众以及安置区周边的土地、房屋、人力等资源，统筹政府的专项资金，实现统一规划布局、统一土地流转、统一标准建设和统一运营管理。通过引进企业或新型农业经营主体建立产业基地，采取土地及设施租赁、固定资产投资等方式合作，由合作方负责生产、管理和销售，平台公司负责监管。平台公司与政府合作收集搬迁劳动力信息，进行岗位匹配，按需组织搬迁群众到产业基地、县内外企业或扶贫车间务工，并进行公益性岗位的推荐和扶持自主创业。平台公司的收益来源于合作方支付的土地及设施租赁费、管理费等，去除运营管理成本之外，剩余收益可用于开发公益性岗位、补给"爱心超市"物资、开展特殊困难救助等。

搬迁群众将土地和资金交由平台公司统一流转或投资，获取土地租金或分红，并将劳动力信息汇报给平台公司进行信息传递和匹配，通过产业基地、县内外企业、扶贫车间、自主创业、公益性岗位等渠道实现就业，获取工资性收入和经营性收入。此外，搬迁贫困劳动力还能享受政府的就业补贴、创业补贴等。

产业基地、企业等劳动力需求方从平台公司获取土地、房屋、人力等资源，通过生产经营获得利润，有义务向平台公司支付管理费和租赁费，向务工劳动力支付工资，向政府纳税；有权利从平台公司获取劳动力信息，从政府获取税收优惠、就业补贴等政策性支持。

政府负责管理平台公司，并划拨专项资金支持平台公司投资和运营，与平台公司共享政策信息、劳动力供需双方信息等，协助平台公司进行产业基地开发、招商引资和就业调整等。政府可获得税收收入，并有权利支配平台公司的收益，扶持安置区后续发展；同时向劳动力供需双方提供税收减免、补贴等政策支持。

三、后续社区融入的典型经验

各地积极推进易地扶贫搬迁后续社区管理与融入工作，在政治引领作用、经济融入、心理和文化融入、社会融入4个方面取得了突出成效，并探索形成了一些值得借鉴的创新做法，具体包括：

（一）政治引领作用

政治引领作用方面，突出党建引领，建立健全基层自治体系和群团组织体系，有效提升搬迁群众在社区中的政治参与感。一是配齐配强党支部班子，完善"四议两公开"和党务、财务公开等工作机制，落实"三会一课"等基本制度，切实在安置点后续各项工作中发挥党的领导作用，着重将搬迁党员吸纳进支部，使其得以积极作为，教育引领广大搬迁群众更好地行使政治权力。二是建立健全基层自治体系。例如，陕西省按照"公共服务全覆盖、管理成本不增加、社区治理更有效"原则，成立移民委员会，主任由支部书记兼任，选举产生了居民代表，党员占一定比例，开展社区自治工作。同时，强化社区支部领导作用，全面执行社区自治规定，推行"支部＋网格长＋楼长＋搬迁户"的网格化管理机制。三是建立健全群团组织体系，探索设立妇联、共青团、工会等群团组织和治保调解、文艺团体、慈善义工等社会组织，加快推进各类服务中心的建设，为安置点的搬迁户提供优质服务。

（二）经济融入

经济融入方面，各地主要通过"平价消费＋促进增收"两手抓实现搬迁群众的经济稳定。一方面，通过盘活闲置土地、实施奖补政策等措施，降低搬迁群众生活成本。例如，四川宣汉县普光镇任家沟安置点实施的"满意菜园子"工程，盘活安置区闲置土地，减少搬迁户日常食品开支。云南省实施过渡期物业管理费、电视收视费和水电费减免等措施，降低搬迁群众过渡期的经济压力。另一方面，基于多渠道组合式的产业、就业和兜底帮扶措施，促进搬迁群众后续稳定就业和持续增收。各地通过组织化劳务输出、发展特色产业、建立扶贫车间、设立公益性岗位和实施以工代赈项目等多种方式，提升就业岗位供给的多样性和稳定性，以满足不同搬迁群众的就业需求。同时，通过技能培训等方式提升搬迁群众自身就业能力，促进劳动力供需方的高效匹配。此外，对于无劳动力的搬迁户，通过五保、低保等方式进行兜底保障。

（三）心理和文化融入

心理和文化融入方面，主要通过扶志教育、感恩教育和文化实践活动等方式，激发搬迁群众脱贫致富的内生动力，加强其归属感和身份认同感。例如，甘肃省将搬迁群众精神文明建设与农村"三变"改革相结合，创新设立"文明股"，有效激发贫困群众脱贫攻坚的积极性和主动性；贵州省在安置点设立感恩学堂、奋进书屋、电子阅览室，开设音乐、舞蹈、绘画等课程，并不断对搬迁户进行民事刑事教育，用现代的文化交流碰撞传统的故地依赖；山西省大同市云州区文化局开展"文化进万家"送戏下乡、"情系贫困户、春联送到家"等活动，将正能量的熏陶和教育以群众喜闻乐见的文艺表演形式传播，丰富搬迁群众的精神文化生活的同时弘扬社会主义核心价值观；陕西省通过推行"一约四会"、制定"居民公约"、举办"五项教育活动"、设立"善行义举榜"等多种方式，转变搬迁群众生活习惯，更新传统观念和思想，教育引导群众融入社区新生活。

（四）社会融入

社会融入方面，各地区积极完善基础设施和社区服务配套，建立健全以公共教育、医疗卫生和养老保障等为核心内容的公共服务体系，促进搬迁群众的社会融入。对于社区综合服务设施，湖南省以新建、改造和整合共享等形式，建立社区服务中心（站）、文体活动中心、老年服务中心、平价购物中心等社区综合服务设施；陕西省建立社区服务中心，采取"一站式"代办服务机制，通过社区移民委员会集中受理搬迁群众代办事项，对接原户籍地村民委员会进行集中办理，限时办结，做到群众"只进一扇门、办成一件事"。对于具体的公共教育、医疗卫生和养老保障等民生项目，各地通过普惠幼儿园、学费减免等教育扶贫政策，医保、大病补助和定期免费体检等健康扶贫政策，以及养老保险、孝心基金等其他民生扶贫政策，全面提升搬迁群众的公共服务保障。此外，各地创新推出巾帼家美积分超市、爱心超市等方式，创建文明积分，引导搬迁群众养成良好的生活习惯、创造和谐的社区氛围。

第二节 易地扶贫搬迁后续扶持中需要关注的问题

一、后续产业发展的问题

（一）部分产业项目短期化、同质化现象严重，且缺乏品牌和产业链建设，可持续发展能力不足

由于脱贫攻坚时间紧、任务重，政府往往倾向于选择易出政绩、直观而又立竿见影的短平快项目，忽视相关的市场评估、产业遴选、产业结构等，甚至简单照搬、盲目引进，以至于部分后扶产业出现无特色、产品滞销、半途而废现象。产业扶贫的短期见效、同质化严重与促进贫困地区长期稳定脱贫难以进行有效统一，同时也不能满足产业兴旺中乡村产业持续性、多元化发展的目标。另外，产业发展过程中农产品品牌和产业链建设严重不足。调研发现，大多数安置区配套产业的品牌意识较弱，未形成独特的产品品牌，导致市场竞争力低，严重制约产业发展的可持续性。产业链多注重生产，忽视加工、销售、服务等环节，一二三产业融合水平较低。未来产业发展要将农业生产、农产品加工、观光休闲和销售等环节联结起来，实现一二三产业融合发展，而目前很多后扶产业扶贫项目并不符合乡村产业融合发展的理念。

（二）新型经营主体带贫动力不足、能力薄弱，部分产业项目利益联结机制不完善

虽然各地目前都已培育了一批带贫主体，但总体来看，贫困地区带贫主体还存在带贫动力不足、自身发展能力薄弱和利益联结机制不完善的问题，带贫效果有待提高。（1）激励不足导致的龙头企业带贫动力不足。调研发现，目前只有龙头企业带动贫困户才能享受相应贫困户的扶贫资金，且多为专项专用，导致多数龙头企业参与产业发展的动力不足。例如，部分地方针对扶贫车间项目虽然有"零地价、零租金、建厂房"的优惠政策，但由于工业基础薄弱、产业化水平低，在没有其他激励政策的情况下，无法吸引大型龙头企业进驻。（2）合作社运营不规范导致带贫效果不佳。部分合作社流于形式，存在管理运行不规范、财务制度不健全、议事制度和社员管理制度缺失、生产经营管理粗放、盈利能力弱等问题，导致带动能力不强。（3）利益联结不紧密。主要体现在两个方面：一方面是搬迁户的利益保障不足。部分新型经营主体与贫困户共担风险的意愿不强，与贫困户签订的契约稳定性和约束力不足，缺乏利益保障机制建设；另一方面是搬迁户产业参与不充分。部分搬迁户表示自己不知道是否参与产业扶贫，也不知道参与的产业扶贫形式，只知道每年有固定的分红收入，产业扶贫已变相为现金补贴，失去

"造血"能力，脱离产业扶贫激发贫困人口内生动力，提高自我发展能力的目标。

二、后续就业扶持的问题

（一）2020 年后搬迁劳动力本地就业的稳定性有待提高

搬迁群众实现本地稳定就业的意愿较大。2019 年实现非农就业的易地扶贫搬迁劳动力中（占比 73.1%），本地就业比例（39.4%）高于外出就业比例（33.7%），且仍有 43.8% 的家庭具有本地就近就业的政策帮扶需求[1]。但未来贫困搬迁户实现本地稳定就业的难度较大，主要原因包括：一是搬迁劳动力的文化程度和技能水平普遍较低。调研发现，46.6% 的搬迁劳动力仅拥有小学及以下教育水平，高中及以上教育水平的不足 16%。二是搬迁群众实现本地就业多依赖政策扶持，未来扶持力度减弱可能造成本地就业稳定性下降。调研数据显示，在实现本地就业的搬迁劳动力中，50.3% 依赖政府提供的就业帮扶；自主实现本地就业的搬迁劳动力中，19.8% 的岗位是稳定性较差的零工。三是国内经济下行压力较大，新冠肺炎疫情、洪涝灾害等不确定性风险频发，而搬迁群众生计脆弱性较高，且城镇无土安置的搬迁户缺少土地的保障和缓冲，实现本地稳定就业的难度较大。

（二）后续就业帮扶的风险防范和应对措施仍应加强

调研数据显示，2020 年 53.2% 的搬迁劳动力就业受到了新冠肺炎疫情的影响，其影响主要包括三个方面：一是扶贫龙头企业和扶贫车间停工停产或延迟开工；二是部分返乡搬迁劳动力返岗和外出务工延迟；三是由于部分企业订单减少，造成一些搬迁劳动力收入小幅度下降。目

---

[1]　有就近就地就业政策需求的家庭包括：指有就近就业、居家就业或公益性岗位需求的家庭。

前各省主要采取以下三种措施应对：一是设立与疫情相关的公益性岗位，例如防疫员、消毒员等；二是加强组织化劳务输转，包车将搬迁劳动力输转至用工省份；三是给予增加就业生活费补助，激励搬迁劳动力外出务工。总体上，关于风险防范和应对措施方面主要是被动地采取事后干预措施，大部分省份没有建立事前预防机制，一些省份只是提出建立风险防控机制，但没有具体、完善的风险应对预案。

三、后续社区融入的问题

（一）搬迁人口社区互动水平低，原住民与搬迁户之间的矛盾初步显现

首先，社区互动与信任水平较低，安置区搬迁户之间交流较少。搬迁之后，搬迁户来自不同村落与乡镇，相互之间存在一定的生活差异，一栋楼里的居民多数来源于不同村庄和乡镇。这导致社区内部和社区之间信任水平较低，交流较少。其次，部分地区原住民与搬迁户之间的矛盾初步显现。一方面，由于安置区享受到更多的补贴和政策优惠，配套的水电基础设施、社区管理、卫生环境以及文娱活动等均优于原住民，使得原住居民内心产生不公平感，心理落差较大。另一方面，搬迁后大部分安置区建设了扶贫车间，多数扶贫车间建在原居民区附近，车间产生的噪声影响了原居民的生活和利益，使得原住民与搬迁户产生矛盾。

（二）社区物业管理体系不成熟

社区管理不成熟，物业管理费征收标准不统一，部分地区物业管理压力大，是目前安置区社区管理主要问题。在没有引进物业公司的安置小区，配备的社区管理人员专业性不强、工作不成熟，物业服务均由社区干部负责，一方面加大了社区干部的管理压力，另一方面服务质量不高会造成社区管理人员与居民之间的矛盾。在引进物业公司的安置小

区，为缓解搬迁户的生活压力，部分地区暂时不收取物业费，通过财政资金进行补贴，造成县级财政压力，即使部分地区依靠租赁厂房等资金来进行补助，但长期来看并不是可持续发展之计，且不具有普遍性。

（三）搬迁后续政策不明确，不利于搬迁户的长期融入

户籍管理不明确，配套政策缺位，安置房产权不清，不利于安置区发展和搬迁户长期融入。第一，部分地区针对搬迁人口的户籍管理政策尚不清晰。部分城镇安置区对于搬迁户未来是否转为城市户口尚未有明确的计划，对于户籍所在地与居住地不一致的"户居分离"群体，相关社会保障、医疗、补贴等配套政策方案尚未出台，不仅导致搬迁户办理相关事务"两头跑"，增加生活成本，还会导致搬迁户的归属感相对较弱。第二，安置房产权不清，产权收益有待明确。随着易地扶贫搬迁项目的完成，安置房产权归属问题成为搬迁户的担忧。特别是城镇集中安置户是否享有住房产权、享有比例、原宅基地如何处理等问题仍然模糊不清，各地之间的政策差异也较大。同时，部分安置区剩余的安置房、配套厂房的产权尚未明确，使其产权收益未能得到清晰配置和合理利用。

第三节　强化易地扶贫搬迁后续扶持的对策建议

一、提升新型经营主体带贫能力，加强利益联结机制构建，促进产业可持续发展

一是从产业设施建设、优惠政策强化等方面完善带贫主体激励机制。加强互联网、物流通道等产业设施建设力度，为企业进驻打造硬环

境；通过资金支持、税收优惠、金融信贷、土地免租等政策，为企业进驻打造软环境。

二是完善利益联结机制。通过政府机构、群团组织等第三方监督的方式，强化带贫主体和贫困户的契约稳定性；探索契约型、分红型、股权型等多种合作方式、形成生产带动、就业带动等多元化带动模式，使搬迁户充分参与到产业发展中，提高其可持续发展能力。

三是发展优势产业，提高产业发展的可持续性。重点扶持发展当地优势产业，对安置区的自然条件、劳动力信息进行实地调查，统筹安排产业项目布局，充分发挥地区比较优势，避免产业同质化。对已经发展的产业，注重产品与市场的对接，通过引入加工企业、电商平台，切实解决产品的销售问题。精准识别易地扶贫搬迁户的产业发展意愿和能力，激发搬迁户参与产业发展的积极性。

二、实施分类帮扶，加强劳动技能培训，提高搬迁户务工积极性，促进稳定就业

一方面，针对技能较好且有意愿外出的搬迁劳动力，依托东西协作对口帮扶和社会帮扶资源组织其外出就业。对于有劳动能力但不愿意外出就业的搬迁群众，打好"特色产业、公益性岗位、以工代赈和扶贫车间"的组合拳，提升本地岗位供给的多样性和稳定性。

另一方面，通过劳动技能培训、职业教育等手段促进就业。针对外出务工人群，定期组织招聘会，提供岗位信息，让搬迁人群对外出务工的工资待遇、工作强度以及权益保障有清晰的认识。对于就近就业的贫困劳动力，积极发挥扶贫车间的带动作用。建议综合考虑搬迁劳动力的年龄、性别、就业技能等因素，"因地制宜"落实扶贫车间建设规划，对于已经建成的扶贫车间，可以适当放宽就业条件，以吸

纳更多的就业者。

三、稳定政策预期，解决搬迁人口后顾之忧

第一，加强顶层设计，明确搬迁人口户籍管理及其配套政策。建议针对不同搬迁安置方式实行不同户籍管理政策。县城安置人口可考虑统一将户口迁至县城按照市民管理，乡镇安置人口可将农村户口迁移至现居住地管理。并尽快确定与户籍挂钩的社会保障等政策，确保搬迁户能与当地人享受同等公共服务保障。

第二，加强易地扶贫搬迁形成的资产产权界定。一方面，确定易地扶贫搬迁资金形成的资产的后续产权归属，明确相关部门处理资产的权力。如搬迁户原宅基地复垦，以及各级组织实施的单独到村项目形成的资产，产权归属于村集体，由村集体管理；对于农户原住地的承包地、安置点房屋以及到户类资产，产权归属于个人。另一方面，明确资产的管理和收益分配，并重点将收益用于支持搬迁贫困户后续长期发展和资产的运营维护等。产权归属国有的，按照国有资产管理规定进行管理；产权归属村集体所有的，全部纳入农村集体"三资"管理平台；产权归属到户的，由个人自行管理；资产收益分配应首先向缺乏劳动能力的重点低收入群体倾斜。

四、构建易地扶贫搬迁人口的长期监测体系

易地扶贫搬迁人口是返贫风险较大的群体，需要长期关注，建议建立长期生计监测体系，持续跟踪并形成因人因地施策的反馈机制。贫困人口迁出后，需要经历较长的适应期和调整期才能实现与迁入地的良好

融合。搬迁人口数量较大，若不能解决好这部分人的后续发展问题，容易引发社会矛盾甚至社会动荡。因此，应建立易地扶贫搬迁安置点监测体系，长期监测搬迁户的生产生活和就业融入问题，保障贫困搬迁人口实现稳定脱贫。

第二篇

专题研究篇

第四章

易地扶贫搬迁后续产业发展研究

产业发展作为后续扶持工作的重点任务，是推动安置区经济可持续发展的根本路径，只有以产业强经济、以经济强民生，才能实现"换穷业"和"拔穷根"。产业发展也是搬迁群众持续稳定脱贫的根本途径，只有通过发展产业，将搬迁群体融入产业链条，分享产业发展红利，提升自我发展能力，才能保证脱贫稳定性和防止返贫。

然而现有易地扶贫相关研究主要集中在政策演变与发展趋势（陆汉文和覃志敏，2015；檀学文，2019）、政策的实施效果评估（Li et al.，2019；白南生和卢迈，2000；李芳华等，2020）、政策实施的困境等方面（Li et al.，2017；形成举，2016；彭玮，2017；柳立清，2019），关于搬迁后续扶持的研究相对较少。涂圣伟（2020）认为易地扶贫搬迁后续扶持政策需要在需求、主体、要素三个层面确立新的发展导向：一是在需求层面，从满足生存型需求向兼顾过渡性、满足发展型需求转型；二是在主体层面，从重点扶持个体向促进"个体—社区—县域"融合发展转型；三是在要素层面，从统筹"人地"关系向畅通"人地钱"循环转型。黄云平（2020）认为加强易地扶贫搬迁后续扶持，应重点围绕产业发展带动减贫、提升公共服务均等化水平、贫困人口就业脱贫、减贫内生动力、安置区社会治理能力等方面统筹兼顾。武汉大学易地扶贫搬迁后续扶持研究课题组（2020）也认为做好易地扶贫搬迁后续扶持，要实现其与以县城为载体的城镇化协同并进，同步推进就地安置与劳务输出，扶技、扶志与扶业并重，加快安置地公共服务和基础设施的"软件"和"硬件"建设，加快易迁贫困人口的社会融合，盘活用好迁出地的各项资源。虽然学者们对易地扶贫搬迁后续扶持的政策导向和战略重点进行了分析，但关于后续产业发展的研究相对缺乏，仅有侯茂章和周璟（2017）结合湖南省国家级贫困县调研案例，总结易地扶贫搬迁后续产业发展11种模式，并提出根据安置区实际选择合适产业、产业发展模式等促进后续产业发展的对策与建议。本章主要从后续产业发展状况、带动模式及成效、疫情影响及应对、主要做法及经验、面临问题及困难、政策建议及展望六个部分展开分析。

在产业发展状况方面，易地扶贫搬迁后续产业发展项目主要包括农业项目、加工业项目、旅游业项目和光伏产业项目等，其中以农业项目最为普遍。从搬迁户的参与情况来看，72%的搬迁户参与了后续产业发展，主要的组织形式为"企业＋合作社＋农户"。从不同安置方式来看，92%的集中安置区都配套了产业发展项目，其中行政村内就近安置和建设移民新村安置都以农业项目为主，县城、小城镇或工业园区安置以加工业项目为主。

在带动模式及成效方面，易地扶贫搬迁后续产业发展项目的带动模式可分为直接生产带动、就业带动、资产收益带动、混合带动四种。从带动比例来看，资产收益模式带动的搬迁户最多，占参与后续产业发展搬迁户总数的77%。从带动成效来看，混合带动模式的增收效果最显著，可使参与的搬迁户户均收入增加11 617元。其次是就业带动模式，可使参与的搬迁户户均收入增加9 337元。

在疫情影响及应对方面，66.7%拥有后续产业项目的安置区表示疫情影响不太严重。从产业项目类型来看，疫情对农业项目的影响面不大，但农产品销售环节受到较大冲击；疫情对扶贫车间的冲击覆盖面较广，涉及复工延迟、招工人数减少、订单减少等多个方面；疫情对旅游产业的影响最直接，当季水果休闲采摘业明显减少。针对疫情影响，各地加强农资调运储备，落实产业奖补政策资金，解决生产困难；利用电商销售、政府引导、单位对接、以购代捐等渠道，解决销售困难；加大对带贫经营主体的政策优惠力度，促进复工复产。

在主要做法和经验方面，各地政府主要从以下方面促进后续产业发展。第一，制定后续产业发展实施方案和规划，因地制宜选择安置区主导特色产业。第二，培育新型经营主体，激发安置区经济发展活力。第三，盘活"三块地"，适当放宽搬迁户土地使用权和经营权，充分利用闲置土地资源。第四，建立利益联结机制，保障企业、农户之间的利益分配均衡。第五，强化技术帮扶，增强贫困地区"造血"能力，推动当地产业转型升级。第六，电商扶贫与消费扶贫相结合，拓宽销售渠道。

虽然后续产业发展带动搬迁户成效显著，但还存在一定的问题和困难：第一，部分产业项目短期化、同质化现象严重，可持续发展差。第二，后续产业发展的链条较短，市场培育不足。第三，安置区产业基础薄弱，激励政策不足，引进大型龙头企业较为困难。第四，部分新型经营主体带贫能力弱，带贫机制不完善，带贫效果受到影响。第五，搬迁户产业参与不充分，自我发展能力未明显提高。第六，后续产业发展资金困难，稳增收稳发展难度大。

为促使易地扶贫搬迁后续产业健康发展，针对以上问题和困难，提出以下建议：第一，做好产业发展规划，要立足当前与谋划长远相协调，增强产业的可持续性。第二，注重产品品牌建设，拓展产业链条的宽度和深度，提升价值链。第三，加强安置区基础设施建设，完善激励机制，吸引龙头企业进驻。第四，开展新型经营主体规范提升活动，增加其发展能力，提升其带贫效果。第五，激发搬迁户发展产业的积极性，多措并举提高其自我发展能力。第六，创新资金投入方式，增强产业发展资金保障。

2020 年后，中国将全面进入乡村振兴战略阶段，巩固脱贫成果，实现产业扶贫与产业兴旺的有机衔接成为当前的主要任务。"十四五"期间后续产业发展应重点关注以下方面：第一，统筹考虑城乡产业发展，合理规划安置区产业布局。第二，打造农产品品牌，延伸拓展产业链，实现一二三产业融合发展。第三，强化龙头企业带农激励机制，形成产业链以实现产业化。第四，实施新型农业经营主体培育工程，创新收益分享模式，完善紧密型利益联结机制。第五，创新技术培训模式，改进扶贫方式，切实提升搬迁户自我发展能力。第六，建立全方位、多层次的资金保障机制，持续推动后续产业的健康发展。

第一节　易地扶贫搬迁产业发展状况

一、易地扶贫搬迁产业发展类型

易地扶贫搬迁后续产业发展项目主要包括农业项目、加工业项目、旅游业项目和光伏产业项目等。农业项目主要包括种植业、养殖业项目，通过带动搬迁户参与农业生产经营活动，提升其生产技术能力进而实现增收脱贫。加工业项目主要是指安置区发展的扶贫车间或加工工厂等，通过吸纳闲置劳动力以解决搬迁户就近就业问题，进而增加搬迁户工资性收入。旅游业项目是指基于安置区的生态资源、文化资源、区位条件等，通过开发乡村旅游以带动安置区搬迁户脱贫致富。光伏产业项目是基于安置区丰富的太阳能资源，通过光伏发电为搬迁户带来收益。

农业项目是搬迁安置区实施的最为普遍的产业发展项目。安置区依据自身的资源禀赋、区位条件、市场状况等，发展类别多样的种植业和养殖业（见表4-1）。种植业项目主要包括粮食作物（优质稻、甜糯玉米、马铃薯等）、经济作物（黑木耳、食用菌、茶叶等）和其他作物（青贮玉米、饲草等），其中以经济价值高、效益呈现快的经济作物为主。例如，山西省临县通过发展食用菌种植带动搬迁户增收，总规模达到1260万棒，涉及贫困村38个，带动贫困户1300余户，户均增收7000元以上。养殖业项目主要包括家禽养殖（鸡、鸭、鹅等）、畜牧养殖（牛、羊、猪等）、水产养殖（稻花鱼、蟹等），其中以养殖技术含量不高、容易被掌握的家禽养殖和畜牧养殖为主。例如，广西都安县实施"贷牛（羊）还牛（羊）"产业项目，覆盖全县所有搬迁贫困户，企业共代养牛5129头、羊16231只，2019年底获得收益926.97万元，带动搬迁贫困户户均增收1200元以上。

表4-1　　　易地扶贫搬迁主要省区安置区农业产业发展项目

省区	种植业发展项目	养殖业发展项目
山西	青贮专用玉米、燕麦、甜高粱、大豆等饲料作物、饲草、食用菌、马铃薯、番茄、中药材、核桃、山桃、油松、香花槐、连翘	牛、羊、猪、鸡、蜂、兔、驴、黄粉虫
湖南	柑橘、杨梅、葡萄、碣滩茶、蔬菜、中药材、红心猕猴桃	以乌骨鸡、黄牛、稻花鱼为主的家禽、猪、羊
贵州	野生菌、甜柿、茶叶等特色农产品和精品花卉经济林	蛇业、肉兔
云南	马铃薯、野生菌、香蕉、芒果、红花、玫瑰茄、甜玉米、中药材、高山蔬菜、人工食用菌、特色花卉、烟草、粮豆、核桃、板栗、花椒、构树	撒坝猪、滇中牛、云岭黑山羊、武定鸡
陕西	茶叶、食用菌、烤烟、蚕桑、中药材、花卉、葡萄、魔芋、油桐、核桃、板栗、银杏、樱桃	生猪、土鸡、良种羊、蜂蜜

续表

省区	种植业发展项目	养殖业发展项目
四川	猕猴桃、柑橘、黄金梨、露地蔬菜、中药材、藤椒、莲藕、食用菌、富硒茶、脆李、琯溪蜜柚、猕猴桃、枇杷	宣汉黄牛、生猪、山羊、小家禽、水产养殖
广西	优质稻、甜糯玉米、马铃薯、花生大豆、富硒茶、富硒水果、富硒蔬菜、中药材、花卉、芒果、猕猴桃、山楂、李、梨、银杏	猪、牛、羊、鱼、家禽
甘肃	枸杞、高原有机蔬菜、食用菌、中药材、小麦、香瓜、青贮玉米、马铃薯、沙漠桃、山楂、李子	牛、羊、鸽、家禽

加工业项目是指在安置区建立扶贫车间或加工厂，就地就近创造更多就业岗位，帮助劳动技能差、就业能力弱的搬迁户实现就业。首先，扶贫车间主要是指建设在乡、村，以不同类型的建筑物为生产经营活动场所，以从事农产品初加工、手工业、来料加工经营等劳动密集型产业为主要内容，以壮大贫困村集体经济、解决贫困人口就地就近就业为目的模式，主要包括"下沉式""订单式""引进式""创业式"四种类型。例如，湖南省沅陵县向华电子、辰州磁电高科等公司建成"下沉式"扶贫车间10个，共吸纳300多人就业。另外，县里还创办了电子、鞋厂等扶贫车间，承接沿海一带的订单业务，实现扶贫车间每位就业人员全年收入15 000元以上。

其次，安置区为延伸产业链条，提升产品价值，引进企业建立加工厂，以解决当地闲置劳动力就业问题。一方面，依据当地种植业发展和市场需求情况，发展适宜的农产品加工业。例如，四川省宣汉县发展李子酒、李子酱加工生产线；陕西省紫阳县发展魔芋深加工生产线，提高了产品附加值，创造了多个就业岗位。另一方面，依据当地劳动力和人口结构比例，发展适合的特色手工加工业。例如，黔西南州实施"绣娘计划"，打造指尖产业以帮助搬迁妇女就业，并将此产业作为突破口，聚焦服饰产业，全力打造延伸轻纺工业全产业链（见表4-2）。

表4-2　　　　　　　易地扶贫搬迁主要省区安置区加工业发展项目

省区	扶贫车间	加工厂
山西	手套	蒲公英、黄粉虫
甘肃	服装生产、毛衣加工、木雕工艺、脊兽制作、鞋帽制作、电子装配、草编产品编织	白羽肉鸡、黄花菜、中药材、马铃薯、百合、油橄榄、特色小杂粮
湖南	商标生产、制衣、制鞋厂	桐油、冰糖橙
贵州	制鞋业、制衣、电子元件	铝、茶叶、芥菜、萝卜丝、辣椒、茶叶、刺绣
云南	工艺品编织、电子线材加工	薯条、马铃薯罐头、洋芋披萨、豌豆薯
陕西	服装鞋帽加工、手工艺品加工、玩具制造、箱包制造、电子加工、机械制造、生物提取	中药材、魔芋、茶叶
四川	服装加工、塑胶工艺制品制作	食用菌、乳制品、茶叶、中药材、李子
广西	玩具制作、电子加工、竹藤编织	芒果、八渡笋、姬松茸、木材

旅游业项目是易地扶贫搬迁后续产业发展的种类之一，主要与安置区的生态环境、文化氛围、区位条件等息息相关。易地扶贫搬迁地区多为山区或少数民族聚居区，生态风景优美，文化底蕴浓厚，为发展乡村旅游业奠定基础。同时，搬迁配套建设让安置区的基础设施和公共服务较为完善，为旅游开发和游客的出行提供便利。例如，四川省宣汉县充分利用当地独特的巴山自然风光和绵延100余千米的喀斯特"V"形大峡谷景观，并基于土家族的巴文化，全力推进巴山大峡谷文旅扶贫综合开发项目，致力于打造中国最大的岭脊峰丛观景平台、最适宜的避暑康养胜地、南方最大的天然滑雪场和全国巴文化高地（见表4-3）。

表4-3　　　　　易地扶贫搬迁主要省区安置区旅游产业发展项目

省区	旅游开发区名称	旅游项目种类
山西	支前纪念馆、丹寨万达小镇	非遗文化项目、美食、森林养生、避暑休闲、温泉康养、中医药康养、特色食品康养
甘肃	八松乡、黄河石林大景区	星空帐篷小镇、产学研游学基地、休闲农业项目、非遗文化项目
湖南	借母溪风景区	农家乐、民俗特色产品加工、文艺演出
贵州	野玉海风景区	农家乐、马帮旅游、民俗酒店、滑雪场
云南	狮子山、插甸水城河、己衣大裂谷、热水塘温泉、万德土司遗址	农业观光、民俗文化、农家乐、牡丹花展、少数民族节庆活动
陕西	樱桃沟、神农富硒生态园	赏花、采摘、垂钓
四川	洋烈水乡、庙安花果山、明月川东莲乡、下八米岩花海、江口湖库区、巴山大峡谷	生态观光区、民俗休闲、养生养心、农家乐
广西	潜暗河、观天窗、走湿地、漂河流、逛瑶山、品红酒	休闲观光农业、生态旅游、红色旅游、特色文化旅游和康养项目

　　光伏产业是易地扶贫搬迁后续发展的新型产业。光伏产业发展目前主要有四种类型：第一种是以贫困户为单位，在贫困户屋顶建设发电系统，产权和收益归贫困户所有；第二种是在村集体用地上建设小型发电站，产权归村集体所有，收益由村集体、贫困户按比例分配；第三种是利用农业大棚支架建设的光伏电站，产权归投资企业和贫困户共有；第四种是产权归投资企业所有的地面电站，贫困户可以按照分配的股权获得收益。目前，搬迁各省市已广泛开展光伏产业扶贫项目，一定程度上缓解了安置区集体经济薄弱、搬迁户收入不足、部分搬迁户供电不足的问题（见表4-4）。以山西省为例，截至2019年底，全省光伏扶贫累

计结算收益 16.78 亿元，发放到村 13.71 亿元，惠及 6 077 个贫困村和 36.85 万余贫困户。

表 4-4　　　易地扶贫搬迁主要省区安置区光伏产业发展项目

省区	光伏产业项目典型地区	项目运行效果
山西	汾西、大宁、吉县、天镇、浑源	全省光伏扶贫总装机规模 295.04 万千瓦，涉及 11 个市、75 个县（57 个贫困县、18 个非贫困县）
甘肃	定西、天水、庆阳、临夏、平凉、甘南、白银、兰州、武威等 9 个市（州）的 48 个贫困县（区）	全省已建成光伏扶贫村级电站 881 个，规模超过 92 万千瓦，共计受益 3 896 个建档立卡贫困村，18.92 万户建档立卡贫困户
湖南	沅陵县、株洲市	全省已建成村级光伏扶贫电站 3 302 个，装机量达 39.04 万千瓦，平均每个村级光伏扶贫电站每年带动村集体经济收入超 4 万元
贵州	威宁县板底乡、六枝特区落别乡、盘县羊场乡、盘县滑石乡岩脚村、独山县上司镇	2017～2020 年全省贫困县每年扩大光伏发电规模 20 万千瓦以上，累计完成总投资 52 亿元以上，利用荒山荒坡 5 000 亩（约合 333.3 公顷）以上，带动项目覆盖的建档立卡贫困户人均增收 3 000 元左右
云南	牟定县凤屯镇、大尖山镇、安乐镇；永平县官上村、光映村、初一铺村等	保障建档立卡无劳动力贫困户每年每户增收 3 000 元以上
陕西	宝鸡市千阳县草碧镇	陕西有色集团光伏扶贫项目，10 座电站目前全部并网发电，总容量 5.4 兆瓦
四川	甘孜、凉山两州	57 个项目装机总容量超过 1.8 万千瓦，建设资金超过 1.3 亿元
广西	百色市、梧州市、南宁市、钦州市	钦州市钦南区共有 10 个镇（街道）建设了 43 个分布式光伏电站，覆盖全区 38 个行政村，其中贫困村 37 个，总装机容量 0.2192 万千瓦，总投资 1 660 万元

二、易地扶贫搬迁产业项目参与情况

搬迁户参与后续产业发展项目的比例为72%，未参与的原因主要是家庭缺少相应的劳动力。分省来看，广西壮族自治区搬迁户的参与比例最高。从安置方式来看，行政村内安置方式下搬迁户的参与比例最高。2019年，搬迁户参与后续产业项目的比例为72%，未参与的主要原因为缺乏劳动力，占比35%；其次是感觉没必要，占比34%；此外还有当地没有产业项目（26%）、缺资金（2%）、想参加但不让参加（2%）以及缺土地（1%）等原因。分省份来看，广西壮族自治区搬迁户的参与比例最高，达到100%，四川省搬迁户的参与比例最低，仅为47%。从安置方式来看，行政村内安置方式下搬迁户的参与比例最高，为76%；建设移民新村安置方式下搬迁户的参与比例最低，为68%。

搬迁户参与最多的产业项目是种植业，其次是养殖业，各省的产业项目类型略有差异。2019年，在搬迁户参与的后续产业项目中，种植业项目占比71%，养殖业项目占比27%，旅游业和加工业项目的占比较小，分别为0.23%和1%。分省来看，云南省、山西省、湖南省、甘肃省、陕西省、贵州省搬迁户参与的产业项目主要为种植业，占比都在60%以上，其他产业项目类型占比较小。四川省、广西壮族自治区搬迁户参与的产业项目主要为种植业和养殖业，两者的种植业占比分别为57%和54%，养殖业占比分别为43%和46%。

搬迁户参与产业发展项目的主要组织形式为"企业＋合作社＋农户"。2019年，搬迁户以"企业＋合作社＋农户"形式参与产业发展项目中的比例最高，占比38%；其他形式依次是："合作社＋农户"（25%）、"企业＋农户"（16%）、"农户自己发展"（21%）。分省来看，四川省、陕西省的主要组织形式是"农户自己发展"，占比分别为

46%和47%；山西省、湖南省和贵州省的主要组织形式为"合作社 +
农户"，占比分别为89%、38%和32%；广西壮族自治区和甘肃省的主
要参与组织形式是"企业 + 合作社 + 农户"，占比分别为44%和90%；
云南省主要以"合作社 + 农户"形式和"农户自己发展"形式为主，
两者比例一样，均为31%。

三、不同规模安置区产业发展状况

依据安置方式，易地扶贫搬迁可分为分散安置和集中安置，集中安
置的产业发展难度相对较大。分散安置主要是将搬迁户插花安置到村
内、外村、乡镇或县城上，可依据搬迁后所在地原产业发展模式进行发
展。集中安置主要将搬迁户集中安置到相应安置区，分为行政村内就近
安置、建设移民新村安置、小城镇或工业园区安置、乡村旅游区安置
等，需要在安置区发展新产业以推动当地经济社会发展。比较而言，分
散安置方式下发展产业面临的困难相对较小，集中安置需要通过发展新
产业来解决搬迁户的生计问题，相对难度较大。

92%的集中安置区都配套了后续产业发展项目，类型呈现多元化发
展。调研的48个集中安置区中，有44个配套了后续产业发展项目，占
比92%。其中，79%的安置区发展了种植业项目，41%的安置区发展
了养殖业项目，30%的安置区发展了加工业项目，11%的安置区发展了
旅游业项目。部分安置区产业发展项目不止一种，呈现多元化发展。
40%的安置区发展了两种类型的产业项目，19%的安置区发展了三种类
型的产业项目。安置区发展多元化产业项目有助于分散产业风险，保障
搬迁户收入稳定。

集中安置方式较多，不同安置类型下后续产业发展项目有所差异。
行政村内就近安置是指依托靠近交通要道的中心村或交通条件较好的行

政村，引导搬迁户就近集中安置。建设移民新村安置即依托新开垦或调整使用的耕地，在周边乡镇或行政村建设移民新村，引导居住在生存条件恶劣地区的搬迁对象集中安置。这两种安置方式属于有土安置，对于搬迁户来说，原有的生产生活方式变化不大，因此可以继续从事与种植业、养殖业相关的产业。调研数据显示，92%的行政村内就近安置区具有产业发展项目，新建移民新村安置区则100%具有产业发展项目，两者都是以种植业、养殖业等农业相关产业为主。

县城、小城镇或工业园区安置区主要发展加工业项目。在县城、小城镇或工业园区安置的搬迁人口，大部分具备一定的劳务技能和商贸经营基础。针对这部分群体，一方面通过加强安置区商贸流通、供销、邮政等系统物流服务网络和设施建设，推动当地加工业和服务业等产业的发展，为其创造更多的就业机会；另一方面，通过劳动技能培训不断提升其就业能力，为安置区产业发展提供高素质人才。调研数据显示，86%的县城、小城镇或工业园区安置区拥有产业发展项目，其中以加工业为主，再依次是种植业、养殖业和旅游业（见表4-5）。

表4-5　　　　　　　不同安置类型安置区产业发展类型

安置区安置类型	安置区数	发展产业项目比例（%）	产业类型（按重要程度排序）
行政村内就近安置	12	92	种植业、养殖业、加工业、旅游业
建设移民新村安置	14	100	种植业、养殖业、加工业、旅游业
县城、小城镇或工业园区安置	22	86	加工业、种植业、养殖业、旅游业

第二节　易地扶贫搬迁产业带动模式及成效

搬迁户参与后续产业发展项目，可获得生产资料服务、技术培训服务、销售服务、就业岗位等，依据家庭收入来源不同，产业发展项目对搬迁户的带动模式可分为直接生产带动、就业带动、资产收益带动和混合带动四种。

一、直接生产带动模式

直接生产带动是指安置区通过发展产业项目，为搬迁户提供种苗、种畜、化肥、农药、饲料、销售信息、技术培训等服务，带动搬迁户家庭经营性收入增加。这种带动模式主要存在于农业项目和旅游业项目中。

农业项目是多数安置区首选的项目类型，大多通过订单形式构建新型经营主体与参与搬迁户之间的利益联结机制。搬迁户参与项目后，不仅可以低价或免费获得种苗、种畜、化肥等生产资料服务，还能获得销售服务，按照合同约定价格出售农产品给新型经营主体。在这个过程中，搬迁户不仅可以降低其生产成本，还能规避市场风险，进而提高家庭的经营性收入。例如，湖南省已配套农业产业项目301个，投资40.68亿元，覆盖搬迁群众5.28万户49.79万人。

相比农业、加工业项目，旅游业项目更具造血功能，不仅能带动搬迁户增收，还能带动安置区产业转型。部分安置区依托当地的自然环境、风土人情等资源发展旅游产业，为搬迁户提供技能培训，提高家庭的经营性收入。例如，贵州六盘水野玉海安置点管委会出资100万元，与海坪彝族传承人、当地彝族同胞成立六盘水彝源文化有限公司，共吸纳和培养当地 109 户搬迁户 545 人从事彝族歌舞、情景剧、篝火晚会等民族文化活动演出，带动脱贫 35 户 175 人，实现变"农村"为"景区"，改"农舍"为"农家旅馆"。

调研数据显示，参与后续产业项目的搬迁户中有 168 户享受到了直接生产带动，占比为 43%。受访搬迁户认为自己获得的生产带动服务主要为技术培训和生产资料提供。其中，有 111 户表示自己接受过技术培训服务，有 107 户表示自己接受过生产资料提供服务，占比分别为 66% 和 64%。具体到补贴而言，有 146 户表示自己获得过政府提供资金或实物补贴，平均价值为 2 182 元。整体来看，直接生产带动可使参与搬迁户家庭的收入水平均增加 2 037 元。

二、就业带动模式

就业带动是指安置区通过发展产业项目，为搬迁户提供临时性或固定性的工作岗位，进而提高其家庭的工资性收入。这种带动模式存在于农业项目、旅游业项目等不同类型的项目中，但在加工业项目中更为常见。

农业项目在实施过程中除直接带动搬迁户从事生产外，也会为其提供种植、采摘等临时性岗位，以增加家庭的工资性收入。在这种方式下，搬迁户并不是农产品生产、流通和销售的利益主体，而仅仅作为被雇佣者参与产品的生产，不会承担农产品生产风险。例如，贵州省在发展茶叶、食用菌等主导产业项目过程中，会雇用大量的劳动力来从事种植、采摘等生产工作，带动搬迁户获得工资性收入，增加其脱贫致富的能力。在旅游业项目实施过程中，也会为当地的搬迁户提供较多工作岗位，以提高家庭的收入水平。例如，贵州省六盘水野玉海安置区建设特色小镇发展旅游产业，实施过程中提供环卫、保安、酒店餐饮等 1 016 个岗位，帮助 727 个搬迁户实现稳定就业，家庭每月收入 1 700 元以上，人均年收入可达 3 852 元。

在以城镇安置为主的大型安置区，劳动力资源丰富但耕地资源稀缺，更适合发展加工业项目来创收致富。部分大型安置区引进劳动密集型企业建立扶贫车间，进而带动搬迁户提高家庭收入水平。在这种方式下，企业和搬迁户之间的利益通过扶贫车间进行连接，企业提供厂房、技术、管理、运输等服务，扶贫车间提供厂房并招募员工，搬迁户提供劳动，将企业运送过来的半成品进行加工和包装。这种方式不仅降低了企业的厂房投资，也降低了企业与搬迁户直接联结的交易成本和工资成本，有利于企业长远发展；对于搬迁户来说，不仅方便其务农、照顾孩子和老人，还能凭借自己的劳动获得收入，有利于缓解其贫困程度和提高其劳动的积极性。例如，贵州威宁县鑫露制鞋业有限公司在欣荣家园、朝阳新城安置点设立了 3 个扶贫手工车间，吸纳带动 163 名搬迁群众实现稳定就业，通过电商平台带动宣传，截至 2020 年 8 月，共计销售 18 000 余单，交易金额 145 万余元。

调研数据显示，参与后续产业项目的搬迁户中有 56 户享受到了就业带动，占比约为 14%。其中，约有 73% 的搬迁户选择在当地的产业项目中务工，每户平均务工天数为 126 天，平均务工工资为 81 元/天。整体来看，就业带动可使参与搬迁户家庭工资收入水平增加 9 337 元，极大程度地改善了搬迁户家庭的贫困程度。

三、资产收益带动模式

资产收益带动是指产业项目中的合作社或企业将搬迁户自有资源、扶贫资金等加以资产化，待产生经济收益后，搬迁户按照股份或特定比例获得相应收益，进而增加家庭的财产性收入。资产收益带动主要是帮助无劳动能力或弱劳动能力的搬迁户提高收入水平，对于财政投入的依赖性较强，因此要更加注重风险的防控，确保贫困户的"固有收益"。目前，各地对于资产收益扶贫进行了不同程度的探索，这种带动方式存在于农业项目、旅游项目、光伏项目中。例如，甘肃省古浪县实施了5项光伏扶贫项目，建成各类光伏扶贫电站总装机容量48.89兆瓦，惠及黄花滩安置区12个安置点和绿洲小城镇6 025户2.7万人，其中累计覆盖易地搬迁群众4 615户，占全县1.53万户搬迁群众的30.16%。

调研数据显示，资产收益模式带动的搬迁户最多，占参与后续产业发展搬迁户总数的77%。搬迁户参与资产收益带动的入股方式主要是耕地入股和资金入股，分别有70户和205户，占比分别约为25%和74%。以土地入股的搬迁户2019年平均入股土地2.94亩；而以资金入股的搬迁户，平均入股资金9 758元。从分红收益来看，参与资产收益的搬迁户平均每年获得925元，低于直接生产带动和就业带动的帮扶效果。资产收益带动虽然能作为搬迁户稳定维持收入的一个保障，但不利于激发搬迁户的内生动力与发展潜力。

四、混合带动模式

混合带动是指将直接生产带动、就业带动、资产收益带动结合起来，形成更强有力的综合带贫方式，在产业发展中不断提高创收能力，实现可持续脱贫。这种方式综合了上述几种带动方式的优势，全方位多方面地拓宽搬迁户的收入来源，实现可持续脱贫。例如，四川恩阳区双胜镇首先通过培养致富带头人在安置区规模连片发展芦笋，带动280户搬迁户以投工投劳等方式参与，户均增收4 000元以上。其次，分散安置搬迁户配合芦笋产业基地发展，在房前屋后以每户3～5

亩（合 0.2～0.3 公顷）的规模建设"庭院芦笋"，直接参与芦笋生产中。再次，按照全域旅游的理念，沿天良村国家芦笋产业科技示范园和 3 条芦笋产业带，配套建设旅游服务设施，打造五都寨、云台山、檬垭等 8 个乡村旅游景点。最后，为了能够完成托底任务，采取土地入股分红、"127"① 等方式让资源变资产、农民变股民，促进搬迁群众持续稳定增收。

调研数据显示，参与后续产业的搬迁户中有 64 户同时受到两种带动方式的混合带动，占比 18%。其中，有 37 户同时受到直接生产带动和资产收益带动，占比 58%；有 22 户同时受到资产收益带动和就业带动，占比 34%；仅有 5 户同时受到直接生产带动和就业带动，占比 8%。整体来看，混合带动有较强的带动能力，能使参与搬迁户的家庭收入水平显著提高 11 617 元。

第三节　新冠肺炎疫情对搬迁后续产业发展的影响及应对措施

在新冠肺炎疫情的冲击下，易地扶贫搬迁后续产业发展也受到了一定程度上的影响，但并不严重。整体来看，在拥有易地扶贫搬迁后续产业发展项目的安置区中，66.67% 的安置区表示疫情对后续产业发展的影响不太严重，仅有 16.67% 的安置区表示疫情对后续产业发展的影响较为严重。下面将基于各省调研数据和案例，针对不同类型产业项目，分析新冠肺炎疫情对易地扶贫搬迁后续产业发展的影响，并梳理各地应

① "1"即芦笋投产后，收益的 10% 作为村集体经济收入；"2"即老百姓在每年每亩土地 500 元的土地租金的基础上，收益的 20% 作为老百姓的土地入股分红；"7"即收益的 70% 作为公司收益。

对新冠肺炎疫情影响的政策措施及效果。

一、新冠肺炎疫情对易地扶贫搬迁后续产业发展的影响

（一）新冠肺炎疫情对搬迁户种植业发展的影响

新冠肺炎疫情对搬迁户种植业发展的影响不大，但造成的损失较为严重。调查数据显示，被调研的 281 户参与种植业产业项目的搬迁户中，9.96% 的搬迁户表示自家的种植业受到了疫情的影响。虽然受影响的搬迁户比例不高，但户均疫情损失达到 7 478 元，最高损失高达 6.8 万元。由此可见，新冠肺炎疫情对后续种植业发展造成了不可忽视的不利影响，主要体现在春耕春防和农产品销售两个方面。

首先，在种植业春耕春防方面，疫情影响主要表现在生产资料供应不足、价格居高和作物春防受限等。调查发现，在受新冠肺炎疫情影响的发展种植业的搬迁户中，约 28.57% 的搬迁户表示疫情导致春耕春防延期，且需要的生产资料供应不足、价格上涨。受限于部分区域交通封堵、新冠肺炎疫情传染性大等因素，一些县（市、区）、镇（乡）售卖农业生产资料的商户均处于关门闭市状态，搬迁户很难买到所需的农业生产物资。一些外地生产的化肥、种子、农药、农膜等农用物资也难以进入本地。有限的供给直接导致生产资料价格居高不下，搬迁户不得不延期甚至错过春耕春播，对整年的种植业发展造成了严重的影响。另外，为应对疫情防控，农技人员和搬迁户减少外出查看，也对小麦条锈病、油菜菌核病、草地贪夜蛾等主要农作物病虫害的监测和防控带来极大影响，进而为当地作物的稳产增产带来风险。

其次，在农产品销售方面，疫情影响主要表现在产品滞销和价格低迷等方面。调查发现，在受新冠肺炎疫情影响的发展种植业的搬迁户中，约 78.57% 的搬迁户表示疫情导致产品销路不畅、价格持续下降。

农产品滞销和价格低迷导致搬迁户的经济生存状况和产业发展前景受到冲击。农产品滞销主要是因为以下几条销路均受到了新冠肺炎疫情的影响：（1）城市直销。由于交通阻隔、物流不畅，农产品供应链受阻，搬迁户种植的农产品在农村囤积，蔬菜、水果等无法运输到城市，云南的鲜花、陕西的木耳、广西的砂糖橘等都出现了较大程度的滞销。（2）下游链条销售。由于农产品加工等下游产业受到延迟复工的影响，对部分农产品的需求也会下降。（3）收购途径销售。受疫情影响，前来集中收购农副产品的外商人数明显减少，再加上交通管制力度加大，运销队伍严重"缺编"，特别是一些产量大且主要用于外销的农产品更是遭受了重大损失。例如，甘肃省临洮县受疫情影响，2020 年蔬菜出售规模较往年同期减少 1.71 万吨，销售额减少 6 856 万元。（4）对外出口销售。农产品的对外出口也受到了疫情影响。例如，四川省每年都有大量优质猕猴桃、红心柚等农产品和花木产品通过中欧班列销往欧洲和"一带一路"沿线国家。受疫情影响，2020 年四川的优质农产品出口面临很大挑战。

　　目前新冠肺炎疫情对搬迁户种植业的影响正在不断降低，产业发展力逐渐恢复。随着疫情得到全面控制，农产品销售渠道逐步畅通，价格逐渐回升。部分已享受产业扶贫补贴政策的搬迁户表示，疫情得到控制后，蔬菜等农产品市场需求的反弹带来市场价格的上涨，农产品销售收入也相应得到稳定保障。特别是中药材等与疫情防控相关的扶贫产业逆势活跃、扶贫产品价格大幅上涨。例如，甘肃省西和县是全省重要的中药材种植基地和集散地，种植的半夏、板蓝根、柴胡、当归等中药材是当地"独一份"的扶贫产业，以清热解毒为主的中药材受疫情影响，市场需求大幅增加、价格翻倍上涨，搬迁户产业收入同比明显增加。

（二）新冠肺炎疫情对搬迁户养殖业发展的影响

新冠肺炎疫情对搬迁户养殖业发展的冲击面较小，但是造成的损失较大。据调查数据统计，在被调研的 122 户发展养殖业产业项目的搬迁户中，有 4.10% 的搬迁户表示自家养殖业受到了疫情的影响。虽然受影响的搬迁户比例较低，但是户均疫情损失达到了 1.96 万元，其中最高损失高达 8 万元。由此可见，新冠肺炎疫情对搬迁户养殖业的产业发展造成了不可忽视的不利影响，主要体现在出栏延迟和生产要素短缺两个方面。

首先，在出栏延迟方面，疫情影响主要表现在市场需求遇冷、交易成本增加和额外成本增加等方面。调查发现，在受新冠肺炎疫情影响的发展养殖业的搬迁户中，100% 的搬迁户都表示疫情导致畜禽出栏延迟、滞销。这些会导致搬迁户经营收入降低，同时额外成本增加，经济生存和产业发展受到了严重冲击。（1）市场需求遇冷。因疫情原因，全国各省区市采取了场所管控，所有餐饮类场所全部关停，导致聚餐和人员流动骤然大幅下降，对肉类的需求减少。原本销售旺季的春节假期，突然成为消费淡季，特别是畜禽产品需求骤减直接导致搬迁户养殖的牲畜出栏几乎完全停止。（2）交易成本增加。因疫情原因，全国各省区市先后出现封城、封路、限制交通等管控措施，导致车辆物流运输困难。由于村里封路，搬迁户遭遇交易成本增加问题。（3）额外成本增加。牲畜延迟出栏，意味着需要继续维持栏舍、生产设施、饲料、防疫等方面的投入，这些一定程度上增加了搬迁户养殖业发展的成本。

其次，生产要素短缺方面，疫情的影响主要表现在饲料短缺和雇工短缺等。调查发现，在受新冠肺炎疫情影响的发展养殖业的搬迁户中，40% 的搬迁户表示疫情导致饲料短缺，20% 的搬迁户表示养殖雇工缺乏。由于隔离和阻断疫情需要，饲料企业复工复产受到严重影响，造成饲料供应紧张的局面。并且由于交通管制，饲料原料及饲料运输会受到一定的限制。另外，为防止疫情继续扩散，全国各省市区相继采取了封城封路、春节假期延长、延迟复工、隔离等综合防控措施，并对人员流通进行了严格管控，导致易地扶贫搬迁养殖业项目的一些养殖场面临雇工困难的问题。

（三）新冠肺炎疫情对产业扶贫车间发展的影响

新冠肺炎疫情对产业扶贫车间的冲击覆盖面广，影响涉及多个方面。调查数据显示，被调研的48个易地扶贫搬迁安置区中，有29个安置区建有扶贫车间或社区工厂。其中，72.41%的安置区表示其扶贫车间或社区工厂受到了新冠肺炎疫情的影响。在受疫情影响的产业扶贫车间中，44.83%减少了招工人数，62.07%推迟了开工时间，3.45%降低了工人工资，6.90%出现了订单减少、销量减少的情况。总体来看，新冠肺炎疫情对产业扶贫车间发展的影响主要体现在复工时间和扶贫车间经营两个方面。

新冠肺炎疫情导致扶贫车间延迟复工复产，造成了搬迁户务工收入损失。为防止疫情继续扩散，全国各省区市相继采取了春节假期延长、延迟复工等综合防控措施。调研发现，超过半数的安置区扶贫车间或社区工厂都推迟了复工复产。被调查的参与产业扶贫车间项目的37户搬迁户中，有24%的搬迁户表示疫情导致产业扶贫车间停工，平均停工天数约为64天，平均损失3214元。

新冠肺炎疫情对扶贫车间经营的影响主要体现在销售困难、贷款还本还息压力增加等方面。（1）销售困难，经营绩效不佳。因疫情原因，部分扶贫车间的订单来源减少，尤其是来自一些高风险地区的订单大幅缩减。另外，受限于疫情时期的交通管制，扶贫车间的产品因销售物流网络不畅而出现滞销。例如，陕西省平利县白果社区的服装加工和电子加工扶贫车间，原有订单大部分来自湖北省。因湖北疫情严重，该扶贫车间的经营绩效大幅下降，截至2020年7月还未能完全恢复生产、扭亏为盈。（2）经营绩效降低导致贷款还本还息压力增加。安置区产业扶贫车间或社区工厂多数来自小微企业，一旦产品生产和销售出现问题，自身还贷压力就会增加，从银行借新贷款的难度也会提高，若没有政府的帮助和银行的支持，很容易出现倒闭。

（四）新冠肺炎疫情对旅游扶贫产业发展的影响

新冠肺炎疫情对旅游扶贫产业发展的影响是最直接和最明显的。春节期间是乡村旅游的黄金时节，疫情发生后城市居民出游止步，农村旅游景点关闭，农村旅游产业发展难度加大。据调查数据统计，在被调查的发展旅游业项目的搬迁户中，有25%的搬迁户表示旅游产业受到了疫情的影响。受影响的旅游业项目平均30天没有营业，复工后游客减少了10%，日均损失大约1万元。

旅游业项目中受新冠肺炎疫情影响最为明显的是当季水果休闲采摘业。发展当季水果休闲采摘是很多旅游业项目用来增加产品附加值、提高项目收益的重要途径。但是疫情的爆发导致游客大幅度减少，冬春季节的水果采摘业几乎停滞。调研中有基层干部反映，四川宣汉县君塘镇为特色旅游乡镇，每年春节游客都非常多，草莓采摘更是当地旅游扶贫项目的一大特色。但2020年受疫情影响游客大幅减少，省里启动重大突发公共卫生事件Ⅰ级响应后，更是所有的商家都关了门，草莓也只能烂在园子里。当地搬迁户的收入也因此大幅减少。除此之外，旅游扶贫产业的其他分支产业受到的影响只是短期游客群体的减少，随着疫情的逐步控制，影响已逐渐平息。

二、应对新冠肺炎疫情影响的政策措施及效果

针对新冠肺炎疫情的影响，为促进搬迁后续产业的短期恢复和长期有效发展，各地采取了一系列的政策措施。调研数据显示，在受到疫情影响的发展种植业的安置区中，80.56%的安置区表示采取过缓解新冠肺炎疫情影响的相应措施。在受疫情影响的搬迁户中，46.43%的搬迁

户表示政府采取了提供生产补贴、帮助产品销售等措施，以应对种植业遭受的影响；60%的搬迁户表示政府采取了帮助销售畜产品、提供饲料和防疫服务等措施，以应对养殖业遭受的影响。总体来看，相应的措施主要是基于产品生产、销售以及产业主体经营等方面开展的。

（一）加强农资调运储备，落实产业奖补政策资金，解决产业发展的生产困难

在农资供应方面，保障运输通畅，加强调运和储备。为应对疫情期间种养殖业生产过程中存在的难题，各地一方面保证公路交通通畅，组织种苗、饲料等农资供应，确保产业生产不受影响，另一方面组织农技干部在田间地头开展农技服务指导，帮助搬迁户发展农业生产。例如，广西壮族自治区钟山县农业农村局组成6个工作组68人分片区下沉到村里，一方面继续加强疫情防控，另一方面以春耕备耕为抓手，立足实际问题，帮助解决产业发展面临的实际问题。春耕备耕期间，该县储备化肥2 140吨，农膜6.3吨，与有资质的种业公司合同订购杂交水稻种16万千克、玉米种子2.8万千克。充裕的农资供应使农资价格与2019年基本持平，切实解决了搬迁户疫情期间发展产业的困难。在政策补贴方面，落实产业补奖政策资金，增加疫情特别补贴。为解决疫情导致的产业发展利润降低、成本增加等问题，各地积极推进产业奖补政策资金的落实，确保资金在产业发展中精准发挥作用。另外，个别地区还设置了疫情特别补贴，帮助搬迁户度过发展产业的困难时期。调研数据显示，甘肃省受疫情影响的参与种养殖业产业项目的搬迁户中，约58%的搬迁户收到了政府提供的疫情特别补贴，用于疫情期间的产业恢复发展。

（二）利用电商销售、政府引导、单位对接、以买代帮等多渠道积极推进消费扶贫，解决销售困难

各地采取多渠道措施积极推进消费扶贫，解决农产品销售困难问题，具体包括以下方面：一是电商销售，直播带货。各地强化产销对接，充分利用"互联网＋"拓宽销售渠道，积极开展消费扶贫专项行动，切实防止产品积压。例如，山西省拓展"直播带货"新渠道，143名市县党政领导直播带货 325 场次、销售 1.2 亿元。举办"晋品晋味·助农益农"农产品百日消费季活动，2020 年销售农副产品 17.86 万吨、15.46 亿元。二是政府引导，做好产品调运销售。例如，甘肃省政府设立省市县专项资金，确定 60 家重点冷链仓储物流企业，提升农产品市场收储加工能力。鼓励支持龙头企业、合作社、家庭农场建设冷链物流设施并给予财政补贴，多措并举解决贫困地区农产品滞销问题，帮助贫困群众减轻疫情损失。三是单位对接，以买代帮。中西部地区政府认定扶贫产品，东部地区和中央单位购买扶贫产品。通过预算单位采购、建立消费扶贫交易市场、各类企业和社会参与销售等多种方式，解决农副产品滞销问题。例如，湖南省动员机关、学校、医院和企事业单位通过优先采购、预留采购、以购代捐、以买代帮等方式，帮助贫困地区农产品销售。

（三）加大对带贫经营主体的政策优惠力度，促进复工复产

为促进各类带贫经营主体复工复产，各地实施了一系列的优惠政策，并取得了显著成果。（1）提供生产补贴。各地政府积极推进复工复产，落实企业用电降本、用工奖补等援企惠企政策。例如，甘肃省各县区实施生产奖补、加强原料保障等办法，加大对龙头企业、合作社等新型经营主体的扶持力度。（2）强化金融保险支持。为促进带贫经营主体快速复工复产，资金保障和降低风险是关键。金融支持方面，续贷延贷。2020 年中央各部门集中出台了延长扶贫小额信贷、强化财政扶贫资金对产业就业的投入等 40 多份金融支持政策。各地严格带贫经营主体方面的金融贷款和贴息支持政策，通过续贷、延贷等措施，防止抽贷断贷压贷，解决复工复产资金困难。另外，简化扶贫小额信贷业务流程，做好政策宣传和贷款使用跟踪指导，对各类带贫经营主体后期恢复生产的资金需求，符合申贷、续贷、追加贷款条件的，及时予以支持，做到应贷尽贷。保险方面，应保尽保、愿保必保。各地将农业保险机构遴选权全部下放到县，通过竞争性磋商等简易程序进行招标，增强种养殖业应对疫情和灾害风险的能力。例如，甘肃省多个县区都建立了扶贫产业保险托底机制，结合当地实际增设"一县多品"农业补贴险种，为搬迁户发展产业提供风险保障。

第四节　易地扶贫搬迁产业发展的主要做法及经验总结

一、易地扶贫搬迁产业发展的主要做法

（一）制定易地扶贫搬迁后续产业扶持实施方案和规划

各省级政府制定了关于加强易地扶贫搬迁后续产业发展工作的指导意见和关于安置区后续产业如何发展的详细规划，为后续产业发展指明方向。省级政府层面制定指导意见是为了对后续产业发展工作进行有效监督，也为后续产业进一步发展指明方向。四川省农业厅编制了《四川省"十三五"产业（农业）精准扶贫规划》和《四川省深度贫困地区农业产业扶贫规划（2018～2020年)》，把全省产业扶贫规划与"10＋3"① 产业培育深度对接，带动贫困地区特色产业发展。各

---

①　"10＋3"产业体系，即重点培育川粮（油）、川猪、川茶、川薯、川药、川桑、川菜、川果、川鱼、川竹十大特色产业，做强现代种业、智能农机装备制造、烘干冷链物流三大先导性支撑产业。

县市政府在此基础上制定了易地扶贫搬迁后续产业发展的具体实施方案，提出了详细的发展规划，保证农村产业发展能够持续进行。例如，云南省会泽县结合自身实际，制定了《会泽县推进产业扶贫利益联结机制建设实施方案》，明确了包括股份合作型、租赁经营型等8种产业扶贫对贫困户的带动模式。

（二）精准选择安置区后续发展的主导产业

安置区政府依据资源禀赋、市场需求、群众意愿等，坚持宜农则农、宜工则工、宜商则商、宜游则游的原则，精准选择能够广泛带动搬迁户的产业作为后续扶持的主导产业。例如，《四川省"十三五"产业（农业）精准扶贫规划》中把全省产业扶贫规划与"10＋3"产业培育深度对接，在大小凉山彝区重点发展特色水果、烟叶、马铃薯等特色产业；在高原藏区重点发展高山蔬菜、牦牛、藏药等；在乌蒙山区重点发展热带水果、蚕桑、特色养殖等；在秦巴山区重点发展茶叶、道地药材、特色干果等。湖南省怀化市易地扶贫搬迁工作联席会议办公室印发《怀化市易地扶贫搬迁后续产业扶持工作指导意见》，鼓励搬迁户立足自身资源，发展优势农产品，重点扶持以柑橘、杨梅、葡萄、碣滩茶、设施蔬菜、黑老虎等为主的特色种植业，以乌骨鸡、黄牛、稻花鱼为主的特色养殖业。

（三）培育新型经营主体，激发地区经济发展活力

政府通过培育新型经营主体，多模式带动搬迁户参与生产发展，实现"利益共享、风险共担，产业增效、农户增收"。新型经营主体是小规模生产农户与大规模农产品市场之间的纽带，各省目前积极推进新型经营主体的发展。例如，四川省深入开展新型农业经营主体助推精准脱贫行动，推进"贫困户＋园区＋业主""贫困户＋基地＋龙头企业""贫困户＋合作社"等组织方式，基本实现所有贫困村至少有一个新型经营主体。在"农户＋企业＋合作社"的模式下，搬迁户

不需要作为个体直接与企业进行对接，减少了交易成本与信息不对称，而企业可以通过为专业合作社提供生产相关的技术培训与服务，再由合作社统一为搬迁户提供种苗，统一组织生产，更容易收购到符合企业收购标准的农产品，降低企业的经营成本，是安置区产业发展的经典模式。

（四）积极动员，引导搬迁户参与产业发展项目

"扶贫先扶志"，政府多途径引导搬迁户积极参与后续产业发展项目中，从事农业生产、劳动就业等。带动搬迁户自身主动积极参与产业发展项目中，是实现搬迁户"搬得出、稳得住、逐步能致富"的重要动力，也是维持产业快速有效发展的重要手段。各地通过多种渠道对搬迁户进行宣传教育、职业技术培训，激发其自身投身参与到产业项目中的积极性。例如，广西都安县开展争当脱贫攻坚"明白人""我的脱贫故事""脱贫先锋面对面""身边人讲身边事"等活动，创新"贷牛（羊）还牛（羊）"扶贫产业模式，激发搬迁群众脱贫主动性，动员搬迁户参与养殖，并且在个人自养为主的基础上，对劳动力不足的搬迁户，实行互助共养、联建联养、合作社代养等模式，保证"户户都想养""户户都能养"。

（五）盘活"三块地"，充分利用农村土地资源

针对农村土地闲置状况，在保障搬迁户土地所有权的前提下，适度放宽农村土地使用权和经营权，盘活闲置土地资源。"三块地"是指搬迁户的耕地、林地和宅基地。盘活"三块地"是指在"三权分置"深化改革的基础上，引导新型经营主体有偿流转搬迁户的耕地、林地和宅基地，盘活资源，形成分红。例如，四川省推行"大园区 + 小业主"模式，积极引导搬迁户有序流转土地经营权，推行由一次性出租让渡土地经营权向入股经营、合作经营等共享土地经营权方式转变。湖南省涟源市将搬迁户原有宅基地纳入城乡建设用地增减挂钩项目实施范围，拆旧复垦形成的节余建设用地指标，所产生的收益按相关规定进行处置，适当提高在规定时间内主动拆除旧房的奖励标准。盘活"三块地"可以避免无端浪费，保障农村的土地资源可以得到有效利用，成为搬迁户收入的有效保障。

二、易地扶贫搬迁产业发展的经验总结

（一）因地制宜，发展特色优势主导产业

部分安置区结合当地的自然资源条件、市场环境、搬迁户发展意愿等因素，因地制宜选择主导产业，促进了后续产业的稳定发展。山西云州区选择黄花产业和有机旱作农业项目作为主导产业；云南省选择橘子、橙子、枇杷等特色水果产业作为主导产业；陕西省紫阳县选择富硒茶为主，富硒粮蔬、富硒畜禽为辅的富硒产业作为主导产业，都取得了显著成效。此外，部分地区利用丰富的劳动力资源、优美的自然环境、独特的民族风情等，发展扶贫车间、旅游业等产业，带动搬迁户增收致富。例如，四川省宣汉县围绕巴山大峡谷安置区打造溪口湖生态观光区、巴人谷民俗休闲区、罗盘顶养生养心区、桃溪谷体验度假区"四大板块"。通过改善安置地基础设施条件，加大对旅游产品的开发力度，打通农村电商销售渠道，打造独具特色的"商业风情街"，以此带动搬迁户脱贫。

（二）建立利益联结机制，实现互利共赢

产业发展互惠、互利、共赢的重要前提是建立搬迁户、企业、政府、新型经营主体之间良好的利益联结机制。不论是"企业＋农户"模式还是"企业＋合作社＋农户"模式，都需要将产权与事权相匹配，形成良好的激励机制及互相监督机制。各地积极鼓励龙头企业、专业合作社等新型经营主体与搬迁群众建立契约型、分红型、股权型等合作方

式，形成紧密的利益关系，实现产业发展的互利共赢。例如，贵州省威宁县蔬菜基地将搬迁户经济组织的组建分为能人牵头创办合作社、安置点居委会牵头建设社区经济组织等模式。蔬菜基地设置了监管专班，对参与基地建设的经营主体在种植、管理、销售环节进行全程监管，同时规定新型经营主体进入蔬菜基地体系时，要签订承诺书及相关合同，自愿接受监管专班的监督管理，保证整个产业发展过程中资金运作公开透明。

（三）强化技术帮扶，增强贫困地区"造血"能力

加强安置区的技术支持，通过为搬迁户提供技术培训、引进技术人才等方式，推动当地产业转型升级，提升产业生产水平。搬迁地区受地理位置、市场条件等限制往往生产技术较低，采用最原始的农作物种植方式，缺乏滴灌、温室栽培等新型种植技术，农产品的产量较低，质量也较差，品种较为单一，创收困难。安置区政府提供多种方式为搬迁户提供技术培训，提升受训搬迁户的技能水平。例如，四川省围绕农业产业扶贫配齐配强农技帮扶"三个一"突击队，实施"万名农业科技人员进万村开展技术扶贫行动"，对贫困户实现农技服务全覆盖，激发贫困群众的内生动力。另外，安置区加快推进科技示范基地建设，大力培育农业科技示范户，由先进户带动其他农户提升自己的技术水平。目前，四川省已在全省推介农业主推技术80项，建立科技示范基地607个，培育科技示范户47 056户。

（四）电商扶贫与消费扶贫相结合，拓宽销售渠道

安置区特色农产品通过电商平台在线上销售，拓宽搬迁户的销售渠道，增加搬迁户收入。通过新兴的互联网电子消费平台和日益发展的物流系统，多数安置区突破原有本地销售的局限，实现与广大全国市场对接，为后续产业发展提供强大的市场动力。例如，陕西省紫阳县将农村电子商务作为产业扶持的重要抓手，探索了"12345"电商扶贫紫阳模式，建立起一整套电商服务体系，相继建成县级电商服务中心、物流仓储中心和网货供应中心，15 个镇级电商服务站，167 个村级电商服务点，2016 年以来累计带动 3 300 余户贫困户增收。另外，消费扶贫也是一种拓宽销售渠道的有效方式，全国各地区的消费者通过优先采购、预留采购、以购代捐、以买代帮等方式购买贫困地区的名优土特产品，帮助搬迁户增收致富。

第五节　易地扶贫搬迁产业发展
存在的问题及困难

一、部分产业项目短期化、同质化现象严重，可持续性有待提高

贫困地区培育特色产业是提高自我发展能力的根本举措，但现有部分后续产业项目短期化、同质化现象严重，可持续性较差。由于脱贫攻坚时间紧、任务重，安置区政府往往倾向于选择易出政绩、直观而又立竿见影的短、平、快项目，忽视相关的市场评估、产业遴选、产业结构等，甚至简单照搬、盲目引进，以至于部分安置区后续产业出现无特色、产品滞销、半途而废现象。调研中发现，地方政府多选择食用菌、蔬菜等项目来发展，这些在短期内确实能呈现较好的扶贫效果，但等周边资源禀赋相似地区采取相同项目发展之后，就会出现无序竞争现象，稳定持续带动搬迁户增收脱贫的途径中断。产业扶贫的短期快速见效、同质化严重与促进搬迁安置区长期稳定脱贫难以进行有效统一，同时也不能满足产业兴旺

中乡村产业持续性、多元化发展的目标。

二、后续产业发展链条较短，市场培育应加强

打造产品品牌、延伸产业链条、提升产品附加值在产业发展中的带动作用日益凸显，若重类型不重品牌、重产不重销、重量不重质等，将直接影响产业健康持续发展和搬迁户持续稳定脱贫。调研中发现，多数安置区配套产业的品牌意识较弱，未形成自己的产品品牌，市场竞争力不强，严重制约产业发展的可持续性，大大限制了对搬迁户的带动效果。多数产业项目的产业链条较短，多关注生产环节，加工、销售、服务等环节常常被忽视。多生产初级产品，产品附加值低，没有精深加工，生产经营成本高，技术装备水平落后。搬迁户产后急需的信息服务、金融服务、销售服务等仍很薄弱，销售渠道不稳定，多为政府或帮扶单位帮助销售。总之，后续产业未将农业生产、农产品加工、观光休闲和销售等环节联结起来，不符合乡村产业融合发展的理念。

三、产业基础弱，激励政策不足，引进龙头企业困难

安置区发展特色产业，需要龙头企业的广泛参与，因为其具有一定的品牌、核心技术、产业研发、人才管理、市场风险和抗风险能力等，可弥补搬迁户发展产业的缺陷。尽管安置区的基础设施、公共服务条件相对完善，但产业发展基础仍然薄弱，资本、技术、人才严重缺乏，仓储物流类和冷链运输类设施发展滞后，不能为龙头企业的进驻奠定良好基础。调研中发现，目前有关龙头企业的激励政策较少，激励机制不完

善，只有龙头企业带动贫困户才能享受相应贫困户的扶贫资金，且多为专项专用，导致多数龙头企业参与后续产业发展的动力不足。部分地方针对扶贫车间项目虽然有"零地价、零租金、建厂房"的优惠政策，但由于工业基础薄弱、产业化水平低，在没有其他激励政策的情况下，无法吸引大型龙头企业进驻。

四、新型经营主体带贫能力弱，带贫机制有待完善

鉴于搬迁户直接面对市场风险和自然风险的能力较弱，必须在产业发展中培育农业经营主体，农民合作社、家庭农场等逐渐成为后续产业的带贫主体。虽然多数安置区都已培育了一批带贫主体，但带贫主体自身发展能力还不强，带贫效果有待提高。第一，合作社运营不规范。部分合作社流于形式，存在管理运行不规范，财务制度不健全，议事制度和社员管理制度缺失，生产经营管理粗放，盈利能力弱等问题，以至于带动能力不强。第二，利益衔接不紧密。部分经营主体带贫意识不强，与贫困户共担风险的意愿不强，签订的契约稳定性不强、约束力不足，利益联结机制较为松散。第三，抗市场风险的能力低。部分经营主体生产经营停留在种养殖初级环节，产业链条短，产品附加值低，抵御市场风险能力较差，带贫效果不明显。

五、搬迁户产业参与积极性有待提高，自我发展能力较弱

让搬迁户参与产业发展的链条中，提高自身的发展能力，是搬迁户稳定脱贫的长久之计。虽然多数安置区都拥有了自己的产业，搬迁户也参与到产业发展中，但参与的程度较低，自身的内生动力未被激

发。访谈中部分搬迁户表示自己不知道是否参与产业项目，也不知道参与了什么形式的产业项目，只知道每年有固定的分红收入，这意味着产业项目的带动方式多局限于资产收益带动，已变相为现金补贴，失去"造血"能力。虽然部分搬迁户从产业项目中切实提高了家庭收入，但自己未真正参与产业发展中，自己的各项能力未有实质性的提高。靠搬迁户自己的扶贫贷款或村集体资产入股分红来增加家庭收入，短期内具有明显的增收效果，但当脱贫攻坚结束后扶贫贷款额度缩小或者入股企业经营遇到风险后，搬迁户的脱贫路径将受到冲击，返贫的可能性增大。

六、后续产业发展资金困难，稳增收稳发展能力需关注

资金是易地扶贫搬迁后续产业发展的重要保障，资金短缺将直接影响产业项目的实施进程和实施效果。易地搬迁地区多为贫困地区，经济基础薄弱，产业发展困难，需要投入的资金相对较多。"十三五"时期，国家易地扶贫搬迁政策的资金投入，主要是满足搬迁住房建设和安置区基础配套设施建设。后续产业发展的资金大部分由地方政府统筹解决，由于地方财政资金困难，后续产业发展难度较大。目前虽然已明确后续扶持资金来源渠道，但尚未明确具体资金投入量或投入比例，各级可统筹用于支持搬迁后续产业发展、搬迁群众自主创业、转移就业等方面的资金有限，后续扶持资金筹集仍难以落实到位。例如，贵州省威宁县是全省乃至全国深度贫困县，补齐民生短板所需资金体量大，筹集资金支持搬迁群众就业培训、全领域全链条培育产业财力有限，不同程度影响到搬迁群众稳定增收、稳定发展。

第六节 完善易地扶贫搬迁产业
发展的政策建议及展望

一、做好产业规划，增强产业的可持续性

一方面要优化顶层设计，坚持立足当前与谋划长远相协调的原则，做好产业发展的全局规划，增强产业项目的可持续性。安置区培育产业要持之以恒，切忌短平快，要有前瞻性、科学性的规划，依据当地的特色自然资源、劳动力、区位条件、政策因素、市场条件等情况，合理地确定产业发展方向，不仅要考虑到当前搬迁群体的增收，更要考虑到产业长远的持续发展。另一方面要坚持多样化发展原则，认真遴选产业门类，发挥比较优势，合理布局产业发展空间。安置区要依据自己的资源禀赋，找准适合当地发展的"特色"主导产业，发挥比较优势，不盲目跟风，形成一村一品、一乡多业，走专业化和品牌化的道路。例如，在靠近小城镇或工业园区的安置区，可以发展手工业等劳动密集型产业，提高搬迁户的工资性收入；在靠近旅游景点的安置区，可以发展农家乐、有机农产品等产业吸引游客消费，发展旅游服务业。"十四五"期间，统筹考虑城乡产业发展，合理规划安置区产业布局，形成分工明显、功能有机衔接的格局。遵守做精做强原则，注重提升特色产品质量，让每个特色产业向优质发展，具有不可替代性。

二、培育产品品牌，拓展产业链条，提升价值链

一是注重产品品牌建设。以特色产业为基础，重视龙头企业的带动作用，鼓励引导农业产业化龙头企业、农民专业合作社发挥资金、技术、信息优势，积极推进基地建设，带动优质农产品基地扩大规模。通过资金补贴、税收优惠等手段，推动并引导龙头企业、合作社等新型经营主体创建区域品牌和商标。同时通过参加国内外展示展销会、博览会及举办新闻发布会等活动，推介和提升品牌影响力，扩大品牌效应。二是拓展扶贫产业链条。一方面要拓展扶贫产业链的广度，实现本产业与相邻产业的融合发展。安置区要充分利用当地的自然资源、社会资源、文化资源等，除发展传统的种养殖业外，还要发展特色加工、生态和休闲旅游、电子商务等新产业新业态，实现扶贫产业链横向融合发展。另一方面要拓宽扶贫产业链的深度，完善扶贫产业的纵向产业链。要发展农产品深加工，增加产品附加值，有效规避市场波动风险；发展电子商务，拓宽产品的销售渠道等，促进扶贫产业一体化运作。"十四五"期间，打造绿色、有机农产品品牌，提高质量效益和竞争力，延伸拓展产业链，将农业生产、农产品加工、观光休闲和销售等环节联结起来，实现农业的增值增效，使一二三产业融合发展。

三、完善激励机制，吸引龙头企业进驻

一是加强安置区及其周边区域的基础设施建设，为龙头企业进驻创造良好的环境条件。增加道路、水利、电力、互联网、物流通道等基础设施的建设力度，提高安置区及周边的公共服务水平，吸引龙头企业落户建厂，带动当地产业发展，将安置区的资源优势变为产业优势。二是

完善政策支持，为龙头企业进驻创造良好的政策环境。通过实施资金支持、税收优惠、金融信贷、土地租金减免等政策，为龙头企业进驻打造软环境，依托当地产业发展基础，带动更多搬迁户参与产业发展，扩大后续产业的覆盖面。三是利用东西扶贫协作机制，吸引龙头企业进驻。通过免收3年税收、提供3年贴息或免息贷款等优惠政策吸引东部沿海地区的劳动密集型、生态友好型企业到西部安置区建立生产基地、社区工厂等，创造不同类型的就业岗位，带动搬迁群众就近就地转移就业。"十四五"期间，强化龙头企业带农激励机制，探索将龙头企业带动搬迁户数量和成效作为安排财政支持资金的重要参考依据。通过龙头企业带动把生产环节、加工环节、流通环节、销售环节等进行"接二连三"，形成产业链以实现产业化。

四、提升新型经营主体发展能力及带贫效果

一是开展合作经济组织规范提升行动。对"空壳社"、运营不规范的合作社等进行整顿，引导合作社在设立登记、建章立制、股权量化、利益分配、信息公开、民主管理等方面开展规范化建设，提高合作社规范化运营水平和盈利能力。二是完善利益联结机制。积极探索多种合作模式，鼓励经营主体与搬迁户建立契约型、分红型、股权型等合作方式，引导搬迁户积极参与产业发展，进入产业链，获得稳定持续增收。三是增加经营主体的抗风险能力。采取以奖代补、先建后补等方式，支持农业经营主体建设清选包装、冷藏保鲜、烘干等产地加工设施，延长产业链条，提升经营主体抗击风险的能力。四是创新型经营主体的带动方式。除资产收益带动外，新型经营主体要多发展直接生产带动、就业创收带动、混合带动等模式，让搬迁户更多地参与相应的经营活动中，增加其脱贫致富的积极性，提高其可持续发展能力。"十四五"期间，

实施新型农业经营主体培育工程，提升农民合作社规范化水平，增强农民合作社服务带动能力。创新收益分享模式，完善紧密型利益联结机制，让搬迁户更多分享后续产业发展的增值收益。

五、多措并举提高搬迁户自我发展能力

一是通过宣传教育，树立产业发展典范，激发搬迁户参与产业发展的积极性。通过入户宣传、广播、宣传栏、传单等形式引导搬迁户克服"等、靠、要"的思想，帮助搬迁群众树立脱贫的信心和勤劳致富的信念。对于积极发展产业且产生积极影响的搬迁户，要树立产业发展典范，引导更多搬迁户的学习热潮，转变其产业发展的思想，提高搬迁户参与产业发展的积极性。二是开展技术培训，创新产业扶贫带动模式，让搬迁户更大程度地参与产业发展中。开展丰富多样的技术培训，通过集中授课、现场提问、分散指导等方式对搬迁户精准培训、科学指导，不仅让搬迁户学到实用的生产生活技能，还能了解掌握国家的扶贫政策，真正激发其自主奋斗、勤劳致富的意愿。新型经营主体对搬迁户的带动模式不能仅仅局限于资产收益扶贫，要针对搬迁户的具体实际情况精准帮扶，让搬迁户更多参与到产业经营活动中，培养自身的发展能力。"十四五"期间，建立有效的精神扶贫机制，注重培养搬迁户依靠双手实现脱贫致富的意识。创新技术培训模式，探索田间课堂、网络教室等培训方式，提高搬迁户生产生活技能。改进扶贫方式，让搬迁户更多参与，切实提升其自我发展能力。

六、创新资金投入方式，增强产业发展资金保障

一是要明确易地扶贫搬迁后续扶持资金的筹集渠道、切块比例、责

任部门等。完善相关政策，以指导各地从中央和各省切块下达的财政专项扶贫资金或从统筹整合使用的各类财政涉农资金中安排一定比例或额度的资金，用于搬迁后续产业发展的扶持。二是要进一步加大易地扶贫搬迁后续扶持资金的投入力度。加大易地扶贫搬迁中央财政专项扶贫资金，统筹考虑后续扶持工作，向后续产业发展倾斜支持力度，同时鼓励省级政府继续发行地方一般债券支持后续产业发展。三是创新资金投入方式，引导更多金融和社会资本进入后续产业发展中。鼓励各种金融机构创新金融产品，支持后续产业发展；通过实施差别化的存款准备金、运用扶贫再贷款等方式，撬动金融机构加大对后续产业的信贷投入；通过发挥财政资金的杠杆效应，引导更多的社会资本进入，增强后续产业发展的资金支持力度。"十四五"期间，要继续加强对安置区后续产业发展的资金支持力度，通过中央财政、金融部门、担保公司、保险公司、社会企业等协同合作，建立全方位、多层次的资金保障机制，持续推动后续产业的健康发展，从根本上巩固搬迁脱贫成果，防止返贫。

第五章

易地扶贫搬迁后续就业帮扶研究

"十三五"易地扶贫搬迁任务已全面完成,但搬迁群众仍是巩固精准脱贫成果难度最大、返贫风险最高的一类人群(涂圣伟,2020),稳定就业是实现搬迁群众长效脱贫的主要路径(张涛和张琦,2020)。一方面,易地扶贫搬迁人口贫困程度较深(贺立龙等,2017),搬迁后原有的社会网络一定程度上被打破、社会资本被削弱(周恩宇和卯丹,2017;渠鲲飞和左停,2019),影响其获得非农就业资源;另一方面,无土安置户远离了土地等原有的创收性资源(Li et al.,2020),后续生计也大多需要通过非农就业实现。但以非农就业为主的生计模式对劳动力专业技能和健康水平等要求较高(汪磊和汪霞,2016),因而人力资本水平较低、就业竞争力较弱的搬迁群众较难自主实现稳定就业,并适应新的生计模式(徐锡广和申鹏,2018;黎洁,2016)。就业帮扶政策可以通过提升贫困劳动力自主发展能力、增加就业供给等方式,扩宽农户收入渠道(沈宏亮和张佳,2010),显著减缓相对贫困地区的贫困脆弱性(谢玉梅和丁凤霞,2019),同时提升搬迁户的幸福感(周欢等,2020),促进社区融入(吕建兴等,2019)。

同时，突如其来的新冠肺炎疫情对其后续就业及就业帮扶提出了新的挑战。一方面，疫情防控导致交通受阻、社会需求下降，加之全球疫情蔓延增加了国内社会经济的不确定性，各类企业生产遭受风险冲击，就业岗位需求减少。如就业弹性较大、抗风险能力较低的劳动密集型企业（张桂文和吴桐，2020；王震，2020）、农产品生产销售企业（司伟等，2020）和乡村旅游项目（叶兴庆等，2020）等经营效益均有所下滑。另一方面，严峻的就业形势加大了劳动力的就业压力，就业预期偏向悲观（陈有华和张壮，2020），创业意愿降低（李春玲，2020）；农民工、已脱贫人口和特色经营农户等就业稳定程度低的脆弱群体收入受损程度较高（李少星等，2020）。此时，监测分析不同地区、不同安置模式下搬迁劳动力的就业现状、疫情影响和政策需求，对完善后续就业帮扶的政策供给、巩固精准扶贫成果具有重要意义。本章基于国务院扶贫办信息系统数据和 8 省 16 县易地扶贫搬迁的实地调研，分析搬迁劳动力特征、收入结构和就业现状、疫情影响、就业帮扶的政策需求及政策满意度，讨论搬迁人口的就业难点及其原因，总结各地区后续就业帮扶措施的主要类型及成效，提炼不同安置模式就业帮扶的典型做法，探讨后续就业帮扶存在的困难和问题，并在此基础上提出完善我国易地扶贫搬迁后续就业帮扶的政策建议。

分析发现，我国易地搬迁劳动力的就业现状及政策满意度如下：（1）大规模无土安置比例较高，就业需求较大；（2）搬迁劳动力文化程度较低，自主就业能力普遍较差；（3）搬迁劳动力整体就业率较高，且基本实现一户一就业；（4）新冠肺炎疫情对搬迁劳动力就业影响较大，53.2%的搬迁户 2020 年劳动力复工受到新冠肺炎疫情的影响，45.8%的安置区反映新冠肺炎疫情增大了后续就业帮扶的难度；（5）搬迁户对就近就业的政策需求最大，种养殖方面的政策需求次之；（6）搬迁户对政府后续就业帮扶的满意度较高，非常满意和比较满意共占比 87.3%。

本章讨论认为，搬迁人口后续就业的难点主要体现在以下几个方面：第一，信息获取方面，搬迁人口自主搜寻渠道较少、信息收集成本较高；第二，供给需求匹配方面，仅依靠市场机制较难实现贫困搬迁劳动力与企业岗位的有效匹配；第三，风险应对方面，贫困搬迁户的风险防范意识薄弱、生计脆弱性明显、风险应对能力较弱。

总结发现，各省现有的后续就业帮扶措施主要包括 4 类 13 项：（1）劳动力供给方干预措施，包括设立就业创业服务中心、引进社会就业服务中介、技能培训和扶志教育；（2）劳动力需求方干预措施，包括特色产业建设、扶贫车间、以工代赈和公益性岗位；（3）供需双方共同干预措施，组织化劳务输出、扶持自主创业和双向就业补贴；（4）风险应急干预措施：分为事前预防与事后干预两种措施。以上各类措施已形成"多渠道组合式"帮扶模式，并取得了显著成效。进一步提炼发现，三类具有代表性的安置方式（县城大规模安置、乡镇中规模安置和农村小规模安置）各自探索形成了独具特色的就业帮扶创新模式，如县城大规模安置区的"县级平台公司统筹规划模式"。

通过以上措施，各地易地扶贫搬迁后续就业帮扶取得了显著成效，但也存在一些不可忽视的困难和问题：第一，面临后续就业帮扶压力的地域分布较为集中，且地方政府后续扶贫资金缺口较大；第二，部分搬迁群众自我发展能力较弱，主观就业动力不足，较难实现稳定就业；第三，部分地区技能培训效果一般，培训后就业率较低；第四，安置地产业基础普遍薄弱，发展力不足，就地就近吸纳就业能力有限；第五，安置点部分配套产业项目招商困难，政府主导的配套产业低端化、同质化问题较为突出；第六，部分地区公益性岗位的后期管理较为混乱；第七，组织化劳务输出的供需匹配较难保证，输出后就业稳定性较差；第八，风险防范和应对措施仍显不足。

针对上述易地扶贫搬迁后续就业帮扶工作中存在的困难和问题，本书认为易地搬迁后续就业帮扶对象应更具针对性；帮扶主体应由"政府主导"逐步转为"自主脱贫为主，政府和社会力量支持为辅"；帮扶目标应从"全面脱贫"向"防范返贫，逐步致富"转变；帮扶策略应进一步完善"多渠道组合模式"，并探索帮扶策略与未来乡村振兴战略规划的有机衔接。具体如下：（1）以大规模无土安置群众为重点帮扶对象，并向深度贫困地区、搬迁任务重的区域有倾斜地加大后续就业扶持力度；（2）明确政府的角色定位，充分动员社会力量参与，有效提升帮扶效率；（3）实施全面动态监测，加强风险防控，以"防范返贫、逐步致富"为主要帮扶目标；（4）对于劳动力供给方，针对性调整和加强就业公共服务供给，提升其就业主动性、竞争力和稳定性；（5）对于劳动力需求方，扶持和培育多类劳动力需求主体，完善相关方利益联结机制，提升岗位供给的多样性和稳定性；（6）完善未来政策规划，探索后续就业帮扶与乡村振兴战略的有机衔接，并纳入"十四五"规划。

"十三五"易地扶贫搬迁任务已全面完成，但搬迁群体是巩固精准脱贫成果难度最大且返贫风险最高的一类群体。稳定就业是实现搬迁群众长效脱贫的主要路径，但突如其来的新冠肺炎疫情对其后续就业及就业帮扶提出了新的挑战。在此背景下，分析易地搬迁群众的特征和就业现状，探讨此类人群目前及将来的就业难点和原因，概括总结各地区后续帮扶工作（尤其是就业帮扶）的典型做法和成效、存在的困难和问题，能够为各级政府完善易地扶贫搬迁后续就业帮扶工作、合理应对新冠肺炎疫情及未来可能存在的其他风险提供决策依据，对实现搬迁人口持续稳定脱贫、保障社会秩序稳定、决胜全面建成小康社会具有重要意义。

第一节　全国易地扶贫搬迁人口特征及就业现状

一、搬迁人口基本特征

根据国务院扶贫办建档立卡数据库，截至 2020 年底，全国易地扶贫搬迁贫困户中，平均每户有 3.66 人。所有搬迁人口中女性有 444 万人，占比 46%；少数民族有 347 万人，占比 36%。所有搬迁人口的平均年龄为 37 岁，16 岁以下的搬迁人口有 204 万人，占比 21%；16~60 岁的搬迁人口有 582 万人，占比 61%；60 岁以上的搬迁人口有 171 万人，占比 18%。

从健康水平来看，在已搬迁人口中，健康的搬迁人口有 766 万人，占比 80%；患有长期慢性病的有 110 万人，占比 11%；患有大病的有 13 万人，占比 1%；患有残疾的有 54 万人，占比 6%；既患有慢性病又残疾的人有 14 万人，占比 1%；既患有大病又残疾的人有 1 万人，占比 0.1%。

从文化程度来看，全国已搬迁人口中，文盲半文盲有 89 万人，占比 9%；小学毕业的有 294 万人，占比 31%；初中毕业的有 243 万人，占比 25%；高中及以上毕业的有 332 万人，占比 35%。

二、搬迁户家庭收入结构及就业情况

从外出务工的情况来看，全国搬迁人口中外出务工的总人数有 392 万人，占搬迁人口的 41%。外出务工人口中，县内务工人数有 175 万

人，占外出务工人口的 45%；县外省内务工人数有 70 万人，占比 18%；省外务工人数有 146 万人，占比 37%。外出务工时间在 3 个月（含）以内的人数有 41 万人，占比 11%；外出务工时间在 4~6 个月（含）以内的人数有 102 万人，占比 26%；外出务工时间在 7~9 个月（含）以内的人数有 101 万人，占比 25%；外出务工时间在 10~12 个月（含）以内的人数有 147 万人，占比 38%。

从家庭收入情况来看，全国已搬迁的贫困人口户均年纯收入为 37 712 元，人均年纯收入为 10 312 元；人均年工资性收入为 7 032 元，占人均年纯收入的 69%；人均经营性纯收入为 1 783 元，占人均年纯收入的 17%；人均财产性纯收入为 230 元，占人均年纯收入的 2%；人均转移性纯收入为 1 875 元，占人均年纯收入的 18%。

第二节 样本省份搬迁户后续就业状况及政策满意度

基于 2020 年对 8 省区（湖南、广西、四川、贵州、云南、陕西、甘肃、山西）16 县的 48 个安置区 553 户易地扶贫搬迁户的调研，本研究进一步分析了典型省份搬迁人口劳动力特征、搬迁户收入结构及就业现状、突发新冠肺炎疫情对 2020 年就业的影响、搬迁户对后续就业帮扶的政策需求和满意度。

一、样本省份搬迁人口劳动力特征

（一）劳动力比例

易地扶贫搬迁户家庭劳动力比例较高，就业需求较大。调研数据显示，8 省区易地扶贫搬迁户家庭人口平均为 4 人，家庭平均劳动力比例为 60.6%。分省区看，陕西省搬迁户劳动力比例最高（67.5%）、贵州省搬迁户劳动力比例最低（53.3%）。不同安置模式的搬迁户劳动力比例差异不大，县城安置、乡镇安置和农村安置模式的家庭平均劳动力比例分别为 58.2%、60.0% 和 63.5%（见表 5-1）。

表 5-1　　　　　　　　不同省区及安置模式劳动力情况

指标名称		广西	湖南	陕西	四川	贵州	云南	甘肃	山西	合计
样本户数（户）		76	79	68	64	66	62	71	67	553
家庭人口（人）		5	4	4	4	5	5	5	3	4
劳动力比例（%）	县城安置	55.5	56.0	70.0	49.8	48.1	57.1	—	69.7	58.2
	乡镇安置	62.9	51.5	71.2	59.0	56.7	63.2	62.2	54.6	60.0
	农村安置	50.3	71.0	61.8	61.3	54.8	73.0	62.0	74.9	63.5
	合计	55.8	59.6	67.5	59.1	53.3	65.5	62.2	63.2	60.6

（二）文化素质

易地扶贫搬迁劳动力的文化程度普遍较低，各省区及不同安置模式之间劳动力文化素质差距较大。在 553 户搬迁户的 1 382 人劳动力人口中，文盲占比 9.3%；小学毕业的劳动力占比 37.3%；初中毕业的劳动力占比 37.5%；高中及以上教育水平的劳动力占比 15.9%。从不同省区的情况来看，甘肃易地扶贫搬迁劳动力的文化程度最高，高中及以上毕业的占比 23.3%；贵州搬迁劳动力的文化程度最低，高中及以上毕业的仅占比 10%（见表 5-2）。

表 5 - 2　　　　　　不同省区搬迁劳动力的文化程度比例　　　　　单位：%

文化程度	广西	湖南	陕西	四川	贵州	云南	甘肃	山西	合计
文盲	4.5	4.6	8.4	25.5	8.2	14.7	5.7	5.3	9.3
小学	38.3	31.6	46.6	39.2	38.2	43.2	30.8	28.8	37.3
初中	41.8	49.0	25.7	22.9	43.5	27.9	40.3	50.0	37.5
高中及以上	15.4	14.8	19.4	12.4	10.0	14.2	23.2	15.9	15.9

从不同安置模式来看，县城安置的搬迁劳动力文化程度相对较高。三种安置模式中，县城安置的搬迁劳动力高中及以上教育水平的占比最高，为17.9%；农村安置的搬迁劳动力文盲比例最高，占比11.5%（见表5-3）。

表 5 - 3　　　　　不同安置模式搬迁劳动力的文化程度比例　　　　　单位：%

文化程度	县城安置	乡镇安置	农村安置
文盲	6.5	9.7	11.5
小学	35.5	43.3	33.7
初中	40.1	36.0	38.2
高中及以上	17.9	10.9	16.6

二、搬迁户就业现状

（一）就业率

1. 一户一就业情况

易地搬迁户已基本实现一户一就业，但各省区实现一户一就业的比例存在差距。各省区一户一就业率如表5-4所示。在有劳动力的家庭中，528户易地搬迁户实现一户一就业，在拥有劳动力的搬迁户中占比

97%。其中，贵州与陕西的易地搬迁户实现一户一就业的比例最高，为100%；四川的易地搬迁户实现一户一就业的比例相对较低，为91.7%。

表5-4　　　　　　　　　一户一就业的就业率情况

省区	实现一户一就业户数		未实现一户一就业户数	
	户数（户）	比例（%）	户数（户）	比例（%）
四川	55	91.7	5	8.3
山西	50	92.6	4	7.4
甘肃	67	94.4	4	5.6
云南	59	98.3	1	1.7
广西	74	98.7	1	1.3
湖南	76	98.7	1	1.3
贵州	64	100.0	0	0.0
陕西	67	100.0	0	0.0
全样本	528	97.0	16	3.0

2. 样本安置区劳动力就业情况

搬迁劳动力总体就业率较高，但不同安置模式的搬迁劳动力就业率略有差异。从样本安置区所有劳动力的整体就业情况来看，2019年8省区48个安置区的平均就业率为87.6%。从不同安置模式的劳动力就业情况来看，县城安置的搬迁劳动力就业率为86.7%，乡镇安置的搬迁劳动力就业率为90.4%，乡村安置的搬迁劳动力就业率为89.2%（见表5-5）。

表 5 - 5   安置区劳动力就业情况

省区	劳动力人数（人）	已就业人数（人）	就业率（%）
县城安置	83 564	72 461	86.7
乡镇安置	26 416	23 888	90.4
乡村安置	2 495	2 226	89.2
全样本	112 475	98 575	87.6

（二）非农就业类型

就非农就业地点而言，搬迁劳动力本地非农就业比例较之外出就业比例更高。易地扶贫搬迁户的就业类型如图 5 - 1 所示，样本整体的非农就业率为 73.1%。其中，本地非农就业的劳动力比例为 39.4%，高出外出就业劳动力比例（33.7%）5.7 个百分点。

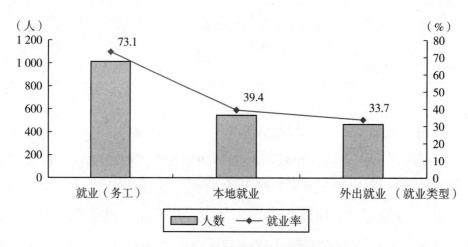

图 5 - 1 易地扶贫搬迁户的就业类型

搬迁劳动力实现本地就业较为依赖就业帮扶政策，且自主实现本地就业的搬迁劳动力，就业稳定性较差。调研发现实现本地就业的搬迁劳动力中，有 50.3% 是通过政策性岗位实现就业，包括公益性岗位

（30.3%）、合作社帮工（9.4%）、扶贫车间工作（8.4%）和参与安置区基础设施建设（2.2%）。此外，自主实现本地就业的搬迁劳动力中，打零工的劳动力占比最高，达到19.8%，说明搬迁劳动力本地自主就业的稳定性较差（见图5-2）。

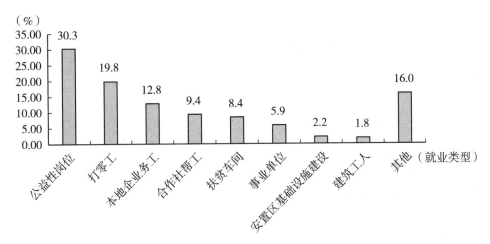

图5-2　本地就业类型

搬迁劳动力外出务工主要通过自主就业实现，对政策帮扶依赖不大。从外出就业情况来看，93%的劳动力通过自己或亲朋好友渠道实现就业，仅7%的劳动力通过政府组织介绍渠道实现就业。

三、新冠肺炎疫情对2020年就业的影响

（一）农户层面

受新冠肺炎疫情影响，搬迁劳动力2020年复工时间普遍推迟。如表5-6所示，受疫情影响，有285户家庭与往年相比，复工时间推迟，占比52.68%；2户复工时间提前，占比0.37%。在复工时间推迟的家庭

表5-6　疫情对劳动力复工的影响

与往年相比早/晚	复工时间 户数	占全部有劳动力家庭的比例（%）	相差天数（天）	户数	占全部有劳动力家庭的比例（%）	疫情后每月工资与往年比较	户数	占全部有劳动力家庭的比例（%）	工资水平 下降或上涨幅度	户数	占全部有劳动力家庭的比例（%）
晚	285	52.68	30以下	45	8.32	下降	90	16.64	20%以下	38	7.02
			30~60	120	22.18				20%~40%	29	5.36
			60~90	77	14.23				40%以上	23	4.25
			90以上	43	7.95				20%以下	3	0.55
早	2	0.37	30以下	1	0.16	上涨	7	1.3	20%~40%	3	0.55
			30以上	1	0.16				40%以上	1	0.20

中，45 户家庭复工时间较往年推迟了一个月，占比 8.32%；120 户家庭复工时间较往年推迟了两个月，占比 22.18%；77 户家庭复工时间较往年推迟了三个月，占比 14.23%；43 户家庭复工时间较往年推迟了三个月以上，占比 7.95%。

疫情也导致部分搬迁劳动力复工后工资水平较往年有所下降。在受访农户中，90 户家庭月工资较往年下降，占比 16.64%。其中，38 户家庭月工资下降幅度在 20% 以下，占比 7.02%；29 户家庭月工资下降幅度在 20%~40%，占比 5.36%；23 户家庭月工资下降幅度在 40% 以上，占比 4.25%。除此之外，新冠肺炎疫情发生后部分地区增加了复工劳务补贴，使得 7 户家庭（占比 1.3%）相较往年工资有所提升。

（二）安置区层面

安置区负责人普遍表示新冠肺炎疫情增加了易地扶贫搬迁后续就业帮扶的难度。受访的 48 个安置区中，45.8% 的安置区负责人认为疫情增加了就业帮扶难度，其难度主要体现在安置区失业人口增加（20.8% 的安置区存在）、招工单位减少（29.2% 的安置区存在）和工资水平下降等其他方面（12.5% 的安置区存在）。

从具体帮扶措施来看，新冠肺炎疫情对安置区公益性岗位、组织化劳务输转、扶贫车间和以工代赈等工作均造成了一定影响。其中，45.8% 的安置区公益性岗位工作受到政府调整，包括增设了岗位数量（43.8%）或提高了岗位工资（12.5%）。66.67% 的安置区组织化劳务输转受到影响，主要体现在组织人数减少（39.6%）、输出地变动（6.3%）和输出后平均工资水平下降（4.2%）等方面。45.8% 的安置区扶贫车间受到影响，主要包括开工时间推迟（39.6%）、招工人数减少（27.1%）和工资水平下降（2.1%）等方面。此外，8.4% 的安置区基础设施建设对于贫困户的聘用工作受到了新影响。

四、搬迁户对后续就业帮扶的政策需求和满意度

（一）政策需求

易地扶贫搬迁户对就近就业、种养殖和提高劳动技能的就业帮扶措施需求较高。从搬迁户对后续就业帮扶的政策需求来看（见图5－3），搬迁户中有242户有就近就业方面的政策需求，占比43.8%；139户有种植、养殖方面的政策需求，占比25.1%；104户有提高劳动技能方面的政策需求，占比18.8%；68户有创业方面的政策需求，占比12.3%；67户有公益性岗位方面的政策需求，占比12.1%；54户有外出就业方面的政策需求，占比9.8%；27户有村里分红方面的政策需求，占比4.9%；7户有其他方面的政策需求，包括高薪酬岗位、旅游项目、工程项目、家政、残疾人岗位等，占比1.27%。

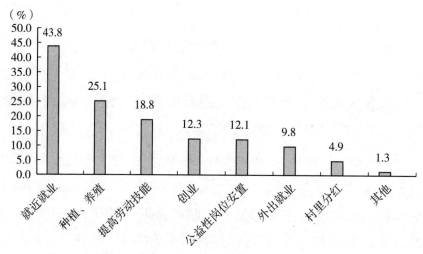

图5－3　搬迁户对后续就业帮扶的政策需求

（二）政策满意度

搬迁户对政府后续就业帮扶的整体满意度较高。样本搬迁农户后续就业帮扶政策满意度的情况如图 5-4 所示。62.8%的搬迁农户对后续就业帮扶政策非常满意；24.6%的搬迁农户对后续就业帮扶政策比较满意；10.7%的搬迁农户对后续就业帮扶政策满意程度表示一般；1.4%的搬迁农户对后续就业帮扶政策比较不满意；0.5%的搬迁农户对后续就业帮扶政策非常不满意。

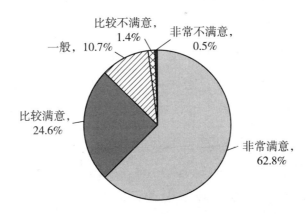

图 5-4　搬迁户对后续就业帮扶的政策满意度

第三节　易地扶贫搬迁人口就业难点及原因分析

易地扶贫搬迁人口是从"一方水土养不起一方人"地区搬出，其生计模式和后续发展具有特殊性。首先，此类人群搬迁前是"贫中之贫"，贫困程度较深，且自身竞争力较弱；其次，搬迁人口原有的生计方式和就业信息获取渠道被打破，面临着适应新环境和寻找新工作的双重压力；此外，搬迁到城镇的农户生活成本可能大幅提升，同时失去了原有的土地保障，因此其就业更为急迫，且对就业稳定性和风险防范要求更高。具体来说，易地搬迁人口就业难点及其原因主要包括以下几个方面：

在信息获取方面，搬迁人口自主搜寻渠道较少、信息收集成本较高。一方面，贫困搬迁户普遍受教育水平较低，主动搜寻、筛选和整理就业信息的能力较弱，可能导致其工作搜寻成本较高。另一方面，搬迁户搬离原居住环境，导致其依赖熟人社会获取招工信息的渠道被一定程度打破，而新安置区的社会网络较难快速建立。针对这一问题，理论上政策干预可以从缓解就业市场信息不对称入手，包括依托政府设立的就业服务中心或引入的社会就业服务中介宣传招聘信息或组织面试。

在供给需求匹配方面，仅依靠市场机制较难实现贫困搬迁劳动力与企业岗位的有效匹配。首先，贫困搬迁人口知识和技能水平较差，在劳动市场的竞争力较弱；其次，搬迁安置主要在县内，而经济较为落后的贫困县往往产业基础薄弱、就地就近吸纳就业的能力有限；此外，贫困搬迁人口外出就业又会面临经济发达地区岗位要求较高、难以胜任的问题。针对这一问题，理论上政策干预可以从劳动力供给方（贫困搬迁户）和劳动力需求方（本地和外地企业）两个方面入手，包括提升贫困劳动力的市场竞争力、扩大当地和外地就业岗位的需求量、提升供需双方匹配度等。

在风险应对方面，贫困搬迁户的风险防范意识薄弱、生计脆弱性明显、风险应对能力较弱。当前，新冠肺炎疫情在全球扩散蔓延，国际社会经济不确定因素增加，加剧了我国国内经济下行的压力。而搬迁群众的风险防御意识较弱，加之部分城镇安置户原有的土地保障被打破，其受风险冲击的可能性较大。并且，搬迁群众的经济资本和社会资本相对薄弱，生计脆弱性显著，信贷约束较强，导致其应对风险冲击的能力较弱。针对这一问题，理论上政策干预应从风险防范和风险应对两个方面入手，例如引导搬迁群众签订包含失业保险、工伤保险等条例的劳务合同，并在风险发生后积极采取针对性帮扶措施。

综上所述，易地扶贫搬迁后续就业政策干预需要解决的中心问题是寻找满足搬迁劳动力供需双方利益相容的匹配模式，需要同步关注的问题是对突发风险的防御和应对。因此，就业干预政策可以分为以下四类：（1）供给方干预政策：致力于降低搬迁劳动力工作搜寻的成本、提升其就业意愿和市场竞争力；（2）需求方干预政策：致力于扩大就业岗位需求、提升就业岗位多样性；（3）供需方共同干预政策：指同步干预搬迁劳动力供需双方，如直接连接供需两端以提升供需匹配度、鼓励创业实现自主就业；（4）风险应急干预政策：旨在帮助搬迁群众感知潜在风险、防御和应对突发风险。

第四节　易地扶贫搬迁后续就业帮扶的主要类型及成效

依据前文提出的就业干预政策分类标准，本研究对现有易地扶贫搬迁后续就业帮扶政策进行概括梳理，简要介绍各类帮扶措施的典型做法和作用机制，并基于收集获得的 8 省区 16 县微观农户和安置区调研数据开展成效分析。具体的政策措施分类见表 5 - 7，共包括四大类 13 种具体措施。

表 5 - 7　　　易地扶贫搬迁后续就业主要帮扶措施分类汇总

政策干预类型	具体政策措施	涉及省区
供给方干预	（1）设立就业创业服务中心	8 省区均实施
	（2）引入社会就业服务中介	8 省区均实施

续表

政策干预类型	具体政策措施	涉及省区
供给方干预	（3）技能培训	8省区均实施
	（4）扶志教育	8省区均实施
需求方干预	（1）特色产业建设	8省区均实施
	（2）扶贫车间	8省区均实施
	（3）以工代赈	8省区均实施
	（4）公益性岗位	8省区均实施
供需方共同干预	（1）组织化劳务输出	8省区均实施
	（2）扶持自主创业	8省区均实施
	（3）双向就业补贴	8省区均实施
风险应急干预	（1）建立风险防控机制	云南、山西、甘肃
	（2）援企稳岗	四川、甘肃、陕西

一、劳动力供给方政策干预措施

劳动力供给方干预政策主要包括设立就业创业服务中心、引进社会就业服务中介、技能培训和扶志教育四种，具体作用机制和成效如下：

（一）创新设立就业创业服务站，降低搬迁群众工作搜寻成本

设立就业创业服务站是提升搬迁群众就业创业能力，实现稳定就业的重要保障。通过在安置点设立就业创业服务站，为搬迁群众提供就业咨询、就业信息发布、就业推荐等服务工作，切实改善贫困地区劳动就业和社会保障公共服务条件，确保有就业意愿的搬迁群众获得有针对性的岗位信息，促进搬迁群众充分就业。

云南省会泽县在建立县级易地搬迁就业服务中心的基础上，采取"一点一站、一区一队、一户一档、一人一策"的方法，为搬迁劳动力

提供从岗位推送、技能培训、社保转接、维权服务到返乡创业的全流程服务。第一，在县城集中安置区建立易地扶贫搬迁就业服务中心，在各乡（镇、街道）800人以上易地扶贫搬迁安置点分别建立9个就业服务工作站，拨付易地扶贫搬迁安置点就业服务补贴41万元，专项用于易地扶贫搬迁安置点劳动力就业服务和就业保障工作。第二，坚持一个小区一支就业服务队的原则，通过就业服务队上门服务、定点服务等方式，每月对搬迁劳动力就业状况进行一次动态管理，每月向未就业贫困劳动力推介一批就业岗位，每月宣传一次就业扶贫政策。第三，通过对搬迁劳动力转移就业和参加技能培训等情况上门登记核实，为每一户搬迁家庭建立一本就业台账，在搬迁小区栋楼单元门前制作悬挂就业公示牌，对劳动力及就业情况进行公示公开。第四，针对搬迁群众后续扶持问题，结合搬迁劳动力年龄、文化、技能、身体状况等因素，坚持普惠性政策和针对性政策结合，强化技能培训、职业介绍、就业指导、创业扶持、帮扶就业服务。

（二）引进社会就业服务中介，激发社会帮扶力量

大型安置区作为易地扶贫搬迁就业服务的重点地区，完全依靠政府与自身能力实现就业存在一定困难，因此需要通过引进社会就业服务中介的方式动员社会力量参与，激发社会帮扶潜力，为搬迁群众提供就业帮扶等服务。

贵州省水城市经开区易地扶贫搬迁安置点通过引进"意难忘"劳务输出公司，对在家劳动力进行就业培训、推荐就业。此外，新桥街道干部职工、社区干部、网格员对所有楼层进行"地毯式"的搜索走访，对适龄劳动力进行摸排、登记、宣传。安置点截至目前促进搬迁劳动力外出务工990人。

（三）多类别培训提升搬迁群众就业能力

就业技能培训是提升搬迁群众就业能力，保证贫困户可持续就业的重要手段。根据搬迁群众的就业需要和技能需求，组织就业技能培训，能够提升其自身就业能力，保证稳定就业。各省目前均将就业培训作为就业帮扶的基本工作，在实际操作中探索形成了多种灵活的培训模式。

湖南省麻阳苗族自治县根据搬迁群众的产业基础差异，按需施教，有针对性地开展生产技术技能培训。在选择培训内容方面，按照切合实际、讲求实效的原则，做到按需施教、有的放矢。对主要从事农业生产的搬迁户，开展经果林开发、家禽养殖、农作物栽培等农业生产实用技术培训，3 年共开展培训 7 期、培训 2 000 余人次；对年富力壮有就业意愿的搬迁户，采取"订单式""定向式"就业技能培训，并与县工业园区和省市内外企业对接，按照招工需求培训 987 人次；对思路开阔有创业意向的搬迁户，重点开展创业相关知识和政策培训，共培训 325 人次。在培训资源方面，依托县职业中专、农广校等培训平台，建立县级为主体、乡镇为基础的培训网络，聘请本县 36 名具有高级职称的专家作为"一人学一技"教师，先后邀请 14 名省内外著名农业专家到麻阳授课，传播前沿农业科技和技术。3 年来，举办集中培训 5 期、培训 1 200 余人次。在应用培训学到的技术方面，自开展"一人学一技"活动以来，超过 7 300 名搬迁户掌握农业生产实用技术，实现自主发展柑橘、黄桃、猕猴桃等经果林产业，人均增收 1.2 万元。

（四）转变思想观念，提升就业内生动力

转变搬迁群众"等，靠，要"的思想观念，提升就业内生动力，将"输血"与"造血"衔接，是助力脱贫攻坚、稳固扶贫绩效的有效手段。通过宣传引导转变搬迁群众的就业观念，激发主体意识，能够让各级政府稳定就业的政策通过激活内生动力更好地发挥效果，形成就业的良好环境和氛围。各省区在宣传引导搬迁群众转变思想观念方面做了许多工作。

广西、四川通过感恩教育，引导居民牢记党恩，摒弃"以贫为荣"

的"等、靠、要"思想，树立"多干多得、早干先得"的良好导向。甘肃通过开展扶志教育，大力弘扬"脱贫攻坚是干出来的""幸福是奋斗出来的""滴水穿石""弱鸟先飞""自力更生"等精神，帮助贫困群众摆脱思想贫困、树立主体意识，增强贫困群众立足自身实现脱贫的信心决心。

除此之外，各省区还积极强化典型示范，选树一批立足自身实现脱贫的奋进典型和带动他人共同脱贫的奉献典型，用榜样力量激发贫困群众脱贫信心和斗志，营造比学赶超的浓厚氛围。

二、劳动力需求方政策干预措施

劳动力需求方干预政策主要包括特色产业建设、扶贫车间、以工代赈和公益性岗位四种，此类政策可以扩大当地就业岗位的数量及其多样性，以满足多类搬迁劳动力的就近就业需求。具体作用机制和成效如下：

（一）推进特色产业建设，扩大安置区就业吸纳能力

各省按照资源禀赋、劳动力结构、市场环境，因地制宜发展不同的特色产业项目，一方面为搬迁劳动力提供就近就业机会，另一方面激发贫困地区和贫困人口的内生动力。产业带动就业的主要类型包括：一是农业项目，即依托土地、气候等自然资源发展特色种植业、养殖业和林业，通过直接生产、就业和资产收益带动搬迁户增收；二是工业项目，即依托当地特色手工业、加工业提供就业岗位，通过就业带动搬迁户增收；三是旅游业项目，即依托生态风景或地域文化发展乡村旅游，通过直接生产、分红和就业等方式带动搬迁户增收。

陕西省平利县依托富硒资源优势，发展特色产品，打造富硒品牌。平利县田珍茶业有限责任公司按照"公司＋合作社＋基地＋农户"经

营模式，通过土地流转与合作联营方式建成标准化茶产业基地 1 060 亩（约合 70.67 公顷）。公司发挥茶叶产业产业链长和劳动密集优势，常年固定用工 69 人（其中贫困户 17 人），季节性用工 300 人以上（其中贫困户约占 30%），固定工年均收入达到 1.5 万元以上，季节工年均收入达到 1 500 元以上。2020 年，公司通过土地流转、劳务用工等形式，帮扶易地搬迁户 168 户 453 人实现增收，其中建档立卡贫困户 43 户 113 人。公司总计向搬迁户支付劳务报酬 163.6 万元，支付土地流转费用 13.5 万元。

（二）创新扶贫车间模式，推动就地就近就业

各省通过引进民间投资、政府投资、集体经济入股等多种方式，兴建扶贫车间，就地就近吸纳易地扶贫搬迁劳动力。同时，政府从财政奖补、税收减免、金融支持、土地供应等多个方面确定了优惠扶持政策，有效降低了企业生产成本。扶贫车间真正帮助留守在安置点的老、弱、妇、残等困难群体实现"在家门口就业"，有效解决他们无法脱离家庭或土地限制的难题，实现务农、务工和顾家三不误。扶贫车间分为厂房式、合作社式、居家式三种发展模式：厂房式扶贫车间采取"企业＋车间＋贫困劳动力"模式，将车间建立在规模较大、人口比较集中的安置点，优先引入劳动密集型企业，技术含量低、务工时间要求宽松。合作社式扶贫车间采取"村集体＋合作社＋贫困户"的模式，依托农村"三变改革"，结合当地产业优势培育合作社，充分发挥村集体的组织、带头、示范作用，吸纳贫困户劳动力到合作社务工增加收入。居家式扶贫车间采取"企业＋贫困户"方式，企业和政府先对搬迁贫困户进行技能培训，培训过关后企业将生产原料发放到贫困户手中，送岗上门，送订单到户，贫困户在家中进行生产加工，按件计工。

陕西省安康市主要从两个方面大力推进厂房式扶贫车间（新社区工厂）建设：第一，创新扶贫车间支持政策。鼓励各类企业和创业人员在安置区建设扶贫车间，对吸纳贫困劳动力就业的，给予场租费、水电费补贴和一次性岗位补贴，优先提供创业担保贷款，享受财政贴息。2020年以来，为减轻疫情影响，全市新社区工厂房租减免支持政策在原基础上再延长一年；"以工代训"培训延长，补贴资金增加；一次性岗位补贴增加。第二，营造产业发展氛围。安康市政府2019年6月启动"鎏金铜蚕杯"毛绒玩具创意设计国际大赛暨毛绒玩具文创产业发展高峰会，吸引了荷兰、美国、英国等7个国家和国内22个省市的设计爱好者提交参赛作品2 130件，有效提升了安康新社区工厂和毛绒玩具产业的影响力。截至2019年12月底，安康市已建成各类新社区工厂587家，吸纳就业2.13万人，其中贫困人口6 879人。毛绒玩具是新社区工厂发展中的主导力量，全市已建成毛绒玩具企业308家，吸纳就业1.1万人，其中贫困人口2 848人，实现产值13.2亿元。

（三）积极吸纳搬迁人口参与政府投资项目的建设

各省区大力推动以工代赈资金支持安置区山、水、田、林、路等公益性设施和后续产业基地（园区）配套基础设施建设，推广自建、自管、自营等以工代赈方式。通过鼓励搬迁群众参与家园建设，改善安置区生产生活条件，促使搬迁群众加快融入新社区，同时减少简单发钱发物式帮扶，鼓励搬迁群众通过劳动获取报酬，充分调动群众的积极性和主动性，有效杜绝政策"养懒汉"。根据调研数据，1.89%的搬迁贫困户参与了安置区设施建设。

四川省剑阁县水池村安置点通过吸纳就业和就地采购两种方式促使贫困群众增收。项目建设期间，优先吸纳当地搬迁群众务工，支付劳务报酬56万余元。同时，施工团队就近优先向贫困群众采购生产生活物资，累计购买物资达20余万元。此外，剑阁县将以工代赈资金形成的生产经营性物化资产进行股权量化，持股人为水池村集体经济股份制合作社、项目区村民934人。同时创新"保底分红＋收益分红＋二次分红"利益联结机制：建设期只对贫困户进行保底分红，保底金额为 3 万元，按照经营性物化资产的 1%，贫困户户均分得 272 元；收益期按照所持股权对实际收益进行分配，主要收益来源于厂房出租，预计年收益 5 万元，当收益低于 3 万元时执行保底分红标准；积极推行"二次分红"，在充分征求股民自身意愿前提下，可将分红资金再次入股到村集体经济组织壮大发展，从而进行再次分红，充分发挥以工代赈扶贫资金的叠加效应。

（四）广泛开发公益性岗位实现兜底安置就业

各省将公益性岗位作为政策兜底安置就业的渠道，开发了护林员、保洁员、保安等多种形式的公益性岗位，切实解决了一部分无法离乡、无业可扶、无力脱贫的"三无"贫困劳动力的就业问题。

云南省会泽县县城安置点（万人以上大型安置点）开发了"欣枫巡逻队"和"欣城大叔"特色公益性岗位。"欣枫巡逻队"由县城街道派出所具体负责，并进行统一培训、管理和考核，目前已有 46 名队员。在培训合格后，队员 3~5 人一组，由民警带队，在固定责任区进行巡逻和入户走访，检查居民用火用电等安全隐患、听取居民意见和宣传防盗防骗防火知识。自 2020 年 3 月成立以来，共参与破获刑事案件 5 起，治安案件 13 起，调处纠纷 48 起，处理隐患 33 件，教育引导不良行为 2 000 余起。"欣城大叔"自治服务队由辖区内 22 名无职党员、乡贤、治安积极分子为核心队员，90 余名公益岗群众为补充，平均年龄 65 岁，帮助搬迁群众尽快适应城市生活，营造全民共管的良好氛围。自大叔服务队成立以来，累计调解矛盾纠纷 20 多起，参与街道社区组织的各项活动 173 次，受益群众达 5 500 余人。

三、供需方共同干预措施

供需方共同干预政策主要包括组织化劳务输出、扶持自主创业和双向就业补贴 3 种，具体作用机制和成效如下：

（一）多渠道组织化劳务输出扩大外出就业

劳务输出是将易地扶贫搬迁贫困劳动力输出到县外经济活跃地区实现就业。目前各省区利用东西部扶贫协作政策和对口帮扶企业进行组织化劳务输出，把搬迁群众作为重点对象，积极提供岗位信息，开展搬迁劳动力职业指导、专场招聘会等就业服务活动。各省一般在劳务输出地设立劳务服务站点征集劳务环境好、工资待遇优的用工岗位信息，通过劳务公司或中介及时向各安置区发布，并对输出劳动力进行跟踪管理，通过报销差旅、定期回访等手段加强在外就业保障。

贵州省水城县以东西部扶贫协作为契机，向浙江省临海市、义乌市等地输出劳动力并签订劳务合作协议书及稳岗协议。提供的主要岗位包括纺织业、制造业等技术含量要求较低的一线流水生产工作岗位。对于省外稳定就业三个月以上的建档立卡贫困劳动力给予 800 元交通补贴，六个月及以上的给予 1 000 元求职创业补贴，并通过水城县晟明劳务公司对输出劳动力进行跟踪服务。目前水城县组织化劳务输出搬迁贫困劳动力 347 人。

（二）支持和鼓励创业，实现自我就业

各省区通过租金减免、政策补贴等多种方式鼓励搬迁劳动力自主创业，同时以创业带动就业，实现增收致富。

贵州省威宁县为帮助搬迁群众自主创业，投资建设小吃街和农贸市场，优先提供给搬迁群众经营使用。经开区便民小吃街，共设置摊位 66 个，经营种类为当地特色小吃，所有摊位全部免租金提供给搬迁群众使用，解决了 180 人就业。2020 年 6 月中旬招租的阳光商贸城商铺共310 个，其中近 180 个由搬迁群众租赁，经营项目有小超市、蔬菜水果、汽车美容、特色小吃、餐饮服务等 10 多个种类，多数商铺目前已正式运营，带动 350 人就业。

云南省会泽县对有创业意愿的贫困劳动力优先给予"贷免扶补"创业贷款支持，正常经营 3 个月以上，能够实现盈利的创业项目，经创业者所在乡（镇、街道）推荐，县级人社、财政部门现场核实、评估，给予 10 000 元的一次性创业补贴。

（三）出台就业奖补政策，引导劳动力稳定务工

就业奖补政策对象主要分为务工劳动力和用工单位两类。一方面，给予搬迁劳动力就业补贴，可以提高劳动力就业的预期收入，弥补搬迁群众较高预期收入与市场较低工资水平之间的差距，从而激发劳动力就业意愿，提升搬迁劳动力与就业市场的匹配度。同时，依据就业地区或就业时长发放阶梯补贴，还可以提升劳动力离职的潜在成本，引导搬迁群众稳定就业。另一方面，对吸纳贫困劳动力的用工单位进行补贴，可以降低单位聘用贫困劳动力的成本，提升其聘用意愿。

甘肃省古浪县采取分阶梯补贴稳定外出务工与用工单位吸纳就业补贴两种策略。对在县外稳定务工达到 3 个月的，包括交通补贴、一次性生活补贴、劳务奖补等，共给个人补助 3 900 元（其中到天津市务工的奖补 4 500 元）；稳定务工达到 6 个月的，还可以再补 2 400 元（天津市 3 000 元），达到 6 300 元（天津市 7 500 元）。同时，对县内扶贫车间和各类企业、农业合作社吸纳贫困劳动力稳定务工 6 个月的，对用工单位按每人 3 000 标准给予奖补；稳定务工 1 年的，按每人 5 000 元标准给予奖补。

四、风险应急干预措施

为防范突发风险引起的搬迁群众规模性失业，需要实施风险应急干预措施。风险应急干预措施分为事前预防与事后干预两种措施，具体作用机制和成效如下：

（一）强化风险防控，有效防范失业风险

建立风险防控机制能够在一定程度上防御突发风险，降低风险带来的危害。

云南省强调强化风险防控，要求各地加强统计监测和形势研判，建立健全易地扶贫搬迁安置点失业预警机制和应急处置机制。针对 2 500 人以上大型安置点，实施重点监测，制定风险应对预案，有针对性采取防范措施，并及时向当地党委、政府和上级人力资源社会保障部门报告。

（二）强化稳就业举措，实施援企稳岗措施

受新冠肺炎疫情影响，部分劳动力不能按时外出务工。各地加大对企业的扶持力度，加快恢复和稳定贫困劳动力就业。

甘肃省提出大力促进农村劳动力转移就业、加大减负稳岗力度，支持扶贫龙头企业和扶贫车间复工复产等举措。各县区采取实施奖补政策、加强原料保障等办法，组织引导扶贫车间恢复生产。而临洮县通过以工代赈、贷款贴息、减税降费等多种方式，加大对龙头企业、扶贫车间、合作社等经营主体的扶持力度，鼓励吸纳本地贫困户就业。秦州区组织干部在全区范围内逐企业、逐工地摸底收集用工需求，动员企业至少拿出20%的岗位给贫困人口留岗托底，既解了本地用工企业"用工难"的燃眉之急，又促进了贫困人口就业。

第五节　不同安置模式后续就业帮扶的典型做法及经验总结

综合考虑安置区位、安置规模和安置模式，本书选取了县城大规模安置、乡镇中规模安置和乡村小规模安置三类具有代表性的安置方式，

提炼总结三种安置模式后续就业帮扶的典型做法及经验。县城大规模安置点一般属于无土安置，典型做法是基于县级平台公司，统一规划配套开发产业和就业项目，通过产业基地、对外输出、扶贫车间、公益岗位、自主创业等多渠道组织就业；乡镇中规模安置一般属于无土安置，典型做法是依托特色产业和区位优势，吸纳小微企业入驻，通过扶贫车间、产业基地、对外输出和公益岗位等实现就业；乡村安置一般属于有土安置，搬迁户可以通过分配或流转获得土地，并通过发展特色农业、对外输出和公益性岗位实现就业。

一、县城大规模安置

县城安置以贵州省威宁县安置区为例，其建立了县级平台公司，统筹整合土地、厂房、人力等资源，进行信息传递和共享，并将搬迁劳动力、企业、政府等利益相关者联结起来，通过产业基地、工业园区、对外输出、扶贫车间、公益岗位等多渠道组织就业，促进多方共赢。本部分将在梳理典型案例的基础上，进一步提炼总结此类"县级平台公司统筹规划模式"的利益联结机制。

（一）县城大规模安置的典型案例分析

威宁县易地扶贫搬迁后期扶持产业有限公司（简称后扶公司）属威宁自治县人民政府管理的国有独资企业。公司下设综合管理部、资产管理部、就业指导部、物业服务部、产业发展部，拥有员工26人，于2017年2月16日成立。自成立以来，公司围绕资产管理和物业服务、就业服务、产业服务努力做好易地扶贫搬迁后续扶持工作，主要做法是：

一是摸清搬迁贫困户家底。根据县发改部门锁定的搬迁对象，积极配合相关部门，掌握搬迁劳动力就业现状和劳务需求信息，加大走访力度，建立就业台账，对劳动力家庭实行动态跟踪管理，了解贫困劳动力就业需求。同时，建成易地扶贫搬迁群众就业培训基地，因人因岗对搬迁群众开展技能培训。截至2020年7月底，共举办易地扶贫搬迁就业培训班5期，共有280名搬迁群众参加培训，培训内容涉及家政服务、刺绣、电焊、物业管理。

二是统筹后续产业发展。后扶公司采取"龙头企业＋农投公司＋合作社＋贫困户"运作模式，在县城周边基础条件较好的乡镇规划建设易地搬迁产业扶贫蔬菜基地7万亩（约合4 666.67公顷），农民流转土地收入6 300万元。基地纯利润按照经营主体与自治县农投公司51∶49的比例进行分成，自治县农投公司所占的49%中，40%由县级统筹，通过设立公益岗位、特殊困难救助等方式扶持贫困户；2%分配给村集体；7%作为农投公司运营管理费。易地扶贫搬迁户经济组织的组建及务工分为三种模式：第一，以居住楼栋为单元，自治县农投公司牵头，安置点所在社区两委积极配合，动员易地扶贫搬迁贫困人口中的"能人"，牵头组织搬迁群众创办合作社；第二，以居住社区为单元，由易地扶贫搬迁居住点所在街道牵头组织成立社区经济组织；第三，对不愿意加入合作社的搬迁贫困户，由后扶公司按居住楼栋组织成若干劳务班组，安排到基地务工。在基地务工的贫困劳动力，基础务工费每天80元，每月结算1次。由自治县农投公司统筹解决伙食费、租房费用等。实行绩效奖励，连续务工满1月以上的每人每天奖励20元，经费由自治县人力资源社会保障局统筹以工代训培训资金解决，由所在乡镇（街道）负责发放。最后后扶产业生产的产品由自治县农投公司统筹协调产品销售。

三是构建就业扶贫组织体系。针对有外出务工意愿的搬迁贫困群众，建成深圳诚展实业、苏州贵巨、东莞领聚、东莞市柒等劳务派遣平台，精准收集县外企业就业信息，联合社区采取小区Led显示屏滚动播放、干部入户宣传、大喇叭播报等方式向易地扶贫搬迁群众推送就业信息，引导搬迁群众外出务工增加收入。目前推荐到广州、深圳、番禺区、福建、天津等沿海城市就业 3 071 人。针对有劳动力不愿外出和无法外出务工的搬迁贫困群众，在工业方面，依托企业集聚优势，按照企业用工需求有序组织易地扶贫搬迁群众入园就业。在农业方面，围绕县城安置点周边"量身打造"7 万亩（约合 4 666.67 公顷）易地扶贫蔬菜基地，成立 6 个专业合作社、外引经营主体 69 家，开发种植、田间管理、采收、洗选、分拣、打包、搬运等就业岗位 13 957 个。目前推荐到蔬菜产业基地就业 1 026 人，推荐到五里岗工业园区企业就业 2 114 人，推荐到县城周边建筑工地就业 108 人。针对既不愿意外出务工，又不愿意到产业扶贫基地和园区就业的搬迁安置贫困群众，后扶公司先后新建改建 5 个手工扶贫车间，共提供 600 余个就业岗位，目前，已有 320 人在手工扶贫车间就业。针对有创业意愿的搬迁贫困群众，在县城安置点共配建商业门面 817 个，其中搬迁群众自主创业租赁商业门面 477 个；经开区便民小吃街共设置摊位 66 个，全部免租金提供搬迁群众使用，解决了 180 人就业。针对无力脱贫、无业可扶、无业可就的弱劳动力，开发建筑、保洁、护河、护寨、护林、护路等公益专岗吸纳易地扶贫搬迁群众就业，目前推荐 209 名搬迁群众到经开区物业管理有限公司保安、保洁岗位工作，负责安置点公共环境卫生保洁和维护小区治安工作，推荐 73 名搬迁群众担任社区楼（栋）长，配合街道办、社区开展有关工作。

（二）利益联结机制

案例分析显示，县级平台公司可以将劳动力供给方（搬迁群众）、劳动力需求方（产业基地、县内外企业等）和政府多方利益联结起来，实现共赢（见图 5-5）。

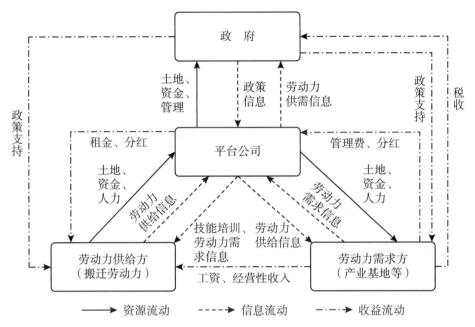

图 5 - 5　县级平台公司就业帮扶的利益联结机制

平台公司负责将搬迁群众以及安置区周边的土地、房屋和人力等资源整合起来，并将政府的专项资金统筹起来，统一规划布局、统一土地流转、统一标准建设和统一运营管理。通过引进企业或新型农业经营主体建立产业基地，采取土地及设施租赁、固定资产投资的方式合作，由合作方负责生产、管理和销售，由平台公司负责监管。平台公司与政府合作收集搬迁劳动力信息，进行岗位匹配，按需组织搬迁群众到产业基地、县内外企业或扶贫车间务工，并进行公益性岗位的推荐和扶持自主创业。平台公司的收益来源于合作方支付的土地及设施租赁费、管理费等，去除运营管理成本之外，收益可以用于开发公益性岗位、补给"爱心超市"物资、进行特殊困难救助等。

搬迁群众将土地和资金交由平台公司统一流转或投资，获取土地租金或分红。并将劳动力信息汇报给平台公司进行信息传递和匹配，通过产业基地、县内外企业、扶贫车间、自主创业和公益性岗位等渠道实现就业，获取工资性收入和经营性收入。此外，搬迁贫困劳动力还能享受政府的就业补贴、创业补贴等。

产业基地、企业等劳动力需求方从平台公司处获取土地、房屋和人力等资源，通过生产经营获得利润。有义务向平台公司支付管理费和租赁费，向务工劳动力支付工资，向政府纳税；有权利从平台公司处获取劳动力信息，从政府处获取税收优惠、就业补贴等政策性支持。

政府负责管理平台公司，并划拨专项资金支持平台公司投资和运营。与平台公司共享政策信息、劳动力供需双方信息等，协助平台公司进行产业基地开发、招商引资和就业调整等。政府可以获得企业税收收入，并有权力支配平台公司的收益，扶持安置区后续发展；同时需向劳动力供需双方提供税收减免、补贴等政策支持。

二、乡镇中规模安置

乡镇安置以广西壮族自治区都安县东庙乡为例。与县城安置和乡村安置相比，乡镇安置规模中等，地理位置便利，由居委会组织搬迁群众通过附近企业、扶贫车间、产业基地、对外输出和公益岗位等渠道实现就业。

东庙乡安置点共搬迁 266 户 1 233 人，通过多渠道推动搬迁户就业：一是吸引小微企业入驻，东庙乡围绕都安县竹藤草莽编织特色产业，引进 2 家工艺品编制企业，开展竹编培训共计 125 余人次，解决小区内 60 岁以上和其他弱劳动力 30 人稳定就业；引进 2 家电子厂和 1 家户外运动制造企业，提供 110 个就业岗位。其中户外运动企业为搬迁贫困户免费培训，培训合格后上岗，提高了贫困户专项技能水平。二是创建扶贫车间，目前东庙乡已经创建 1 个编织扶贫车间，帮助易地搬迁群众 30 余人稳定就业。三是依托产业基地，引导搬迁贫困劳动力到安置新区附近的旱藕粉丝厂和养蚕大户就业，已解决 20 余人的就业问题。四是公益岗位兜底，目前安置区公益岗位就业 16 人。

三、乡村小规模安置

乡村安置以云南省会泽县发基卡村安置区为例。与城镇安置相比，乡村安置规模较小，位置比较偏僻，产业相对单一，以发展特色农业为主，由村委会或合作社组织搬迁群众通过产业基地、对外输出和公益岗位实现就业。

发基卡村安置点共搬迁 52 户 187 人。发基卡村依托独特的自然风貌和 200 多年的石榴种植历史，在返乡创业带头人的模范作用下，于 2013 年开始大力推广软籽石榴。在安置点周边共发展种植突尼斯软籽石榴 3 000 亩（合 200 公顷）。其中，4 家专业合作社种植 2 000 亩（约合 133.33 公顷）；农户种植 1 000 亩。发基卡村源果石榴种植有限公司通过"公司＋专业合作组织＋农户"的模式，把分散的农户联合起来成为基地的成员，形成"种植＋生产＋销售"的一站式产业化链条带动贫困户就业。搬迁户自愿选择进入石榴基地工作，从事除草、施肥、修枝、套袋、采摘等工作。目前，石榴种植公司、合作社和大户共吸纳贫困户 280 户 410 人就业，每月每人可收入约 1 600 元。其中 52 户搬迁贫困户均参与石榴基地务工和自发种植，实现户均增收 2 万元以上。发基卡村安置点 187 人中，有 66 人在县外等地就业，占 35.29%；有 113 人在扶贫车间、石榴基地务工，占 60.43%；6 人参与乡村公共服务岗，占 0.03%。

第六节　易地扶贫搬迁后续就业
帮扶存在的困难和问题

随着多类后续就业帮扶措施的组合开展，各地就业帮扶工作取得了重要成效。但从调研情况来看，由于搬迁群众和贫困地区的特殊性，加之新冠肺炎疫情的冲击，后续就业帮扶在实际开展中仍存在不少困难和问题，比较突出的是：

一、后续就业帮扶压力的地域分布较为集中，且地方政府后续扶贫资金缺口较大

"十三五"搬迁人口主要集中在5个省区，且大比例分布在西部地区，这些地区前期搬迁建设任务重、资金投入多，且多为大规模无土安置，后期帮扶压力大，就业帮扶资金缺口较大、工作推进较难。例如甘肃靖远县是典型的财政收入困难县，前期为顺利推进易地扶贫搬迁项目，县政府衔接农发行贷款3.1亿元，目前部分安置点基础设施和公共设施服务均亟须完善、后续产业仍需持续投资，县财政在后续帮扶过程中财政缺口将进一步扩大。

二、部分搬迁群众自我发展能力较弱，主观就业动力不足，较难实现稳定就业

一方面，易地扶贫搬迁人口总体文化层次较低，劳动力技能欠缺，部分少数民族搬迁群众还存在语言障碍、自我发展能力较弱的问题。调

研的 553 户样本农户中，文盲占比 9.3%；小学毕业的劳动力占比
37.3%；初中毕业的劳动力占比 37.5%；高中及以上毕业的劳动力仅
占 15.9%。四川藏区和彝区的部分贫困劳动力转移到企业以后，受语
言和生活方式差异影响，很难融入当地生活，就业稳定性差。山西部分
搬迁群众综合素质较差，较难掌握新技能，就业竞争力较弱，多数只能
从事植树造林、餐饮服务、商业零售、家政服务等简单劳动，就业面
窄、务工时间短、工资收入低，稳定就业难度较大。

另一方面，部分搬迁群众内生动力不足，就业、创业意愿不高，实
现稳定就业难度大。例如，广西部分贫困户受教育程度不足，缺少脱贫
方法和技能，配合党委、政府扶持政策的积极性不高，"等、靠、要"
思想严重，依赖兜底帮扶政策，甚至不愿参与发展产业或外出务工；云
南许多搬迁群众原来在偏远落后地区居住，缺乏就业常识和就业技能，
就业意愿低；贵州水城搬迁群众内生发展动力不足，对政府的依赖程度
较深，甚至对就业待遇期望较高，导致实现稳定就业难度较大。尽管部
分搬迁户依赖就业补贴暂时实现就业，但后期若相关补贴取消或力度减
弱，其就业稳定性仍然堪忧。

三、部分地区技能培训效果一般，培训后就业率较低

一是精准培训难度大。就业扶贫培训对象数量多、分布散、文化水
平普遍较低、培训需求差异大，组织精准培训较为困难。二是部分搬迁
群众接受培训的意愿不强。样本农户中，技能培训的参与率为 61.8%，
其中，11.9% 是政府强制要求，49.9% 为农户自愿参加。例如，陕西平
利县部分搬迁贫困劳动力因需要照顾家人、兼顾农业生产无法参加培
训。三是部分培训项目设置无法适应务工需要，培训后转移就业困难。
如四川大凉山为贫困户进行厨师和焊工技术培训，但是并没有提供对口

技能的劳务输出服务。四是易地搬迁人口劳动素质相对低下，习惯依赖传统农业生产，通过短期的培训，即使暂时实现就业，客观上扶持效益很难大幅提升。如湖南麻阳苗族自治县在龙升社区设立专门的就业培训室，2020年以来，共完成2期技能培训，培训150多人次，但仅落实就业38人，培训后的就业率只有25.33%。

四、安置地产业基础普遍薄弱，发展力不足，就近吸纳就业能力有限

整体来看，"十三五"易地扶贫搬迁主要还是县内搬迁，安置点基本还在贫困县内，就近吸纳就业能力较弱，主要原因包括：一是贫困县大多产业基础薄弱，成熟产业较少，就业岗位开发不足，很难容纳大规模搬迁劳动力。例如，贵州省册亨县，全县"十三五"共搬迁安置87 540人，除跨区安置的10 503人外，全部在县内城镇安置，但目前全县能提供就业的劳动密集型企业数量非常有限。二是市场主体带动力不强、抗击风险的能力差。贫困县原有企业不同程度地存在实力不强、规模不大、产品附加值不高等问题，带动和辐射作用有限；专业合作社等新型经营主体虽然发展较快，但仍然存在运行不规范等问题，市场竞争力和抵御市场风险的能力不强；一些产业园区缺乏资金支持，短期内难以起到支撑作用。三是贫困劳动力管理较难、经济效益较小，市场主体雇佣意愿不强。四是当地产业带动模式较为单一，很难保证贫困搬迁户的稳定就业增收。例如，云南省安置点的产业扶贫多以流转贫困户土地和临时雇工为主，真正以入股分红和吸纳长期稳定务工就业的较少，在搬迁群众后续生计可持续性方面存在不足。五是受新冠肺炎疫情冲击和经济下行影响，本地就业压力显著增加。一方面，东部沿海地区部分企业订单推迟、减少，有的甚至倒闭，导致部分外出务工的搬迁劳动力

失业或回流，加剧了本地就业压力；另一方面，县内企业抗击风险能力较弱，能提供的稳定就业岗位进一步缩减，返乡贫困户实现本地再就业难度较大。如 2020 年受新冠肺炎疫情影响，甘肃秦州区扶贫龙头企业、扶贫车间分别吸纳贫困劳动力就业 2 250 人、496 人，同比往年分别减少 300 人、149 人。

五、安置点部分配套产业项目招商困难，政府主导的配套产业低端化、同质化问题较为突出

第一，部分地区由于资源贫瘠、特色不足，加之在增值税税率、税收返还和教育费附加等方面没有特殊优惠政策，引进接续产业或者扶贫车间较为困难。例如，山西临县的晋泰小区 1 970 平方米的扶贫车间、万安花园 1 500 平方米的扶贫车间、林家坪安置点 1 000 平方米的扶贫车间均存在招商引资难的问题。第二，配套产业存在低端化、同质化倾向。搬迁群众对第一产业的依赖程度较高，在集中安置区倾向于布局与劳动力资源相匹配的产业，产业低端化、同质化的问题比较突出。例如，甘肃靖远县的糜滩碾湾坪安置区、坝吴公路安置区均发展香菇产业，香菇集中上市，同质竞争严重，价格波动较大。第三，配套项目过于依赖政府资金支持，自身可持续性有待考量。部分设施农业投资主要依赖政府产业扶贫资金，该类项目前期投入大、周期长、见效慢，若后期政府资金抽离将很难为继。贵州拟建设安置区配套产业项目 1 061 个，预算总投资 266.23 亿元，缺口资金 203.15 亿元。第四，部分产业项目过多依赖委托帮扶模式，搬迁群众的参与度及受益度不高、脱贫能力弱。例如甘肃古浪西靖镇的大魔王鸽种繁育基地吸收劳动力就业有限（最多只能带动 20 户贫困户就业），主要靠分红的方式带动贫困户增加收益；云南弥勒市东山镇的养猪场，长期用工只能达到 5 人以上，更多

靠入股分红促进贫困户增收。第五，扶贫车间生产调节的灵活性较差，且存在一定的安全生产隐患。建设初期，为合理利用资源，扶贫车间一般都建在移民搬迁社区配套的商业用房或社区空置门店等地，导致生产和生活区高度重叠，存在一定的安全生产隐患。此外，由于安置区配套建设的扶贫车间规模较为固定，后续生产调节的难度较大，容易造成厂房闲置或扩建扩招困难等问题。

六、部分地区公益性岗位的后期管理较为混乱，且 2020 年后的可持续性存在不确定因素

目前，各地区大多将公益性岗位作为政策兜底安置就业的渠道，开发了包括护林员、保洁员、保安等多种形式的公益性岗位，切实解决了一部分非技能劳动力和弱劳动力的就业问题，但部分地区公益性岗位的选聘、监督管理等方面还存在一些问题。一是一些地区部门间信息共享不到位，扶贫、人力资源与社会保障、林业等部门间未做到数据的及时共享和协作开展；二是部分地区识别选聘机制不完善，例如山西云州区存在一些临时性、可流动的公益性岗位，且有一些超过 65 岁的老年人担任，使公益性岗位成为变相兜底的方式；三是公益性岗位管理监督的规范性不强，一些地区选聘的护林员为居住地远离责任林区的搬迁群众，该类人员只是偶尔去林区"看一眼"，未承担起正常的护林工作。此外，贫困搬迁户的公益性岗位一般作为政策兜底安置就业的渠道，聘用对象多为市场竞争力较弱的无技能或弱劳动力，但目前公益性岗位的聘用期仅有 3～5 年，2020 年后是否可持续仍存在不确定因素。如云南会泽县计划 2020 年后，用安置区配套开发的蔬菜基地的营业利润作为公益性岗位工资的重要来源，但该蔬菜基地的盈利状况本身存在较大的不确定性。

七、组织化劳务输出的供需匹配较难保证，输出后就业稳定性较差

组织化劳务输出主要是政府依托对口帮扶企业和东西部协作等资源，将有意愿的搬迁劳动力组织输送到经济较为发达地区的企业参与就业。从企业劳动力需求来看，随着经济发达地区产业升级的不断推进，企业对劳动力的技能要求越来越高，贫困劳动力越来越难以匹配其岗位要求，因而企业给出的工资水平往往较低。从搬迁户劳动力供给来看，愿意参加组织化劳务输出的搬迁劳动力大多是较难通过市场机制匹配实现就业的人群，其技能水平相对较低，且不习惯企业的制度化管理，但对就业待遇期望较高，因而输送后离职率较高，较难实现稳定就业。例如，甘肃省曾组织劳务输出输送至天津务工 30 多人，1 个月后弃工返乡 17 人，就业稳定性较差。

八、风险防范和应对措施仍显不足

实地调研显示，新冠肺炎疫情对搬迁劳动力就业主要存在以下三方面影响。一是扶贫龙头企业和扶贫车间停工停产或延迟开工；二是部分返乡搬迁劳动力返岗和外出务工延迟；三是由于部分企业订单减少，造成一些搬迁劳动力收入小幅度下降。目前各省区主要采取以下三种措施应对。一是设立与疫情相关的公益性岗位，如防疫员、消毒员、理发员等；二是加强组织化劳务输转，包车将搬迁劳动力输转至用工省份；三是给予增加就业生活费补助，激励搬迁劳动力外出务工。总体上，关于风险防范和应对方面主要是疫情发生后采取的事后干预措施，大部分省区没有建立事前防御机制，一些省区只是提出建立风险防控机制，但没

有具体、完善的风险应对预案。

第七节　2020年后就业帮扶展望及政策建议

整体来看，各省区对易地扶贫搬迁后续就业帮扶工作高度重视，探索形成了较为成熟的多渠道组合式帮扶措施，并取得了一定成效，但同时也存在着一些困难和问题。本部分首先分析和展望2020年后易地扶贫搬迁就业帮扶工作的难点和重心，其次针对当下和未来可能存在的困难和问题提出政策建议。

一、未来就业帮扶展望

2020年后，现行标准下的农村绝对贫困人口基本被消除，中国农村扶贫力度和策略均将有所调整，而易地搬迁群众作为返贫风险最高的一类人群，其后续就业帮扶尤为重要。但由于扶贫资金的约束、国内经济下行压力、国际社会经济不确定性和其他风险因素的影响，未来易地扶贫搬迁后续就业帮扶可能存在以下难点：

（1）扶贫资金短缺。一方面，为完成"十三五"精准扶贫任务，地方政府（特别是易地扶贫搬迁任务较重的地区）普遍负债较重，加之2020年后各级政府拨付的扶贫资金可能有所下调，搬迁大县未来维持大力度的后续帮扶资金投入难度较大；另一方面，创造稳定就业岗位的地方特色产业培育短期内较难完成，后期仍需要较大资金支持，进一步加剧了资金缺口。（2）政策重心调整。精准扶贫攻坚战取得胜利后，农村贫困治理策略和"三农"工作中心将有所调整，投入扶贫领域的人力、物力可能有所下降。（3）不确定风险加剧。目前，国内经济下行压力较大，而新冠肺炎疫情突发、洪涝灾害等自然灾害频发，进一步加剧了国内外政治经济环境的不确定性，而搬迁群众生计脆弱性较高且搬迁后集中居住，受冲击后返贫或引起社会不稳定的风险较大。

因此，未来易地搬迁后续就业帮扶对象应更具针对性，以提升有限扶贫资金和人力的帮扶效率；帮扶主体应由"政府主导"逐步转为"自主脱贫为主，政府和社会力量支持为辅"，以拓宽扶贫资金来源，逐步减弱搬迁户对政策帮扶的依赖；帮扶策略进一步完善"多渠道组合模式"，并探索帮扶策略与未来乡村战略规划的有机衔接；帮扶目标应从"全面脱贫"向"防范返贫，逐步致富"转变，以集中力量有效监测和防范各类风险冲击，及时应对风险因素冲击带来的返贫问题。

二、政策建议

针对上述易地扶贫搬迁后续就业帮扶工作当前和未来存在的困难和问题，本研究从帮扶对象、帮扶主体、帮扶目标和帮扶策略几个方面对后续就业帮扶工作提出完善建议。

（一）以大规模无土安置群众为重点帮扶对象，并向深度贫困地区、搬迁任务重的区域有倾斜地加大后续就业扶持力度

该类搬迁群众的生活条件、生产条件较搬迁前发生了较大变化，很难再依赖于农业生产维系生计，对就业的需求更加急迫，加之小城镇吸纳就业能力普遍较弱，后扶压力与经济能力不匹配，搬迁贫困户的可持续发展问题更为严峻。因此，建议中央在统一指导规划时充分考虑不同地区搬迁模式、自然资源禀赋和周边经济带动能力，加大对后扶任务重、隐患风险大的地区的指导和资金支持。地方各级政府也应结合自身搬迁特征，以大规模无土安置群众为重点对象，加大后续就业帮扶的力度，将实现帮助其实现稳定就业作为解决该类人群后续

生计的主要渠道。

（二）明确政府的角色定位，充分动员社会力量参与，有效提升帮扶效率

建议后续就业帮扶主体逐步从"政府主导"向"自主脱贫为主，政府和社会力量支持为辅"转变。首先，针对有技能或者文化程度较高的搬迁劳动力，应鼓励其通过劳动力市场自主择业就业或引导其自主创业。其次，应充分动员社会力量参与后续就业帮扶，以扩宽帮扶资金、壮大帮扶力量，提升帮扶效率。如通过购买社会服务等方式探索公共就业服务机构和市场主体合作的方式，引进职业中介公司帮助搬迁群众筛选、推荐匹配的就业岗位；依托平台公司，统筹整合资源，吸引企业入驻参与就业帮扶，强化市场主体、政府与搬迁户的利益联结机制。与此同时，政府逐步减少对就业市场的直接干预，转而加大公共就业服务供给、实施劳动力监测、保障兜底就业。

（三）实施全面动态监测，加强风险防控，以"防范返贫、逐步致富"为主要帮扶目标

2020 年后我国农村的绝对贫困将基本被消除，农村贫困治理将从"扶贫"转向"防贫"，扶贫重心也将从消除绝对贫困向缓解相对贫困转变。因此，建议易地扶贫搬迁后续就业帮扶以"防范返贫、逐步致富"为目标，做好全面动态监测和风险防控。具体地，制定针对易地扶贫搬迁群众的风险防控应急预案，建立组织协调和快速反应处置机制；依托大数据平台，全面动态跟踪监测易地搬迁群众的就业状况，加强安置点日常风险监测和隐患排查工作，及时发现可能存在的苗头性、倾向性问题，有效防范和妥善应对搬迁劳动力失业及住房等各类风险。

（四）对于劳动力供给方，针对性调整和加强就业公共服务供给，提升其就业主动性、竞争力和稳定性

第一，根据就业市场需求和搬迁劳动力特征开展针对性文化和技能培训。一方面，根据易扶搬迁劳动力文化程度和岗位偏好的不同，差异化培训内容和授课方式，提高培训的针对性和有效性。例如，针对内生动力不足的搬迁劳动力，将扶志培训增加到培训内容中；针对深度贫困地区的实际情况，将农村实用技术培训、语言培训等纳入技能培训范畴。另一方面，加强技能培训与企业岗位的对接，提升培训就业率。

第二，增加公共就业服务供给。将搬迁群众纳入安置区归属地的公共就业服务体系，针对性地提供就业岗位信息和培训信息；定期在大型安置点组织招聘会或提供远程面试平台；在大型安置点设立专门的服务站提供政策咨询、业务办理等服务。

第三，扩大就业服务供给范围，提升搬迁群众外出就业的稳定性。例如，在主要劳务输出地开设驻外劳务服务站，为外出就业劳动力提供信息咨询和应急保障等服务。

（五）对于劳动力需求方，扶持和培育多类劳动力需求主体，完善相关方利益联结机制，提升岗位供给的多样性和稳定性

打好"组织化劳务输出、特色产业、公益性岗位、以工代赈和扶贫车间"的组合拳，提升岗位供给的多样性。第一，依托东西协作对口帮扶和社会帮扶资源，通过组织化劳务输出为技能较好且有意愿外出的搬迁劳动力创造外出就业岗位。第二，依托本地资源培育特色产业，遵循市场规律优化产业项目布局，提升当地中长期就业吸纳能力，同时要鼓励各类市场经营主体、能人大户等根据市场规律经营，做好风险防控，避免盲目跟风扩产。第三，在易地扶贫安置点（尤其是大型安置点）迅速嵌入一批劳动密集型扶贫车间，以解决原有产业基础薄弱地区的集中搬迁户短期就业问题。第四，继续将公益性岗位作为兜底就业安置方式开展，但设立略低于当地平均水平的工资报酬，以挤出相对优质的劳动力，并进一步规范公益性岗位的选聘和监督管理，杜绝"无劳而获"现象。第五，吸纳搬迁群众参加到安置区的发展建设中来，包括有偿参加社区管理服务和工程建设等，并将其作为应对突发风险的调节措施。

同时，建议完善相关方利益联结机制，发挥制度和体制优势，并充分发挥市场调节机制，以提升岗位供给的稳定性和持续性。中央层面，建议强化东西协作对口帮扶，鼓励东部地区劳动力密集型企业入驻大型安置点的扶贫车间，并将帮扶效果纳入东部地区政绩考核，以提升东部地区政府部门的积极性。地方层面，建议各地区积极争取东部对口帮扶城市的中长期资金支持，并探索设立后续帮扶和发展平台，用于承接东部对口帮扶省份的投资，对接中央战略性产业和金融政策，同时整合易地扶贫搬迁剩余资金、就业补助资金等；并给予各类劳动力需求主体税收优惠政策、物流运输补贴、厂房建设补贴等支持政策，长期稳步推进当地特色产业和引入企业的发展，实现产业就地就近带动搬迁群众增收。

（六）完善未来政策规划，探索后续就业帮扶与乡村振兴战略的有机衔接

"十四五"时期是巩固脱贫攻坚成果和实施乡村振兴战略的关键阶段，易地扶贫搬迁后续扶持发展是巩固脱贫成果和实施乡村振兴战略的重要内容。因此，建议各地探索易地扶贫搬迁后续就业帮扶与推进新型城镇化、乡村振兴战略的有机衔接，并将其纳入"十四五"规划，以实现各类劳动力需求主体中长期的稳定发展，搬迁群众的逐步致富。

第六章

易地扶贫搬迁后续社区融入研究

易地扶贫搬迁是中央确定的"五个一批"精准脱贫工程之一，是实现精准扶贫、精准脱贫的重大举措，也是解决生存环境恶劣地区极度贫困问题的根本之策。但搬迁入住只是完成了第一阶段的目标，后续扶持是影响搬迁群众是否真正脱贫的重要因素，不仅要保障搬迁群众稳定就业，更要保障他们在长期生活中融入当地社区。这是当前易地扶贫搬迁工作面临的首要任务，也是决定易地扶贫搬迁工作成败的关键。

目前学者主要从经济融入、社会及文化融入、心理融入和身份融入四个维度对移民搬迁群体的社区融入进行研究。第一，从经济融入来看，加特曼和凯勒（Gathmann and Keller，2018）认为移民搬迁群体的就业率和收入是反映经济融入的重要指标，搬迁户的经济状况通常比原居民低，并且较低的经济融入与人力资本欠缺有关（Borjas et al.，2015）。另外，劳动参与、社会保险以及金融可获得性也是经济融入的重要因素（Bratsberg et al.，2014）。与原居民相比，移民拥有金融资产的可能性更低（Chatterjee and Zahirovic，2014）。第二，社会及文化融入对整个社区融入过程起着至关重要的作用（Fitzpatrick，1966）。郑等（Cheong et al.，2007）通过研究发现移民搬迁群体在迁入地的公共参与可以提升其社会资本与群体凝聚力，从而提高社区融入；以及在迁入地与原居民社会网络的建立有利于移民搬迁群体实现社区的融入（Facchini et al.，2015）。文化融入则是移民搬迁群体在迁入地与原居民不断接触、互动，其文化特质与思想观念发生变化的过程（Redfield et al.，1936）。学习当地语言是文化融入的第一步，语言的学习对许多适应行为有着积极影响（Marks，1987）；另外，通过文化娱乐活动消费也可以促进其文化融入（Dato，2000）。第三，心理融入是较高层次的融入，指移民搬迁群体在心理上和感情上对迁入地原居民产生认同并主动适应迁入地区生活（Yinger，1981），生活满意度与心理融入之间存在正相关关系（Angelini et al.，2015）。第四，身份融入意味着在迁入地对移民搬迁群体的身份认同，包括获得迁入地公民身份或移民身份，与移民搬迁群体的社会融入有紧密的联系（Büchel and Frick，2005）。

根据调研数据分析来看，易地扶贫搬迁户社区融入总体较好。在经济融入方面，人均收入明显提升；政治参与程度和身份认同感较强；大部分搬迁户都能适应当地的风俗习惯，表示对当前的社区生活非常满意；尽管搬迁户对于社区的生活方式仍存在一定的不适应，但生活习惯逐渐改善。

在推动社区融入方面，各地也出现了一些成功的典型经验。第一，推行积分制，促进搬迁人口参与公共服务，积极融入社区生活。第二，建立网格化管理机制，精准服务搬迁群众，有效提高治理效率。第三，开展社区文化建设，增强搬迁户对新社区的认同感和归属感。第四，发展社区集体经济，拓宽社区发展资金来源。

然而，在政策实施与执行过程中，在推进搬迁人口长期融入新环境方面仍然存在诸多问题。第一，搬迁人口适应城镇生活方式存在困难，社区互动水平低。尤其部分老年群体难以适应城市生活，心理融入困难。第二，原住民与搬迁人口矛盾初步显现，社区治理体系有待优化。主要原因是原住民对享受到了政策红利的搬迁人口产生了心理上的不公平感，而目前在社区治理体系并未对该问题予以重视。第三，部分搬迁后续政策不明确，不利于搬迁户的长期融入。主要表现在当前各地在搬迁人口的户籍管理、住房产权及调整以及搬迁老年人口的保障政策方面不够明确。第四，"重经济扶持、轻社会融入"倾向明显，部分公共服务与搬迁户实际需求脱节。各地普遍关注就业、产业等短期效果明显的扶持政策，对促进长期融入政策的重视相对较弱。第五，县级财政资金紧张，社会融入资金缺口较大。社会融入资金需求量大，而易地扶贫搬迁的地区多为深度贫困县，财政资金紧张，导致社区融入资金缺口较大。

针对上述存在的问题，并结合典型案例的成功经验，本章提出以下政策建议。第一，精细化社区管理，推动社区交流与互信。特别是要根据安置方式和搬迁家庭特征，制定差异化社区治理与融入政策，并因地制宜开展教育与交流活动，增强社区互动和互信。第二，完善治理体系，促进搬迁人口融入区域发展，重点在于提高社区治理能力的同时，建立县域层面治理体系，推进搬迁人口与原住民深度融合。第三，稳定政策预期，解决搬迁人口后顾之忧。重点要明确户籍管理、住房以及老年人供养等方面的长期政策，让搬迁人口吃下"定心丸"，免除后顾之忧。第四，立足搬迁人口实际需求，完善社区公共方面，主要是要充分利用公共服务设施，努力解决搬迁人口最为关注的现实问题，促进建立互相熟悉、信任的新社区。第五，整合多渠道资金，纾解社区融入资金困境，除了充分利用政府扶贫资金之外，最为重要的是鼓励发展社区集体经济，建立可持续的市场化资金筹集机制。

第一节　易地扶贫搬迁社区融入政策的主要做法

易地扶贫搬迁不仅是一项社区再造和重建工程，更是一项关于人口分布、资源环境、经济社会重新调整与完善的系统工程，注重因地制宜、精准施策"挪穷窝"与"换穷业"同步，将"搬迁是手段，脱贫是目的"的理念贯穿于搬迁的全过程。这一过程不仅涉及安置住房、基础设施和公共服务设施建设，更涉及搬迁群众的社区融入、文化传承以及社区治理等诸多方面，直接关系到脱贫攻坚成效，关系到千万贫困群众的幸福感和获得感。因此，在易地扶贫搬迁建设过程中就必须充分考虑到搬迁后群众生计、适应、社区融入以及社区治理等方面。目前，各地针对已经搬迁群众的后续融入与发展出台了相关政策。

一、政治融入

为了较好地促进易地扶贫搬迁群众的政治融入，各地安置区主要围绕基层党建、居（村）民委员会和群团组织等自治机制构建、社区民主制度构建等方面开展工作，切实保障搬迁党员的基本权益，保障搬迁群众的政治权利。为了顺利开展工作，各地出台了相关文件，为搬迁户的政治融入工作提供规划指导。

基层组织建设方面，各地致力于构建以党组织为核心、基层政府为主导、群众自治组织为基础、群团组织和各类社会服务组织为纽带、经济组织为支撑的安置地基层组织体系。例如，广西壮族自治区民政厅会同相关部门深入安置点，实地调研基层组织建设情况，在此基础上联合出台《关于加强易地扶贫搬迁安置点基层组织建设的指导意见》，指出各地按照全面覆盖、有效覆盖的要求，对集中安置点引入社区建设和管理，指导建立安置点党组织和自治组织等建设。

社区民主制度构建方面，各地致力于探索搬迁安置区的搬迁群众民主自治，提高搬迁群众的社区治理参与度。例如，甘肃省古浪县依据《关于在村（社区）开展基层协商民主试点工作的实施方案的通知》开展了基层协商民主试点工作，构建平等协商、有序表达的协商民主制度。

二、经济融入

为了较好地提高易地扶贫搬迁群众的经济融入水平，各地安置区主要围绕产业和就业促增收、降低生活成本等方面开展工作，稳定提高搬迁户的收入水平，缓解搬迁户的生活成本增加困境。为了顺利开展工作，各地出台了相关文件，为搬迁户的经济融入工作提供规划指导。

产业扶持促进增收方面，目前，各省区已出台易地扶贫搬迁后续产业发展规划，针对各地不同地域特征特色以及安置区特点，选择不同的产业发展类型，通过直接生产带动、就业带动、资产收益带动等模式带动搬迁人群在安置区增产增收。例如，陕西省出台了《陕西省2019年产业扶贫工作要点》《陕西省2020年产业扶贫工作要点》等，在安置区大力发展产业带动搬迁户脱贫增收。广西以县为单位制定安置点后续产业发展实施方案，明确发展重点和实施路径，培育和发展后续产业。对搬迁到中心村的贫困户，要引导其立足当地资源禀赋，积极融入县级"5+2"、村级"3+1"产业发展，大力发展特色种养业、农林加工业、乡村旅游业。

就业扶持促进增收方面，各地安置区同步规划、同步推进培训与就业，以有组织劳务输出和就地就近就业为重点、以创业带动就业为补充、以公益性岗位安置为托底的促进易地扶贫搬迁劳动力就业创业工作体系，分类施策促进搬迁群众就业增收。例如，甘肃省出台了《甘肃省人民政府办公厅关于扶持发展"扶贫车间"促进建档立卡贫困劳动力转移就业的意见》，大力发展社区工厂和扶贫车间，促进易地扶贫搬迁贫困群众就近就地就业。另外，各地在新开发乡村公益性岗位时，将易地扶贫搬迁集中安置点作为重点区域，以搬迁贫困劳动力作为重点人群，优先帮扶开发；在疫情期间，为缓解搬迁户无法外出打工造成的减收，增设防护员、消杀员等公益性岗位。

降低生活成本方面，各地的工作重心在于通过各项补贴和减免政策，降低搬迁群众的水电费、物业费等支出，从而降低搬迁群众在安置区的生活成本，促进其经济融入。

三、心理与文化融入

为了较好地提高易地扶贫搬迁群众的心理与文化融入水平，各地安置区主要围绕铭记民族文化、感恩教育、扶志扶智、新民风建设、文化服务供给等方面开展工作，增强搬迁户的内生动力，构建文明搬迁社区，提高搬迁户的社区认同感和归属感。为了顺利开展工作，各地出台了相关文件，为搬迁户的经济融入工作提供规划指导。

针对脱贫攻坚工作中部分贫困群众脱贫主体意识淡薄、"等、靠、要"思想突出、脱贫能力不足、帮扶工作中简单给钱给物等问题，于2019年印发《甘肃省开展扶贫扶志行动实施方案》，进一步加强扶贫扶志工作，提振贫困群众脱贫致富信心、激发内生动力、提高自我发展能力，形成有劳才有得、多劳多得的正向激励，确保实现贫困群众持续稳定脱贫。针对文化服务供给问题，湖南省印发《关于进一步加强易地扶贫搬迁集中安置区思想文化建设的通知》，不断完善安置区活动中心、图书室、综合性文体广场等，丰富搬迁群众文化生活。

四、社会融入

为了较好地提高易地扶贫搬迁群众的社会融入水平，各地安置区主要配套基础设施建设、公共服务供给、搬迁群众生活适应、旧房拆除与回迁等方面开展工作，切实改善安置区的软件和硬件条件，促进搬迁群众适应社区生活。为了顺利开展工作，各地出台了相关文件，为搬迁户的社会融入工作提供规划指导。

配套基础设施建设方面，各地致力于推进安置区与城镇一体化规划建设，统筹考虑安置区规模、周边设施和今后一个时期人口发展情况，集约建设安置点水、电、路等配套设施和生活设施。例如，甘肃省古浪县于 2020 年 6 月印发《古浪县黄花滩大型集中安置区帮扶工作方案》，提出以下几点目标：加大产业区配套基础设施投入力度，提升区域路网保障通行能力；建设污水处理站 4 座、污水集中处理系统 1 处，解决搬迁群众生产生活污水排放问题。

公共服务供给方面，各地主要集中力量加快教育医疗补短板项目建设进度。一是强化教育文化服务，建立台账，精准掌握搬迁群众子女就学需求和安置地教育资源供给情况，按照就近入学原则做好转学衔接工作，让搬迁群众适龄子女在安置地公办学校接受义务教育，并继续享受相关补助政策。同时，加强跨区域师资统筹协调，按照中小学教职工编制标准，合理核定安置地中小学教职工编制总量，保障安置地学校师资力量。二是强化医疗保障，实现安置点医疗机构全覆盖，引导搬迁群众自愿参加安置地城乡居民基本医疗保险或城镇职工基本医疗保险。三是强化社会保障，在保持搬迁群众土地承包权、集体收益分配权等权益不变的前提下，加快办理安置住房产权手续，积极推进搬迁群众在安置地落户。搬迁群众可自愿参加安置地城乡居民基本养老保险，灵活就业人员可参加城镇职工基本养老保险，有稳定劳动关系的应按规定参加城镇职工基本养老保险。搬迁群众暂时无就业和产业支撑导致生活困难，且家庭财产状况符合规定的，可以在安置地申请低保救助。

搬迁群众生活适应方面，各地通过工作队、楼长宣传、活动宣传等方式促进搬迁群众适应新社区的基础设施使用、家电使用、卫生设施使用等，提高搬迁群众的生活适应能力。

旧房拆除与回迁方面，各地因地制宜制定旧房拆除方案，为充分考虑搬迁群众在过渡期的生产生活需要、子女教育衔接等因素，适当预留一定的拆除过渡期，为群众生产生活提供便利，不搞强拆。同时为因不可抗力因素需要回原地种地、饲养牲畜的搬迁户提供生产性住房，尽可能为搬迁群众提供便利。

第二节　易地扶贫搬迁人口社区融入现状

2020 年是打赢脱贫攻坚战的收官之年，是全面建成小康社会的决胜期。截至 2020 年底，全国已建成易地扶贫搬迁安置住房 266 万余套，960 多万搬迁群众实现入住，第一阶段搬迁入住的目标已基本完成，后续搬迁贫困人口对于安置区的生活也逐渐适应，搬迁户在生活习惯、生活方式和思想观念等方面都有所改变。

中国人民大学扶贫研究院于 2020 年 7 月对湖北、湖南、广西、四川、贵州、云南、陕西、甘肃 8 省区的 16 个县 48 个安置区和 553 户易地扶贫搬迁户进行了典型案例调查和入户问卷调查。根据访谈资料和调研数据，本书从经济融入、政治融入、文化融入、社会融入和心理融入方面对易地扶贫搬迁社区融入的现状与成效进行全面分析。

一、易地扶贫搬迁贫困户整体融入情况

从经济融入来看，易地扶贫搬迁户的总收入整体显著提高。易地扶贫搬迁户人均年净收入达到 14 729 元，远远高于收入贫困线。在收入

构成方面，搬迁户的总收入中占比最高的是工资性收入，平均占比67.5%，务工比例显著增加。并且有62.2%的搬迁人口表示搬迁后总收入有显著增加，经济融入情况较好。虽然搬迁后63.5%的人表示总支出有所增加，但是从收支情况来看，80.8%的人表示能够收支相抵，并且每年每户平均能够储蓄18 813元。从恩格尔系数来看，搬迁户的食品支出占总支出的比重平均为48.9%，根据国际标准，恩格尔系数在40%～50%范围内表示是小康水平，所以搬迁户平均已达到小康水平。

从政治和身份融入来看，80%以上搬迁户会参加安置地的换届选举，90%以上搬迁户认为是现居住地本地人，政治参与程度和身份认同感较强。从调研情况来看，所调研的安置区中有一半举办了民主选举，居委会成员是通过民主重新选举产生，并且77.1%的安置区的居委会成员中有搬迁户，搬迁户参与民主选举的比例平均为80.3%。整体来看，搬迁户的政治融入较好。调研显示，虽然91.7%的安置区的搬迁户均没有迁移户口，但是搬迁户均可享受城镇人口待遇，在当地上学和就医，除了部分地区关于房子不动产权证的办理有所受限，但是不会对搬迁户的居住和基础设施的使用产生影响，搬迁户整体的身份认同感和融入感仍较强，91.7%的搬迁户表示在当地能够得到更好的发展，不愿再回老家。

从文化融入来看，大部分搬迁户都能适应当地的风俗习惯，并且经常参加当地周边的文化休闲活动。根据调研发现，因为搬迁户搬迁后仍然在熟悉的民族范围内，所以98.5%的搬迁户能够适应新家周边的风俗习惯，并且对当地的节日活动和红白喜事等也能够适应和接受。搬迁后97.6%的搬迁户与当地人不存在语言障碍，可能少数搬迁户存在口音问题，但并不会影响正常交流。从搬迁户去周边文化休闲场所的频率来看，每周都参加文化休闲活动的搬迁户占比75.6%，每天都去周边文化休闲场所的搬迁户占比41.2%，比例较高，说明搬迁户在文化融入方面障碍较少。

在社会融入方面，搬迁户对于社区的生活方式仍存在一定的不适应，但生活习惯逐渐改善。调研中发现，在搬迁的初期，搬迁户对于小区生活和管理方式不适应，存在随处乱扔垃圾、高空抛物等现象，由村民身份向市民身份的转变存在困难，但搬迁后通过引导和教育，生活习惯逐渐改善，生活方式也发生转变。98.2%的搬迁户已经适应使用抽水马桶，97.1%的搬迁户适应使用电磁炉、煤气灶等做饭工具，在楼房住户中96.7%的搬迁户习惯了上下楼梯，并且99.6%的搬迁户已经会自觉把垃圾扔到固定投放点。总体来看，96.9%的搬迁户能够适应安置区生活，仅有0.8%的搬迁户与周边邻居发生过矛盾，主要因为个人生活问题而产生冲突，如醉酒闹事、精神问题以及原有种植养殖的利益冲突等。

在心理融入方面，总体来看，大部分搬迁户表示对当前的社区生活非常满意，并且打算长期居住。调研结果显示，搬迁户中有83.2%表示对当前的社区生活非常满意，有15.4%表示比较满意。并且有93.7%的搬迁户非常愿意在现居住地长期居住，有4.2%的搬迁户比较愿意在安置点长期居住。搬迁后，搬迁户之间以及搬迁户与非搬迁户之间相处相对融洽，仅有少数3.8%的搬迁户表示会受到当地非搬迁户的歧视或排斥，主要原因可能是原本生活习惯的差异或者原居民与搬迁户生活水平落差而产生的排斥心理。总体来看，搬迁户自身的心理融入感较强，主人翁意识也在慢慢培养。

二、不同安置方式下的社区融入情况

村内安置、乡镇安置和县城安置的搬迁户在生活支出、生活习惯以及生活方式等方面变化不同，社区融入的情况存在差异。

第一，从文化融入方面来看，村内安置的搬迁户融入程度更高。村内安置的搬迁户的生活方式变化不大，对新家周边的风俗习惯、庆祝节日、举办红白喜事等活动适应情况更好，搬迁后去周边文化、休闲活动场所的频率大于城镇安置的搬迁户。在村内安置和乡镇安置的搬迁户与当地非搬迁户的语言沟通和日常交流存在障碍的情况少于县城安置的贫困搬迁户。一方面，可能是因为搬迁的老年人不熟悉普通话，对于县城的部分年轻人进行普通话交流，不太能理解而造成的。另一方面，县城安置的搬迁人口较多，民族和语言较为多样化，搬迁户之间不太能交流和完全无法交流的比例与村内安置相比相对较高。

第二，与村内安置相比，城镇安置搬迁户的生活支出显著增加，总收入差别不大，家庭总储蓄较少，经济融入情况存在一定障碍。搬迁后，2019 年村内安置的搬迁户的人均年收入为 15 178 元，乡镇安置的人均年收入为 15 195 元，县城安置的人均年收入为 13 653 元，显著低于村内安置和乡镇安置的搬迁户。从生活支出来看，村内安置的家庭年总支出平均为 18 746 元，家庭年储蓄为 20 177 元；乡镇安置的家庭年总支出为 24 934 元，年储蓄为 20 959 元；县城安置的家庭年总支出为 27 928 元，显著高于村内和乡镇安置的搬迁户，年储蓄为 14 734 元，显著低于村内安置和乡镇安置搬迁户。并且县城安置的搬迁户的恩格尔系数高于村内安置和乡镇安置，因此，从经济融入来看，县城安置的搬迁户的经济融入情况略差。

第三，村内安置和城镇安置的搬迁户基本都能够适应新社区的生活习惯，城镇安置的社会融入情况稍差于村内安置。搬迁后，在村内安置和城镇安置都改变了原有的生活模式，都逐渐学会了使用抽水马桶，适应了电磁炉、煤气灶等做饭工具，适应了上下楼梯、乘坐电梯，适应了将垃圾放在固定投放点等，生活习惯逐渐改变。从邻里间熟悉程度来看，县城安置的居民之间熟悉程度略低。县城居民所熟悉的，经常进行娱乐活动的人数平均每户为 19 人，乡镇安置的居民所熟悉的人数平均有 21 人，村内安置的搬迁户所熟悉的人数有 20 人。从参加集体活动来看，县城安置的居民搬迁后参加集体活动的次数显著少于村内安置的搬迁户，县城安置的搬迁户平均每户参加次数为 4 次，村内安置平均每户为 6 次。

第三节　推进易地扶贫搬迁社区融入的典型经验

部分地区在搬迁过程中也积累了推动社区融入方面的成功经验，为解决易地扶贫搬迁社区融入中存在的问题提供了有益借鉴。

一、推行积分制，促进搬迁人口参与公共服务，积极融入社区生活

在社区公共服务建设与管理过程中，通过多种形式邀请搬迁群众参与公共服务及相关设施建设，是推动他们积极融入当地社区新生活的有力举措。部分地区还通过设立积分制的方式，实现现实表象与积分评定相挂钩，物质奖励和精神引领相统一，激发了贫困群众积极性，增强搬迁户集体归属感，消除了"等、靠、要"的消极思想。

首先，鼓励搬迁群众参与公共服务，提高群众社区治理参与度。社区居民的参与是社区建设过程中不可或缺的要素。尽管他们难以直接从事所有社区公共服务建设和管理，但是可以广泛参与到部分社区服务工作，贡献自己的力量。例如，云南省某安置区通过居委会引导，通过"积分制"激励搬迁居民参与社区环境治理工作。具体实施方案为，由居委会进行协调分配，要求部分搬迁家庭负责社区某一公共区域的卫生

环境，规定每天早晚各打扫一次。同时还安排部分家庭负责轮流打扫社区公用道路，并且相互检查和监督工作绩效。在鼓励搬迁居民参加社区公共服务的同时，也为他们参与社区治理提供了有效渠道。一方面，社区居委会通过充分发挥小组的网格化特点，鼓励他们以小组为单位形成相对较为完整的组织架构，逐步成为专业的社区治理单元，共同参与社区治理工作，有效提高社区治理效率；另一方面，这些小组也发挥了沟通协调功能，通过与社区居委会共同工作，有效讨论并实施与居民生活相关决策，切实提高搬迁群众参与社区治理的程度，拓宽沟通渠道，推动社区融入。

其次，设立"爱心超市"，将"积分制"激励制度引入搬迁贫困户日常管理，引导贫困户精神脱贫，不断增强贫困群众自主发展、自主脱贫致富意识。各地定期对贫困户的表现进行评定，主要包括遵守法律法规、维护公共环境、搞好邻里关系、保持家庭卫生、参加义务劳动、参与民主协商等方面，对表现优秀者给予积分奖励，积分可到"爱心超市"兑换所需物品。如甘肃省某安置区为充分发挥妇女在人居环境整治和村容村貌改善中的独特作用，深入推进寻找"最美家庭"活动和"美丽庭院"创建工作制定了巾帼家美积分超市实施方案。评分内容包括夫妻和睦、邻里互助、勤劳致富、遵纪守法、绿色环保、热心公益、移风易俗；居室床铺、灶台、地面干净；庭院整洁、绿化美化；厕所干净无异味；外观整齐有序，无乱贴乱画行为等。引导群众以"劳动""善行义举"换"积分"，以"积分"换"商品"，激发贫困群众内生动力。

最后，社区设立"四点半课堂"，解决家长后顾之忧。对于部分搬迁户来说，父亲、母亲在外打工或是在社区扶贫车间工作，年幼的孩子下午4点半放学时，家长很难按时接送，孩子放学后去哪儿便成了难题。为帮助搬迁户解决后顾之忧，有社区开设了"四点半课堂"。如湖南省麻阳苗族自治县共青团，在龙升社区参与易地扶贫搬迁社区治理示范性项目，"四点半课堂"就是其子项目之一。从 2020 年 5 月 21 日起，开始为期一年的青少年群体帮扶行动，由"爱在苗乡"的志愿者们给安置点的留守孩子提供课后服务，帮助搬迁群众解决孩子下学后无人照看的问题。

二、建立网格化管理机制，精准服务搬迁群众，有效提高社区治理效率

对于城镇集中安置的社区，搬迁户面临新的生活环境，在生活方式以及就业、医疗、卫生、教育等公共服务等方面均会产生一定的不适应现象，无法快速适应城镇的生活方式。为系统构建与易地扶贫搬迁相适应的管理服务体系，强化管理力量，全面提升治理能力，更好服务易地扶贫搬迁群众，确保"搬得出、稳得住、能致富"，各地各安置区创新了网格化管理体系，确保把所有搬迁群众纳入有效管理。

具体而言，主要构建"居委会—网格—楼栋"的网格化管理机制。首先，每个社区成立居委会进行民主管理。居委会成员从安置区成员中通过民主选举产生。在安置区成立之初，由于人员配备不齐，居委会成员大多由上级政府直接任命，处理安置区成立筹备事务。安置区管理制度逐渐成熟之后，再进行民主选举，组建居委会管理部门及成员。一般居委会成员主要包括居委会书记、副书记、居委会主任、副主任、会计、妇女主任等，分别负责社区内相应事务。

其次，将安置区划分为若干网格（片区），并选拔相应负责人进行管理。对于较大型安置区，仅成立居委会难以进行有效管理。因此，将安置区划分为若干个片区，每个片区由上级政府和居委会选拔确定片区负责人，协助居委会管理安置区，向他们传达相关政策和信息，积极帮

助片区内搬迁群众解决生产、生活困难，如就业、培训、教育、医疗等公共服务。

最后，安置区内每栋楼配备楼长，集中反映搬迁群众的生活问题与诉求。在安置区内，每栋楼从搬迁贫困户中选拔任命一名楼栋长，负责集中向上级部门反映该楼内搬迁群众的诉求，并帮助他们解决生活问题。搬迁群众可直接向楼栋长表达安置区管理方面和自身生活方面的诉求，楼栋长负责汇总收集，由上级政府相关部门和安置区管理部门集中出台相关政策，有效解决了安置区内干群矛盾以及邻里矛盾。除此之外，在安置区成立之初，地方政府还从各搬迁乡镇抽调部分工作人员以协助安置区开展管理工作，负责对接和管理各自乡镇的搬迁群众，以帮助他们适应新的生活。在安置区管理体系和机制成熟，搬迁群众完全适应新的生活环境之后，这些派驻干部再返回原乡镇工作。

在网格化管理机制下，安置区构建了完善的社区管理机制，既能有效管理社区事务，帮助搬迁群众解决生活和心理问题，快速适应新的生活环境，又充分利用原有基层治理网络和人员，确保搬迁群众能够参与到社区治理，完善民主决策制度和社区治理制度。

三、开展社区文化建设，增强搬迁户对新社区的认同感和归属感

搬迁群众搬离熟悉的原居住地，除了生产、生活外，心理上也会面临较大的挑战。尤其是需要搬入城镇的群众，生活方式上的转变更为巨大，致使群众心理融入困难。社区文化建设能够激发搬迁群众后续发展的内在动力，通过丰富搬迁群众精神文化生活，加大社区文化活动供给，能够加速文化融入、心理融入，增强搬迁幸福感。

首先，开展感恩教育，扶志与扶智相结合，提高搬迁贫困户发展能

力与动力。一方面，大力宣传党和国家易地扶贫搬迁的好方针好政策、宣传新时代搬迁群众幸福生活、宣传群众搬迁后生产生活发生的巨变，宣传就业养老、医疗教育、社会保障等惠民利民政策，提高搬迁群众的政策知晓率和普及率，让搬迁群众切切实实感受到党的恩情，提升搬迁群众饮水思源、感恩奋进意识，树立不等不靠、独立自强的思想。另一方面，通过感恩教育激发搬迁群众脱贫致富的内生动力，大力宣传勤劳致富典型事迹和人物，鼓励他们通过自身的辛勤劳动实现脱贫致富，用自己的双手建设美好家园、创造幸福生活。

其次，建设社区公共文化服务体系，满足搬迁群众精神文化需求。各地采取多种措施，开展形式多样的文体活动，促进搬迁群众之间、搬迁群众与当地群众之前的交流沟通，引导搬迁群众尽快融入新环境，开启新生活。同时，举办各种形式的培训活动，如个别地区举办"农民夜校"和实行"一村一幼"工程，帮助搬迁群众学习现代社会知识、养成良好生活习惯，逐步适应城镇生活和提高市民意识。此外，有条件的安置区配建红白理事会，明确喜丧办事标准，为社区居民办理红白公事提供全过程服务。

最后，结合地方传统文化和民族特色文化，增强搬迁民众的归属感。结合原住地的民族风俗、节日习俗、传统礼仪等，结合乡村振兴战略打造搬迁群众更易适应的文化氛围，不断丰富搬迁群众文化生活。在安置点建设过程中，因地制宜融入民族文化符号和特色，避免让文化脉络在搬的过程中断裂，通过搬让民族文化更好汇集、创新发展和与时俱进。如贵州省水城县某安置点，支持搬迁群众保留好本民族特色手艺，充分挖掘搬迁群众中的民族文化艺人和民族民间工艺，组织非物质文化传承人免费对搬迁群众培训民族刺绣、蜡染手艺，把民族文化内涵融入安置点，把苗族文化元素"绣"在安置房上，打造有"灵魂"的安置点，形成特色鲜明、亮点突出的乡村美景，让安置点有文化、有故事。

四、发展社区集体经济，拓宽社区发展资金来源，解决社区融入资金难题

当前精准扶贫、易地扶贫搬迁工作造成了地方财政，尤其是县一级政府的财政压力。在这种情况下，安置区的发展不能完全依赖于政府财政资金，必须要建立有利于自我发展的"造血"机制，有效衔接未来乡村振兴。各地区通过各种形式的经济手段，建立了可持续的"造血"机制，解决社区治理与融入工作的资金难题。

首先，发展社区集体经济，筹集社区发展资金。部分地区依托政府优惠政策和安置区资源，结合自身优势发展社区集体经济。如云南省某安置区，在修建联排安置房时，统一为搬迁户预留了一楼商铺，搬迁贫困户可用来经营小卖店、小商品店等增加收入，同时又可以为安置点其他住户提高生活便利。部分地区运用区位优势，如毗邻高速公路的安置区，通过在安置楼房底层预留车库、在高速公路口设立加油服务站的方式发展社区集体经济，可用于支付物业管理成本以及保洁保安费用。此外，还有地区利用自身土地资源吸引投资设立社区工厂，积极承接劳动密集型产业转移，并参与管理，同时提供便利搭建电子商务平台，不仅解决资金短缺问题，也解决了部分搬迁群众的就业难题。

其次，开展社区市场化建设，发展社区集体产业。部分地区为了节省社区治理成本，开展了社区市场化建设，借此发展社区集体产业。例如，使用市场化手段建设社区公共服务设施，如便民超市、通信网点、物业管理等，通过招标等，主要通过吸引外部资金参与这些社区治理及服务设施的建设，实行市场化运营，节省了安置区建设成本。此外，部分地区还开展资源变资产、资金变股金、农民变股东的资产收益扶贫。鼓励组建合作社或由平台公司，统一经营管理安置点商铺、车间、仓

库、集贸市场、停车场（有条件的应建设充电桩或预留充电设施安装条件）等营利性物业，让搬迁群众享有稳定的资产收益。通过这些市场化的方式吸引市场化主体参与到社区治理之中，形成居委会、居民小组、市场化主体、搬迁群众和社会组织等要素齐全的社区治理服务新格局。

第四节 易地扶贫搬迁社区融入存在的问题

尽管在易地扶贫搬迁工作中，社区融入取得了初步成效，也积累了较好的经验，但在推进搬迁人口长期融入新环境方面，仍然存在诸多问题。

一、搬迁人口适应城镇生活方式存在困难，社区互动水平低

首先，部分城镇安置的搬迁户存在经济融入和社会融入问题，尚未适应城市生活。一方面，城镇安置的搬迁户的生活成本显著提高，需要缴纳物业费、取暖、燃气等费用，且水电等费用也明显上涨，居民生活习惯与消费观念跟不上县城平均水平，并且当地吸纳劳动力就业的能力有限，收入水平并没有显著提升，生活压力增大，再加上搬迁户的劳动力素质较弱，就业的质量不高，难以实现显著增收，长期来看可能会成为城市的相对贫困人口。另一方面，入住城市后的搬迁户的思想观念没有转变，部分老年群体难以适应城市生活，不会乘坐公交车、不会使用手机支付、缴纳水电费等，以及关于婚丧嫁娶等风俗习惯还没有转变，造成心理融入的困难。

其次，社区互动与信任水平较低，安置区搬迁户之间交流很少。在

迁出地的生活环境中，搬迁居民们的社会关系主要基于老乡、家庭与工友形成的非正式网络关系。搬迁入住新房之后，原有非正式社会网络被打破，社区新居民之间缺乏有效沟通与交流，且来自不同村落与乡镇，相互之间存在一定的差异，并且每家居住单元楼，很少串门沟通。这一方面导致社区内部和社区之间缺乏互动，信任水平较低，信任关系难以建立；另一方面，对于大多数在县城安置的搬迁居民们而言，由于新的社会关系网络尚未建立，他们仍然无法很好地整合到城市社会之中。因此，搬迁群众在心理上仍然难以真正融入新的社区生活环境。在这种情况下，只有通过加强他们与周围群体的交往，从而增强他们融入当地社会的程度。

此外，搬迁户全部搬迁到同一个安置区之后，安置区内的环境卫生、住房、水电暖等公共设施的权属归社区所有，它们的管理和维护单纯依靠单个搬迁户很难解决。有些地方让安置区所在政府负责水电暖、环境卫生等公共服务与管理，这些并不是政府的强项，缺乏市场参与的社区管理机制的持续性值得怀疑，导致安置区后续的物业管理缺乏市场主体的有效参与。

二、原住民与搬迁人口矛盾初步显现，社区治理体系有待优化

部分地区原居民与搬迁户之间的矛盾初步显现。一方面，主要是由于安置区享受到更多的补贴和政策优惠，安置区的水电基础设施、社区管理、卫生环境以及文娱活动等均优于原住民，搬迁户在就医、上学方面都具有优惠，如搬迁户的孩子可以优先上学等措施，使得原住居民内心产生不公平感，心理落差较大，与搬迁户之间由此容易产生不和睦问题。使得原居民与搬迁户之间近乎处于"平行生活"的状态，原居民

也不会参加新安置点的文化娱乐活动，对搬迁户的信任程度较低，社区之间缺乏交际，邻里之间不常交流，大多是"没有互动的共存"，与搬迁户的社区融合存在问题。另一方面，在搬迁户搬迁后，部分地区建设了扶贫车间，多数扶贫车间建在原居民区附近，车间产生的噪声影响了原居民的生活，使得原住民与搬迁户产生矛盾，以及部分地区的安置区的垃圾在原居民附近处理，影响到原居民的日常生活。

完善的社区治理体系是保障社区有效运转、居民顺利融入的重要因素。目前，全国新建的安置区中已经基本构建了社区治理体系，但尚不完善，特别是缺乏成熟的物业管理。主要表现在社区管理不成熟、治理主体单一等两个方面。

一方面，社区管理不成熟，物业管理费没有统一征收标准，部分地区物业管理压力大。在没有引进物业公司的安置小区，会存在管理人员配备不具有专业性、工作不成熟的问题，物业服务均由社区干部负责，一是加大了社区干部的管理压力，二是服务质量不高会造成社区管理人员与居民之间的矛盾。在引进物业公司的安置小区，物业费的收取是当地最主要的困难，目前为缓解搬迁户入住后的生活压力，部分地区暂时不收取物业费，通过财政进行补贴，造成县级财政压力，即使部分地区依靠租赁厂房等资金来进行补助，但长期来看并不是一个可持续发展之计，并且不具有普遍性，不利于构建成熟社区，对于搬迁户来说也不利于其融入城市生活。

另一方面，治理主体相对单一，难以实施有效管理。社区治理是多元的治理，而不是仅依赖政府和基层管理部门简单的参与。目前，我国安置区管理机制，主要依赖社区管理委员会的行政管理，缺乏社区内外治理主体的广泛参与，如企业、公益机构等社会组织。导致政府部门压力大、任务重，社区治理效率不高。

三、部分搬迁后续政策不明确，不利于搬迁户的长期融入

在新的生活环境下，除了稳定的生计外，户籍管理、住房以及养老等问题与搬迁户的稳定生活和长期融入紧密相关。当前各地在就业、产业等短期后续扶持方面均出台了明确的政策，然而在户籍、住房及养老方面的长期政策安排仍然不够明确，搬迁户在城镇的自身定位不清，导致心理上缺乏长期融入的动力。

首先，户籍管理不明确，配套政策缺位。户籍身份不仅关系到搬迁户在城镇的经济社会福利，更直接影响他们在新居住区的自我身份定位与心理融入。但目前，部分地区针对搬迁人口的户籍管理政策尚不清晰。有些地区为搬迁人口设置了户口过渡期，在搬迁一定时间后可自愿决定转移户口。特别是有些地区明确城镇集中安置搬迁户暂时仍为农村户口，未来是否能够转为城市户口尚未有明确的计划。然而，对于户籍所在与居住地不一致的"户居分离"群体，相关社会保障、医疗、补贴等配套政策方案尚未出台，一方面导致搬迁户办理相关事务"两头跑"，增加生活成本；另一方面搬迁户对未来户籍属地并不确定，导致心理上的归属感相对较弱。

其次，安置房产权不清，养老服务不完善。随着易地扶贫搬迁项目的完成，安置房产权归属问题成为搬迁户的担忧。特别是城镇集中安置户是否享有住房产权、享有比例多少、原宅基地如何处理等问题仍然模糊不清，各地之间的政策差异也较大。而且目前根据户籍人口随机抽签决定安置住房，也引起两方面的潜在问题。一方面，随着人口出生和死亡的动态变化，户籍人口数量开始分化，许多搬迁户出现住房面积不足问题，但尚不具备购买商品房能力。部分地区提出通过廉租房途径解决，目前还没有充分的政策依据。另一方面，许多留守老人或者五保户

搬迁后单独居住，部分贫困老年人口由于户籍原因，分配安置房时无法与子女同住，在社区普遍割裂、缺乏互动的情况下，老年人口的养老保障相对不足。尽管部分地区出台了符合条件老年人口的供养政策，但仅解决了经济困难，精神生活仍然较为匮乏，导致无法融入新的社区生活。

四、"重经济扶持、轻社会融入"倾向明显，部分公共服务与搬迁户实际需求脱节

精神文化生活是推动搬迁户融入新环境的重要途径。尽管在目前各地的易地扶贫搬迁实践中，均出台了丰富社区精神文化生活的措施，但大多仍然浮于表面，脱离于搬迁户的实际需求，群众参与度较低。

首先，"重经济扶持、轻社会融入"倾向仍然存在。在后续搬迁扶持政策中，各地普遍以扶贫车间、农业产业、劳务输出、公益性岗位等措施为重点，解决搬迁户的就业和生计问题，政策效果也立竿见影。然而，在社会融入方面，除了教育、医疗等基础公共服务保障之外，在丰富精神文化生活、促进搬迁户精神、文化融入的政策相对缺乏，尽管部分组织了相应的活动，但是以形式为主。例如，安置区尽管普遍配套建设了活动室、教育中心等，但是组织活动次数相对较少，搬迁群众利用率较低，大多流于形式，基本处于闲置状态。

搬迁户中的青壮年劳动力多选择外出务工，安置区内的常住人口中，60岁以上的老年人占据了绝对比例。由于许多老年人出行不便，对于社区组织的各类活动缺乏兴趣，难以真正地参与到社区活动中去，这对社区管理提出了更大的挑战。虽然部分各安置区组织建设日间照料中心，旨在为60岁以上的贫困老人提供日间休闲场所，但由于目标人群缺乏对该项目的了解，因此日间照料中心无法切实解决老年人问题，

未能取得预期成效。

其次，搬迁户社区公共服务参与度不高。部分地区在建设社区公共服务设施及其管理过程中，与搬迁群众缺乏有效沟通，未能充分考虑他们的真实需求，导致其相关政策居民未能充分参与社区公共服务建设与使用。例如，部分地区机械地按照文件要求配备幼儿园与小学建设，但并没有考虑社区居民人口构成和适龄入学儿童数量导致资源浪费，也有地区在分配安置区住房时，没有充分考虑残疾人、老年人需求，导致部分群众入住与生活不便。一些社区建设了图书室等文化活动中心，但许多书籍实际用处大大，搬迁户总体文化程度也相对较低，因此极少使用。

五、县级财政资金紧张，社会融入资金缺口较大

易地扶贫搬迁的地区多为贫困县或深度贫困县，财政资金本已较为紧张。在开展精准扶贫、易地扶贫搬迁建设和产业扶贫项目中，大多地区已经通过贷款筹集部分资金，县级财政还款压力大。尤其是 2020 年遭遇新冠肺炎疫情的冲击，给贫困地区就业、经济带来较大负面影响，进一步加剧了财政压力，贫困县债务问题十分突出。

然而，社会融入是一项长期任务，所需资金投入量大、持续时期长、涉及范围广，加上缺乏有效融资渠道，难以有效筹集所需资金。尽管根据易地扶贫搬迁资金管理方案，中央、省等地方政府发放专项资金用于易地扶贫搬迁建设，且成立了扶贫开发公司负责贷款凑集和管理资金。但这些资金仅足够用于房屋建设及迁出地房屋拆除，后续帮扶体系建设资金需要县级政府另外自行筹集。调研过程中发现，作为社区建设与社区治理的重要部门，鲜有地区的民政部门设有易地扶贫后续帮扶的相关建设资金。

因此，在巨大的资金需求下，县级财政也面临巨大的压力，社会融入与治理资金严重缺位。一方面，导致部分地区相关工作迟迟难以开展，社区治理与融入状况相对落后；另一方面，也要谨防由于财政资金紧张导致易地扶贫搬迁后续帮扶措施停滞。

第五节　推动易地扶贫搬迁社区融入的政策建议

针对当前易地扶贫搬迁社区融入存在问题，并结合典型经验，本节提出相关建议，为进一步推动搬迁户尽快融入新环境、完善搬迁社区治理政策提供有益参考。

一、精细化社区管理，推动社区交流与互信

在新的生活环境下，植根于原有环境的生活习惯短期内难以改变，必然面临不适应的过程。帮助搬迁人口尽快适应新的生活环境，是社区管理的重要任务。目前，在后续就业、产业扶持政策下，经济融入相对顺利，但在社会融入方面，要进一步加强精细化管理，制定差异化社区管理政策，推进社区交流与互动，尽快建立熟人社区。

首先，针对不同安置方式、安置区规模以及家庭特征，合理制定社区融入政策。一是结合集中安置、分散安置的不同特征，制定不同的融入政策体系，对于集中安置，亟须构建新的社会网络以快速融入社区生活。对于分散安置，需要切实保障移民搬迁群众的经济利益和政治利益，尽快融入当地生活文化圈。二是根据安置区规模大小，建立不同的治理体系，较大型安置区，可调整城市建设规划，纳入城镇管理体系，对于中型或者小型安置区，可由乡镇或街道管辖，设立社区居民委员会

管理日常事务。三是结合搬迁家庭人口具体特征出台针对性措施，尤其是难以在城镇自主就业的老年劳动力、女性劳动力以及独居老人等群体，通过安排公益性岗位、最低生活保障、就近择业、文体活动等多种措施，保障经济生活的同时满足精神需求。

其次，因地制宜开展教育与交流活动，增强社区互动和互信。一方面，开展各种形式的教育活动，增强搬迁群众的市民意识。引导搬迁群众逐渐培养市民生活习惯和行为规范，如乘坐公交车、公共场所使用、物业费等杂费缴纳等，同时引导搬迁群众破除封建迷信、酗酒赌博等各种陈规陋习，增强搬迁群众的市民意识，从心理上融入城镇生活；另一方面，开展各种形式的思想文化教育，营造开放包容、互相帮助的社区文化，鼓励社区内部以及跨社区间开展交流互动、形成良好的邻里关系。此外，也鼓励搬迁群众积极参与社区开展的公共活动，并共同参与社区管理，增强主人翁意识，养成与新环境相适应的生产方式和生活习惯，帮助顺利融入新社区。

最后，一手抓物业公司，一手抓搬迁群众，双管齐下探索有效解决社区物业管理问题的长效机制。物业公司和搬迁群众是社区物业管理问题中最重要的两大主体。一手抓物业公司，是指社区物业管理问题还是得通过引进物业管理公司的市场化手段解决。政府可为物业公司提供税收、金融贷款等优惠政策，并基于物业公司发展产业提供便利条件，例如通过产房减租、土地减租等方法吸引物业公司进驻安置区。让物业管理公司负责搬迁户的房屋及公共服务设施的管理和维护，提高社区物业管理效率。一手抓搬迁户群众，是指通过培养搬迁群众的物业管理意识、提高搬迁群众的收入水平，让搬迁户愿意交物业费、交得起物业费。调研过程中，很多安置区都反映物业费难收是物业管理的痛点，只有通过提高搬迁户的收入才能切实有效解决该问题。

二、完善治理体系，促进搬迁人口融入区域发展

完善的治理体系是有效开展社会融入工作的重要保障，主要体现在完善的治理机构和较强的治理能力。更为重要的是，促进搬迁人口全面融入新环境，尤其需要注意搬迁人口与原住民之间的融合发展，构建区域层面的协同治理体系，充分利用搬迁人口带来的契机，以易地扶贫搬迁统揽区域发展全局。

首先，构建多元主体参与社区治理结构，提高治理能力。目前来看，各易地扶贫搬迁集中安置区均建立了相对完整的管理部门，初步发挥出一定的治理效果。然而仍然需要进一步完善相关机构，提高治理能力。一方面，要逐步建立健全群团组织和社会力量协同参与的治理机制。社区功能的发展与完善离不开社会力量的参与。安置区要搭建社会组织参与社区治理的服务平台，积极引导安置区以外的社会组织、慈善组织、社会专业工作力量和志愿者为搬迁群众提供家政培训、文体活动、心理疏导、医疗保健、法律咨询、交通安全宣传教育等各项服务。另一方面，选拔优秀社区管理干部，提高治理能力。注重提拔和任用搬迁群众中离任村干部、退役军人选配为居民小组和楼栋长负责人。对于整村搬迁的村民小组，考虑任用原有迁出地中工作能力强、政治觉悟高的村干部在安置区继续担任管理与服务工作。同时，鼓励搬迁群众参与社区治理，对搬迁群众中拥护党的领导、有威信、有能力的优秀人才要重点培养、有限提名，逐步建立和培养一支业务能力强、综合素质高的社区干部队伍，帮助搬迁群众尽快熟悉社区生活环境。

其次，建立县域层面治理体系，推进搬迁人口与原住民深度融合。推动搬迁人口真正融入新环境，不仅仅是让安置区内部的交流与融合，更要让搬迁人口与原住民深度融合，全面融入城镇的经济社会发展中。

因此，必须构建更高层面的治理体系，统揽县域发展全局。一方面，要构建县域层面的治理体系，充分缓解搬迁人口与原住民之间的矛盾与冲突，逐步探索相对贫困治理方式，建立将全部居民考虑在内的城乡统筹的贫困治理体系，以帮助搬迁人口在经济、社会、文化、政治等多个方面真正融入城镇；另一方面，充分利用易地扶贫搬迁契机，结合扶贫车间、产业扶贫、公益性岗位等综合措施，统揽县域经济社会发展全局，承接中东部发达地区劳动密集型产业转移，发展农产品加工业，以促进县域经济更好地发展，惠及包括贫困人口在内的全部居民，进而推动搬迁贫困人口与原住民的深度融合。

三、稳定政策预期，解决搬迁人口后顾之忧

随着搬迁人口的全面入住，后续保障政策直接关系到搬迁户能否在生活上和心理上持续稳定地融入新环境。目前，现有易地扶贫搬迁后扶政策能够确保短期内的基本生活和公共服务保障，但从长期来看，仍然进一步明确户口管理、住房以及养老等与搬迁人口切身利益紧密相关的政策措施，以妥善解决后顾之忧。

首先，加强顶层设计，明确搬迁人口户籍管理及其配套政策。从中央和地方政府层面出台关于搬迁人口户籍管理的指导性文件，在不违反相关规定的前提下，允许各地因地制宜制定户籍政策。一方面，针对不同搬迁安置方式实行不同户籍管理政策，县城集中安置人口可考虑统一将户口迁至县城按照市民管理，中心城镇或者分散插花安置人口可仍为农村户口，但需确保迁移至现居住地；另一方面，也要尽快确定与户籍挂钩的社会保障、低保等政策，确保迁移户口之后的基本福利不减，并且能够就地、就近办理，最大程度减少搬迁人口"两头跑"。

其次，明确住房产权，出台利用廉租房、经济适用房或者住房补贴

等多种方式解决住房拥挤问题。第一，进一步明晰安置房产权归属问题，根据出资比例、贫困程度等多维标准，合理划分产权归属，确定安置房继承、转让、出租、销售的详细政策，让搬迁人口吃下"定心丸"；第二，针对贫困人口动态变化，出台规范性指导文件，明确住房拥挤问题的解决方案，合理利用廉租房、经济适用房等资源，符合条件的搬迁贫困户可优先获得；对于家庭特别困难的搬迁户，可通过住房补贴的形式解决租房难、租房贵问题，有效防止因租房返贫。

最后，加强易地扶贫搬迁老年人口供养服务。一方面，在资金层面，针对特困搬迁老年人口，积极发挥临时救助制度和社会保障救助制度，解决困难老年人遭遇到的突发性、紧迫性、临时性基本生活困难；另一方面，充分发挥社区、社会组织、社会工作者等多元主体的作用，针对留守独居老人、五保、特困等老年人需求，鼓励社区组织开发设计、社会组织竞争承接、社工团队执行实施服务项目，满足农村留守、空巢老年人的多样化、个性化服务需求，尤其是精神和陪伴需求，切实保障搬迁老年人口搬迁至城镇后能够安享晚年。

四、立足搬迁人口实际需求，完善社区公共服务

社区公共服务及相关设施是推动搬迁群众融入新社区的重要保障。在完善社区公共服务和相关设施时，要立足搬迁人口的实际需求，真正帮助搬迁群众应对搬迁后难以适应的问题，一方面，促进搬迁人口在心理上充分融入新社区；另一方面，减少易地扶贫搬迁资金和资源的浪费。

首先，因户施策，努力解决搬迁人口最为关注的现实问题。尤其是留守儿童、妇女、老年人和残疾人等特定困难群体需要特别关注，努力解决他们最关心、最直接、最现实的利益问题，加强关爱服务。对没有

劳动能力的，通过社会保障兜底，实现"两不愁、三保障"；对长期患病的，结合实施健康扶贫加大救治力度；对于需要照顾子女就学的妇女，建设儿童照料活动室或者爱心课堂，帮助她们照看子女，以免耽误就业，进而提高搬迁群众对新家园、新环境的认同感和归属感。

其次，充分利用公共服务设施，促进建立互相熟悉、信任的新社区。安置区要充分已建成的公共服务设施和空间，如活动室、图书阅览室、娱乐室、便民服务室、社区邻里中心、殡葬中心等，开展相关娱乐、交流和民俗等挥动，整合来自不同村落移民的风俗文化和集体记忆；推动社区居民广泛参与社区公共服务设施建设和公共活动，增强社区主人翁意识，从而构建一个具有开放多元的社会文化、公平正义的社会环境、有较强心理归属感的社区共同体。

五、整合多渠道资金，纾解社区融入资金困境

当前，社区融入的发展资金主要来自上级财政拨款。但受财政资金限制，特别是在新冠肺炎疫情的冲击下，经济下行压力加大，财政资金更是捉襟见肘。为保证资金充足，稳步推进社区融入工作，需要整合多渠道资金，更重要的是要积极发挥社区集体经济的作用，充分利用市场机制，建立可持续的社区融入资金筹集机制，有效化解社区融入资金困境。

首先，统筹多部门扶贫资金，设立易地搬迁后续发展基金。短期内，在现有政策条件下，允许地方政府利用各种渠道资金，如产业扶贫基金中的剩余资金、东部对口帮扶地区的出资、中央扶贫资金，以及地方政府扶贫的剩余资金，共同设立易地搬迁后续发展基金，采用市场化方式投资运作，以基金保本微利为前提，解决易地扶贫搬迁后续发展、社区治理等方面的资金问题，精准帮扶大型易地搬迁安置区搬迁群众的

社区融入。在地市级层面或县级层面设立融资平台，与易地扶贫后续发展基金对接，多种渠道同步筹集资金，解决社区治理的资金难题。

其次，发展社区集体经济，建立可持续的市场化资金筹集机制。长期来看，社区治理与融入资金不能完全依赖上级政府拨付的扶贫资金，必须依靠自身发展才能得以有效解决。考虑鼓励安置区利用现有政策及软硬件设施，发展社区集体产业，开展创收项目，以保证充足的资金来源，并将资金用于推动社区治理和居民社区融入。例如，利用安置区房屋、会议室以及娱乐活动场所，开展租赁业务，将所得资金用于代缴社区居民物业费、水费等，也可将资金用于开展文体娱乐活动、聘请小组长、楼栋长以及老人儿童照料人员等，推进完善社区治理体系和促进搬迁群众融入社区。

第三篇

典型案例研究篇

第七章

甘肃省易地扶贫搬迁
政策典型案例研究

易地扶贫搬迁是脱贫攻坚过程中难度最大、工作链条最长的系统工程，涉及搬迁群众生计保障与后续发展等多个方面。截至2020年，"十三五"时期易地扶贫搬迁建设任务已取得决定性进展，进入以做好后续扶持为重点的新阶段。为切实解决易地扶贫搬迁群众的后续扶持发展问题，2020年7~8月，中国人民大学研究团队成员赴甘肃省靖远县、古浪县开展典型案例调研，围绕该省易地扶贫搬迁具体工作进程、相关后续扶持情况等和地方政府部门主要负责人员进行详细座谈交流，并进行了入户访问与问卷调研。

甘肃省易地扶贫搬迁工程重点在于解决干旱与生态脆弱性的问题，学者们也对此展开研究。陈枫等（2018）以甘肃省临洮县为例，采用VSD模型，通过暴露度、敏感性和适应能力分解生态脆弱性，构建了生态脆弱性综合评价指标体系，开展脆弱性评价与分区，对生态脆弱区实施易地扶贫搬迁工程的对象提出相应的建议。对于干旱地区的古浪县和靖远县，研究发现搬迁户的基础设施得到改善，政府支持力度增加，生计方式改变收入增加，建立了良好的社会关系（牛佳佳和张艳荣，2020），古浪县在完善基础设施和公共服务设施以及因地制宜发展产业方面进行了后续扶持（李民圣和韩辰，2020）。但仍存在部分搬迁农户无处务工，产业扶贫项目难以支撑搬迁户需求等问题（牛佳佳和张艳荣，2020）。因此，未来需进一步巩固脱贫成果，提升贫困治理效能、发挥基层党组织的作用是关键（赵晓英和段生平，2020）。

本章重点关注甘肃省易地搬迁的工作进展和后续扶持规划，从产业扶持、就业扶持、社区融入三个方面评价易地扶贫搬迁的工作成效。总结后续扶持典型案例和经验做法，提出后续扶持工作中可能出现的问题，为后续扶持工作的进一步推进提供意见和建议。

第一节 易地扶贫搬迁工作进展和后续扶持工作规划

一、易地扶贫搬迁工作进展情况

"十三五"期间，甘肃省共有49.9万建档立卡贫困搬迁人口。截至2020年，涉及的11.43万套安置住房已全部竣工，搬迁群众已全部搬迁入住。2019年底下达建设的22个大型安置点教育医疗补短板项目的主体工程已经全部完成，其5个项目已完全建成。

目前，甘肃省已将易地扶贫搬迁工作的重心转移到后续扶持上，确保搬迁户不仅搬得出，还能稳得住、逐步能致富。根据数据显示，甘肃省已为所有易地扶贫搬迁户落实产业扶持措施，保证10.3万户具备劳动能力且有就业意愿的搬迁家庭中至少1人实现就业。而在拆除复垦方面，目前已拆除旧房9万套、达到应拆旧房总数的95%以上。

二、易地扶贫搬迁安置情况

(一) 易地扶贫搬迁以集中安置为主

从安置方式上看，甘肃省易地扶贫搬迁以集中安置为主。集中安置点共安置贫困人口8.8万户38.9万人，占总搬迁人口的77.9%；而分散安置点共安置贫困人口2.6万户11.4万人，仅占比22.1%。在集中安置的贫困人口中，行政村内就近安置14.9万人，占比38.3%；建设移民新村安置7.1万人，占比18.3%；小城镇或工业园区安置14万人，占比36%；其他方式安置2.8万人，占比7.2%。

(二) 集中安置以小规模安置为主

从安置规模来看，甘肃省共建设集中安置点1 961个，其中800人以下小型安置点1 893个，搬迁安置贫困人口23.2万人，占比59.6%；800人以上3 000人以下中型安置点52个，搬迁安置贫困人口8.4万人，占比21.6%；3 000人以上10 000人以下大型安置点15个，搬迁安置贫困人口6.2万人，占比15.9%；10 000人以上特大型安置点仅有1个，搬迁安置贫困人口1.02万人，占比2.6%。

(三) 安置区后续帮扶措施以发展劳务输出经济为主

甘肃省根据不同安置区的区位特点，因地制宜开展后续帮扶工作。对依托城区、中心镇和产业园区安置的搬迁户，加大技能培训力度；对继续耕种原有土地的搬迁户，则尝试探索新型生产经营模式带动发展；对整乡大规模集中安置的搬迁群众，大力推进新型农业经营体系建设。在针对甘肃省搬迁人口的后续帮扶措施中，有42.1%的人参与了劳务输出项目，占比最高，有37.3%的人参与了特色农林产业项目，有5.1%的人参与了现代服务业项目，有13.4%的人参与了资产收益项目。除此之外，还有2.1%的人属于社会保障兜底人口。

三、安置点后续扶持总体规划

首先，甘肃省政府出台易地扶贫搬迁后续扶持工作的指导性文件，为后续扶持工作落实提供制度保障。为认真贯彻落实习近平总书记在决战脱贫攻坚座谈会上关于"要加大易地扶贫搬迁后续扶持力度，易地扶贫搬迁下一步的重点是稳得住、有就业、逐步能致富"讲话精神，进一步加大对易地扶贫搬迁安置区和搬迁群众的后续扶持力度，确保如期打赢脱贫攻坚战，甘肃省发展改革委员会等 13 部门于 2020 年 3 月 20 日印发《甘肃省 2020 年易地扶贫搬迁后续扶持若干政策措施》。准确把握易地扶贫搬迁工作面临的新形势、新任务、新要求，坚持因地制宜、分类施策，全力推进公共服务、产业发展、就业创业、社区管理、社区融入、拆旧复垦复绿、权益保障等各项工作。

其次，为了应对疫情带来的不利影响，稳固易地搬迁成果，甘肃省政府出台了一系列应对措施。面对疫情造成企业和项目不能开工或延迟开工、就业岗位减少、农民工返岗困难、农产品销售难等不利因素，甘肃省脱贫攻坚领导小组在第一时间制定《关于坚决打赢新冠肺炎疫情防控阻击战促进经济健康发展的若干意见》《关于疫情防控期间统筹加强脱贫攻坚的若干意见》和 10 个专项行动方案等一系列支持政策。2020年 5 月，甘肃省扶贫办还就疫情对脱贫攻坚工作造成的影响深入定西市临洮县、天水市秦州区和陇南市西和县进行走访，深入了解疫情对脱贫攻坚工作的影响，及时调整工作思路，保证贫困户的家庭生产生活及时恢复，实现稳定脱贫。

第二节　易地扶贫搬迁后续扶持工作成效评价

一、产业扶持的工作成效

甘肃省易地扶贫搬迁后续产业扶持措施主要体现在培育壮大特色产业和建立健全产业组织体系方面。新冠肺炎疫情对后续产业扶持影响不大，反而有利于当地中草药产业的发展。

（一）因势利导发展特色产业

甘肃省易地扶贫搬迁的后续产业扶持工作紧紧围绕贫困人口增收的目标，把发展产业作为实现脱贫的根本之策。一方面，坚持区域产业发展和到户产业培育相结合，将区域的"牛羊菜果薯药"六大特色产业和家户的小庭院、小家禽、小作坊、小手工、小买卖"五小产业"有机组合。另一方面，构建包括生产组织、投入保障、产销对接、风险防范在内的"四大体系"。目前甘肃省内各地已经基本实现县有主导产业、村有致富产业、户有增收项目的目标。

截至 2020 年，甘肃省贫困地区已累计引进培育龙头企业 2 881 家，带动 43.1 万户贫困户发展种养殖产业，启动实施 5 个国家级和 26 个省级合作社质量提升整县试点。全省合作社已累计带动 90.52 万户，322.37 万贫困群众发展特色产业。除此之外，为了保障农户的产业收益稳定，甘肃省加快推进农业保险"增品扩面提标降费"工作，已签单实施农业保险品种 88 个，投保农户 174.5 万户，其中贫困户 94.93 万户，2020 年以来累计担保赔付 6.37 亿元，直接受益农户 38.06 万户。在资金扶持方面，按照"满足需求、应贷尽贷、应续尽续、应展尽展"

的要求，甘肃省全面核查"四类人群"小额信贷需求，截至 2020 年 6 月底，新增发放贷款 5.09 万户，总金额 23.98 亿元。

为增强后扶产业的可持续发展能力，甘肃省安排相关部门早研判、早谋划、早部署，专题研究并制定了促进和扩大消费扶贫的行动方案。引导东部协作市、中央定点扶贫单位、省直机关、省属高校、省属企业、驻甘部队带头开展消费扶贫，建立扶贫产品供应基地，签订扶贫产品供销协议。推进贫困地区农副产品进机关、进企业、进高校、进医院、进部队，抱团向京津沪、粤港澳、东西部协作地区及成渝等地销售农产品。举办"甘味"农产品品牌发布会暨消费扶贫宣传推介活动，签订"甘味"农产品购销订单 9 项、总金额达 12.3 亿元，其中 42 家采购单位签署消费扶贫协议 54 项、总金额达 3.48 亿元。

同时甘肃省借助互联网红利，大力开展电商扶贫，创新促销方式。通过"县长直播""网红带货"等网上直播活动推进网络电商扶贫，分4 批认定扶贫产品 3 527 个，形成消费扶贫强大合力和浓厚氛围。截至2020 年 6 月底，全省农产品网上销售总金额达 77 亿元，东部协作 4 个地级市帮助销售省内农产品总价值达 9.58 亿元，中央单位采购定点扶贫县农产品总价值达 2.14 亿元。

（二）产业发展新思路

一是"龙头企业带动"。对利用国有农林场和新开垦土地作为安置用地，整乡大规模集中搬迁的群众，大力推进"龙头企业 + 专业合作组织 + 基地 + 农户"的新型农业经营体系，带动搬迁群众参与产业链发展，增加收入。同时，积极开展"资源变资产、资金变股金、农民变股东"的"三变"改革，将后续产业发展资金投入当地效益好的龙头企业或合作社，有效解决了搬迁对象后续发展和增收问题。比如，武威市古浪县依托黄花滩和生态绿洲小城镇安置区，整村整组搬迁南部山区贫困群众 3.6 万人，初步建立了产、供、销一体化经营模式，搬迁群众收入显著提高。

二是"产城融合发展"。对依托城区、中心镇、旅游景区和产业园区安置的农户，加大技能培训力度，重点扶持发展劳务、运输、餐饮等服务业依托产业发展解决就业问题。如张掖市民乐县按照产城融合发展的思路，采取"易地扶贫搬迁＋工业产业园区＋食用菌产业园区＋园区就业"的模式，在产业发展的基础上，为搬迁群众提供稳定就业门路。

三是"新型电商农业"。对依山就势改善收入的搬迁户，一般通过实施退耕还林、加快发展特色林果业和区域性特色产品，拓宽增收渠道，培养特色产品，但受限于地理位置很难推广销售。甘肃省以新型电商为载体，推动偏远地区农产品的销售，例如位于秦岭与岷山、大巴山交汇处的陇南，独特的气候条件造就了很多优质且有特色的农产品并通过电子商务将优质农特产品与省内外市场有效对接，帮助搬迁群众拓展市场、提高收益。陇南地区通过加大与淘宝、京东、苏宁等国内知名电商大平台合作，目前已经建成了30多个线上特色馆和近700个线下体验（服务）店，推动线上线下联动销售。2018年甘肃全省通过电子商务销售农特产品117亿元，同比增长35%以上，带动贫困户人均增收近300元，部分县区超过1 000元，一些县区依靠电商的增收水平已经占到农民收入总额的1/4。

（三）有效应对新冠肺炎疫情造成的影响

甘肃省采取多种方式积极应对疫情对产业发展的不利影响。一方面，甘肃省坚持特事特办，简化审批手续，开辟绿色通道，组织员工返岗，提前做好项目前期工作，灵活采取网上招投标、邀请招标等多种方式简化程序，帮助解决扶贫项目建设遇到的困难，支持扶贫项目早日复工。另一方面，调整优化扶贫资金使用政策。为疫情防控期间扶贫项目建设提供资金保障，严格执行限时拨付、周调度、旬报告和月通报约谈制度，加快财政专项扶贫资金支出进度支持各类扶贫项目开工复工。2020 年前半年全省安排扶贫项目 1.36 万个，投资总额 258.6 亿元，目前已开工 1.32 万个、开工率 96.7%。2020 年，8 个 2019 年刚"摘帽"的贫困县安排扶贫项目 4 206 个，目前已全部开工，安排资金 57.9 亿元。

例如，甘肃省临洮县受疫情影响，2020 年蔬菜出售规模较往年同期减少 1.71 万吨、销售额减少 6 856 万元，但马铃薯等部分农产品销售量、销售额同比上涨。牛、羊、猪、鸡等养殖业因市场需求增加，销售量也有所增长。而且调研的 37 户已享受产业扶贫政策的贫困户表示，虽然疫情期间受交通运输管制，农特产品销量受到一定的冲击，但疫情得到控制后，蔬菜、肉类等市场需求的反弹带来市场价格的上涨，使得农产品销售收入和往年相比基本稳定。

除此之外，疫情期间，由于疫情防控的需求，板蓝根等中草药材供不应求，市场价格翻倍上涨，贫困户收入增加的同时，也为甘肃的中药材无形造势，让国内药企认识到甘肃省中药材的品质与优势，推动了甘肃省中草药产业进一步发展，有助于后续产业扶持措施的实施。

二、就业扶持的工作成效

甘肃省就业扶持工作坚持以提高贫困群众就业创业能力、帮扶贫困群众实现稳定就业为首要任务，以就业培训、劳务输转、公岗开发、扶贫车间建设为重点，积极落实各项就业扶贫政策。同时新冠肺炎疫情防控期间，甘肃省积极研判疫情对就业扶贫工作的影响，统筹疫情防控、劳务输转和就业扶贫工作，加强组织领导，创新工作举措，强化服务保障，扎实推进农民工返岗复工、劳务输转和稳定就业各项工作。

（一）多举措加强搬迁劳动力的就业技能培训

甘肃省依据《国家发改委等 11 部委关于进一步加大易地扶贫搬迁

后续扶持工作力度的指导意见》中要做好搬迁群众技能培训和就业服务的内容，鼓励企业和扶贫车间等开展在职培训、以工代训、加强技能培训。甘肃省主要采取的举措有：一是组织贫困家庭劳动力开展实用技术和劳动技能培训，确保每一个有培训意愿的贫困人口都能得到针对性的培训，增强脱贫致富本领。二是采取案例教学、田间地头教学等实战培训，强化信息技术支持指导，实现贫困群众科学生产、增产增收。三是组织贫困家庭劳动力参加劳动预备制培训、岗前培训、订单培训和岗位技能提升培训，支持边培训边上岗，突出培训针对性和实用性。此外，甘肃省还探索推广"电子培训券"和"务工二维码"，精准掌握劳动力培训输转需求，劳务培训的针对性、实效性明显提高。截至 2020 年 6 月底，全省完成劳动力培训 24.93 万人，其中建档立卡贫困劳动力 15.97 万人。

其中甘肃省武威市古浪县结合岗位需求和搬迁劳动力自身特点，组织开展"订单式、定向式、定岗式"培训，确保有培训意愿的搬迁劳动力至少接受一次职业技能培训。古浪县绿洲人力资源市场在 2019 年为 300 多位学员提供职业技能培训，签约输转学员 75 人。而甘肃省的实地调研数据表明，在样本中有 63.4% 的搬迁户家庭成员参与了技术培训，平均参加约 2 次，而且有 86.7% 的搬迁户认为政府组织的技术培训很有用。

（二）多途径促进劳务输转

甘肃省通过多种途径推动劳务跨省输转，给予输转的贫困劳动力交通补贴、劳务奖补、生活费补贴等方式保证劳动力平稳流动。截至 2020 年，甘肃省共组织 103 家驻外劳务机构加强与东部协作市、长三角、珠三角、京津冀以及新疆、内蒙古、青海等省区的联络，采取"一户一策、一人一案""一对一、人盯人"等措施，通过"点对点、一站式"专列、专车、包机等方式输转了 11 万人。全省已脱贫的 534.5 万人中，务工收入占总收入一半以上的占到总脱贫人数的76%；而未脱贫的17.5万人中，除9.3万人靠政策兜底外，其余8.2万人也有超过七成预计在将来依靠务工收入实现脱贫。

其中，古浪县在大型安置区专门建设人力资源市场，2019年推送就业信息18 000多条，成功举办易地扶贫搬迁专场招聘会一次，近十八家省内外企业为安置点投放工作岗位2 000多个，成功签约岗位400多个。在2020年春节过后的2个月内发布了298个企业的用工信息，提供用工岗位近3万个。

（三）因地制宜开发公益性岗位

依据《国家发改委等11部委关于进一步加大易地扶贫搬迁后续扶持工作力度的指导意见》，对于搬迁贫困群众中确实难以通过市场就业的劳动力，需通过公益性岗位托底安置。甘肃省在2019年共开发3万个乡村公益性岗位，目前已全部到岗，全省累计开发公益性岗位27.9万个。

其中，古浪县在2019年聘用了3 368名"三无"贫困家庭成员到乡村公益性岗位工作，其中黑松驿镇通过增加公益性岗位方式，落实帮扶资金23户6.9万元，有利助推了全村脱贫攻坚进程，而绿洲小城镇以保洁员、交通安全劝导员和绿化管护员为主体开发公益性岗位220个，在解决就业的同时，促进绿洲小城镇社会稳定和环境综合治理。而调研数据表明，有19.7%的贫困搬迁户担任社区公益性岗位，而在本地工作的贫困搬迁户中有49.0%的劳动力从事的是公益性岗位，可见公益性岗位很好地发挥了兜底就业的功能。

（四）加强扶贫车间建设

甘肃省通过引进民间投资、政府投资、集体经济入股参与等多种途径，建设扶贫车间，吸引无法外出的贫困劳动力就近就地就业。其中，靖远县全县共认定"扶贫车间"49家，吸纳就业1 120人，其中建档立卡贫困劳动力810人。而古浪县为了增强乡镇、村组"供血能力"和贫困群众自主脱贫内生动力，大力扶持建设了一批规模小、见效快、带贫效果明显的扶贫车间，促进了贫困群众就近就地就业。截至目前，古浪县累计建成扶贫车间75家，其中厂房式扶贫车间40家、居家式扶贫车间1家、合作社式扶贫车间28家、"互联网+"式扶贫车间2家、其他形式扶贫车间4家，共吸纳劳动力2 603人，其中建档立卡贫困劳动力929人。在75家扶贫车间中有22家设置在易地扶贫搬迁安置点，共吸纳劳动力1 358人，其中建档立卡贫困劳动力342人。

（五）积极采取措施应对疫情对搬迁户就业的影响

2020年新冠肺炎疫情给贫困群众外出务工带来一定的困难和挑战，贫困劳动力外出务工时间推迟，致使贫困群众至少损失1～2个月的工资性收入，影响贫困群众增收，一些脱贫不稳定人口和边缘贫困人口则更容易出现返贫风险。调研数据发现，受访的搬迁户中有66.2%的农户复工返工受到新冠肺炎疫情的影响，务工收入出现了一定程度的下降。

为应对疫情的不利影响，甘肃省通过援企稳岗、劳务就业补贴等政策措施，大力鼓励企业、建设工地、扶贫车间等吸纳贫困劳动力就地就近就业，鼓励返工困难的贫困户主动选择本地务工就业，其中具体采取的措施如下所示：

一是加大援企稳岗力度。及时出台扶贫企业和扶贫车间吸纳用工补贴、运输费用补贴、税收优惠、贷款融资等政策措施，加快推进复工复产，吸纳贫困劳动力就地就业，其中推动扶贫龙头企业复产1 819家，复产率高达99.3%、带动贫困劳动力3.7万人；促进扶贫车间开工2 210家，开工率高达99.7%、吸纳贫困劳动力3.6万人，保证了本地企业、扶贫车间的按时复工复产，维持了本省就业市场的稳定。

二是大力开发公益性岗位。在原计划开发 3 万个乡村公益性岗位的基础上，甘肃省新开发 2 万个临时乡村公益性岗位。将光伏电站 80% 以上的收益用于设置扶贫专岗，吸纳 6.3 万贫困人口实现就地就近就业，着重解决半劳力、残疾人、贫困妇女等特困群体就业和收入问题。而针对因疫情原因返乡回流无法复工的 1.1 万贫困劳动力，通过公益性岗位、扶贫车间等就地就近实现再次务工就业 0.8 万人。

总体来看，甘肃省通过就业培训、劳务输转、公岗开发、扶贫车间建设等多种手段推进就业扶贫，实现了贫困户就业率及收入的提升。虽然 2020 年新冠肺炎疫情给贫困群众外出务工带来一定的困难，但随着国内疫情得到有效控制，针对疫情的一系列应对措施的及时出台，甘肃省的就业扶贫工作逐渐摆脱了新冠肺炎疫情带来的不利影响。

三、社区融入的工作成效

甘肃省紧紧围绕全面打赢脱贫攻坚战、实现全面小康社会建设的要求，坚持"以人为本"理念，以进一步推动安置区后续扶持工作为目标，通过政治、经济、社会和心理四个方面推动社区治理与融入。

（一）政治融入

建立健全组织体系，依法完善安置区居（村）民委员会、群团组织等自治组织。在大型安置区设立村（居）委会，合理调整乡镇（街道）行政区划，及时将安置区纳入组织管理。将农村致富带头人、优秀农村妇女、大学生村官等优秀人才依法推选进入村委会，发挥搬迁群众中原任村干部和党员的积极作用，吸纳搬迁群众积极参与新村（社区）治理。

其中，古浪县开展了基层协商民主试点工作。依据《关于在村（社区）开展基层协商民主试点工作的实施方案的通知》，设定古浪县黑松驿镇黑松驿村、干城乡富民新村、城关街道昌灵路社区为基层协商民主试点单位。基层协商民主试点单位在建立议事机构时，注重扩大群众参与，各级协商议事机构成员中的群众代表均占75%以上，有效培养和提升了基层领导干部和广大人民群众的协商意识，营造平等协商、有序表达的协商民主氛围，有力推动广大人民群众积极关心基层政治生活，依法有序参与社会治理，使基层群众由"事后方知"变为"事前便知"。

通过对71户搬迁户的问卷调研发现，有73%的搬迁户表示自己曾参与过社区居（村）委会举行的选举投票，有38%的搬迁户表示自己曾参与过社区（村庄）的公共事务讨论，这说明虽然搬迁户已经开始逐步参与到社区政治生活中，但参与公共事务讨论的比例并不高，缺乏参政议政的积极性，应当加大力度引导搬迁户积极参与公共事务讨论，增强搬迁群众的"主人翁"意识。

（二）经济融入

因地制宜推动扶贫车间建设，吸纳搬迁劳动力就地就近就业。为切实解决好搬迁户的生计问题，按照《甘肃省人民政府办公厅关于扶持发展"扶贫车间"促进建档立卡贫困劳动力转移就业的意见》，甘肃省各安置区结合自身实际，因地制宜推动扶贫车间建设。在规模较大的集中安置区预留生产经营场地、开辟专门区域，大力发展社区工厂和扶贫车间。其中，古浪县通过引进民间投资、政府投资，带动集体经济入股参与等多种途径，建设家门口的扶贫车间，吸引无法外出的贫困劳动力就近就地就业。在全县建有的75家扶贫车间中有22家建在安置区，整体运行良好，有效带动当地贫困搬迁户就地就近就业。

大力发展扶贫产业，坚持把产业培育作为搬迁群众稳定脱贫的根本之策。其中靖远县在安置区规划阶段，就把后续产业发展作为一项重要内容加入全县整体规划中，与工程建设、拆旧复垦、安置区后续管理等工作同规划、同部署、同落实，利用产业扶持资金、财政整合涉农资金、东西部扶贫协作资金，通过帮扶资金到户、以基本股金注入合作社等多种形式，帮扶贫困搬迁户发展牛、羊、菜、果、薯、药、瓜、菌八大特色产业。

合理设置公益岗位，发挥岗位托底作用，保障"三无"贫困人员就业。在开发乡村公益性岗位时，将易地扶贫搬迁集中安置区作为重点区域，以搬迁贫困劳动力作为重点人群，优先帮扶开发；同时，对分散搬迁的贫困劳动力，在迁入村开发乡村公益性岗位时，对符合条件的优先予以帮扶。在疫情期间，为缓解搬迁户无法外出打工造成的收入减少，为安置区搬迁户增设防护员、消杀员等公益性岗位。

（三）心理和文化融入

为促进搬迁群众融入新的社区环境，甘肃省推动搬迁社区制定或修订村规民约、居民公约，通过精神文明建设、感恩教育、社会交往交流等途径，大力推进移风易俗，引导搬迁群众逐步改变陈规陋习。组织动员县乡干部与搬迁群众"结对子"，鼓励社会工作者、志愿者发挥专业优势，开展生活融入、心理疏导、健康养老等社区服务。在少数民族地区的集中安置区推广国家通用语言，促进民族交往交流交融。运用农村"大喇叭"、村内宣传栏、技术人员、致富带头人、脱贫模范等多种渠道和带头人为搬迁户提供讲习，开展扶贫扶志教育，帮助贫困群众摆脱思想贫困、树立主体意识。

其中，古浪县全面落实"人—户—网格—社区"服务管理机制，配备网格管理员、信息员、矛盾调解员和政策宣传员739名，深入开展生活融入、邻里互助等社区服务和各类群众性文化娱乐活动，促进群众交流交融，增强群众归属感和认同感。全县251个行政村（社区）均成立了红白理事会，制定完善了村规民约，为促进搬迁群众融入安置区奠定基础。

（四）社会融入

甘肃省为解决搬迁户面对新的生产生活环境产生的不适应问题，主要采取以下三种应对方式：

一是村委会（社区）干部、驻村工作队、乡镇驻村干部、脱贫帮扶干部经常性走访、回访，与搬迁群众拉家常话里短，帮助疏导由于搬迁而造成的焦虑、不安、孤独等负面情绪。组织开展丰富多样的精神文明建设和感恩教育活动，促进搬迁群众社会交流，加深彼此了解。

二是在有序推进旧房拆除工作过程中，充分考虑搬迁群众在过渡期的生产生活需要、子女教育衔接等因素，适当预留一定的拆除过渡期，为群众生产生活提供便利，不搞强拆。

三是以为民服务为宗旨，不断丰富社区服务内容。针对搬迁群众户籍未迁移，办事"两头跑"、惠民政策享受不及时等问题，在大型易地搬迁区设立便民服务工作站，采取代办服务方式，由原乡镇工作人员定期在站内为本辖区居民提供代办服务，有效减少了群众"两头跑"现象，防止群众惠民政策享受不及时等问题。

其中，靖远县为进一步加快搬迁群众社会融入，建立健全安置区公共服务体系。以大型集中安置区为重点，因地制宜配套建设学校、幼儿园、村委会、卫生室、污水处理厂等公共服务设施，推进安置区就业、社保、医保、卫生、教育、公共安全等服务功能建设，全县易地扶贫搬迁安置区共建成小学3所、幼儿园4所、村委会（社区管理中心）5座、污水处理厂3座、就业服务中心5个、供热站2座。

总体来看，甘肃省安置区后续社区管理与融入工作在政治、经济、心理与社会四个方面均取得了显著成效。甘肃省通过完善基层自治机制，加大产业、就业扶持力度，加强精神文明建设，引导搬迁群众尽快融入新环境、新生活，帮助搬迁群众解决后顾之忧。

第三节　易地扶贫搬迁后续扶持
典型案例和经验做法

一、产业扶持的典型案例

（一）"高原宏"有机枸杞产业

背景：枸杞是甘肃当地的特色农产品，具有较高的保健食用价值，而靖远县由于拥有得天独厚的自然环境资源优势，其土质和水质均满足有机枸杞种植的标准，靖将有机枸杞定位为未来产业发展的主要方向，尝试开拓国内外枸杞的中高端市场。

案例：依托甘农大、省林科院、省农科院引进推广优良品种 13 个、新技术 3 项，建设枸杞研发中心 1 处，建成智能枸杞烘干房 120 多座；培育打造出"高原宏""川情浓"等知名品牌，成立枸杞种植专业合作社 80 多家，注册各类枸杞商标 36 个，研发了枸杞蜂蜜、枸杞茶等枸杞系列产品。初步形成了集技术开发、种植管理、产品加工、产品销售为一体的产业链，靖远枸杞已迈入了产业化、集约化、规模化、品牌化的发展之路。

其中，"高原宏"作为靖远县一家集农业规模化种植、产品开发、加工销售为一体的股份制民营企业。企业主要经营的枸杞王、小口大枣，先后被中国国际农产品交易会、中国绿色食品博览会、甘肃农产品交易会等展会多次评为金奖，荣获甘肃省名牌产品、"绚丽甘肃丝绸之路经济带甘肃黄金段 100 张名片——最具影响力甘肃特产"等称号，2020 年"高原宏"枸杞也成功入选"甘味"农产品。目前该企业共流转靖远县五合镇板尾村村民土地 15 100 亩（约合 1 006.67 公顷），每年支付流转费 80 余万元。经过 6 年的发展，企业现有枸杞种植 8 000 亩（约合 533.33 公顷），坚持走有机种植道路，所有枸杞皆按有机标准种植，现已取得了欧盟和国标有机双认证，目前是全省唯一能贴标使用有机枸杞认证的企业。

效果：在后扶产业扶持中，"高原宏"通过实施"三金"政策——搬迁贫困户通过土地流转得租金、就地打工得薪金、入股分红得股金，三管齐下，尽可能满足各类贫困户的产业发展需求，增加搬迁户收入来源，确保贫困户搬迁后收入稳定，努力帮助贫困群众"搬得出、稳得住、能致富"。企业共吸纳 218 户 420 人在园区务工，其中贫困户 123 人，每年支付劳务费 439 万元。

除此之外，"高原宏"也采取"企业 + 合作社 + 基地 + 农户"的发展模式，与坂尾、大湾、白茨林 3 个村合作社签订帮扶协议，以每千克高于市场价 2 ~ 4 元的价格回收农户枸杞，使贫困户枸杞每亩增收 800 ~ 1 200 元，实现了贫困户"土地流转费 + 务工收入 + 股权分红"多渠道增收，有效带动了贫困户脱贫致富。

经验：（1）利用自身环境优势发展特色产业。甘肃省地处偏远，工业化程度不高，土地污染程度低，比较适合发展有机农产品的种植。"高原宏"另辟蹊径，致力于发展有机枸杞产业，符合现代市场消费者追求健康、原生态的消费理念，也很好地迎合保护生态的可持续发展理念。

（2）拓宽农户产业收益渠道。"高原宏"帮助贫困户通过多种途径获得产业收益，在实现公平的基础上也注重效率。一方面，公司按年支付土地流转费用，保障贫困户每年都有部分稳定资产收入来源。另一方面，公司为贫困户在产业园内提供非农就业岗位，提倡多劳多得，鼓励贫困户自主实现勤劳致富，增加其工资性收入。

（二）"借母还子"的羊银行

背景：一方面，家庭自行开展养殖业前期投资较大，贫困户大多无力承担。另一方面，通过羊银行的方式可有力带动贫困户形成中小水平的规模化养殖，实现养殖产业的规模效应。

案例：甘肃充分利用省级 2 万元到户产业扶持资金，支持贫困群众发展脱贫产业。一是"公司 + 贫困户"自养模式，对有养殖经营能力的贫困户，将 1 万元产业扶持资金作为借贷保证金注入古浪县黄花滩移民区兴盛种羊公司，公司向贫困户借贷 6 ~ 8 月龄 30 千克以上的健康种羊 21 只（20 只母羊、1 只公羊），由贫困户自行喂养，满三年后，贫困户向公司返还同等标准的健康羔羊 21 只，公司将 1 万元借贷保证金退还贫困户，剩余的羔羊由群众自繁扩群。

二是"公司 + 合作社 + 贫困户"托管分红模式，对无养殖能力的贫困户，由乡镇（村）遴选确定经营效益好、诚信度高的合作社作为承接主体，贫困户将借贷的 21 只种羊委托合作社进行集中托养，合作社按照每年不低于 2 000 元的标准向贫困户分红，分红年限不少于 3 年，满 3 年后，合作社向兴盛种羊公司返还同标准的健康种羊 21 只，公司将 1 万元借贷保证金退还贫困户。

效果：自 2017 年 12 月，古浪县组建国有独资公司——黄花滩兴盛种羊繁育公司，建立黄花滩万只种羊繁育基地，共建成 5 个种羊繁育分基地。该基地作为省农业农村厅重点扶持的全省优质种羊繁育基地，计划通过"羊银行—贷母还羔"扶贫模式，到 2020 年带动 4 300 多户贫困户发展肉羊产业。

该模式拓展了古浪县产业链条，不仅有力地带动了周边及山区优质饲草产业发展，拓宽贫困群众增收渠道，还与下游主体建立了合作关系，产业链附加值增加明显。比如附加产业可形成万吨有机肥生产能力，供应 1 000 多个蔬菜大棚用肥；生产的羊肉产品除了进入江浙地区之外，还可开设企业自营店，供应并满足本省本地市场，还可以进入餐饮行业，进行连锁经营，拉动就业，实现企业的全产业链发展；羊毛、羊绒通过精细加工，跨界进入服装与时尚行业。

古浪县目前建成中天、四海两条 20 万只肉羊屠宰加工生产线；森茂、国贸两个牛羊交易市场正常运营，吸引宁夏、新疆、临夏等省区内外 80 多个商户入场交易，日均实现交易肉羊 2 000 多只，年交易额 5 亿元以上，建立集养殖、生产、加工、销售为一体的产业链条。

经验：（1）综合考虑贫困户产业发展能力。在发展产业的过程中，甘肃省一直强调使易地扶贫搬迁群众实现"宜种则种、宜养则养"，黄花滩安置区的搬迁户搬迁前大多数以养羊为生，对养羊有较高的经验和技巧。在黄花滩发展羊产业，能够让搬迁户更加容易、更有热情参与产业发展过程。

（2）产业链条向外延伸。将饲草种植、肉羊养殖以及有机肥生产有机结合，在促进羊产业发展的同时还带动饲草产业和蔬菜大棚产业的发展，提高整体产业发展的可持续性。

（3）缓解贫困户底子薄的困境。通过"借母还子"的方式，贫困户养殖前期投资负担大大减轻，风险也大幅降低。让更多贫困户有底气、有能力参与产业发展，激发他们自食其力实现脱贫致富。

（三）光伏扶贫产业

背景：甘肃省积极推进太阳能开发和利用，是国内光伏产业形势发展的需要，也是地区经济和宏观社会发展的必然选择。从地理位置来看，甘肃省地处我国西北部，太阳能资源丰富，各地年太阳能总辐射值大约为 4 800 ~ 6 400 兆焦/平方米，其中河西西部、甘南南部是我国太阳能资源最丰富的地区。丰富的光照资源，为大力发展太阳能发电提供了有利条件。

方案：光伏扶贫项目是为脱贫攻坚提供有力支撑的基础产业，是贫困村集体经济收入的重要来源。自 2015 年开始，古浪县积极推进光伏扶贫项目的实施，先后推广光伏扶贫项目 5 项，建成各类光伏扶贫电站总装机容量 48.89 兆瓦，带动 123 个贫困村，6 025 户贫困户。

其中，大靖镇上湾村于"十三五"期间新增 20 兆瓦光伏扶贫项目，由古浪县城乡建设发展有限公司负责实施。于 2018 年 8 月 24 日，由省发改委调整指标建设，市发改委批复项目实施方案，项目新建联村电站 4 座，总装机 20 兆瓦，共涉及 11 个乡镇 93 个贫困村 2 988 户贫困户，受益户数和建设规模配比关系为每户约 7 千瓦。项目于 2018 年 11 月 12 日开工建设，于 2018 年 12 月 25 日并网发电，2019 年 6 月建成竣工，完成投资 13 948.31 万元。

效果：截至目前，该项目累计发电 4 868.03 万千瓦时，实现收益 3 164 万元，电网实际结算电费 1 498.37 万元，到位国家补贴 1 665.8 万元。该项目的实施为古浪县 11 个乡镇 93 个贫困村的 2 988 户贫困户每年每户提供收益约 3 000 元，同时为每个贫困村增加村集体经济 5 万元以上，持续收益 20 年，为全县脱贫攻坚奠定了坚实的基础。

经验：有效利用扶贫资金开发新兴产业。伏发电项目具有"一次投资、多年收益、精准扶贫"的特点，不仅实现了扶贫开发由"输血式扶贫"向"精准扶贫"的转变，还有力地促进了新兴产业发展与农村资源的有效利用，显著提高了贫困居民的收入。

二、就业扶持的典型案例

（一）古浪县绿洲人力资源市场

背景：面对新冠肺炎疫情对劳动力外出务工复工造成的影响，有效组织甘肃省滞留贫困劳动力实现及时外出复工或者本地及时就业，需要由政府牵头，由企业、职业学校建立一个集就业政策宣传、就业指导、就业培训、劳务输转于一体的人力资源市场，集技能培训平台、用工信息平台、求职信息平台、中介服务平台、维权服务平台五大平台为一体，为劳动者和用工单位提供优质高效的就业技能培训、劳务信息咨询、求职信息登记、职业中介服务和劳动关系维权服务，切实解决安置区劳动力就业问题。

方案：在县、乡镇政府的大力支持下，甘肃江泰劳务有限责任公司负责运行古浪绿洲人力资源市场，搜集职业培训、职业实训信息，建立绿洲人力资源库，精准定位每个劳动力的职业状况，清楚每个劳动力的职业诉求，建立劳务派遣绿色通道。同时注重引进优质企业，先后引进省内外企业近30多家，职业技能培训机构3家，把实实在在的工作岗位带到老百姓身边，做好老百姓身边的劳务市场。

通过签约本地快手、抖音网红，每天准时发布人力资源市场劳务供求信息，以社区网格长、村妇联主席作为网格化管理人员，通过积分制管理，让人力资源供求信息不落一户，不落一人，把村组组长、村妇联主席培养成劳务经纪人，做好对接招工企业工作。

政府组织包村干部、村干部定期回访务工人员留守家庭，解决实际困难，让务工者安心挣钱，解决外出务工的后顾之忧。在高标准、高要求、高起点的要求下，积极对接务工企业，大力宣传农民工工资支付条例、疫情期间的务工奖补政策等法律法规。

效果：（1）引进优质企业，推动就地就近就业。绿洲人力资源市场已经引进省内外劳务市场近30家，包括内蒙古伊利集团、中国风电、蚂蚁森林、中国二建等6家上市企业入驻人力资源市场。

（2）拓展与发达地区的劳务协作。甘肃省通过绿洲人力资源市场向苏州工业园区、安徽芜湖工业园区、天津金鹏管业等园区和企业输转劳动力500多人，推送务工信息10 000余条，介绍和组织就近就地务工6 000多人次。

（3）推送就业信息，解决就地就近就业问题。截至目前，甘肃省已累计推送就业信息近18 000多条，解决就近用工10 000多人次。其中，已成功举办古浪县易地扶贫搬迁专场招聘会一次，近18家省内外企业为安置区投放工作岗位2 000多个，成功签约岗位400多个。其中绿洲小城镇安置点16～60岁的劳动力1 522人，已输转1 067人，其中就近就地输转478人，输转率达70%。人力资源市场有力地促进了劳动力就地就近就业和有组织的输转，保障群众稳定就业增收，真正实现了让搬迁群众稳得住、能致富。

经验：（1）组织包村干部、村组干部、驻村工作队对原山区和绿洲小城镇的劳动力进行全面细致的摸底调查，建立人力资源库，对已外出务工人员、有务工意愿但未外出人员及无外出务工意愿的人员进行详细登记，为有意愿但尚未输转的劳动力提供务工信息、筛选就业岗位、宣传劳务奖补政策、帮助落实赴疆车票等帮扶措施，制订贫困劳动力"一人一案"帮扶落实务工岗位登记表。

（2）劳务输转前为转移劳动力提供相应的针对性培训，以增加输转就业的成功率，为转移劳动力提供接送、安置、联络、输送、维权及用工信息搜集、发布及宣传等工作，动员贫困劳动力外出务工。劳务输转后政府组织包村干部、村干部定期回访务工人员留守家庭，解决实际困难，让务工者安心挣钱，解决外出务工的后顾之忧。

（二）古浪县黑松驿镇扶贫车间

背景：为促进促进贫困劳动力就近就地就业，根据省、市《关于扶持发展"扶贫车间"促进建档立卡贫困劳动力转移就业的意见》，古浪县在实施易地扶贫搬迁工程中，大力推进扶贫车间建设，鼓励引导县内企业等各类组织设立厂房式、居家式、合作社式等多种形式的扶贫车间，吸纳建档立卡贫困劳动力就近就地就业，有效实现务工就业、增收脱贫的目标。其中，黑松驿镇扶贫车间较为典型。

　　方案：通过招商引资，古浪县引进甘肃睿驰农业开发有限公司，充分利用当地资源优势，建设集榨油坊、挂面作坊、蜂蜜罐装和酿酒坊等为一体的"扶贫车间"，吸纳周边贫困户实现就近就业，具体而言，四大车间的运作方案如下：

　　（1）榨油车间选用古浪周边优质胡麻籽为原料，采用高端冷热榨技术，压榨优质胡麻油。目前已生产"凉庄园"品牌优质胡麻油3.2万桶，在省纪委监委、酒钢集团公司等省市帮扶单位的积极协调下，产品远销兰州、嘉峪关等地。

　　（2）挂面车间以古浪独特的沙漠边缘旱地高筋小麦面粉为原料，生产的红秃头手工拉面，以其精致的原料，加精盐、食用碱、水经手工拉制，悬挂干燥后切制成一定长度的干面条。目前车间已生产手工拉面35吨。

　　（3）蜂蜜车间蜜蜂是采集当地野藿香、葵花蜜、五倍子、槐花蜜、百花蜜等植物花粉植物蜜腺分泌的汁液经充分酿造而成。以稠如凝脂、味甜纯正、清洁无杂质、不发酵者为佳。目前，已生产优质蜂蜜30吨。

　　（4）酿酒车间聘请当地传统酿酒师傅，选用古浪二阴山区无污染、无公害的地产青稞、小麦、玉米等绿色原料，在不断挖掘传统酿造的工艺基础上，采用"小曲生料固态酿造法"，精心研制，坚持纯粮固态酿造，双轮底发酵，辅之以黑松驿九池沟山泉水，故而香气纯正、酒液清澈。目前，已生产"凉庄古酒"10 000斤。

　　效果：2019年黑松驿镇扶贫车间通过消费扶贫、电商扶贫、定点加工等方式向中国化工集团、兰州新区商投集团及各帮扶单位销售胡麻油2.5万桶，手工拉面25吨，凉庄古酒4 000斤，优质蜂蜜20吨，实现年销售收入约410万元。同时贫困户通过"三变"改革扶贫车间入股扶贫车间资金项目，利用"三变+扶贫车间"的合作模式，带动兜底户203户294人。除此之外，三变改革资金配股示范项目也带动贫困户 80 户。2019 年入股资金扶贫项目落实分红资金 30.7 万元。同时，吸纳周边 26 名贫困劳动力实现就近就业。

经验：（1）通过招商引资建设扶贫车间，对在社区及周边建厂的企业实行土地、税费、资金扶持等优惠政策，全力推进易地扶贫搬迁安置区扶贫车间建设。（2）充分利用当地资源优势，生产特色健康产品，以差异化定位促进产品销售。（3）多方协助拓宽扶贫车间产品销售渠道，以便扶贫车间扩大生产规模，创造更多就业岗位。

三、社区融入的典型案例

（一）巾帼家美积分超市

背景：为充分发挥全村妇女在人居环境整治和村容村貌改善中的独特作用，深入推进寻找"最美家庭"活动和"美丽庭院"创建工作，按照省妇联《在全省深度贫困村实施"巾帼家美积分超市"示范点项目方案（试行）》，建立了以"最美家庭"和"美丽庭院"为评分标准，能够进行得分评定和奖励兑换的巾帼家美积分超市。

方案：积分项目包括基础得分、评比得分、临时奖励得分和一次性奖励。基础得分每户 10 分。评比得分包括：（1）"最美家庭"：夫妻和睦、孝老爱亲、科学教子、勤俭持家、邻里互助、勤劳致富、遵纪守法、绿色环保、热心公益、移风易俗等；（2）"美丽庭院"：居室床铺、灶台、地面干净，物品摆放整齐；庭院整洁、绿化美化；厕所干净无异味；外观整齐有序，无乱贴乱画行为等。临时奖励得分包括参加村务议事、义务劳动和其他临时性活动。同时，对月、季、半年和年终累积得分高者给予一次性奖励。而对受到治安处罚、发生邻里纠纷、参与"黄赌毒"、非法信访和其他违法违规行为的家庭，给予黄牌警示，扣除基础得分，一个月内不得积分。

积分方式包括现场评定、综合评定、临时奖励和半年考核四种方式。现场评定每月一次，根据积分项目和现实表现对应打分，发放相应分值的积分卡，集中兑换1次物品。综合评定每季度一次，对每月积分前10位的家庭再给予一次性奖励，发放相应分值的积分卡，兑换等值的物品。临时奖励是对参加村务议事、义务劳动和其他临时性活动的，每次奖励不超过5分。半年考核分别在6月底和12月底各一次，对每半年积分前20名的家庭每户给予一次性奖励。

效果：积分超市的设立，通过将现实表象与积分评定相挂钩，物质奖励和精神引领相统一，有效地唤起了贫困群众积极性，激发了贫困群众从"要我脱贫"到"我要脱贫"的内生动力。实际效果主要表现在以下几个方面：

一是人居环境治理效果显著。通过积分激励引导，调动了贫困群众维护居家环境和参与村庄环境治理的积极性，贫困户个人讲卫生爱整洁、屋内物品摆放整齐现象增加，房前屋后垃圾杂草、乱搭乱建、乱堆乱放等现象减少。

二是推动社会关系更加和谐。邻里之间互帮互助，子女主动赡养父母，贫困学生失学辍学现象减少，贫困群众能够自觉遵守村规民约。

三是使贫困群众脱贫信心更加坚定。以表现换取积分、以积分换取物品的激励机制，树立了受助者有尊严、懒惰者没空间的导向，让部分贫困户逐步改变了好吃懒做、不劳而获的坏习惯。唤起了贫困群众自立自强、感恩回报的意识。

经验：（1）黑松驿村文明新风（巾帼家美）积分评价工作是"志智"双扶的重要手段。村"两委"、包村工作组、驻村帮扶工作队通过召开群众大会、划片小会及走访入户、微平台宣传等多种形式进行宣传，做到家喻户晓，人人皆知，户户参与。（2）积分评价工作由村"两委"和村妇联具体负责，包村工作组和驻村帮扶工作队监督指导，评价工作领导小组具体实施。加强了干群工作互动，密切了干群关系，村里公益活动有人参加，开会议事有人参与，形成了全体干群团结一心谋发展大格局。（3）积分超市购置商品所需资金主要来源于甘肃省妇联巾帼家美超市项目扶持资金及村集体积累资金，并在将来由镇党委、政府进行统一协调，进一步拓宽资金来源。

（二）文明股

背景：针对部分贫困群众脱贫信心不足、内生动力不强、"等、靠、要"思想严重甚至不愿脱贫等现象，需要把精神扶贫作为深化农村精神文明建设，激发群众脱贫致富内生动力，树立弘扬乡村文明新风的重要举措。因此甘肃省将其与农村"三变"改革相结合，创新设立"文明股"，有效激发贫困群众脱贫的积极性和主动性，制定《关于旗帜鲜明反对"等、靠、要"思想进一步推动精神扶贫工作的通知》及《古浪县农村精神文明建设"文明股"管理办法》，积极引导在农村形成学先进、当先进、争先进、树先进的鲜明导向，助力脱贫攻坚，助推精神文明建设。

实施方案：注重激励先进、鞭策后进。在全县贫困户中开展脱贫"红黑榜"评选活动，按照引导与警示相结合的原则，对勤劳致富、带头移风易俗、达到脱贫条件能主动申请脱贫的贫困户通过"红榜"进行表彰奖励；对在脱贫攻坚中存在"懒汉思想"，不求上进、坐等政府救济、故意隐瞒家庭真实收入、在公共场合宣扬"贫困光荣"的群众通过"黑榜"进行曝光批评，3年内不得评选为任何优秀和先进。

精准实施"三变＋乡村新风尚"股份激励，设立县级"文明股"，县财政筹措资金124万元入股扶贫产业开发有限公司，按照10%的比例每年进行分红，作为乡村新风尚"文明股"股份激励基金。而行政村则拿出村集体经济收入的15%，设立"创业股""奉献股""文明股"三种股权，对文明新风先进典型和行为进行奖励，针对产业发展和增收效果明显的贫困户、脱贫攻坚中做出突出贡献和无私奉献的家庭、弘扬社会主义文明新风的个人或家庭制定相应积分标准，采取"动态管理、一年一奖"的方式，满一年后将积分量化折股进行奖励，让文明户等先进典型从村集体收入中获得相应股份收益。

效果：县级"文明股"分红每年组织一次，每年年初，由各乡镇组织开展文明创建活动，积极倡导文明新风，深入挖掘筛选先进典型，经县文明办合格后组织发放"文明股"奖金。坚持公平、公正、公开的原则，对于精神文明先进个人和家庭评选、积分操作、积分管理、资金入股、资金发放等环节严格把关，公开运行、阳光操作，增强社会透明度，保护群众参与的积极性。同时建立投诉、核查等机制，对虚构事实、弄虚作假、优亲厚友等骗取荣誉和分红的，依法追回，在一定范围内进行通报批评，并根据情节轻重追究相关责任，保证每一笔"文明股"的发放都依法依规，能够让人民群众信服，起到良好的带动作用。

自 2018 年起，古浪县实行"文明股"奖励政策，主要奖励孝敬老人、抵制高价彩礼、带领群众脱贫的先进家庭和个人，进一步引导广大贫困群众摈弃"等、靠、要"思想，树立自力更生、脱贫致富的志向，积极发展增收产业，大力弘扬传统美德，扎实推进移风易俗，通过辛勤劳动过上幸福美好的小康生活。2019 年全县共评选出年度"文明股"分红对象 2 118 人，共发放分红 12.4 万元。

经验做法：（1）积分量化增强脱贫活力。对弘扬传统文化、推进移风易俗、强化精神扶贫等方面表现突出的家庭和个人，特别是获得道德模范、文明家庭、八星级文明户、最美家庭、身边好人、优秀共产党员、"红黑榜"红榜个人或家庭给予奖励。（2）兑现分红提振脱贫信心。县文明办按全县"文明股"红利总额和总积分分配红利，确定分配方案，以奖金的形式由县扶贫产业开发有限公司按照分配方案将红利分配到各乡镇，由乡镇负责通过"一折统"方式发放到先进个人和文明户手中。

第四节　易地扶贫搬迁后续扶持工作存在的问题

一、产业后续扶持工作存在的问题

（一）产业链条较短，产业效益不高

受到交通等条件限制，甘肃省生产的农产品远离主要消费市场。目前农业产业主要以初级农产品生产为主，而初级农产品的生产是整个产业链中利润最小但风险最大的环节，农民一直摆脱不了"谷贱伤农"的魔咒。很大程度上是因为产业链条较短，如果可以延长产业链，做到一二三产业融合，可以很大程度上内化初级农产品价格波动的风险，提高产品附加值的同时稳定种养殖户的收益。

甘肃省目前养殖业主要以牲畜养殖为主，有关后续肉类屠宰、分装等加工业较为缺乏，仅依赖建成的中天、四海两条肉羊屠宰生产线，且加工生产能力仅为每年40万头，很难满足当地畜牧业发展需要；除此之外，品种改良、繁育扩群、冷藏加工、品牌建设、市场营销等各项工作都有待组织实施。而种植业方面的蔬菜冷藏包装、林果产品精深加工等产业链条尚未建立，大部分农产品仅以初级产品的形式进入市场，二次加工和深加工少、市场竞争力弱、产品附加值低，产业整体效益不高。

（二）搬迁群众对新产业、新技术的接受程度还需提高

搬迁群众对日光温室种植、肉羊育肥、食用菌等新产业、新技术了

解掌握不够，对新产业、新技术和扶持政策还存在接不住、接不好的问题。如肉羊育肥需要专项的喂养技术指导与较高的谷物饲料成本，而当地的多数养殖户还以散养为主，几乎没有饲料投入，导致羊的出栏期比规模化养殖的多出七八个月，且生产的羊肉肌间脂肪较少，不如育肥后的羊肉软嫩滑口，而目前国内市场上的消费者往往更倾向于后者。如果养殖户不能接受肉羊育肥技术，会对后期畜牧业产品养殖产量以及品质提升造成较大阻碍。

（三）产业收益率承诺过高，存在违约风险

后续扶持产业发展中政府普遍使用以股金入股的方法，向当地龙头企业或政府项目注资，让贫困户可以享受到产业发展红利。为了吸引贫困户入股，产业发展项目前期大多对其宣称有保底收益率。例如，光伏分红每年不低于 2 000 元（以 20 000 元入股计）。股金作为资本形式，必然客观存在风险，而贫困户对此浑然不知，也无力应对企业经营不善导致的股金折损。所有企业不可能稳赚不赔，正常的产业发展存在市场风险和自然风险，一旦产业发展受到影响，贫困户的以股金形式存在的收益将会受到侵害，可能由此带来返贫风险。

二、就业扶持工作存在的问题

（一）就业培训时间短且缺乏针对性，培训效果不理想

一是培训时间较短，很多内容点到为止。调研发现，虽然部分地区每周都有技能培训，但每周的授课内容不同，而且涉及糕点制作、东西面点等较为复杂的职业技能，仅靠一次培训很难掌握精通，因而大多受训者只是回到自家尝试，而不是依靠培训技能就业创业，培训效果不佳。

二是就业供需不匹配。一方面，部分就业培训没有结合市场需求，

没有将就业和生产紧密结合起来，只是为培训而培训，培训内容针对性不强，需要进一步提高培训内容与培训对象需求的一致性。另一方面，大多需要培训的劳动力在外打工，实际有时间参与培训的人员多为不能外出打工的非主要劳动力，如老年人、妇女或丧失劳动能力的人，导致实际接受培训的人将培训技能转化为实际就业和生产的效果较差。

（二）以扶贫车间为依托的本地就业安置能力有限

安置区就近就地吸纳就业的能力非常有限。一方面，扶贫车间和县内工作岗位吸纳的劳动力务工都是阶段性的，无法实现长期稳定就业。另一方面，扶贫车间加工链条短、规模小，难以安置较多劳动力。以靖远县为例，当地特色枸杞产业仅包含生产和采摘环节，后续加工及销售则远在宁夏，产业链过短限制了其吸纳劳动力的能力。很多有意愿就业但不愿外出就业的贫困劳动力的需求难以满足。

（三）贫困户参与组织化劳务输转意愿较低

一是农户对就业扶贫积极性不高。部分贫困劳动力就业内生动力不足，转移就业意愿较弱，而且一部分人存在"等、靠、要"的思想，宁愿在家等待政府救济而不愿外出务工改变自身现状，甚至出现参与政府组织化劳务输出的贫困人口在外务工一段时间后因不愿受苦，合同到期前提前返乡的情况。

二是部分农户在政府进行组织化劳务输出时已有工作，即使政府提供的组织化输出岗位的工资更高，也会因为抗风险能力较弱或惯性而安于现状，不愿参与组织化劳务输转。

三、社区融入工作存在的问题

（一）搬迁户短时期内难以适应新的生产生活环境

面对新的生产生活环境，稳定的就业和生计方式是易地扶贫搬迁户实现稳定脱贫的基本前提。尽管甘肃省出台了多种政策促进就业，但是仍然存在搬迁群众就业比例低、生计方式匮乏等问题。其中就生产方式而言，比如在县城集中安置的搬迁户，因搬迁失去土地，生产方式被迫由务农转变为务工，但当搬迁户尝试从事务工时，由于文化程度普遍较低，缺乏非农职业技能，缺少竞争力，而门槛低的岗位不仅少且竞争激烈，搬迁户很难实现稳定就业；尤其是对于妇女、老人和 45 岁以上的男性劳动力而言，务工就业更为困难。除此之外，就生活方式而言，城镇生活成本更高，不仅需要缴纳物业费、取暖、燃气等费用，而且要面临更高的物价水平，搬迁户缺乏稳定的收入来源，因而经济压力增大。

（二）部分贫困劳动力自身发展动力不足

政府在扶贫过程中努力为贫困户建立较为完善的帮扶机制，但是贫困劳动力自身发展动力不足，自我"造血"的机制还相对缺乏。搬迁户中部分中青年劳动力"等、靠、要"思想严重，缺乏主动就业的内生动力，容易成为引发家庭、社会不稳定的因素。一方面，搬迁户搬迁之后，依靠将迁出地的耕地流转出租或是退耕还林的方式，使年收入得到明显的提高。但是部分中青年劳动力沉迷于高额的补贴，陷入"暴富"的假象之中，缺乏主动就业脱贫意识，一味依靠政府的政策支持。另一方面，安置区配套产业扶持项目大多以分红的形式实现，搬迁户依靠政府补贴的资金入股合作社或企业，不需要参加劳动即可每年收入分红，农户缺乏主动就业获取收入的内生动力。这两方面因素导致搬迁户缺乏主人翁意识，寄希望于政府的兜底政策。同时，待业在家的劳动力整日无所事事，精神世界匮乏，与社会脱节，容易引起家庭、社会的矛盾。

（三）县级财政资金紧张，社区治理与融入的资金投入缺位

易地搬迁项目的资金主要来源于地方政府，地方财政资金压力较大，导致社区治理与融入方面的资金投入缺位。以靖远县为例，为顺利推进易地扶贫搬迁项目，县政府衔接农发行贷款 3.1 亿元用于支持安置

区公共服务设施建设。作为全省典型的财政收入困难县，靖远县近年来用于民生、脱贫、教育、医疗、社会兜底保障等领域的支出逐年攀升，财政收支矛盾日益突出。加之目前部分安置区基础设施和公共设施服务均等化程度还不够高、后续产业仍需持续投资（老化灌溉渠道改造、破损路网修理、农业用地退化的保护、产业升级改造、种养殖技术培训等），县级财政吃紧，财政缺口后续进一步扩大的趋势明显。此外，针对大型安置区配备的社区管理人员的编制、待遇问题缺乏相关政策，人员经费无法保障，这也对县财政资金也造成一定压力。安置区政府无法为安置社区治理与搬迁群众融入提供足够的财政资金。

第五节　易地扶贫搬迁后续扶持工作未来发展方向和相关政策建议

一、开展社区文化建设，培育社会组织

一是开展感恩教育，扶志与扶智相结合。为了引导群众树立自立自强、不等不靠的思想，地方政府和社区需要通过感恩教育，一方面，积极宣传党的政策，把个人发展与国家发展紧紧联系起来，培育自尊自信、理性和平、积极向上的精神面貌；另一方面，通过感恩教育激发搬迁群众脱贫致富的内生动力，大力宣传勤劳致富典型事迹和人物，鼓励他们通过自身的辛勤劳动实现脱贫致富。二是引导社会组织进入社区，使其以专业化、多样化的服务满足不同搬迁群体日益多变的服务需求，有效促进社区居民交流互动。政府需要积极建立和引导社会组织进入社区服务体系，孵化培育更多致力于社区建设的专业化社会组织和搬迁户

自发性组织，减少政府干预，肯定社会力量参与社区治理的合法地位，发挥其整合资源、提供公共服务、激发搬迁户参与社区治理的作用。

二、在物质扶贫的同时，注重发挥精神扶贫的作用

要充分激发贫困群众劳动光荣、贫困耻辱的内生动力，引导群众树立自力更生、勤劳致富的思想意识，破除"等、靠、要"思想。一方面，需要通过加强村级工作人员与贫困户的联系，一对一做好部分内生动力不足贫困户的思想工作。另一方面，也要在村级范围内树立产业发展、外出打工的劳动楷模，给予其一定物质奖励，并张贴公示以激发贫困劳动力的发展积极性，提高其参与产业发展和外出打工的内生动力。

三、提高产业发展规模和质量，增强"造血"功能

一是立足当前的产业发展基础，将产业链条由初级农产品生产拓展到包括加工、仓储物流、销售在内完整产业链条，实现一二三产业融合，提高产业的附加值。二是建立特色产品的区域生产标准，加强产品品牌的投入与建设，提高产品的标准化水平和区域影响力。三是利用互联网技术，创新产品的营销模式，提高产品的市场竞争力。四是加强企业、合作社等新型经营主体与搬迁群众的利益联结机制，切实保障搬迁群众的利益。

四、以摸底调查结果为基础，定制化技能培训服务

一是要强化摸底调查，精准开展劳动力技能培训。对搬迁群众进行一次"拉网式"摸底调查，摸清每一户搬迁户的劳动力情况，根据劳

动力就业方向，组织劳动力开展就业技能培训，切实提高搬迁群众的就业能力，确保每户搬迁家庭有一名适龄劳动力掌握一门技能。

二是提高就业培训的针对性和质量。根据摸底调查结果将具有相同培训需求的贫困劳动力集中后开展职业技能培训，同时在培训过程中需要围绕一项技能深入展开讲解，帮助贫困劳动力深入了解该项技能，提高就业技能水平。

三是以需求创造供给，针对有外出务工意愿但技能不够的人开展培训，可以考虑小班化教学，不必为保证培训人数"盛情邀请"老年人等无外出务工意愿的其他人员参加，从而提高教学效率。

五、鼓励扶贫车间适当扩大规模，推进市场化经营

一是对于扶贫车间，积极落实优惠政策，严格按照"不来即享"政策，及时主动发放奖补资金，鼓励扶贫车间适当加大生产规模，吸纳更多贫困劳动力就业。二是对于扶贫车间应以政策扶持为基础，实行市场化运作、企业化经营，避免"重投资、轻运营"的陷阱。在引导企业发展自主品牌、彰显企业文化、创新企业产品、提升企业市场竞争力方面下功夫，推动扶贫车间向更加优质高效的方向发展。三是利用贫困地区的土地、劳动力等资源，出台相应的产业发展支持政策，吸引东部企业，特别是从事劳动密集型产品生产的企业在安置区附近投资建厂，进一步扩大安置区就业吸纳能力。

第八章

广西壮族自治区易地扶贫
搬迁政策典型案例研究

为切实解决易地扶贫搬迁"重搬迁，轻后续帮扶"问题，在实现"搬得出"的目标后，易地扶贫搬迁工作重心逐步从"搬得出"向"稳得住、能致富"转变，按照国务院扶贫开发领导小组统一部署，2020年7月，中国人民大学农业与农村发展学院调研组赴广西壮族自治区就其易地扶贫搬迁安置现状、安置地后续产业、就业以及社区融入情况等与自治区相关负责人进行了座谈，并以河池市都安瑶族自治县、百色市田阳区为典型案例调研对象，围绕其易地扶贫搬迁安置工作进程、后续帮扶实施情况等与县委相关部门负责人进行详细座谈，并就两个县部分安置地建设情况、配套基础设施及公共服务情况、后续产业就业保障情况、社区融入情况等进行了实地调研和入户访谈，共入户访问76户，其中都安县36户，百色市田阳区40户。

广西的易地扶贫搬迁任务极重，涉及的贫困人口众多，搬迁的区域又基本属于生态脆弱区和生态环境恶劣区域，是重点关注的典型自治区。广西建立了"顶层设计—动员激励—统筹协调—监督考核"四位一体有效机制，完成搬迁工程（王曙光，2019），并通过加强基础设施、就业培训、教育医疗、社会保障、产业带动、社区重建、文化融入、心理介入、生态恢复等九个方面来促进贫困搬迁户发展（王曙光，

2019）。并且广西壮族自治区属于少数民族自治区，民族地区是集中连片易地扶贫搬迁难度最大的地区（魏文松和宋才发，2018），民族地区的人力资本仍然需要进一步加强和提升，家庭受教育程度低谋生能力弱，是可持续生计重点关注的研究内容（夏艳玲，2019）。

本章重点关注广西壮族自治区易地扶贫搬迁的典型经验与政策，首先观察易地扶贫搬迁后续扶持的基本情况与总体规划，利用调研数据分析其工作成效；其次，从产业发展、就业扶持以及社区融入角度探究广西的典型案例；最后，针对调研中所发现的后续存在的问题，提出促进长期发展、稳定脱贫的政策建议。

第一节　易地扶贫搬迁后续扶持
基本情况和总体规划

广西壮族自治区贯彻落实党中央、国务院的决策部署，围绕"精准扶贫、精准脱贫"和"高质量搬迁脱贫"目标，按照"搬得出、稳得住、能致富"工作要求，对"一方水土养不起一方人"地区贫困人口实施易地扶贫搬迁。截至 2020 年底，已搬迁建档立卡贫困人口 163 145户 705 086 人，完成计划搬迁任务的 100%，而且在搬迁过程中有序推进各地安置点基础设施建设项目和后续扶持项目。目前已形成大规模集中安置、无土安置为主的安置格局。在安置过程中，广西建立完善易地扶贫搬迁工作体系，研究出台《全区易地扶贫搬迁安置点领导包点责任制工作实施方案》实行"八包"责任制，全力推进易地扶贫搬迁工作。除此之外，广西还采取一系列措施保障易地搬迁后"稳得住、能致富"，通过县（市、区）示范试点引导，推动搬迁后拆除复垦进程；通过开展易地扶贫搬迁安置点基本公共服务设施建设情况的调查，进一步完善安置区基础设施、公共服务配套建设，突出安置点社区建设，帮助搬迁群众更快地融入新社区；通过劳动力就业情况调查，推进易地扶贫搬迁就业创业及产业帮扶工作，努力做到安居与乐业并举，搬迁与脱贫同步。

一、易地扶贫搬迁工作进展情况

（1）搬迁入住完成率高。广西"十三五"时期计划搬迁建档立卡贫困人口为71万人。其中2016～2018年已下达全区计划搬迁建档立卡贫困人口70万人，分布在13个省区市78个县（市、区）。截至2019年已完成搬迁66.83万人。除2018年搬迁计划完成率为96.74%外，其余三年均足额完成，搬迁计划完成率高。截至2020年9月，全区建档立卡贫困人口已搬迁入住（即已完成交钥匙工程，下同）16.31万户70.51万人，搬迁入住率100%，搬迁入住率高。

（2）项目质量与竣工验收完成。2019年8月，根据国家发展改革委等4部委《关于开展易地扶贫搬迁工程质量安全集中排查工作的通知》精神，开展易地扶贫搬迁工程质量和安全隐患集中排查工作，对全区易地扶贫搬迁集中安置点和安置住房建设全覆盖进行集中排查，对安置点地质勘察、地灾评估、设计、施工、组织质量验收和竣工验收等情况的实地核查已基本完成，发现的问题也已经及时整改。而在2020年5月，自治区下达《全区易地扶贫搬迁项目质量验收和竣工验收工作方案》，组织各地开展易地扶贫搬迁安置住房质量验收和各类项目的竣工验收工作，经过各地的积极努力，目前已经基本完成了验收工作任务。

二、安置情况

（1）集中安置为主，分散安置为辅。目前，集中安置方式主要有跨县（县外）安置、县城安置、重点镇安置、产业（工业）园区安置、旅游区安置、中心村安置等。截至 2020 年 9 月底，全区 506 个集中安置点（建档立卡人口 6 户以上）已安置搬迁群众 66.82 万人，占比 94.8%；分散安置点计划安置搬迁群众 3.69 万人，占比 5.2%。

（2）大规模集中安置为主，城镇化明显。广西人多地少，易地扶贫搬迁采取县城安置方式为主，便于集约利用土地、统筹配套基础设施和公共服务设施建设。在 506 个集中安置点中，800 人以下的安置点有 361 个，800 人（含）至 3 000 人的安置点有 89 个，3 000 人（含）至 10 000 人的安置点有 43 个，10 000 人（含）以上的安置点有 13 个。

（3）无土安置为主，就业需求大。广西搬迁人口主要安置方式为无土安置，无土安置的主要类型包括县城安置、重点镇安置、产业园区安置及旅游区安置，约有建档立卡贫困人口 67.01 万人，占已下达搬迁计划人口的 94.4%。

三、安置点后续扶持总体规划

（一）总体目标

坚持精准扶贫、精准脱贫基本方略，瞄准"一方水土养不起一方人"地区建档立卡贫困人口，将搬迁安置与后续扶持同步谋划、同步推进；坚持因地制宜、精准施策，根据易地扶贫搬迁安置点特点落实相应的后续产业扶持、促进就业创业和社会保障兜底计划；坚持"宜工则工、宜农则农、宜商则商、宜旅则旅"的原则，对搬迁到县城、产业园区、重点镇安置的搬迁贫困户，确保每户有 1 人以上有劳动能力且有就业意愿的家庭成员实现稳定就业，对搬迁到中心村继续从事农业生产经营的搬迁贫困户，逐户落实产业扶贫项目和资金，实现搬迁对象稳定脱贫。从而实现到 2020 年底，保障搬迁群众与安置地群众同等享有便利可及的基本公共服务，实现"搬得出、稳得住、能脱贫"，同全国人民一道进入小康社会。到 2025 年底，安置点配套基础设施公共服务能力进一步提升，搬迁群众在稳定脱贫的基础上实现"能发展、可致富"，有效融入新环境、适应新生活。

（二）安置点后续社区管理规划

一是强化社区服务，推进安置点与城镇一体化规划建设，统筹考虑安置点规模、周边设施和今后一个时期人口发展情况，集约建设安置点水、电、路等配套设施和生活设施，打造安置点"社区 10 分钟服务圈"。二是强化医疗保障，根据区域卫生规划和医疗机构设置有关规定，合理配套建设安置点医疗机构，按标准配置医疗设备和医护人员。原则上每个安置点都应有医疗卫生服务机构提供基本医疗和公共卫生服务，而城镇安置点可以参照乡村卫生室标准建设一个或多个卫生室，也可以根据人口规模建设社区卫生服务站。应基本实现安置点医疗机构全覆盖，引导搬迁群众自愿参加安置地城乡居民基本医疗保险或城镇职工基本医疗保险。三是强化文化教育服务，建立台账，精准掌握搬迁群众子女就学需求和安置地教育资源供给情况，按照就近入学原则做好转学衔接工作，让搬迁群众适龄子女在安置地公办学校接受义务教育，并继续享受相关补助政策。保证安置地义务教育学校基本建设完成并交付使用，同时加强跨区域师资统筹协调，按照中小学教职工编制标准，合理核定安置地中小学教职工编制总量，保障安置地学校师资力量。四是强化社会保障，在保持搬迁群众土地承包权、集体收益分配权等权益不变的前提下，加快办理安置住房产权手续，积极推进搬迁群众在安置地落户。除此之外，搬迁群众可自愿参加安置地城乡居民基本养老保险，灵活就业人员可参加城镇职工基本养老保险，有稳定劳动关系的应按规定参加城镇职工基本养老保险。而暂时无就业和产业支撑导致生活困难，且家庭财产状况符合规定的搬迁群众，可以在安置地申请6个月的低保救助。

（三）后续产业扶持规划

一是落实易地扶贫搬迁后续产业扶持政策措施，坚持搬迁安置与后续产业发展同步规划实施。以县为单位制定安置点后续产业发展实施方案，明确发展重点和实施路径，培育和发展后续产业。对搬迁到中心村的贫困户，要引导其立足当地资源禀赋，积极融入县级"5＋2"、村级"3＋1"产业发展，大力发展特色种养业、农林加工业、乡村旅游业。二是创新产业扶贫利益联结机制，鼓励龙头企业、专业合作社等经营主体与搬迁群众建立契约型、分红型、股权型等合作方式，引导搬迁群众积极参与产业发展。对搬迁到城镇的贫困户，要依托当地产业聚集区、工业园区、"双创"园区，培育和发展特色手工业、文化体验、健康养生、农村电商等现代新型业态。强化安置点后续产业科技支撑，推进科技助力精准脱贫。三是鼓励引导搬迁群众注册登记市场主体，增加经济收入。加强消费扶贫工作，加大电商扶贫力度，鼓励安置点或搬迁群众创办网店，扶持一批消费扶贫示范企业，打通安置点特色产品供应链条，推进一二三产业融合发展。四是鼓励金融机构结合搬迁安置点资源禀赋和周边产业特点，积极稳妥开展创业担保贷款、扶贫贴息贷款、扶贫小额信贷等业务。五是加强迁出地耕地林地管理利用，加快拆旧复垦后的土地确权颁证，盘活迁出地承包地、山林地、宅墓地"三块地"资源，鼓励和引导搬迁户在自愿前提下流转承包土地经营权。鼓励和支持龙头企业、合作社统一流转和开发搬迁户承包地，一时难以流转的可由县级平台公司按保底价收储或统一打包开发经营。

（四）后续就业扶持规划

一是全面摸清每个搬迁家庭的基本情况，建立搬迁劳动力就业精准台账。将城镇和工业园区安置点、搬迁人口规模800人以上的安置点作为解决搬迁群众就业问题的重点区域，予以重点帮扶。向万人以上大型安置点派出专门就业帮扶工作队，开展就业帮扶专项行动。二是对有培训意愿的搬迁劳动力全员培训，以16周岁以上、有劳动能力的建档立卡搬迁群众为重点，结合搬迁群众就业需要和技能需求，有针对性开展职业技能培训和就业推荐工作，力争培训一人、就业一人。三是拓展搬迁群众就业渠道，依托现有职业教育和东西部扶贫协作对口帮扶资源，预留场地扶持创业就业，大力开展招商引资，吸引外资在当地创设公司，吸引劳动力就业，同时在安置点创办就业扶贫车间，吸纳一批缺乏外出意愿的贫困劳动力，同时为搬迁家庭留守的妇女和老年人、残疾人提供就业机会，促进搬迁群众就地就近就业。四是加大劳务输出力度，根据搬迁群众意愿和能力，强化针对性信息服务，提高劳务组织化程度，扩大劳务输出规模，确保有劳动能力且有就业意愿家庭1人以上实现就业。五是加强托底安置就业，统筹开发保洁保绿、治安协管、护河护路、孤寡老人和留守儿童看护等各类公益性岗位，保证弱劳动能力或无劳动能力的贫困户拥有一份稳定的就业收入。六是推进农民工创业园和创业孵化基地建设，鼓励和引导搬迁群众自主创业脱贫，支持和鼓励外出务工搬迁群众返乡创业。

（五）拆旧复垦工作规划

一是针对旧房的不同情况实行差异化拆除措施，分类施策、分步实施、有序推进。对属于自建独立房的，要在其实际入住新房后2年内拆除旧房，且应做到所有房屋建筑及附属设施整体性拆除，不得象征性拆除或拆一部分留一部分；对属于与亲属（邻居）共居（共建）连体房和国家有关部门核定的传统保护村落、少数民族特色村落、国家乡村旅游扶贫重点村，以及自治区划定的具有重点文化旅游开发价值村落的旧房，经县级政府批准，腾退为村集体财产进行保护利用，可以不拆除。二是县级政府要结合本地实际，制定拆除方案，耐心细致做好群众工作，科学组织实施，原则上在旧房拆除的当月兑现奖励政策。例如旧宅墓地整治要因地制宜推荐实施，用好用足城乡建设用地增减挂钩政策。而宅基地具备复垦条件的，加强建设用地指标交易，积极筹措资金；不具备复垦条件的，及时复草复绿，修复生态。

第二节　易地扶贫搬迁后续扶持工作成效和整体评价

随着易地扶贫搬迁渐入尾声，贫困群众大多已入住新家园，为帮助搬迁群众更好地适应安置点的生产、生活环境，广西出台一系列相关政策加强后续管理和服务。其中，2019 年，广西印发《中共广西壮族自治区委员会、广西壮族自治区人民政府关于进一步强化易地扶贫搬迁后续扶持工作的意见》和《2020 年易地扶贫搬迁后续扶持工作部门分工任务清单》等一系列政策文件，对易地扶贫搬迁后续扶持工作进行全面部署，为扶贫搬迁后续扶持工作构建了政策完善、目标明确、责任落实的政策体系，在后续产业扶持、就业扶持和社区融入工作上取得了良好成效。

一、产业扶持的工作成效

广西政府指导各地根据生态资源优势、环境承载能力情况，大力发展特色产业；依托城镇、产业园区、旅游景区和重点镇，发展商贸、餐饮、运输、农产品加工、旅游等二、三产业。以都安县为例，该县实施"贷牛（羊）还牛（羊）"产业项目全覆盖。全县所有易地扶贫搬迁贫困户，均以户为单位参与"贷牛（羊）还牛（羊）"产业扶持项目，目前已覆盖到搬迁贫困户9 919 户，企业代养牛5 129 头、羊16 231 只。其中2018 年度参与牛（羊）项目的8 246 户搬迁贫困户，2019 年到期时获得收益金共926.97 万元，户均收益1 200 元以上。

同时，广西壮族自治区农业农村厅指导各地持续开展2020 年产业扶贫大培训活动，强化产业扶贫科技支撑和指导服务力度。截至2020年7 月，广西全区易地扶贫搬迁任务县共开展产业扶贫培训3 052 期，培训贫困群众153 661 人次。

二、就业扶持的工作成效

广西通过建设农民创业园和就业扶贫车间带动搬迁群众的就业。截至2020 年7 月，广西全区易地扶贫搬迁安置点建设23 个农民工创业园，就业扶贫车间511 家。

以都安县为例，该县采用以下几种措施帮助搬迁群众就业创业。一是把"扶贫车间"建在安置点吸纳就业。该县目前已建成12 个"扶贫车间"，共吸纳搬迁贫困劳动力就业1 494 人。二是抓好外出就业服务。该县2020 年共举办25 场劳务协作招聘会，提供就业岗位2 000 多个，组织就业专车99 车次，"点对点"输送4 399 人到广东就业，帮扶失岗返乡的309 人全部再就业（其中到广东113 人），发放贫困劳动力外出务工交通补贴258.56 万元。三是抓好县内就业岗位开发。截至2020 年7 月，该县八仙产业园已入驻企业4 家，提供2 000 个就业岗位；组建村级劳务合作社积极对接龙头企业吸纳贫困户劳动力就业2 166 人；落实第一批创业补贴20 万元，帮助53 名搬迁贫困劳动力自主创业增收。

四是抓好搬迁贫困劳动力兜底安置。全县开发扶贫公益性岗位 2 169 个，安排贫困劳动力 2 169 人，其中易地搬迁劳动力 394 人，发放扶贫公益性岗位补贴 816.2 万元。而在百色市田阳区，截至 2020 年 7 月，该县易地扶贫搬迁建档立卡户家庭共 6 063 户 25 124 人。其中：无劳动力家庭 112 户；有劳动力人口家庭 5 951 户，劳动力 14 501 人；有劳动能力且有劳动意愿搬迁家庭 5 827 户已实现 1 人以上就业，基本实现"一户一人一就业"目标。截至 2020 年 6 月，田阳区老乡家园安置点已举办 5 场现场招聘会，招聘企业 180 多家，提供岗位 15 000 多个；安置点培训机构为易地扶贫搬迁劳动力 1 644 人开展职业技能培训，培训合格后实现就业 2 294 人；培训扶贫公益性岗位解决安置易地扶贫搬迁劳动力 194 人；老乡家园安置点及其周边共建 17 家扶贫车间，就地安置搬迁群众就业 395 人。

三、社区融入的工作成效

（1）政治融入：突出党建引领，建立完善安置点基层党组织。2018 年，广西壮族自治区民政厅会同相关部门深入安置点，实地调研基层组织建设情况，在此基础上联合出台《关于加强易地扶贫搬迁安置点基层组织建设的指导意见》，指出各地按照全面覆盖、有效覆盖的要求，对集中安置点引入社区建设和管理，指导建立安置点党组织和自治组织等建设。截至 2020 年 6 月底，广西 506 个集中安置点新成立党支部 444 个，工会组织 431 个，共青团组织 382 个，妇联组织 414 个，其他组织 126 个。新设立村（居）民委员会 209 个，居民小组 463 个，村民小组 259 个。选派驻点干部 1 306 名，已基本做到应建必建、应派尽派。

以都安县为例，都安县全面实施"党建＋易地搬迁助力脱贫"圆梦工程，在全县20个易地安置新区组建临时党（总）支部23个、突击分队172队、党群互助小组24个，创建"组织联建、责任联动、党群联手、问题联办、互助联防"的"五联"机制，实现安置新区党组织全覆盖，强化基层党建引领作用。而百色市田阳区则大力创建社区党组织，在老乡家园建立2个党总支、6个党支部，完成177名党员的组织关系转移，并安排总支委员轮流值班，全方位为易地扶贫搬迁群众服务。

（2）经济融入：精准实施后续管理，促进搬迁群众较快融入新社区。由于广西易地搬迁建档立卡贫困户中属于无收入、低收入以及遭受各种意外灾害的享受低保兜底发放生活补助资金范围的有26.74万人，以"住得好"为目标，广西关注特定人群，加强后续扶持和社会保障措施，减轻搬迁群众在融入安置点的过程中的经济困难。

以都安县为例，该县落实了易地扶贫搬迁社会保障机制，并对搬迁群众实施水电物业费用减免等经济补贴举措。符合五保、低保、医疗救助、临时救助条件的搬迁移民，全部被纳入社会救助范围，减轻了困难的生活支出；而搬迁至县城安置小区的群众则享受政府提供的"三免两减"物业补贴，群众目前无须缴纳物业费而又可享受物业服务，给予了搬迁群众一定的时间去适应城市生活的经济支出。

（3）心理和文化融入：开展感恩教育，激发搬迁群众的内生动力。广西积极开展新时代文明实践活动，增强搬迁群众的归属感和身份认同感，引导搬迁群众树立健康科学生活观念和生活方式。在实地入户访谈中，有76户搬迁群众均表示已习惯城里的新生活，与安置社区的其他居民的日常交流不存在语言障碍。调研访谈表明易地扶贫搬迁群众基本均已适应新家周边的风俗习惯，且基本习惯了使用冲水式卫生间、煤气灶做法、固定地点投放垃圾等相对城市化的生活方式。

以百色市田阳区为例，该县开展了"感恩教育"活动，充分利用扶贫展示馆红色教育联盟平台资源，强化对居民的感恩教育，引导居民牢记党恩，摒弃以贫为荣的"等、靠、要"思想，主动融入发展大格局，活动开展以来有 4 000 多人次接受感恩教育。

（4）社会融入：突出社区建设，帮助搬迁群众融入社区生活。为尽快让搬迁群众融入新生活，广西进一步抓紧安置点社区服务建设，加快安置点配套学校、医疗机构等建设进度，重点解决好安置点搬迁群众子女就学需求、搬迁群众医疗卫生服务需求等问题。截至 2020 年 7 月，广西易地扶贫搬迁集中安置点配套建设教育项目 107 个，其中义务教育学校 90 个、幼儿园 17 个，107 个教育项目已完工 41 个，主体完工 16 个，在建 50 个；配套医疗卫生项目 18 个，18 个医疗卫生项目主体完工 6 个，在建 12 个。

以都安县为例，该县通过不断完善社区综合服务设施帮助搬迁群众更好更快地融入新社区、适应新生活。该县 20 个易地扶贫搬迁安置点，有小学（或可就近就学）的安置点 20 个，占比 100%；有幼儿园安置点 20 个（含就近），占比 100%；有医疗卫生机构（或可就近就医）20 个，占比 100%。实地入户调研的 36 户贫困搬迁户就医、子女上学均无困难，且 95% 的搬迁群众知晓在融入过程中遇到困难后要如何寻找相关干部帮忙，群众乐于融入安置区的新的社会生活。而在百色市田阳区中，该区在安置点附近配套建设卫生服务中心、幼儿园、小学、中学等公共服务设施，解决就医、就学问题，实地调研受访的 40 户搬迁群众均表示没有面临就业、子女上学方面的困难。该县还设立荣誉超市，鼓励社区居民参与社区治理活动，2019 年 11 月以来，已有 1 500 人次参加社区文明自治活动，发放近 40 000 积分。

四、整体评价

（1）产业扶持：广西先后出台了一系列后续产业扶持的文件，指导各地因地制宜发展产业，根据生态资源优势、环境承载能力情况，大力发展特色产业，其中比较有代表性的有：①通过产业奖补和以奖代补形式的方式分别鼓励搬迁群众发展种植等产业和家庭作坊式加工业；②建立核心示范区发展特色种养殖项目，这一系列举措让搬迁贫困群众长远生计得到了保障。

（2）就业扶持：广西采取了一系列举措拓宽搬迁群众的就业渠道：①核查搬迁劳动力就业情况，实行动态管理，全程跟踪，对已搬迁未实现稳定就业和未接受过培训的搬迁劳动力，扎实推进全员培训；②通过免收租金、减免税收、融资贴息、岗位补贴等优惠政策吸引企业入驻，带动搬迁群众就业；③建设和引进扶贫车间、扶贫企业，打造机动灵活的就业模式；④深化扶贫劳务协作，组织劳务输出，这一系列举措为搬迁群众提供了更多的就业机会，促进了搬迁贫困群众稳定增收。

（3）社区融入：广西全区安置点选址科学合理，配套建设齐全，71万贫困群众的住房条件、生存环境从根本上得到改善。尽管搬迁群众入住新家后，暂未形成强烈的归属感、认同感，但各安置点一方面通过积极开展新时代文明实践活动，丰富了搬迁群众精神文化生活，另一方面开展社区文明建设，培育市民意识，引导搬迁群众破除薄养厚葬、酗酒赌博等陈规陋习，社区综合治理和精神文明建设得到提升。

第三节　易地扶贫搬迁后续扶持
典型案例和经验做法

一、产业扶持典型案例

（一）都安县"贷牛（羊）还牛（羊）"产业扶持项目

为实现搬迁群众"搬得出、稳得住、能发展、可致富"的目标，都安瑶族自治县推行"贷牛（羊）还牛（羊）"产业扶持项目，实施"企业牵头、政府扶持、农户参与、贷牛（羊）还牛（羊）、还牛（羊）再贷、滚动发展"的发展模式，由政府统筹规划，利用人均2 000多元的搬迁户自筹资金，投资给企业采购良种幼畜，并由企业代养，保障技术和销路，获取收益后，企业抽出部分资金继续采购幼畜代养，剩余部分收益给搬迁贫困户分红。

贫困户参与"贷牛（羊）还牛（羊）"项目的途径主要有以下四种：（1）贫困户通过"贷牛还牛"项目牵牛回家饲养增收，通过养殖规模的扩大取得稳定增收；（2）贫困户通过在肉牛养殖基地和合作社工作，领取工资，就业增收；（3）贫困户以股份合作的方式融入合作社，参与合作社收益分红，取得资产收益；（4）贫困户将自家土地租借给养殖基地和合作社进行规模化"粮改饲"生产，通过土地流转实现增收。由于目前安置点没有生产用地和产业用房，"贷牛（羊）还牛（羊）"项目对搬迁户的带动方式多为资产收益带动，即搬迁户通过企业分红增加产业收入。

经验做法：都安县按照"企业牵头、政府扶持、农户代养、贷牛

（羊）还牛（羊）、还牛（羊）再贷、滚动发展"的运营模式，坚持"重点突破，整体推进"的工作思路，以实现贫困户"脱贫摘帽"为目标，因地制宜，统筹规划，通过养殖产业项目为搬迁贫困户提供保底收益，保障贫困户搬迁后"稳得住"。

（二）百色市田阳区 20 万亩（约合 13 333.33 公顷）农林生态脱贫产业

百色市田阳区是中国第一个芒果之乡，其 20 万亩农林生态脱贫产业核心示范区（以下简称"核心示范区"）位于田阳区头塘镇联坡村，在易地扶贫搬迁安置点 10 千米范围之内。全区的芒果种植面积 41.6 万亩（约合 2.77 公顷），占百色市的 1/3，每年芒果供不应求，远销韩国、日本、加拿大等国家，芒果成为全区农民增收的支柱产业。

田阳芒果核心示范区主要通过以下四种方式为贫困户增收并切实保障贫困户合法权益：（1）建立政府平台公司。百色市田阳区以政府平台公司（田阳恒茂集团）为业主，负责芒果产业园区建设发展事宜。在运作过程中，鼓励和引导全区所有建档立卡贫困户和易地扶贫搬迁群参与园区建设经营，带动群众增收。

（2）能人带动与资产收益结合。一是实行能人、大户结对贫困户开展帮扶，鼓励易地搬迁户到芒果核心示范区务工增收；二是引导全区4 262 户建档立卡贫困户每户向银行贷 3 万~5 万元政府贴息小额扶贫贷款，以带资入股方式参与示范区建设，按期取得分红收益，保障贫困户收入稳定。

（3）技术培训与返包经营。结合核心示范区建设发展实际情况和搬迁户培训意愿，对搬迁户进行捆绑跟踪服务指导，使搬迁户掌握 1~2 门过硬的芒果种植、管护实用技术；而对技术过硬可以自立门户的搬迁户，通过返包管理的方式激励搬迁户主动从事生产与经营，为从事返包经营的农户在核心示范区内独资建设了约 1 万亩（约合 666.67 公顷）

高标准芒果生产基地，有效调动搬迁户发展产业积极性。

（4）股权量化配置，集体经济入股投资。示范园区 8 000 多亩（约合 533.33 公顷）芒果，每亩（按 40 棵计）折 1 股，以股权量化的形式把基地经营权配置给 6 000 多户易地搬迁贫困户合作经营；此外，恒茂集团公司将核心示范区 20 万亩的芒果按每亩 1 股的标准，量化为每村10 股的股权，配置给全区 152 个村作为入股投资，使各村的集体经济有了稳定的收入。

经验做法：田阳核心示范区基地依托芒果特色优势产业，探索推行"组织重塑、产权配置、带资入股、返包经营、劳务增收、培训增智、融合发展"的产业扶贫开发模式，规划建设"支部建在山头上、组织建在产业链上、产业布局在基地上"的三次产业深度融合发展核心示范区，以示范区为核心从多方面多角度扶持带动易地扶贫搬迁户。

二、就业扶持典型案例

（一）都安扶贫车间

为破解易地扶贫搬迁贫困群众就业难、增收难问题，广西都安县创新实施"扶贫车间"扶持项目，吸纳建档立卡贫困移民进厂务工，就近解决搬迁贫困户就业增收问题，取得良好成效。

都安扶贫车间就业扶贫主要做法有：（1）主要领导亲自抓，高位推动"扶贫车间"项目。都安县主要领导深入基层调研，提出"把扶贫车间建在安置点上，让移民就近就业"的思路，带领自治县党委、政府创新实施"扶贫车间"产业项目，做到每个易地扶贫搬迁安置点都有产业项目支撑，每个搬迁贫困户都有产业扶持到户，为移民增收脱贫奠定了坚实的基础。为使"扶贫车间"项目推进到位，都安县还成立了由自治县县长任组长，常务副县长任副组长，各"八包"处级领导任包点实施组长的易地扶贫搬迁"扶贫车间"项目建设工作小领导组。形成"一把手"负总责，分管领导具体抓，"八包"领导抓具体，一级抓一级，层层抓落实的格局。

（2）加大资金投入，解决企业入驻难问题。都安县对规模 500 人以上的 12 个安置点都征收预留了 10 亩（约合 0.67 公顷）的土地作为产业用地，引进劳动密集型代工企业到安置点办扶贫车间吸纳贫困劳动力就业。扶贫车间由城投公司出资按标准厂房统一规划建设，在搬迁过渡期间以"零地价、零租金"的优惠政策给企业使用。目前 12 个规模以上安置全部建成"扶贫车间"，而且政府已引进广西海联通智能科技有限公司、广西都安乐宜玩具厂、广西康音电子厂、地苏竹藤编织公司等企业入驻"扶贫车间"招工生产，安排搬迁贫困劳动力入厂就业 1 494 人。

（3）引进劳动密集型企业，解决移民就业难问题。针对搬迁贫困移民知识水平及劳动技能较低的问题，都安县还把引进企业定位为劳动密集型代工企业，入驻的企业生产技术相对简单，移民只需经过短时培训即可上岗。如永安安乐安置新区 2016 年入驻的乐宜玩具厂，工人主要从事玩具涂料包装工作，操作工艺简单，移民在短时间培训后就可上岗，半熟练期月人均收入 800 ~ 1 200 元，上岗熟练期月人均收入 1 200 ~ 2 800 元。2017 年入职该厂的搬迁贫困户，户均劳务工资 1 万多元，实现了当年搬迁，当年就业、当年"脱贫摘帽"目标。

目前全县规划建设的 12 个"扶贫车间"已全部建成，共有 1 494 名搬迁贫困移民入厂就业。若 12 个"扶贫车间"满员招工，可吸纳 3 000 多名有劳力的搬迁移民入厂就业，预计可实现 1 800 多户搬迁贫困户就近就业，完成脱贫摘帽目标。

经验做法：都安县创新实施"扶贫车间"扶持项目，优先选择在易地扶贫搬迁集中安置点选址建设就业扶贫车间，通过政府构建服务平台，统筹资源配置，打造就地就近转移就业扶贫新模式。通过引进劳动密集型产业，带动并吸纳留守在家的劳动力资源，从而提高贫困户收入。

（二）田阳区自主创业就业的特色产业项目

田阳区依托芒果、番茄两大特色优势产业，以农贸批发市场、商贸物流中心、芒果和番茄生产基地为平台，鼓励支持搬迁群众在芒果、番茄产业各环节中实现就业创收。如每年芒果成熟季节（6～9月）和番茄成熟季节（10月至次年5月），可为搬迁群众提供摘果、拣果、包装、装运等季节性工种约10万个岗位需求，务工时间可达9个月，按每日150元的报酬计算，每月务工20天可获得3 000元收入。据统计，每年约有10万人次到老乡家园安置点周边的三雷农贸批发市场、古鼎香农贸批发市场务工，其中易地扶贫搬迁劳动力约1.2万人次。除此之外，田阳区积极鼓励搬迁群众创业就业，对创业18个月内，有固定经营场所的农村创业者提供5 000元的一次性创业奖补，创业者为易地扶贫搬迁户的，奖补标准提高到8 000元。截至2020年7月23日，全区发放农民工一次性创业奖补144人，补贴金额77.4万元，其中易地扶贫搬迁劳动力18人，补贴金额14.4万元。

经验做法：为确保"搬得出、稳得住、能致富"，田阳区紧紧围绕"一户一人以上就业"目标，探索出"特色产业促进就业、自主创业实现就业"等就业形式，认真组织开展易地扶贫搬迁后续就业扶持工作，并不断取得新成效。

三、社区融入典型案例

（一）百色市田阳区农事城办

百色市田阳区区委于2018年成立了老乡家园党委和农事城办管理

服务办公室，组织相关职能部门派人入驻办事窗口为搬迁群众办理各种业务需求，专门管理和服务易地搬迁群众。其中，老乡家园安置点一、二期建立了农事城办工作站，老乡家园三期建立了农事城办服务中心，服务中心里设有政务服务中心、就业服务中心、物业服务中心，形成了"一站三中心"的服务格局。工作站里开设了组织部业务、就业服务、教育服务、公安身份证业务、卫健服务、法律服务、税务服务、民政服务、市场监管服务、残联服务、林业服务、农业服务、物业服务等15个服务窗口，真正做到了"农民事，城镇办"。农事城办使得搬迁群众不必回原籍村镇、不必进部门，就可以在迁入地办完所需服务事项，把搬迁后续公共管理服务向纵深推进，提高了搬迁群众的幸福指数。

百色市田阳区"农事城办"成效显著，近两年来，农事城办服务中心共为搬迁群众提供服务9 032件，其中办理用水业务5 212件、物业上门服务2 553件，真正让搬迁群众办事不回乡。

（二）百色市田阳区"一格四员"工作机制

为了强化搬迁社区治理能力，提升管理服务水平，增强搬迁群众的幸福感，保障社区管理与服务的科学性与规范性，实现社区的精细化管理，田阳区政府按照楼栋的布局将丽林老乡家园社区、五指山老乡家园社区以及福晟家园划分成10个网格，实行"一格四员"工作机制。所谓"一格四员"即按照楼栋布局把老乡家园分为了10个网格，每个网格里有一名网格管理员、一名网格协管员、一名网格警务员、一名网格监督员，推行网格化管理模式。网格管理员以购买服务形式招聘10名大中专毕业生担任；网格协管员从区域楼栋长里选举产生；网格警务员由社区警务室的警务员担任；网格监督员从区域楼栋党员先锋岗里推选产生。这"四员"专门服务自己网格里的居民，并定期召开网格联席会议，以网格为单位，严格按照"入格征求意见、梳理问题清单、责任单位认领、督察整改销号"四个方法步骤，把居民急需解决的问题交由相关部门认领解决。各网格定期入格征求群众意见和建议，召开"一格四员"联席会议后，将各网格居民反映的问题梳理，报老乡家园党委和农事城办，进而由党委出头解决搬迁居民们遇到的种种问题。这样做法真正加强了社区服务水平，深化了搬迁居民的社区融入感。

2019年以来，老乡家园党委通过"一格四员"共为搬迁群众解决涉及基础设施问题、公共卫生间、消防安全问题、居住环境问题、治安管理问题100多件，"一格四员"管理模式得到搬迁居民的认可，让他们在新社区安居乐业。

（三）居民荣誉超市

为了鼓励社区居民参与到社区管理事务中来，提升居民管理事务的能力并提高搬迁居民的社区适应程度，引导社区居民主动参与社区治理，百色市田阳区还在安置点建设居民荣誉超市。所谓居民荣誉超市，是指社区居民在参与社区会议、建言献策、参与社区事务管理、技能培训、招聘活动、综治调解、好人好事、见义勇为、家风良好、创先争优10个活动内容后，可以获得荣誉积分奖励，这些荣誉积分可以在指定的地点兑换生活用品，1积分等同于1元。荣誉超市实行一户一账号，按正向激励积分和反向警示扣分两种方式计分。比如化解邻里矛盾纠纷、参与社区治理等获得相应积分；不配合社区工作、不爱护家庭卫生、不遵守规章制度的居民将被扣除积分。这样做既鼓励了居民积极参与到社区的管理服务工作中，又能得到物质奖励，对搬迁居民是一种较大的激励。

以老乡家园安置点为例，老乡家园创新性地设立并运营老乡家园君达居民荣誉超市，让社区居民通过参与社区治理、清洁卫生、遵纪守法等方式获得相应积分后，到君达居民荣誉超市兑换相应的生活物品和参评"星级荣誉居民"，既方便进城群众生活，又提高群众文明素质，从而激发群众自力更生、艰苦奋斗、勤劳致富、融入社区生活的内生动力，提升了搬迁群众的幸福感、归属感和获得感。

2019年11月以来，已有1 500人次参加居民荣誉超市活动，发放近40 000积分。这不仅缓解了搬迁群众的生活压力，也极大地调动了搬迁居民参与社区事务讨论的积极性，为居民素质的提高做出了很大的贡献。

第四节　易地扶贫搬迁后续扶持工作存在的问题

一、产业扶持工作存在的问题

易地扶贫搬迁产业扶持政策促进产业的发展，也为当地易地搬迁群众提供很好的产业支撑，但是仍存在一些问题：一是企业代种代养、农户享有分红的产业扶持模式并没有很好调动贫困群众内生动力。由于易地扶贫搬迁群众在安置点上并没有新增耕地或产业用房，大部分搬迁安置点远离搬迁户原有耕地，返回原住地生产经营成本高且可能导致搬迁户回迁情况，因此产业扶持基本是通过将补助资金集中投入给企业进行代种代养，并折股量化返还给搬迁贫困户的方式，为贫困搬迁户发放分红，从而保障贫困搬迁户作为产业扶持主体的稳定经济利益。这种模式虽然在一定程度上可以短期解决易地扶贫搬迁户无产业保障的问题，但是实施过程中，贫困户基本上不参与产业生产经营活动，有些群众甚至并不了解自身产业参与情况，这样很难调动起贫困户的产业生产积极性，并且贫困户也不能从中获取农业生产经营相关技能，对整体贫困户劳动力内生动力的调动不大。二是产业发展的可持续性存在问题。这里所指可持续性主要存在两个方面的问题：（1）现阶段，政府对产业发展的扶持力度很大，享有"零地价、零租金"等多项政府产业补贴政策，整体资金政策会一定程度上向这里倾斜。但等到3年的扶持期结束后，政府参与程度降低，绝大多数搬迁户可能会退出种养产业，只有小部分愿意并且掌握种养技术的搬迁户会继续自主发展该产业，这就使得产业整体发展不具备可持续性。同时，由于对搬迁户没有约束力，搬迁户随时有可能退出，可能造成土地闲置和前期投入浪费。（2）当地产业发展没有因地制宜，缺乏长远规划。以都安"贷羊还羊"产业发展项目为例，都安地处大石山区，其特殊的地理环境有可能不适合其养殖目前主要培育的澳寒羊。在进行种养殖类产业扶持政策规划时，既要了解当地种养殖作物历史，更要调研当地地理环境，挑选出适合发展的产业对象。

二、就业扶持工作存在的问题

在就业扶持方面，主要存在以下方面的问题：一是"楼上生活，楼下就业"模式对居民生活质量的不良影响。为解决贫困户就业问题所提出的"楼上生活，楼下就业"模式，虽然一定程度上方便了贫困户就业，也更能提高工作效率。但是由于一些地方对工厂或车间生产的产品缺乏合适筛选，使得生产过程中噪声比较大，一定程度上影响楼上居民的正常生活。二是现阶段部分扶持就业车间发展效益不高，影响后期发展的可持续性。现阶段"扶贫车间"项目享有"零地价、零租金、建厂房"的优惠政策，但是在相关政策结束后，这些车间是否能实现盈利存在着较大问题，同时这些扶贫车间应对风险的能力有限，在新冠肺炎疫情期间，当地的扶贫车间便基本无法复工。这些问题说明"扶贫车间"的发展存在可持续性问题。三是"扶贫车间"对就业带动能力有限。（1）用工需求较小，满足不了群众的就业需求。现有扶贫车间存在规模小、发展潜力不大、带动作用不强等问题，导致实际用工数量远低于规划标准，加上公益性岗位极为有限，还远远不能满足搬迁群众的就业需求；（2）劳动供给和需求的匹配度较低。"扶贫车间"在一定程度上与安置点群众的需求脱节，没有依据搬迁社区的劳动力构成、就业技能情况匹配"扶贫车间"，没有做到就业岗位与搬迁户劳动力适配；（3）"扶贫车间"对劳动力吸引力低。扶贫车间提供的岗位技术难度偏低，大部分工作工资约远低于东部沿海地区的工资水平，很难吸引到劳动力到当地就业，现有贫困户就业人口基本以外出打工为主。四是贫困户对就业思想认识存在问题。现阶段政府对贫困户的帮扶力度很大，部分贫困户受教育程度不足，缺少脱贫技能，"等、靠、要"思想严重，严重依赖兜底帮扶政策，甚至不愿参与发展产业或外出务工，转移就业意愿较弱，宁愿在家等待政府救济而不愿外出务工改变自身现状。五是搬迁后续扶持项目招商引资难。虽然有优惠政策，但由于有些县自然资源缺乏、工业基础薄弱、产业化水平低，无法吸引大型企业投资兴业。由此安置区目前入驻企业规模小、对于外来资金的吸引力不大、带动搬迁户脱贫作用不强，还远不能满足搬迁群众的就业需求。

三、社区融入工作存在的问题

（1）心理和文化融入程度不高。一是心理融入程度不高。搬迁群众角色转换难，搬迁群众融入新社区、适应新生活需要一个较长的过程。生活习惯、生活方式、价值观念、身份的认同感，还有主人翁的感觉的转换，都需要一段比较长的时间才能完成。而且存在一部分搬迁户具有思乡情结，始终不认为自己是安置点的居民，无法真正融入社区。二是搬迁户文化融入程度不高。易地扶贫搬迁户普遍受教育程度不高，搬迁居民中初中以下文化占到70%以上，居民接受新事物的能力慢，很难适应安置区的生活环境，容易对社区环境造成破坏。

（2）搬迁户素质有待提高。易地扶贫搬迁户搬迁后仍保留原有的习惯，比如杀鸡后将鸡毛乱扔入下水道、垃圾打包后楼下乱放、高空抛物、醉酒后睡马路等问题还时常出现，更有甚者，在田阳区还存在某些农具放在楼房被盗的问题。更有一部分搬迁户表示习惯了原来散漫自由的生活，不愿意受到社区生活的约束。

（3）旧房拆旧复垦问题。以都安县为例，搬迁户的旧房和原耕地基本都是在石缝石堆上搭建，拆除后没有复垦成为耕地的价值，即使极少数能够复垦，但由于交通困难，复垦成本非常大。这就导致了在搬迁户把居住地搬迁到新地方之后，原来的耕地和宅基地很难处理，复垦难度极大，即便想要再建厂，很多地方也因为交通不便而变得不切实际。

第五节　易地扶贫搬迁后续扶持工作未来发展方向和相关政策建议

从广西壮族自治区的调研来看，自治区按照"精准规划、精准搬迁、精准帮扶、稳定脱贫"的思路，采取集中安置为主，分散安置为辅的安置方式，在安置模式、产业配套、社区管理等方面同步规划，出台了多样化的易地扶贫搬迁后续产业、就业及社区治理政策措施，并取得了一定的成效。但是，相对于脱贫攻坚战对易地扶贫搬迁的任务要求，还有一些问题和不足，如拆除复垦进度缓慢，搬迁群众社区融入难，后续产业帮扶可持续性较低、就业帮扶吸纳劳动力不足等问题。要真正实现广西壮族自治区易地扶贫搬迁安置点组织管理规范、群众收入稳定、劳力充分就业、上学就医方便、文化体育丰富、社会治理有效、移民安居乐业的目标，仍需进一步准确把握易地扶贫搬迁新形势，紧紧围绕搬迁群众最关心、最直接、最现实的利益问题，补短板、强弱项，持续推进搬迁群众后续发展。

一、促进产业扶持工作的政策建议

切实引导易地搬迁户因地制宜、因己制宜选准后续发展产业，统筹抓好易地搬迁户对产业的生产积极性和产业后期可持续性发展工作。产业是发展的根基，是脱贫的主要依托。为了进一步推进产业扶持工作一是让搬迁户参与产业生产过程，激发其内生动力。政府应打好政策"组合拳"，增强产业发展引导力，解决农户信心不足、动力不足问题，让农户切实参与产业生产活动，获取产业生产发展技能，更好促进产业发展。二是选准后续发展产业。以脱贫目标为导向，对当地资源禀赋、产业基础、历史文化和民族特点、县乡产业规划、产业升级、市场需求、农民意愿、长短结合、一二三融合发展等因素进行系统分析，因地制宜地选择特色发展产业。三是加大资金帮扶力度。用好"金融助推器"，增强产业发展推动力，倾斜安排产业奖补等项目资金，根据安置区资源禀赋，有针对性地扶持搬迁群众发展二、三产业，解决贫困户发展产业资金不足问题。

二、促进就业扶持工作的政策建议

拓宽搬迁劳动力就业增收渠道，保障搬迁居民生产生活质量，切实维护易地搬迁劳动力利益。一是征询居民意见，筛选出适宜引入的扶贫车间等就业渠道，切实提高居民生活质量。扶贫车间初心是为了提高搬迁户收入，但是也应该把搬迁户生活质量纳入考核范围，切实保障搬迁户整体利益。二是应该多样化、可持续地引入企业。多样化企业的引进能够实现差异化就业，这又在一定程度上要求政府摸清搬迁户劳动力构成情况，掌握更加精准的劳动力信息。这样既能调动起搬迁户的生产积极性，又可以促进整体就业政策的可持续发展。多样化和可持续发展能激发搬迁户脱贫的内生动力，从而更高质量完成脱贫攻坚战目标。三是适时引导搬迁户居民实现就业。通过摸清底数、开展技能培训、开发就业岗位、组织劳务输出、提供就业服务、扶持创业、加强权益保障等多种渠道，引导和促进搬迁劳动力就业，保证有劳动能力的搬迁劳动力均能实现就业。

三、促进社区融入的政策建议

（1）强化社区服务，合理引导民众适应新生活。结合当地情况来看，搬迁户要对新地区完全适应还需要一个过程，这个适应包括心理上的适应和生理上的适应以及搬迁群众素质的提高。因此当地政府也要积极地进一步优化搬迁社区的管理服务水平。一是针对搬迁群众心理融入感不强，觉得自己是外来户的问题，社区可以进一步开展各种社区活动，加强邻居间的相互了解和认识，并进一步完善当地的医疗保障、教育保障、养老保障，让农民吃、穿、住、行都在城里，让他们从心理上摆脱对过去农村居住地的依赖。二是针对搬迁群众文化水平不高的问题，社区可以通过继续开展红色教育、爱国感恩教育，进一步全面提升搬迁居民素质，引导居民适应新生活。必要时地方财政和中央财政应该予以更多的帮助。

（2）针对搬迁居民素质不高的问题，社区可以牵头举办一些讲座和观影活动，以加强搬迁居民对于维护社区形象、改变过去不良行为的决心。同时，也可以在荣誉积分超市中的积分项目中加上素质道德的问题，比如举报醉酒睡马路的人可以得到积分，而被举报人减去积分。另外要增加小偷小摸的违法代价，一旦发现，绝不轻饶。

（3）对旧房拆迁实行差别对待。对于那些所处地理位置靠近城区或者交通方便的旧房，可以拆除后进行统一建设规划，也可以在原有的地方盖厂子，进行工业生产；对于所处地理位置偏僻的旧房，可以拆除后进行统一的退耕还林工作，增加绿化面积。

第九章

贵州省易地扶贫搬迁政策典型案例研究

贵州省位于我国西南地区，贫困县占到全省县市区中 75%，其中国家扶贫开发重点县有 50 个，集中连片特殊困难片区县 16 个，是全国脱贫攻坚主战场之一。自 2015 年以来，贵州省易地扶贫搬迁及后续扶持工作（后简称后扶工作）取得了一系列重大成果，位于全国各省市区前列。由此，中国人民大学农业与农村发展学院调研组于 2020 年 7 月 23～31 日对贵州省易地搬迁后扶体系进行了深入调研，并深入六盘水市水城县和毕节市威宁县进行案例访谈和问卷调研，本章重点关注贵州省易地搬迁后扶工作的社区融入、产业、就业三个方面的工作规划、主要做法、工作成效，并对典型案例、存在问题做了总结和分析，在此基础上提出了相关政策建议。

第一节 易地扶贫搬迁基本情况
和后扶工作总体规划

贵州省位于我国西南地区，全省共 88 个县市区中有 66 个贫困县，其中国家扶贫开发重点县有 50 个，集中连片特殊困难片区县 16 个，地形复杂，以山地和丘陵为主，占总面积的 90% 以上。全省 66 个贫困县中有 40 个县位于滇黔桂石漠化地区，贫困人口主要居住在以山地和丘陵为主的麻山、瑶山等边远山区，自然环境较差，生态环境脆弱，石漠化现象较为严重。总体而言，贵州省贫困面大、贫困程度深，属于我国脱贫攻坚的主战场。为实现脱贫攻坚，贵州省打响农村公路"组组通"、易地扶贫搬迁、产业扶贫、教育医疗住房"三保障"四场深硬仗，其中，易地扶贫搬迁是"四场硬仗"中的一场极为关键的硬仗。

一、易地扶贫搬迁的基本情况概述

易地搬迁作为改变贵州城乡格局、城镇格局和产业格局的重大机遇，改变山区贫困农民及其子孙后代命运的重要举措，贵州省委、省政府把易地扶贫搬迁作为脱贫攻坚重中之重统筹推进，取得显著成效。

"十三五"时期，全省计划实施易地扶贫搬迁 188 万人，其中建档立卡贫困人口 150 万人（最终国家下达搬迁计划 151.1662 万人），占全国总搬迁任务的 15%，为全国第一。计划分三年实施，其中预计 2016 年搬迁 44.8 万人、2017 年搬迁 76.2 万人，2018 年搬迁 67 万人。按照项目基本建设周期，三年项目统筹实施，压茬推进，截至 2019 年 12 月底，全省累计建成安置项目 946 个、安置住房 45.39 万套，累计完成搬迁入住 188 万人。其中建档立卡贫困人口 154 万人，占国家下达搬迁建设任务的 101.9%；整体搬迁贫困自然村寨 10 090 个，同步搬迁人口 34 万人，占搬迁总人口的 18%。在安置方式上，主要以县城和中心集镇为重点实行大规模集中安置，其中城镇化安置 179 万人，占比 95.2%；800 人以上的安置点共集中安置 171.2 万人，占比 91%。为便于后续扶持管理，贵州省将不同年度、同一地点建设安置点项目进行合并管理，将全省 946 个安置项目划分为 775 个集中管理安置区，其中建档立卡贫困搬迁人口规模在 3 000 人以下的 621 个，安置贫困人口 42.21 万人，占全省总量的26.99%；建档立卡搬迁人口规模在3 000人以上的有154个，安置贫困人口114.20万人，占全省总量的73.01%（其中3 000～10 000人的128个，安置贫困人口74.09万人，占全省总量的47.37%；10 000人以上的26个，安置贫困人口40.11万人，占全省总量的25.64%）。

二、易地扶贫后续扶持工作的总体规划

2018年下半年，随着全省搬迁任务重点工作基本完成，贵州省工作重心逐步过渡到后续扶持工作上，发布了《关于加强和完善易地扶贫搬迁后续工作的意见》及7个配套文件，通过全力构建基本公共服务、培训和就业服务、文化服务、社区治理和基层党建"五个体系"，对易地扶贫搬迁后续扶持工作做出全面系统的制度性安排。

一是着力构建基本公共服务体系，推动搬迁群众公平享受公共资源和社会福利。基本公共服务体系建设旨在通过强化安置点公共服务功能，使搬迁群众在城镇能够公平便利地享受社区公共资源和社会福利。第一，在保障群众基本权益方面，针对暂未迁移户籍的群众，跨县（市、区）安置的办理居住证，县内安置的办理"易地扶贫搬迁市民证"，纳入当地居民管理，享有与当地居民同等基本公共服务。第二，在公共教育服务方面，根据安置点教育资源情况，针对性地通过就近入学、校舍设施就地扩建或同步配套建设学校的方式，满足搬迁群众子女就学需求。第三，在公共医疗卫生服务方面，根据区域卫生规划和医疗机构设置规划，综合搬迁安置点服务半径、地理条件等因素，配套建设安置点医疗机构，配置医疗设备和医护人员，原则上每个安置点至少需要有一个卫生服务机构。第四，在社会保障服务方面，搬迁群众可灵活选择参保方式。第五，在社区综合服务设施建设方面，在安置区实施一

个社区综合服务中心（站）、一个新时代文明实践中心、一个文体活动中心、一个老年服务中心、一个儿童活动中心、一个平价购物中心的"六个一"便民利民服务工程。

二是着力构建培训和就业服务体系，推动搬迁群众生计方式非农化转变。按照中央、省委省政府关于易地扶贫搬迁群众就业的有关重要部署要求，把保就业放在"六稳"和"六保"之首，强化就业扶持力度，着力解决搬迁贫困群众就业问题。为推进易地扶贫搬迁户培训和就业服务体系建设，贵州省通过实施全员培训、就地就近就业、组织化劳务输出、返乡创业带动、强化产业配置、托底解决困难人群就业等方式，确保有劳动力家庭"一户一人"以上稳定就业。为了实现全员就业，贵州省建立培训就业档案，根据搬迁劳动力的年龄、文化程度、身体状况、就失业状况、培训就业意愿、接受培训和推荐就业等信息，建立易地扶贫搬迁劳动力培训就业台账，并纳入就业信息化系统进行动态管理。根据搬迁劳动力的实际情况，分类设置课程和培训标准，分产业、分层次、分岗位、分时段培训。除此之外，贵州省围绕当地工业园区、产业园区等挖掘适合搬迁劳动力的就业岗位，同时发展特色种植养殖、农产品深加工、休闲农业、农村电商、乡村旅游等多种产业，鼓励引导农民参与专业合作社、种养大户、家庭农场等各类生产经营主体，吸纳搬迁劳动力实现就地就近就业。还借助对口帮扶劳务协作组织劳务输出，通过在对口帮扶城市或黔籍务工人员相对集中的省市建立劳务协作工作站（点），打通输出渠道。

三是着力构建文化服务体系，激发搬迁群众内生动力。贵州省把文化建设作为培育搬迁群众市民意识、激发搬迁群众内生动力的关键举措，推进建设感恩教育、文明创建、公共文化、民族传承"四进社区"，增强搬迁群众身份认同感和对移民社区的归属感。开展文化服务体系建设旨在通过丰富搬迁群众的精神文化生活，促进他们的社会交往和互动，增强社区归属感和身份认同感，以便在搬迁后更好地融入社区。全省 775 个集中安置区文化服务设施基本完善，各地组织开展感恩教育 11 054 场次、普法教育 8 195 场次、市民意识教育 9 858 场次，充分提高了搬迁居民对安置社区的融入感。

四是着力构建社区治理体系，实现安置点政府治理和社会自我调节、居民自治的良性互动。根据安置点规模和区域实际，聚焦搬迁安置点机构设置科学化、社区管理网格化、居民自治规范化、治安防控立体化"四化"要求，合理设置街道办事处、社区居委会等管理服务单元，健全自治、法治、德治相结合的移民社区治理机制。全省搬迁安置点已新设立街道办事处 59 个、社区居委会 439 个、村（居）民小组 3 670 个。安置区社区管理机构设置实现了全覆盖，并配备管理干部 9 285 人。

五是着力构建基层党建体系，为安置点发展稳定提供坚强的政治和组织保证。贵州省坚持推动安置点的基层党组织建设。通过配强干部队伍、强化党组织政治功能、完善党建工作机制，形成以党组织为核心、基层政府为主导、群众自治组织为基础、群团组织和各类社会服务组织为纽带、经济组织为支撑的安置地基层组织体系。全省安置区已成立党（工）委 85 个，党总支 87 个，党支部 823 个，党小组 719 个，实现了党的基层组织全覆盖。搬迁群众中有党员 17 314 户 17 894 人，从群众党员中选举参与安置区党组织管理人数 2 775 人，基层党组织建设不断夯实。

三、易地扶贫搬迁安置区及后续帮扶基本情况

（一）易地扶贫搬迁安置区类型特征

贵州省易地扶贫搬迁以集中安置为主，集中安置中以小城镇或工业

园区安置为主。截至 2020 年底，贵州省共有 775 个集中安置点，其中小城镇或工业园区安置共 431 个，占比 55.61%，为最主要的集中安置方式，行政村内就近安置共 140 个，占比 18.06%，建设移民新村安置共 128 个，占比 16.52%，乡村旅游区安置和其他安置共 76 个，占比 9.81%。

贵州省的集中安置点中，以 800 人（不含）以下安置点为主。截至 2020 年底，贵州省共有 800（不含）人以下安置点 437 个，占比 56.39%，规模在 800（含）~3 000（不含）人的安置点共 184 个，占比 23.74%，规模在 3 000（含）~1 万人（含）以上的安置点共 128 个，占比 16.52%，1 万人（含）以上的安置点 26 个，占比 3.35%。

各种规模的安置点均以小城镇或工业园区安置为主。截至 2020 年底，800 人（不含）以下的安置点中，行政村内就近安置有 126 个，占比 28.83%，小城镇或工业园区安置有 175 个，占比 40.05%，建设移民新村安置有 95 个，占比 21.74%，其他安置和乡村旅游区安置有 41 个，占比 9.39%。800（含）~3 000（不含）人规模的安置点中，行政村内就近安置有 13 个，占比 7.07%，小城镇或工业园区安置有 142 个，占比 77.17%，建设移民新村安置有 15 个，占比 8.15%，其他安置和乡村旅游区安置有 14 个，占比 7.61%。3 000（含）~1 万人（含）规模的安置点中，行政村内就近安置有 1 个，占比 0.78%，小城镇或工业园区安置有 96 个，占比 75%，建设移民新村安置有 15 个，占比 11.72%，其他安置和乡村旅游区安置有 16 个占比 12.5%。1 万人（含）以上规模的安置点中，建设移民新村安置有 3 个，占比 11.54%，小城镇或工业园区安置有 18 个，占比 69.23%，其他安置有 5 个，占比 19.23%。

（二）安置区人口及家庭特征

截至 2020 年底，贵州省易地扶贫搬迁家庭平均每户有 4.52 人。所有搬迁人口中女性有 73.82 万人，占比 47.20%；少数民族有 88.53 万人，占比 56.61%。所有搬迁人口的平均年龄为 33 岁，16 岁以下的贫困人口有 37.26 万人，占比 23.82%；16～60 岁的贫困人口有 99.36 万人，占比 63.54%；60～65 岁的贫困人口有 4.52 万人，占比 2.89%；65 岁以上的贫困人口有 15.24 万人，占比 9.74%。

从健康水平来看，在已搬迁的贫困人口中，健康的贫困人口有 13.76 万人，占比 88.00%；患有长期慢性病的有 8.94 万人，占比 5.72%；患有大病的有 1.01 万人，占比 0.65%；患有残疾的有 7.10 万人，占比 4.54%；既患有慢性病又残疾的人有 1.57 万人，占比 1.01%；既患有大病又残疾的人有 1 260 人，占比 0.08%。

从文化程度来看，贵州省已搬迁的贫困人口中，文盲半文盲有 12.50 万人，占比 11.77%；小学毕业的有 41.67 万人，占比 39.27%；初中毕业的有 40.93 万人，占比 38.57%；高中毕业的有 5.54 万人，占比 5.22%；大专毕业的有 2.97 万人，占比 2.80%；本科及以上毕业的有 2.51 万人，占比 2.37%。

从外出务工的情况来看，贵州省搬迁人口中外出务工的总人数有 69.94 万人，占比 44.72%。外出务工人口中，县内务工人数有 29.01 万人，占外出务工人口的 41.48%；县外省内务工人数有 9.07 万人，占比 12.96%；省外务工人数有 31.86 万人，占比 45.56%。

从家庭收入情况来看，贵州省已搬迁的贫困人口户均年纯收入为 45 341 元；人均年纯收入为 9 982 元，低于全国易地搬迁户人均年纯收入水平（10 312 元）；人均年工资性收入为 7 470 元，占人均年纯收入的 74.83%。

（三）安置点资源禀赋及后续帮扶情况

截至 2020 年 8 月底，贵州省易地扶贫搬迁家庭的人均耕地面积为 1.09 亩（约 0.07 公顷），小于全国平均人均耕地面积 1.59 亩（约 0.11

公顷）。人均有效灌溉面积为 0.22 亩（约 0.01 公顷），人均林地面积为 1.86 亩（约 0.12 公顷），人均退耕还林面积为 0.21 亩（约 0.01 公顷），人均林果面积为 0.10 亩（约 0.01 公顷），人均牧草地面积为 0.006 亩（约 0.0004 公顷）。

从能源的使用情况来看，使用柴草的搬迁户的比例为 10.9%，小于全国使用柴草的户数比例 52.9%。使用干畜粪户数比例为 0.07%，使用煤炭户数比例为 15.8%，清洁能源户数比例为 64.3%，使用其他能源的户数比例为 8.9%。

贵州省易地扶贫搬迁安置点的搬迁贫困户后续生计以发展劳务经济为主。易地搬迁贫困户中，发展特色农林业的户数有 5.29 万户，占比 15%；发展劳务经济的户数有 26.81 万户，占比 78%；发展现代化服务业的户数有 6.90 万户，占比 20%；资产收益扶贫的户数有 2.05 万户，占比 6%；社会保障兜底的户数有 1.90 万户，占比 6%。因此，贵州省易地扶贫搬迁安置地后续帮扶应重点关注劳务经济项目的发展。

第二节　易地扶贫搬迁后续扶持
工作成效和整体评价

一、产业后续扶持工作成效和整体评价

贵州省利用东西部扶贫协作对口帮扶和社会帮扶资源，整合扶贫、农业农村等部门项目资金，结合当地产业结构布局，在易地扶贫搬迁产业后续扶持中的工作成效如下。

（一）产业项目总体配套情况

根据安置点特征有针对性地进行规划布局。贵州省县城安置点多依托经济开发区，结合地区经济发展布局和相关政策，优先引入扶持发展劳动密集型产业。中心村安置点的产业扶持以农业产业为主，而乡镇安置点由于地理距离适中，部分搬迁户劳动力可以在乡镇就业的同时兼顾农业生产，因此，在集镇、中心村安置点主要培养农业相关产业，开发地方优秀农业产品。除此之外，贵州具有丰富的旅游资源，因此建立了部分景点安置区。例如，六盘水市水城县野玉海安置区，依托旅游景区与当地彝族特色文化，引导农民参与旅游开发、发展特色产业，从事商贸、娱乐、歌舞、住宿、餐饮等服务。

产业扶持的奖补措施力度大。产业园区为了吸引优质企业入驻，在税收减免、租金减免、技改扶持、物流补贴、上下游配套企业引进奖励等方面予以扶持优惠。例如，对企业提供以工代训补贴，对吸纳贫困劳动力稳定就业 3 个月以上、签订 1 年以上劳动合同、缴纳社会保险的，按规定给予每人 500 元吸纳就业一次性补贴。省级每年认定一批吸纳贫困劳动力就业数量多、成效好的就业扶贫基地和就业扶贫车间，按每个就业扶贫基地 3 万元、每个就业扶贫车间 1 万元的标准给予一次性资金奖补。对产业创业的支持包括开展创业培训，落实税费减免、资金补贴、场地安排、创业担保贷款及贴息等政策。并且鼓励搬迁农户自主创业，对首次创办小微企业或从事个体经营，且所创办企业或个体工商户正常运营 6 个月以上的贫困劳动力、农民工返乡下乡创业人员、给予 3 500 元一次性创业补贴。

（二）产业典型发展模式

"公司＋合作社＋农户"模式。在公司的指导下，由村集体带领农户成立专业合作社，统一经营农业产业。南部园区作为六盘水市水城县茶产业发展的主阵地和领衔者，采取"公司＋合作社＋农户"的合作模式，把经营主体、农户、村集体捆绑起来。以"水城春"为唯一品牌，以水城县茶叶公司作为龙头企业，带动 38 家企业、合作社快速发展，产业覆盖全县 11 个乡镇 35 个行政村，直接间接带动万余人受益（覆盖南部园区所有易扶搬迁群众），形成"利益共享、风险共担，产业增效、农民增收"的发展格局。

"易扶 + 民族文化 + 旅游"模式。将搬迁安置点向旅游景区靠拢，按照旅馆、农家乐、酒吧标准打造搬迁房，把安置点建设成为承接景区游客住宿、休闲的特色集镇，以旅游扶贫带动易扶搬迁。六盘水市水城县依托彝族文化、布依族风情等，围绕野玉海山地旅游度假区、百车河景区等景区景点规划建设了野玉海"千户彝寨"、百车河"水车小镇"等 9 个极具当地民族文化和旅游特色的旅游扶贫安置区，水城县 28%的搬迁人口搬入旅游景区，实现易地扶贫搬迁与地方民族文化的深度融合。

"易扶搬迁 + 产业园区 + 就业"模式。六盘水市水城县产业开发区易地扶贫搬迁项目采取"易地扶贫搬迁 + 产业园区 + 就业"模式，用产业发展创造就业岗位，用就业机会稳定群众生活。为引入优质企业进入产业园区，政府担保入园手续均由园区代办，相关部门开设绿色通道，设置最简程序，在立项、规划、用地、环评等属于县内审批的事项都做到即来即办。同时，全面考量产业社会效益，重点在税收减免、租金减免、技改扶持、物流补贴、上下游配套企业引进奖励等方面予以扶持优惠，对吸收本地劳动力就业，尤其是稳定吸收建档立卡贫困劳动力就业的给予奖励。此外，还采取"一企一策"的方式，组织专人上门服务，搭建产销对接平台，为企业提供用工信息和招工服务，为产业园区引进更多的高科技技术人才。目前，水城县产业开发区的制鞋产业园、电子产业园、玄武岩纤维产业园等多家公司和企业入驻。

（三）新冠肺炎疫情对后扶产业发展的影响

新冠肺炎疫情对农业产业产生了一定的消极影响。在生产端，一方面，农业生产资料购置渠道不够畅通，化肥、农药等生产资料的购买受到了影响；另一方面，疫情导致了各种农产品种植时间推迟，从而造成了产量的减少。而在流通端，由于道路管控导致生产的农产品运输受到影响，影响了农产品的对外销售。

新冠肺炎疫情推迟了产业园区企业、扶贫车间的开工，工厂产能利用率低。一方面，受到新冠肺炎疫情的影响，企业推迟了工人开工的时间；另一方面，由于原材料的购买、运输受到疫情的影响，有的工厂推迟复工，有的工厂即使复工也无法达到计划的产能利用水平。

但总体来说，新冠肺炎疫情对后扶产业发展影响不大。由于贵州省新冠肺炎疫情情况并不严重，从 2020 年 3 月初起新冠肺炎疫情的影响开始逐渐消退，各产业开始复工复产，在 3 月中下旬以后产能基本恢复正常，产业发展重新回到正轨。

（四）产业扶持工作整体评价

实力龙头企业带动。贵州省利用东西部扶贫协作对口帮扶和社会帮扶资源，结合当地产业结构布局，引进有实力的龙头企业和经营主体，为安置点配套建设有市场前景的产业项目。结合资源优势因地制宜。贵州省根据安置点特征有针对性地规划，充分发挥地方资源优势，将产业与当地自然和文化优势的结合，因地制宜培育发展扶贫产业。总体来说，贵州省充分利用当地优势，布局产业发展，形成了一批有带动能力的特色产业，有助于后续扶持计划的推进。

二、就业扶持工作成效和整体评价

贵州省切实把保就业放在"六稳"和"六保"之首，强化就业扶持力度，着力解决搬迁贫困群众就业问题。截至 2020 年 6 月底，已实现城镇就业 40.59 万户 86.79 万人，占搬迁劳动力总数的 90.06%，搬迁劳动力家庭实现了一户一人以上就业。

（一）就业培训及成效

坚持培训与就业同步规划、同步推进。引导搬迁家庭中未继续升学的初、高中毕业生就读职业学校和技工院校接受专业化的职业教育，深化职业技能教育和职业技能培训；鼓励企业通过多种方式广泛开展订单培训，在岗技能提升培训和高技能人才培训。截至 2020 年 8 月，易地扶贫搬迁劳动力 95.79 万人，已培训劳动力 44.12 万人，建立培训档案 25.85 万个，开展订单培训 5.7 万人，引导搬迁家庭中未继续升学的初、高中毕业生就读职业学校和技工院校接受专业化的职业教育 7 786 人。

（二）不同就业类型扶持成效

通过组织化劳务输出、就地就近就业、公益性岗位吸纳就业、创业带动、开办扶贫车间和就业扶贫基地等方式，分类施策促进就业。截至 2020 年 8 月，贵州省已实现就业人数 86.79 万人，实现搬迁家庭"一户一人就业"39.28 万户。

组织化劳务输出方面，组织年轻、有意愿且能外出的搬迁贫困劳动力外出务工，主要输送地为长三角、珠三角、环渤海地区。搬迁贫困劳动力省外就业比率高达 45%。为鼓励搬迁贫困劳动力稳定就业，给予就业补贴和就业保障服务。如威宁自治县在劳动力输出的主要地区成立商会，在输送劳动力 50 人以上的企业派遣驻厂服务人员提供就业服务和帮助。对工作满半年的外出就业贫困劳动力进行一次性求职创业补贴，大大增加了搬迁贫困劳动力工作的稳定性。

就地就近就业方面，贵州省着力采取以下几种方式促进就业。第一，围绕当地工业园区、产业园区等挖掘适合搬迁劳动力的就业岗位，同时发展特色种植养殖、农产品深加工、休闲农业、农村电商、乡村旅游等，鼓励引导农民形成专业合作社、种养大户、家庭农场等各类生产经营主体，吸纳搬迁劳动力实现就地就近就业。第二，鼓励安置点利用现有资源，组建建筑施工队，家政服务、保洁、物业管理公司等，培育和壮大社区经济，为搬迁贫困劳动力提供丰富的就地就近就业岗位。截至 2020 年 8 月，全省安置点组建施工队 117 个，成立家政、物业等管理公司 140 个，成立劳务输出公司 174 个。

公益性岗位吸纳方面，贵州省目前已安置公益性岗位就业人数 5.41 万人，统筹开发保洁保绿、治安协管、护河、护路、孤寡老人和留守儿童看护等各类公益性岗位 4.5 万个，月工资收入从 250～3 600 元不等。

创业带动就业方面，鼓励有创业意愿且有一定文化水平的年轻劳动力创业，易地搬迁贫困户以小项目创业为主，扶持政策主要包括场租补贴、一次性创业补贴、"三个十五万"政策（自己投入 5 万元政策补贴 10 万元，贷款支持 15 万元，税收累计减免 15 万元），小额创业担保贷款、创业知识培训。截至目前，贵州省实现易地搬迁劳动力自主创业 1.37 万人。

开办扶贫车间和就业扶贫基地方面，贵州省加大招商引资力度，开办扶贫车间和就业扶贫基地，开发弹性工作制就业岗位，重点促进留守妇女和老年人居家就业。截至 2020 年 8 月，扶贫车间实有个数 851 个，就业扶贫基地 221 个，扶贫车间和就业基地开工个数 785 个，扶贫车间和就业基地就业人数 2.7 万人，其中吸纳促进留守妇女和老年人居家就业 7 274 人。

（三）新冠肺炎疫情的冲击及应对

新冠肺炎疫情对搬迁劳动力的就业产生了一定的消极影响。一是影响搬迁劳动力返岗和外出务工。贵州省 2020 年搬迁劳动力就业率较

2019 年底下降约 10 个百分点，外出务工人员回流 8 835 人。二是工资水平总体有所下降。很多企业生产竞争压力大，为了在疫情后能够继续生产盈利，削减劳动力成本，裁员的同时也降低了工资水平。

贵州省对疫情进行了积极有效的控制，将疫情对就业的影响降到最低。疫情期间政府派专列对劳动力进行专车定点输出，频率高达每县每天平均至少一次。在防控疫情的前提下，鼓励能够实现分散生产的企业，提前分散复产。随着复工复产工作的深入推进，就业率逐步提高，贵州省有搬迁劳动力家庭已就业人数基本恢复到了 2019 年底的水平。受疫情影响外出务工人员回流的 8 835 人，其中已安置就业了 7 046 人，尽可能地削弱了新冠肺炎疫情对后续就业扶持的影响。

（四）就业扶持工作整体评价

贵州省对劳动力就业的直接帮扶政策主要突出"精准"二字，"精准识别、精准对接、精准培训、精准服务、精准施策"，以及多渠道的就业出口。

充分发挥贵州省大数据的信息优势。通过大数据系统对劳动力信息进行管理，精准识别不同特征劳动力，并进行精准分析匹配，有助于提供精准的就业培训，提高相关扶持政策的针对性，以达到精准施策。

充分考虑不同劳动力的特征和需求，提供多渠道就业与精准的就业服务。依托贵州特色的大数据产业对劳动力就业进行动态跟踪管理，建立以有组织劳务输出和就地就近就业为重点、以创业带动就业为补充、以公益性岗位安置为托底的促进易地扶贫搬迁劳动力就业创业工作体系，形成长效机制，保证贫困失业人口动态清零。

三、社区融入工作成效和整体评价

（一）公共服务保障搬迁居民公平享受公共资源及社会福利

贵州省重点聚焦公共教育、医疗卫生、社会保障、社区服务"四大要素"配套建设，推动搬迁群众在城镇获得均等的生存发展机会，公平享受公共资源和社会福利，增强获得感、幸福感和安全感，保障搬迁群众的社会融入。

完善公共教育服务。一是精准匹配搬迁群众子女就学需求和安置点教育资源情况。针对性地采取就近入学、校舍设施就地扩建或同步配套建设学校的措施进行统筹协调。二是创新编制管理，探索建立了教职工编制省级统筹、市域调剂、以县为主、动态管理的调配机制。三是加强跨区域搬迁安置师资统筹协调，按照"编随事走"的原则及时划转编制，保障安置点师资力量。

完善公共医疗卫生服务。一是合理配套建设安置点医疗机构。原则上每个安置点应有一个卫生服务机构，其中城镇安置点可根据人口规模建设卫生室、社区卫生服务站或社区卫生服务中心。二是按标准配置医疗设备和医护人员，保障安置点的医疗资源充足，能够提供基本的医疗服务。

完善社会保障服务。一是做好低保、医保和养老保险的转移接续工作。按照群众自愿、从高从优原则，让搬迁群众既可继续在原迁出地入保，也可通过灵活方式在安置地入保。二是对搬迁群众的户籍灵活处理。针对暂未迁移户籍的群众，跨县（市、区）安置的办理居住证，县内安置的办理"易地扶贫搬迁市民证"，纳入当地居民管理，享有同等基本公共服务。

完善社区公共服务设施。实施一个社区综合服务中心（站）、一个新时代文明实践中心、一个文体活动中心、一个老年服务中心、一个儿童活动中心、一个平价购物中心的"六个一"便民利民服务工程。此外，部分安置区建设了红白喜事场所，为搬迁群众的婚丧嫁娶服务需求做好保障。

整体而言，教育上，贵州省 775 个易地扶贫搬迁集中安置区利用周边教育资源、新建、改扩建学前教育和义务制教育学校 669 所，解决了搬迁群众子女 38.18 万人的就学问题。医疗上，通过利用周边医疗卫生资源，新建和改扩建医疗卫生项目 440 个，解决了搬迁群众就医问题。社会保障上，切实做好了低保、医保和养老保险的转移接续工作。截至 2020 年 6 月底，全省 99.56% 符合条件的搬迁对象已转入安置地城市低保，99.02% 的易地扶贫搬迁对象已缴纳了医疗保险，94.27% 的搬迁对象已缴纳了养老保险，80.42% 符合条件的搬迁对象发放了一次性临时救助；41.08 万户 182.30 万人搬迁群众已全面完成户籍转移相关手续办理。社会公众服务设施上，775 个集中安置区的综合服务中心（站）已设立，实现了综合服务全覆盖。

（二）文化服务激发群众内生动力

贵州省把文化建设作为培育搬迁群众市民意识、激发搬迁群众内生动力的关键举措，大力推进"四进社区"建设，围绕感恩教育、文明创建、公共文化、民族传承，增强搬迁群众身份认同感和对移民社区的归属感，教育和引导搬迁群众心理融入、社会融入。

开展感恩教育，扶志与扶智相结合。一是积极宣传党的方针政策，运用新时代文明实践中心、道德讲堂、新时代讲习所等综合性讲习室，以感恩教育激发脱贫致富内生动力。二是通过张贴新旧住房对比照片，进行迁入地生活设施条件对比等方式，讲好搬迁故事，教育和引导群众学会感恩党的易地搬迁政策，珍惜现有的生活。

创建文明社区，维护社区秩序稳定团结。一是引领教育。社区内开展公民基本道德规范和社会公德教育、移风易俗教育和普法教育，帮助搬迁群众树立健康生活观念和生活方式。二是建立评先选优常态机制。开展"星级文明户""勤劳致富模范户""身边好人""好儿媳"等评比活动，引导搬迁群众树立自强自立、不等不靠的思想，提高社区文明程度。

开展社区公共文化建设，满足搬迁群众精神文化需求。在易地扶贫搬迁安置点规划和建设配套公共文化服务设施，把社区文化中心建设纳入城市规划，与城市发展同步规划、同步安排。一是搭建文化平台。整合群团部门力量建立和完善安置点社区文化服务体系，各安置点社区工会组织、妇联组织、团组织等群团组织已全部成立。二是抓好安置点公共文化队伍建设。组织文化志愿者及文化馆全体干部职工，深入各安置点进行文艺辅导，培训农村文化艺人。同时，加大安置点文化服务中心免费开放的力度，支持文化能人、文化爱好者进行文化创作。

实施民族文化传承保护。尊重少数民族搬迁群众的风俗习惯和民族感情，尽可能实现文化与人一起搬，增强搬迁群众的民族文化记忆。一是鼓励民间艺人收徒创艺，为其提供场地及演出平台。二是培训农村文化艺人，进一步推动文化民族民间传承，提高农村文化艺人的专业素养和能力。三是发展民族刺绣、蜡染、银饰等民族传统手工业产业，既解决就业问题，又能传承传统技艺。四是引导各地建设具有民族特色的安置住房。部分地区结合当地传统或民族特色，开办文化活动和生活设施，尊重搬迁安置区少数民族风俗习惯和民族感情。如贵州省利用苗族和彝族特色文化，在安置区打造民族旅游村，提高居民归属感。

截至 2020 年 7 月底，各地组织开展感恩教育 11 054 场次、普法教育 8 195 场次、市民意识教育 9 858 场次；搬迁群众深刻认识到了中国政府易地扶贫搬迁政策的优越性，珍惜目前良好的生活环境。而文化建设营造了良好的文化道德氛围，在丰富搬迁群众业余生活、提高文明素质中弘扬时代主旋律，有效增强了社区凝聚力，促使搬迁户融入社区。深化基层公共文化建设，激发了搬迁户"我要发展"的内生动力。而民族文化传承措施的实施保护了少数民族生存依靠的精神内核，同时也发扬光大了我国优秀的传统技艺。

（三）社区治理实现政府治理和居民自治良好互动

贵州省合理设置基本管理单元、发挥基层党组织领导核心作用、基层政府主导作用，着力构建社区治理体系。

合理设置管理单元。按照便于管理、便于服务、便于居民自治的原则，合理设置管理机构。城镇集中安置点安置人口在 1 万人及以上的，可综合考虑城市规划、建设规模、发展空间、社会管理等因素，适当调整周边乡镇（街道）行政区划，设立街道办事处。安置点安置人口在 1 万人以下、1 000 人及以上的，可结合实际设立 1 个或多个社区居委会，由所在乡镇（街道）进行管理。

合理设置管理机构。一是街道办事处合理设置内设机构。二是办事处人员编制由本市（州）、本县（市、区）统筹调剂解决。三是安置区各级党委、政府选派素质过硬、熟悉政策业务、善做群众工作的干部到办事处和社区工作。

建立健全社区居民自治机制。一是构建"居委会—网格—楼栋"的网格化管理机制，注重把年轻党员群众、致富带头人、离任村干部、退役军人选配为居民小组和楼栋负责人。二是推进安置社区民主决策制度建设，完善村（居）务公开制度和民主监督制度。三是推动搬迁群众参与社区治理。对涉及搬迁群众公共利益的重大决策事项，关乎搬迁群众切身利益的实际困难和矛盾纠纷，原则上由社区党组织牵头，组织搬迁群众协商解决。

建立健全社团组织和社会力量协同参与机制。一是实现各安置点工会、共青团、妇联等群众组织服务全覆盖。二是积极引导安置点以外的社会组织、慈善组织、社会专业工作和志愿者为搬迁群众切实提供各项服务。

建立健全治安防控机制。一是警力人员编制由公安机关内部或上级机构编制主管部门统筹调剂解决。二是加大群防群治工作。统筹实施安置点"天网工程"和"雪亮工程"，确保搬迁入住半年内实现全覆盖。

贵州省聚焦"机构设置科学化、社区管理网格化、居民自治规范化"的社区治理机制，把易地搬迁安置社区建设成了和谐有序、绿色文明、创新包容、共建共享的幸福家园。

（四）基层党建提供政治及组织保障

贵州省为完善基层党建体系，坚决做到"两个维护"，牢固树立"四个意识"，坚定"四个自信"，确保易地扶贫搬迁后续工作始终坚持正确的政治方向。

健全组织体系。对应安置点管理单元，设置街道办事处的安置点同步设置党（工）委，设立社区居委会或居民小组的，成立党支部或者党小组，由所在乡镇（街道）党（工）委进行管理。

配强干部队伍。党（工）委书记由县（市、区）党委常委或政府负责人兼任。社区党支部书记或者选派正式干部担任，或者从社区居民中选举。

完善工作机制。制定社区居民公约，建立居务监督委员会，加强民主监督，推进社区法制建设。

（五）社区融入工作整体评价

社区融入方面，贵州省主要聚焦搬迁群众最关心最直接最现实的利益问题，共从四个方面入手，取得了良好成效，为搬迁群众稳定脱贫实现可持续发展提供了更加广阔的空间，从根源上阻断了贫困的代际传递。

第三节　易地扶贫搬迁后续扶持
典型案例和经验做法

一、产业扶持典型案例和经验做法

（一）水城县野玉海景区安置——海坪模式

国家 AAAA 级景区野玉海整合景区各类资源，借助彝族民族文化，让特色资源变成产业，发展特色旅游产业，带动搬迁农户脱贫致富。

将安置点设计在野玉海山地旅游度假区内。野玉海安置点位于六盘水野玉海山地旅游度假区内，通过"搬迁农户＋野玉海管委会"的方式合作建房，共安置 2016～2018 年度周边乡镇易扶搬迁群众 1 687 户 7 591 人。

依托旅游景区，倚靠民族文化。野玉海是一个集避暑、旅游、度假、休闲、户外运动、露营、农业观光于一体的国家级重点景区。水城县立足打造"贵州彝族第一寨"的目标，围绕旅游吃、住、行、游、购、娱六要素，突出地域文化和彝族文化元素，打造出独具民族特色的海坪千户彝寨。

将搬迁房打造为旅游度假房。搬迁房按照旅游度假房来打造，使每一栋房屋都兼具农户居住、旅游度假、实体经营等功能。农户用部分住房和一楼门面作为资产入股，由公司统一经营开发为超市、酒店、酒馆、早餐店、民宿等。

建立彝源文化有限公司，发展弘扬彝族民族文化。野玉海管委会下属平台公司、海坪彝族传承人成立六盘水彝源文化有限公司，吸纳和培养部分搬迁群众定期进行彝族迎宾舞等民族文化活动表演，并生产、出租、出售彝族服饰和经营特色餐饮。同时，搬迁贫困户可作为股东直接分红，现已带动 35 户贫困户 175 人脱贫。

由景区发展带动旅游产业兴旺，提高搬迁家庭收入。依托旅游景区，搬迁群众吃上了"旅游饭"。通过入股、分红、合租等模式，仅消夏文化节期间，搬迁户与管委会下属公司共同打造的家庭旅馆实现经营收入 8.17 万元，户均分红约 3 600 元。

推动景区建设，开创移民模式，开辟致富道路。一是推动景区建设，野玉海景区已成为全景式的低纬度、高海拔国际旅游休闲度假区。二是开创生态移民新模式，即开创了一种"产业带上新移民、旅游景区安新家"的集中搬迁模式。三是开辟脱贫致富新路子，按照"一户一就业"的要求，一方面不断开发保洁、酒店服务等工作岗位，另一方面以股份联结的方式广泛发动群众参与旅游商品开发、民族歌舞队、旅游餐饮服务等，多渠道增加群众收入，实现了传统农民向新型农民转变，切实解决了农村群众致富难问题。

（二）威宁县易地产业扶贫蔬菜基地

毕节市威宁县根据当地气候条件，围绕县城安置点周边建设 7 万亩易地产业扶贫蔬菜基地，提供开发种植、田间管理、采收等就业岗位 13 957 个，支撑搬迁群众就地就近务农增收。

气候条件适合蔬菜种植。威宁高海拔、低纬度、日照时间长、昼夜温差大的环境气候优势凸显，种出的夏秋冷凉蔬菜含糖量高、口感好。因此把离安置点最近、种植条件最好的 7 万亩（约合 4 666.67 公顷）打造成易地扶贫蔬菜基地，为贫困群众和搬迁群众提供就业岗位。

高标准建设基地。威宁根据现代化、标准化、规模化产业基地建设标准，由自治县人民政府建设水、电、路、喷灌、滴灌等配套设施，同时把离安置点最近、种植条件最好的 7 万亩（约合 4 666.67 公顷）按照"龙头企业 + 合作社 + 贫困户"组织方式打造易地扶贫搬迁蔬菜基地，为贫困群众和搬迁群众提供就业岗位。

大力引进龙头企业。威宁积极引进集团经营主体，倾力打造一个集分拣、包装、冷链贮藏、加工、销售为一体的江楠现代农业物流园。阳市农投集团是威宁引进的 69 家经营主体之一，采用"龙头企业 + 合作社 + 搬迁户"模式组织生产，平均每天吸纳搬迁劳动力就业达到 450 人。

优化运作模式，强化组织管理。第一，优化运作模式，健全利益联结机制。优化"龙头企业 + 农投公司 + 经营主体 + 贫困户"的运作模式，由自治县农投公司与各经营主体合作，共同经营管理好蔬菜基地。第二，强化组织管理，增加群众后续收入。强化贫困劳动力组织与管理，乡镇（街道）和后扶公司将贫困劳动力组织到基地后，由用工经营主体把关，并按属地管理组建合作社和生产队。而基地务工的贫困劳动力，基础务工费每天 80 元，实行绩效奖励，连续务工满 1 月以上的每人每天奖励 20 元。

二、就业扶持典型案例和经验做法

（一）水城县地区产业发展带动就业

水城县南部园区位于水城县南部，是国家级出口茶叶质量安全示范区、全省重点现代高效农业示范园区、全省 100 个旅游示范区。南部园区安置点以茶产业发展为契机，发展产业带动就业。

不断壮大茶叶产业发展规模，带动贫困户就业。第一，借助农业产业结构调整的趋势，提升种、管、加、销各方面水平，让园区茶园建设成规模、上档次。第二，注重品牌效应，丰富产品种类，以早春茶为抓手，加快产品品种开发。第三，吸引企业、个体户进驻园区，目前园区已吸引私营企业3家，主要从事茶叶加工、销售和酒店经营。第四，不断扩大核心区茶叶种植规模，强化核心区域茶叶产业发展，南部园区正着力打造全产业链发展模式，现全县茶叶种植6.5万亩（约合4 333.33公顷），核心区域茶园面积3.5万亩（约合2 333.33公顷），南部园区正着力打造全产业链发展模式。

坚持以发展旅游产业为脱贫攻坚突破口，带动安置点贫困户从业就业。为带动更多贫困户就业，南部园区抓紧建设水城县茶文化产业园——白族风情园，产业园项目建设规划面积约21.33平方千米，总投资1.5亿元。具体措施如下：一是设置环卫、安保、水电管理等公益性岗位安置一批，保障一部分贫困户就业。目前，结合园区产业发展和社会管理服务，开发了100个公共服务岗位和24个公益性岗位。二是根据进驻茶文化产业园的第三产业用工需要，提供一批就业保障。项目建设期间，带动周边就业人口达20 000人次。三是茶文化产业园房屋对外实行为期两年半的免租优惠，鼓励安置点贫困户从事餐饮业、快递、农特产品加工和销售，带动一批贫困户创业脱贫。

以"资金变资产，资金变股金，农民变股东"的"三变"改革为抓手，带动就业稳增收。产生效益前，没有技术、缺劳力的农户，可选择以土地流转的方式，交由公司和合作社种植茶叶，每年每亩获租金500元；也可以自行种植，由公司提供茶苗、肥料、技术服务等后勤保障，合作社统筹落实进行双向监督，在验收合格后，每亩获得土地流转租金与管护费用共1 300元。产生效益后，以50∶8∶42的分配方式设置股比，即产生收益后公司占股50%，合作社占股8%，农户（贫困户）

占股42%。并出台相应的茶青保底收购政策，贫困茶农生产的茶青，由水城县茶叶公司按照每斤（单芽）不低于150元的价格进行保底收购，充分保障茶农权益，提高茶青下树率和利用率，带领贫困户脱贫致富。

（二）威宁县创建后扶公司创业带动就业

威宁县易地扶贫搬迁后期扶持产业有限公司自成立以来，始终把帮助搬迁群众就业创业作为公司工作的重点来抓，针对搬迁劳动力就业现状和劳务需求建立工作台账，推送到适合的工作岗位，实现易地扶贫搬迁户就地就近就业。

扶持返乡创业带动就业。威宁县易地扶贫搬迁后扶公司建立以创业担保贷款为重点，以税费减免为支撑，以社会保险补贴、一次性创业补贴、吸纳就业补贴等为补充的扶持政策体系，培植了迤那镇返乡农民工创业园、五里岗创业孵化园等创业载体。2018年以来，共向各类群体发放创业担保贷款共计11 992.19万元，通过扶持创业带动就业8 804人。

提供创业技能培训。威宁县易地搬迁就业培训学校有限公司不断拓宽培训渠道，创新培训方式。自成立以来，公司与自治县人社局、贵州工贸学院等单位培训机构密切配合，培训内容涉及家政服务、刺绣、电焊、物业管理等具有切实需求的工作技能，提升搬迁户劳动力在劳动市场的竞争力。

投资建设的经开区便民小吃街。小吃街共设置摊位66个，经营种类为当地特色小吃，所有摊位全部免租金提供给搬迁群众使用，解决了180人的就业问题。阳光商贸城小吃一条摊位、阳光商贸城农贸市场共有166户搬迁群众租赁摊位、商铺后自主创业，直接带动330人就业。安置点4个农贸市场的升级改造和2个小吃街建成和完善，为广大搬迁群众搭建了创业就业平台，按照有关政策规定，商业门面优先提供给搬迁群众经营使用，凡属搬迁群众租赁小吃街摊位经营的，一律减免租金。2020年6月中旬招租的阳光商贸城商铺共310个，其中近180户搬迁群众租赁商铺，目前，多数商铺正式运营，带动350人就业。

三、社区融入典型案例和经验做法

（一）水城县经开区创建"和谐社区·活力社区"

贵州省水城县经开区对照省级示范点建设标准，通过"组织治理、政策设施、文化教育"共融，创新创建"和谐社区·活力社区"，让搬迁群众由"搬"到"融"。

组织治理共融，打造活力型社区。第一，坚持"以党建为引领"。依托党员活动室、党群中心，打造初心墙，教育引领社区党员主动作为。第二，实行"党支部+楼栋党小组""居委会+居民小组+志愿者"上下衔接服务网络，确保网格化精细管理。第三，坚持"党建带群团建"工作思路。成立工青妇、春晖社等群团组织，开展组团式服务，推动党群互联共建。

政策设施共融，打造服务型社区。教育方面，由省政府挂牌监管督战，建立董地中心幼儿园、老鹰山小学、老鹰山中学等教学设施，保证搬迁群众子女全部实现就地入学。管理服务方面，按照"一室多能、一室多用"原则，建设多功能公共服务窗口，推进社保事务从"分散服务向一站式服务"转变。医疗方面，全面实行"先诊疗、后付费"等便民政策，有效避免了搬迁群众因病致贫、因病返贫现象的发生。

文化教育相融，打造多彩型社区。一是修建大型广场，配套开展大型文体活动。新业社区配套了2 250平方米的大型综合文化广场，以开展弘扬传统美德、社会公德、家庭美德等培训活动；同时引导和组织开展山歌、广场舞等贴近生活、群众喜闻乐见的文体活动，举办春节联欢晚会、少数民族节庆活动，提升搬迁家庭的融入感。二是建设配套文化设施，加强社区文化娱乐服务功能。安置点设立感恩学堂、奋进书屋、电子阅览室，并且配备8台电脑、图书8 109册、文具、玩具，同时开设音乐、舞蹈、绘画等课程，深受青少年欢迎。三是成立志愿者队伍，定期开展志愿者活动。社区成立"治安治理、文明社区、敬老爱幼、技能帮扶"四支志愿者队伍，定期组织志愿者活动，为居民提供一个良好的生活环境，加速搬迁群众融入社区生活。

（二）威宁县"五子行动"做实易地搬迁后续工作

威宁县五里岗街道以"五大体系"建设为支撑，在4个易地扶贫搬迁安置点实行"五子行动"工作法。

政府"搭台子"，强化基本公共服务体系。第一，积极争取省级教育项目补助资金及东西部协作扶贫资金，新建与改扩建学校，强化教育服务保障。第二，新建或提级改造卫生室5个，让搬迁群众在家门口就可享受优质诊疗服务。第三，着力抓好4个综合服务窗口建设、户籍迁移与"易地扶贫搬迁市民证"办理，并同步引入"平价超市"实施购物优惠补贴，同时开通公交线路，保障搬迁对象基本生活需求，强化便民服务保障。

部门协调"找路子"，完善培训和就业服务体系。一是街道成立服务中心、安置点成立服务窗口，搭建"一中心多窗口"的就业创业平台格局。二是有针对性地开展种植业、家政等技能培训和创业培训十余期，推动搬迁户思想正从"要我就业"向"我要就业"转变。三是借助"五个一批"政策促进易地搬迁家庭就业，动态消除"零就业"家庭。

干部走访"结对子"，保障群众生活充实。一是开展户户走访。干部每月进行入户摸底核查，全面了解搬迁群众家庭基本情况及扶贫政策落实情况。二是及时研判补短板。通过动员培训会、街道研判会、整改工作会，帮助搬迁群众解决实际问题。三是注重宣传聚民心。重点围绕搬迁群众关心的政策宣传讲解，着力提高群众满意度和认可度。

群众勤劳"赚票子"，保障群众安居乐业。一是强化教育。五里岗街道组织开展自主自强、感恩奋进等主题感恩教育109次，普法教育70次，市民意识教育活动34次，激发搬迁户内生动力。二是发展后续扶持产业。在安置点附近，社区鼓励易地搬迁群众中有经验的能人带头成立合作社，组织搬迁劳动力务工，已发展蔬菜产业3 000亩（合200公顷）。三是自主创业就业。坚持各类创业就业优惠政策向搬迁群众倾斜，帮助搬迁户自主创业。

建立健全党组织体系。一是配齐配强党支部班子。把党小组纳入所在村（居）党支部管理，并吸纳搬迁群众中的党员295人，同时加快培养发展搬迁群众党员，强基固本。二是建立健全群团服务体系。整合工青妇组织力量、搭建"五桥""五家"等，为安置点青少年、妇女儿童提供优质服务。三是构建"党员包户、组长包组、科级干部包点"的三级长效结对帮扶网络，确保安置点工作有人抓，服务群众工作有人管。

第四节　易地扶贫搬迁后续扶持
工作存在的问题

一、产业扶持工作存在的问题

（1）安置区产业发展难和资金支撑不足。安置区产业发展难度大。尽管易地搬迁安置地在基础设施、公共服务资源等相对有比较优势，但严重缺乏资本、技术、人才等资源，而且在物流成本等方面处于劣势，外部企业大多不愿进入，引进外部劳动密集型企业方面难度较大。发展产业的资金支撑不足。为进一步加大安置区产业配套，着力解决搬迁群众就地就近就业问题，贵州省近期对各地拟建设的安置区配套产业项目进行了初步统计，涉及项目1 061个，概算总投资266.23亿元，但缺口资金高达203.15亿元。

（2）乡镇和中心村安置区配套产业缺乏指导，公共基础设施存在不足。部分乡镇安置区的配套产业发展缺乏指导与支持。例如，毕节市威宁县小集镇在蔬菜种植过程中，存在生产技术落后、流通能力不佳、销售量不稳定等困难，导致种植业发展基本仅能依赖于劳动时间的叠加，呈现出投入收益比率较低的问题。中心村安置区的基础设施不足，对配套产业项目的发展造成了阻碍。例如，毕节市威宁县哲觉镇论河村位于深山之中，山高坡陡、土地贫瘠，周围多是山路，交通不够发达，距离市场较远，极不利于产业发展。

二、就业扶持工作存在的问题

（1）安置区就业支撑不足。贵州能提供的就业岗位非常有限。188万搬迁群众到达安置地后，有大量搬迁劳动力需要就近就地在安置地就业。而且随着沿海等发达地区产业升级，低技能要求的劳动密集型企业逐渐减少和转移，贵州省不少外出务工人员纷纷返乡就业、创业，更加大了安置区的就业压力。以贵州省搬迁量最大的册亨县为例，全县"十三五"共搬迁安置87 540人，除跨区安置的10 503人外，全部在县内城镇安置，而目前全县能提供就业的劳动密集型企业数量非常有限。

（2）搬迁贫困劳动力竞争力差。由于搬迁贫困劳动力自身的结构、特征以及受到的技能培训效果有限，就业帮扶政策效果受限。而且部分搬迁群众由于政府扶持政策的支持还存在"等、靠、要"的想法，内生动力不足，缺乏主动学习获取知识技能的动力，很难提升搬迁贫困劳动力的竞争力。

三、社区融入工作存在的问题

（1）后续生活开支政府负担严重。调研中发现短期内物业管理费、水费等均由政府代缴。目前各安置点的物业管理费主要由社区或政府负责并设立公益性岗位（如保洁员、清洁工），引导搬迁户进行自主管理；而且部分安置点还采取"水费全免，电费补贴"的措施。这些措施虽然当下能够减轻搬迁户的负担，但政府资金负担较重，长期难以为继。

（2）搬迁户的生产生活方式转型缓慢。首先，部分搬迁户缺乏科学合理的引导（尤其是老年人），很难融入新环境，存在"回迁"情况。其次，由于干农活、饲养牲畜和回乡祭祖的需要，许多搬迁户还是会经常返回迁出地。因此，如何加强资源对接效率与移民的社会融入感，提升贫困群体的内生动力，依然是易地扶贫搬迁面临的主要问题（叶青和苏海，2016）。

（3）户籍管理难。一方面，根据县内安置的户籍管理规定，允许暂时不想把户籍迁入城镇的移民办理"易地扶贫搬迁市民证"。另一方面，搬迁户自身具有"迟疑心理"，对原承包经营管理的山林、土地、旧宅基地等方面的收益常常存在顾虑。因此，导致组织安置点群众自治组织选举困难、工作推进缓慢。

第五节 易地扶贫搬迁后续扶持工作未来发展方向和相关政策建议

一、产业扶持相关政策建议

（1）进一步加大易地扶贫搬迁后扶产业的政策和资金支持。"十三五"时期，国家易地扶贫搬迁政策和资金投入，主要是满足搬迁住房建设和安置区基础配套设施建设。对于后续产业扶持的资金大部分由地方政府统筹解决，由于地方财政资金困难，易地扶贫搬迁后扶产业建设难度较大。因此，建议财政部、国家发改委、国务院扶贫办等部门结合新型城镇化进程和乡村振兴战略，进一步加大对易地扶贫搬迁后扶产业倾斜政策和资金支持。

（2）重点关注乡镇和中心村安置区产业发展，给予政策支持。相较于县城安置区，乡镇和中心村安置区各类资源有限，应该给予更多的产业发展政策倾斜，并提供配套产业发展方向的指导。对于缺乏产业指导的乡镇安置区，未来应该优先引进先进的龙头企业和经营主体，同时引进优秀的人才与先进的生产技术，共同为产业发展助力。而对于基础设施不足、较为偏远的中心村安置区，可根据自然资源的优势发展旅游业，打造民族小镇或自然风情村。

二、就业扶持相关政策建议

（1）承接东部地区产业转移，强化省内就业支撑。在东部沿海地区劳动密集型产业向东西部地区转移的背景下，利用贵州省基础设施较为发达，自然资源丰富，劳动力充足且廉价的优势，把握时机，制定政策，吸引劳动密集型企业落户，从而强化省内就业支撑并且充分发挥扶贫车间在吸纳贫困劳动力就业方面的效果。

（2）结合线上和线下两种方式进行就业技能培训。贵州省搬迁贫困劳动力外出务工比重大，对于外出务工的搬迁贫困劳动力而言，参加就业技能培训的时间和机会较少。针对这种情况，可结合线上、线下两种方式进行就业技能培训。不仅可以使就业技能培训更具灵活性、受众的覆盖面大大增加，也可以使就业技能培训内容更加丰富且具针对性。

（3）做好思想扶贫，破除"等、靠、要"思想。破除"等、靠、要"思想对于增强搬迁贫困劳动力的内生动力和从根本上解决贫困问题具有关键性意义。一是组织贫困群众集中学习党的扶贫工作精神，让搬迁户深入了解扶贫政策的核心思想，从根本上让搬迁户打消"等、靠、要"的思想，并做好"三大"主题教育。二是组织群众深入了解扶贫工作的成果，从中找出与代表户差距，激发斗志。三是做好典型的带动，让通过扶贫帮扶富裕起来的群众，用自己的言行影响身边的人，帮助他们树立主动脱贫致富的思想。四是严厉打击扶贫工作中的不正之风，包括形象工程、政绩工作、腐化堕落、争戴穷帽等问题，规范干部行为，让扶贫工作阳光透明，让搬迁群众主动积极地参与到社区建设中，发挥自己的主观能动性实现就业，为社区建设做贡献。

三、社区融入相关政策建议

（1）逐步统一搬迁户与原住民收费标准。经历长期帮扶后，政策目标应将搬迁户逐渐纳入当地统一收费标准，统筹安置地区长期的整体发展，实现居民长远生计和地区长治久安，并有效减轻政府负担。

（2）加强过渡期间的针对性帮扶。易地扶贫搬迁的社区融入是个长期任务，攻坚期内要有阶段性安排，确保搬迁人口融入新社区。首先，开展城镇生活适应性教育。如通过进行用火用电安全培训，一对一现场示范等方式引导搬迁户尽量适应新的生活方式，掌握相应的生活技能等，实现搬迁户逐步由农村居民向城镇市民转变。其次，探索在安置点建设公墓以避免"回迁"。通过在安置点修建公墓，避免搬迁户特别是搬迁老年人因为回家"祭祖"而回迁，促进其更快融入新社区。最后，加大针对残疾对象的帮扶力度。例如，县残联对持有第二代残疾人证，但未享受低保和特困人员待遇的残疾人发放扶贫对象生活费补贴。

（3）统筹衔接好搬迁群众农民和新市民"两种身份"、迁出地和安置地"两种利益"。进一步重点完善搬迁群众公共教育、医疗卫生、社会保障、社区服务"四大要素"服务，确保搬迁群众享有同等城市配套、同等公共服务、同等市民待遇，引导搬迁户自愿进行户口迁移。如按照户籍制度改革方案中学生资助政策可携带的原则，省级层面研究制定安置在县城的易地扶贫搬迁学生继续享受迁出地农村学前教育儿童营养改善计划、农村义务教育学生营养改善计划营养膳食补助政策等（肖菊和梁恒贵，2019）。

第十章

湖南省易地扶贫搬迁政策典型案例研究

湖南省易地扶贫搬迁及后续扶持工作的力度和成效在全国各省地区走在前列并具有典型性。在打赢脱贫攻坚战的决胜之年，如何能够在"搬得出"基础上"稳得住"而且"能致富"，后续扶持工作成为政策关注的重点。2020年8月，中国人民大学调研组赴湖南省就其易地扶贫搬迁现状、安置工作实施现状、搬迁后续就业、产业以及社区管理工作与相关负责人进行了座谈，并以平江县和麻阳苗族自治县为典型调研对象，围绕其易地扶贫搬迁安置具体工作进程、相关后续帮扶情况等与县委相关部门负责人进行访谈、与农户进行深度访谈。结合调研数据与建档立卡贫困库数据以及访谈内容，对湖南省易地搬迁的基本概况以及政策后扶的基本做法、特点和存在问题做了总结和分析。

第一节　湖南省易地扶贫搬迁后续
扶持基本情况和总体规划

一、湖南省安置进度情况

湖南省"十三五"计划搬迁69.4万人，截至2020年8月，累计投入资金 410 亿元，已建成易地扶贫搬迁安置住房 18.7 万套，集中安置项目 2 764 个，安置点基础设施和公共服务设施基本完善；69.4 万建档立卡贫困群众从穷山窝搬进新房子，18.2 万户搬迁对象实现脱贫，有97.4% 的搬迁对象实现脱贫。

湖南省委制定了"十三五"搬迁规划，包括搬迁对象确认、资金管理、工程管理、土地支持、考核评价等系列配套政策，全力推进项目建设，提前两年基本完成"十三五"易地搬迁建设任务。同时，在安置区配套基础设施及公共服务设施建设方面。安置区建成水网 5 481 千米、电网 4 698 千米、道路 4 775 千米，建成或完善配套义务教育学校1 746 所、幼儿园 1 543 个、卫生室 1 819 个，建设文体活动场所 1 667个、污水处理设施 3 067 个、垃圾处置设施 3 465 个。

二、湖南省安置方式与内容

湖南省易地搬迁以集中安置为主，项目大部分选址在城区、镇区、园区、景区，交通便利、配套完善、产业发展基础较好。安置区建设项目有严格的招投标程序，将集中安置项目委托有资质的省属国有企业进行工程建设。所有安置区项目进行了简单的装修，以达到易地搬迁户可拎包入住条件。各县（市、区）成立了专门班子，做好与总承包企业的对接，及时交付施工场地，及时解决困难和问题，全力保障施工环境。通过创新建设模式，发挥国有企业的专业团队作用，简化项目建设流程，确保工程质量和进度。2017 年、2018 年共建成总承包项目 652个，住房总建设面积 525 万平方米，安置搬迁对象 20.2 万人，涉及 61个县市区。

为精准确定搬迁对象，湖南省探索了"先定区域后定人"的高精度识别方法，将搬迁区域锁定在高寒、地质灾害、石漠化等 8 类区域，以"范围精准"确保"身份精准"。

湖南省搬迁户住房面积人均不超过 25 平方米，自筹资金人均不超过 3 000 元、户均不超过 1 万元，项目严格规范管理。2018 年 1~9 月，省政府曾组织了 1 000 余人对 105 个县（市、区）2016~2017 年所有项目，分 4 批开展了全覆盖核查。同时，建立了完善易地搬迁信息管理系统及手机 App，对分散安置项目监控到户，对集中安置项目监控到点，并为省级全覆盖巡查提供了工作平台。

三、湖南省搬迁监管督导措施

（1）易地扶贫搬迁大数据信息平台。湖南省委开发运行具有信息发布、项目建设情况收集、数据综合分析、工程形象进度影像监控、搬迁对象后续帮扶情况管理等功能的"互联网＋湖南省易地扶贫搬迁大数据平台"，利用现代化管理手段，实现了搬迁对象全覆盖管理，项目建设全过程监管。根据后续帮扶工作特点，建立"五率一度"考评体系，将大数据平台与国家和省扶贫开发信息系统、省脱贫攻坚"三落实"系统、省人社厅就业信息系统进行了链接，实现数据互联互通、同步共享，加强信息管理平台对后续帮扶情况的调度和督促。

（2）联点包片工作责任制。湖南省发展改革委建立委领导联点包片工作责任制，每位党组成员及厅级干部安排一名副处长、一名业务骨干、一名联席办联络员，专门负责对口市州的易地搬迁督查工作。全委共抽调干部近 60 名，由 14 名委领导带队，开展常态化督查，推动责任落实、工作落实。联点包片督查覆盖全省 14 个市州 105 个县市区，开展以来共调研了 800 余个集中安置项目，实地走访了 2 000 余户搬迁户。

（3）"三排查、三签字"专项行动。为解决易地搬迁住房质量问题，完善安置区设施配套，加快拆旧复垦，提高项目和资金管理水平，组织各县（市、区）开展了"三排查、三签字"专项行动。即搬迁群众自查住房质量问题、乡镇政府排查基础设施、公共服务设施配套和拆旧复垦情况、县级职能部门排查项目建设程序、资金拨付使用、后续帮扶措施落实等情况。

（4）全覆盖监管核查。为全面排查整改搬迁对象不精准、住房面积超标等问题，2018年起，组织第三方巡查单位及市县抽调人员对所有安置项目进行了全覆盖监管核查和问题整改"回头看"。核查前，组织召开核查人员培训会；核查中，坚持一户一表，逐一列出发现问题，并将监督检查与指导督促紧密结合，将国家、省政策及时准确传达到基层一线和搬迁群众；核查后，召开问题交办会，一县一清单、问题整改细化到户，向各县市区面对面交办问题，要求落实责任、对标政策、建立台账、细化举措，按期完成问题整改，对整改不力的县（市、区）进行集体约谈。

（5）实施考核问责机制。第一，实行最严年度考核。省领导对存在突出问题的县区的书记、县长进行约谈；省委组织部对整体工作推进不力、考核排名靠后的书记、县长进行了诫勉谈话，免去两名县委书记职务。第二，严肃约谈问责。对各类检查发现存在突出问题的县（市、区），由省易地搬迁联席办开展集中约谈，共商整改措施，并督促其整改到位。

四、安置区后续管理服务

在户口管理方面，因搬迁户担心自己户口迁移会失去农业户口的部分权益，所以大多数农户不愿意迁移户口，湖南省采取了办事不出社区的办法，就近为搬迁户提供服务。对户口迁入城镇的搬迁户，享受当地居民同等的社会保障政策；对户口不迁入城镇的搬迁户，全面推行居住证制度，由迁入地政府做好搬迁户子女入学、就医、社会保障等管理服务。同时，进行安置区分类管理，将进城镇的安置点纳入迁入地社区管理或设立新社区开展社区管理服务，健全管理组织，加强人员配备，创新管理制度，全面开展党建、物业管理、治安维稳、卫生整治、矛盾纠纷调解、心理辅导、文化宣传等工作。对建制村内的安置点，依托迁入地村级组织加强管理，建立健全基层党组织和群众自治组织，形成党组织领导、村委会管理、搬迁群众充分参与的管理格局。全省集中安置区建立便民服务中心 1 681 个、物业管理机构 1 840 个、基层党组 1 222 个、群众自治组织 1 843 个。

农村最低生活保障制度，将所有符合条件的搬迁对象纳入低保范围，做到应保尽保。搬迁对象基本医疗保险实行属地管理并做好迁出地、迁入地关系转移接续工作。搬迁后转为城镇居民的，可与当地城镇居民享有同等教育、养老保险、社会救助、社会福利等社会保障政策；搬迁后仍保留农村户籍的，在原住地享受的最低生活保障、医疗救助、养老保险等政策不变，由迁出、迁入地政府安排做好转移接续工作，解除搬迁对象后顾之忧。

五、湖南省在就业、产业后扶政策方面的政策设计

为进一步加强未来的就业、产业后扶政策力度，湖南省扶贫开发领导小组出台易地搬迁后续工作指导意见，明确今后两年工作目标和重点任务，细化政策措施，落实职能部门及市州、县市区工作责任，确保搬迁贫困群众后续帮扶无盲点、全覆盖。出台易地搬迁结余资金使用指导意见，组织各地编制结余资金使用方案，落实后续扶持任务。同时，专

项安排 1.8 亿元，在搬迁任务最重的湘西地区 44 个县（市、区），连续 3 年开展后续扶持试点示范，对新型经营主体建设、搬迁户参与度高的 811 个特色农林产业基地，以及吸纳搬迁户就业的 132 个经营主体给予奖补，鼓励各类经营主体带动搬迁户脱贫致富。通过全力实施后续产业及就业扶持，2018 年底 61.8 万搬迁对象实现脱贫，占搬迁总任务的 89%。

加大后续扶持力度，确保"搬得出、稳得住、能脱贫"，实现脱贫致富是实施易地扶贫搬迁的最终目的，做好后续帮扶是确保脱贫致富的关键举措。为加大帮扶力度，湖南省委研究出台了《关于进一步做好易地扶贫搬迁后续工作的若干意见》，从就业、产业、配套设施建设、公共服务等 12 个方面推进后续扶持工作。

（一）就业创业帮扶体系

信息录入方面，统一将搬迁对象劳动力资源情况录入省劳务协作脱贫综合信息服务平台，充分发挥人岗匹配、在线招聘、动态跟踪管理等功能。就业帮扶方面，实施"政府＋劳务经纪人＋搬迁户"的就业扶贫服务模式，全省安置点设立劳务经纪人 2 000 余名，广泛收集贫困劳动力信息，开展职业介绍和培训服务，提高就业扶贫精准度。培训就业方面，针对企业用工和搬迁户就业需求，统筹培训资源，"按照输出有订单、计划到名单、培训列菜单、政府后结单"模式，培训搬迁对象 10 万人次，实现"技能培训一人、转移就业一人、帮扶脱贫一户"。政策引导就业创业方面。通过税费减免、财政贴息创业贷款、金融扶贫小额信贷等方式，引导搬迁户从事餐饮、家政、电商等服务业；对安置区市场摊位、商业门面等经营性场所，以限期免费或低价租赁等方式支持搬迁户自主创业。如新化县将 53 个集中安置点 265 栋安置房门面，在 10 年内免费交由搬迁户经营；或是租赁给其他经营主体，前 10 年的租金归搬迁户所有，1 万余名搬迁户户均年增收 6 000 元以上。

（二）后续产业的发展与扶持

建设扶贫车间。充分发挥搬迁人口劳动力聚集效应，用好就业扶贫车间一系列优惠政策和湘南湘西承接产业转移示范区建设契机，大力引进服装、鞋帽、箱包、电子产品加工等劳动密集型产业，在集中安置区建设就业扶贫车间1 200余个，4万搬迁对象走进扶贫车间，实现"楼上生活，楼下生产"，搬迁安置地经济活力明显增加。开展直接帮扶。对有意愿和能力的搬迁户，采用直接帮扶模式，通过投资补助或奖补等措施，鼓励经营主体提供种子种苗、农资、生产技术、订单收购等服务，确保搬迁户的农产品卖得出、有收益，全省24万搬迁人口通过发展特色产业受益脱贫。实施委托帮扶。对有意愿但能力不足的搬迁户，采用委托帮扶或股份合作模式，选择抗风险能力强、预期收益高的新型经营主体，将产业帮扶资金委托或折股量化到经营主体统一管理和生产经营。经营主体在股份分红、土地集中流转等方面保证搬迁户收益，湖南省6.4万户搬迁家庭参与委托帮扶。

通过多措并举，湖南省上下形成了多种产业扶贫新模式。凤凰县实施"易地扶贫搬迁＋特色种养"脱贫工程，"一点一策"发展猕猴桃等特色种养业。探索建立"公司＋基地＋农户""公司＋基地＋合作社＋农户模式""企业＋专业合作社＋农户"等模式（侯茂章和周璟，2017），实现一人发展一亩以上的农业产业。辰溪县将安置点与大酉山森林公园、西庄精准扶贫试验示范园统筹规划建设，将搬迁对象帮扶资金入股到示范园千亩水果采摘园项目。涟源市依托娄底高新区扶贫产业园，带动搬迁户入股经营或劳动就业。鼓励各类经营主体利用易地扶贫搬迁集中安置区的商业门面等配套物业建立"扶贫车间"，并以合同形式将扶持脱贫成效与奖补力度挂钩。

（三）加强安置区社会治理

安置区分类管理。对进城镇的安置点，纳入迁入地社区管理或设立新社区开展社区管理。对建制村内安置点，建立党组织领导、村委会管理、搬迁群众充分参与的管理格局。全省集中安置点设立管理机构1 935 个、基层党组织898 个、群众自治组织1 523 个。安置区服务管理模式。推广"四个一"便民服务机制和"三个三"问题快查快处机制，即建立一个便民服务微信群、一条便民服务热线电话、一套便民服务制度、一支维修维护队伍；对群众反映的问题诉求实现三分钟内回复、三小时内到达现场核实，三天内解决或答复。通过建立"四个一"和"三个三"服务管理机制，实现从反馈问题到解决问题的全渠道畅通。同时，各县（市、区）因地制宜探索安置区服务管理新模式。花垣县探索"互助五兴"基层治理新模式，以1 名党员或能人联系5 户群众，通过开展学习互助兴思想、开展生产互助兴产业、开展乡风互助兴文明、开展邻里互助兴和谐、开展绿色互助兴家园，有效加强搬迁群众自治能力，促进搬迁群众融入新环境、建设新家园、共创致富路。涟源市成立了集中安置区服务中心管理委员会；资兴市探索将安置点与区域性敬老院结合建设，特困人员全部纳入五保供养保障体系，全省形成探索创新安置区管理服务的良好氛围。

平江县和麻阳苗族自治县在整个湖南的易地搬迁工作中具有极强的典型性和代表性。平江县为湖南省搬迁户数最多的县，其搬迁贫困人口数位居湖南省第二；麻阳苗族自治县搬迁贫困人口数位于第15 位，虽然其搬迁贫困人口并不居于前十，但其为搬迁人数最多的少数民族自治县，其搬迁贫困人口的产业、就业以及社区融入问题更加具有特殊性和研究意义。以下本书以麻阳苗族自治县和平江县为代表，对湖南省易地搬迁的基本概况以及后扶体系的基本做法、特点和存在问题做了总结和分析。

第二节　平江县安置现状、主要做法与成效

中国人民大学调研组通过与县委、县扶贫开发局、发改委、人社局、民政局、农业农村局等有关单位负责人围绕所负责具体事项、项目进行情况、当前工作存在的问题等进行深入座谈，对平江县洪家塅、余坪镇、谈胥乡多村易地扶贫搬迁安置情况进行实地考察，就安置点基础设施、产业就业保障情况、社区治理进行调研和入户访谈，有关情况如下。

一、平江县安置现状

平江是地域大县，位于湘鄂赣三省交界处，总面积 4 125 平方千米，总人口 112 万，辖 24 个乡镇、1 个省级工业园，是生态大县、文化大县、将军大县和国家扶贫开发工作重点县。脱贫攻坚以来，平江县围绕"敞开山门迎检，高质量脱贫摘帽"目标，精准施策、整体推进，2014 年至今，全县有 136 个贫困村、3.93 万户 13.8 万名贫困人口脱贫。于 2019 年 3 月，经省人民政府正式批复"脱贫摘帽"。

（一）搬迁任务提前完成

"十三五"期间湖南省平江县易地扶贫计划搬迁 10 743 户 34 589 人，平江易地扶贫搬迁以集中安置为主、分散安置为辅，全县共建成集中安置点 263 个，集中安置 7 866 户、26 742 人，占搬迁安置总人数的 77.3%；分散安置 2 877 户 7 847 人，占总安置人数的 22.7%。截至 2020 年底，全县易地扶贫搬迁建设任务全面完成，搬迁对象全部入住，完成省下达的目标任务。

（二）拆旧复垦基本完成

平江县将易地扶贫搬迁拆旧复垦与农村"空心房"整治同步推进，实施搬迁的 10 743 户中属无房户 2 988 户，联屋共建的 135 户，旅游规划区或有保留价值的 281 户，共有 3 404 户，占总搬迁户的 31.7%，应拆旧户 7 339 户。截至 2020 年底，所有应拆旧户全部拆除到位。

（三）帮扶取得阶段成果

平江县委、县政府出台易地扶贫搬迁后续帮扶"十扶"政策，特别是针对就业创业拓宽了城区、园区、景区、产业、技能培训、政策等"九条"通道，破解搬迁对象就业难。截至 2020 年底，平江全县已有扶贫车间 14 个，约为 206 名易地扶贫搬迁贫困户提供了就业岗位，年人均收入约 3 万元以上；3 674 名搬迁贫困户已在农村合作社入股；2 441 名搬迁贫困户被安排到生态护林员、生态环保员、城区集镇清洁工等公益性岗位；2 424 名搬迁贫困户享受了小额贴息贷款政策，贷款总额 8 614.02 万元；10 096 名搬迁贫困户外出务工创业。截至目前，全县易地扶贫搬迁对象有正常劳动力且具有就业意愿的共 14 455 人，已实现就业 14 166 人，就业率达 98%。

（四）扶贫产业潜力较大

平江县自然生物资源丰富，发展特色农林产业条件优越，是优质特色蔬菜、果茶、道地中药材、猪牛羊、粮油等优势农业产业区域布局县。红色旅游景点和革命遗址众多，红色文化和老区精神积淀深厚，全域旅游资源丰富。通过多年集约发展，特色种植、传统养殖、特色旅游等形成一定产业基础，优势日益突出，旅游业和特色农产品生产加工业初具雏形。是全国商品粮基地县、茶叶优势项目区、全国油茶产业发展重点县、全国生猪调出大县、全国优质蜂蜜基地、全省草食动物生产基地，发展精准扶贫产业潜力巨大。

二、平江县主要做法和成效

（1）在就业方面，多个渠道创造就业。一是依托城区促就业。县城洪家塅紧邻中心城区，人社部门向搬迁群众发布用工信息，该安置区共有 1 201 名搬迁对象在中心城区从事保安、保洁、餐饮、搬运、家政等生产性、生活性服务业岗位。二是依托园区促就业。城关、三阳、伍市、浯口、三市、长寿等乡镇集镇安置区邻近平江工业园和各乡镇工业园区，园区常年用工需求在 30 000 人以上，员工每月收入在 3 000 元以上。平江工业园常年吸纳贫困劳动力就业 2 500 人以上，其中易地扶贫对象 600 人以上。三是依托景区促就业。石牛寨、龙门、长寿、加义、南江、福寿山等乡镇搬迁群众红色旅游线路、峡谷漂流、森林公园等景区景点，发展乡村民宿、农家乐，与景区建立劳务合作关系，使 90% 的搬迁群众收益。四是依托特色产业促就业。确定高山有机茶、油茶、乡村旅游和休闲农业三个重点扶贫产业，发展特色产业扶贫示范村 53 个，发展碧桂园花卉苗木基地、九狮寨茶叶等 548 个经济组织与 10 000 多名搬迁对象建立利益联结机制。

（2）在产业方面，推进产业精准扶贫。平江县采取"三重三动"产业扶贫模式，推广扶贫车间、扶贫产业园等有效形式，通过"公司 + 基地 + 农户""合作社 + 农户"等形式推动带贫主体与贫困户建立更加紧密的利益联结机制，带动和扶持贫困户稳定增收。平江县提出"四跟四走"产业扶贫，"千企帮村万社联户"产业扶贫行动。因地制宜建立产业帮扶项目库，加快推进项目落地。以"龙头企业（合作社）+ 基地 + 贫困户"发展模式，健全紧密型利益联结机制，带动搬迁群众实现产业致富。加大产业扶贫资金投入力度，项目资金优先支持参与扶贫工作的龙头企业、新型农业经营主体。根据地域特色，因地制宜，突出一乡一业、一村一品。以高山有机茶、油茶、乡村旅游三个重点产业示范引领，重点发展乡村旅游与休闲农业、中药材、茶叶、油茶等优势产业，侧重兼顾粮、林、畜、果、蔬等传统产业和特色产业，实现扶贫产业村村覆盖。

做强富农农业产业。打造特色农产品品牌。政府鼓励安置区配套产业开展"三品一标"认证，引导农产品加工产能向安置区周边聚集。着力构建以"三品一标"农产品为基础、企业品牌为主体、区域地标品牌为龙头的平江农产品品牌体系，树立平江特色农业整体品牌形象。加大地理标志农产品挖掘、培育、登记和知识产权保护力度，促进地理标志品牌与产业协同发展。培育壮大粮食、油料、茶叶、林果、蔬菜、中药材、绿色生态养殖等特色名片，创建一批具有文化底蕴、鲜明地域特征"小而美"的平江特色精致农业品牌。

发展农产品加工产业。立足全县特色农业资源，充分发挥农产品加工在农业供给侧结构性改革中的重要作用，大力发展农产品加工业，提升农产品附加值，助力贫困户脱贫致富。支持家庭农场和农民专业合作社改善储藏、保鲜、烘干、分级、包装等设施装备条件，促进商品化处理，夯实农产品初加工基础。引导加工企业向园区集中集群发展，围绕中药材、果蔬、生态养殖等特色优势产业，加大生物、工程、环保、信息等技术集成应用力度，提升农产品精深加工水平，不断做优做强。

园区招商引资和产业链建设。立足全国食品加工强县基础，依托酱干、辣条、鱼仔等平江特色食品，做强做优休闲食品产业。紧抓休闲食品龙头企业和产业链上相关企业开展精准招商，健全和完善食品产业链，不断扩大"全国食品工业强县""中国面筋食品之乡"等品牌影响力，实现集约式发展。加快推进华文三期、方正达三期、山润三期、新金刚二期等重点项目，拓展就业岗位。推进绿色食品产业园基础设施建设，增加园区中小型企业吸纳能力，促进搬迁群众就地就近就业。围绕食品产业组织开展劳动力专项培训，培养产业工人，优先向易地扶贫搬迁劳动力倾斜。

创建扶贫车间。坚持"就业一人、脱贫一户、带动一片"的理念，将工业产业扶贫和就业扶贫有机结合。加大招商引资力度和政策支持力度，从就业专项资金中给予"以工代训"培训补贴、创业补贴、岗位补贴、社保补贴等政策扶持，大力发展义乌来料加工、湘绣女红加工、食品企业加工等扶贫车间项目，确保每个乡镇创建1家以上就业扶贫车间。提供一批弹性制岗位，创造更多就业机会，重点促进留守劳动力实现家门口就业。

促进农产品加工业融合发展。鼓励农产品加工企业向前延伸与贫困农户、合作社、家庭农场等联合建设原料生产和供应基地，向后延伸建立自己的营销设施和服务体系，实现第一、第二产业融合发展，增加贫困户经济收入。

（3）在社区管理方面，完善基本公共服务。平江县以公共教育、医疗卫生、社会保障、社会服务配套建设为重点，推进安置点基本公共服务体系建设，使搬迁群众共享城镇优质公共服务资源，实现基本公共服务均等化。

完善公共教育服务。各级教育扶贫政策包括助学金、免学杂费等资助政策精准落实到户到人，降低搬迁群众家庭经济困难学生就学负担，基础教育、中等教育、高等教育全程覆盖。高校毕业生到平江基层就业（服务期三年及以上），给予连续三年学费补偿。基础教育配套设施建设方面，做好转学衔接工作，保障搬迁群众子女实现就近及时入学。对存在一定缺口的，按"填平补齐"原则，通过改扩建满足新增就学需求。对搬迁规模大，教育资源严重不足的，结合整体搬迁或配套新建教育项目，确保满足就学需求。支持每个乡镇办好一所床位充足、软硬条件达标的标准化寄宿制学校，尽可能实现"芙蓉学校"、普惠性幼儿园等教育资源向安置区全覆盖。师资力量配备方面，充实迁入地特别是大型集中安置区教育服务人员队伍。创新编制管理，建立县级教职工编制调配机制，及时调整划转人员编制，保障安置点师资力量。

完善医疗卫生服务。健康扶贫政策宣传以讲课、咨询、发放健康处方等形式提供面对面的健康知识服务，宣传医保、分级诊疗政策及看病流程。每年提供一次免费健康体检筛查和免费义诊活动，针对不同的病情给予健康指导并免费发放治疗药品。实行家庭医生签约服务。以包户的形式入户走访，完成所有入住对象的签约服务，开展有针对性的健康干预。建立慢病健康档案，提供慢病随访等服务。对大病患者，由家庭医生负责转诊、预约到上级医院进行治疗。医疗保障政策方面，符合特殊门诊政策的建档立卡贫困人口门诊用药给予80%报销。建档立卡贫困人口县域内住院实际报销比例乡镇卫生院达90%，县级医院达85%。社区公共卫生服务方面，协助相关县直部门开展覆盖范围内食品卫生、公共卫生、职业卫生、学校卫生、托幼机构、饮水卫生检查管理。社区卫生服务中心实施镇村一体化管理，按照县卫生健康局制订的一体化管理办法执行。开展社区卫生室工作人员继续教育，鼓励社区卫计人员参加学历教育，提升学历层次。

完善社会保障服务。按照群众自愿原则，做好各类社会保障政策的转移接续，确保所有搬迁群众应保尽保。一是户口迁移登记。搬迁后将户口迁入城镇的，享受城镇居民同等公共服务和社会保障，在城镇安置且不迁移户口的，全面推行居住证制度，由迁入地政府做好搬迁对象各项社会保障管理服务。二是搬迁贫困人口各项参保优惠政策。对搬迁对象城乡低保和社会兜底保障，识别"三无对象"（无生活来源，无劳动能力，无法定赡养人或抚养人），做到应保尽保、"脱贫不脱保"。三是搬迁困难群众救助体系。对遭遇突发事故和急难问题的搬迁困难家庭，加大临时救助力度。稳步提高特困人员救助供养标准，动员特困人员入住特困供养机构，或采取签订照顾护理协议等方式购买护理服务、社会工作服务，确保搬迁特困人员享受供养服务。

完善社区综合服务。社区综合服务设施，遵循"一室多用"原则，根据安置点人口规模，以新建、改造和整合共享等形式，建立社区服务中心（站）、文体活动中心、老年服务中心、平价购物中心等社区综合服务设施。服务体系建设方面，县乡村干部进驻服务中心或服务站提供公共服务，规模大的迁出地乡镇要抽调干部驻点服务。优化服务流程，推行一站式办理、上门办理等服务方式，提升公共服务水平。便民利民服务方面，鼓励和支持各类组织、企业和个人兴办居民生活服务业，重点发展购物、餐饮、维修等生活服务，满足搬迁群众多样化生活需求。通过优化调整或新增公交线路，完善安置点公共交通服务，方便搬迁群众出行。落实优惠用水、用电等各项帮扶措施，对低保户实施减免政策。

第三节　麻阳苗族自治县安置现状、
主要做法与成效

中国人民大学调研组通过与县委、县扶贫开发局、发改委、人社局、民政局、农业农村局等有关单位负责人进行座谈，对湖南省麻阳苗族自治县的项目进行情况、当前工作存在的问题等进行深入了解，并且对麻阳苗族自治县大桥江乡、兰里镇、龙升社区易地扶贫搬迁安置情况进行实地考察，就安置点基础设施、产业就业保障情况、社区治理进行调研和入户访谈，有关情况如下。

一、麻阳苗族自治县安置现状

麻阳位于湖南省西部、怀化市西北部，属武陵山片区区域发展与扶贫攻坚试点县、省深度贫困县，区域面积 1 568 平方千米，辖 19 个乡（镇、管理处）、222 个村（社区），总人口约 40 万人，苗族占 80.2%，是全国 5 个单一苗族自治县之一。

"十三五"期间麻阳苗族自治县易地扶贫搬迁总投资为 8.71151 亿元，搬迁安置 3 463 户 14 085 人。实施集中安置项目 35 个，搬迁安置 2 438 户 9 653 人，占搬迁总人数 68.5%；实施分散安置 1 025 户 4 432 人，占搬迁总人数 31.5%。已拆旧复垦 3 463 户（其中已实际拆旧复垦 2 575 户，无房户 580 户，旧房为联建户 269 户，政策保留未拆旧户 39 户），拆旧复垦率为 100%（无房户、联建户、政策保留户视为已拆旧复垦）。

在规划设计上，麻阳苗族自治县政府以"保障基本"政策要求，住房面积按"五个标准"（分别是 50 平方米、75 平方米、100 平方米、125 平方米、150 平方米）进行户型设计，确保人均住房不超过 25 平方米（实际人均住房面积 24.54 平方米）。安置房内设计配备了厨房、卫生间，门窗齐全，能满足搬迁户正常生活需求。安置点内实现了水、电、路、气（燃气入户）、网、绿化、亮化等配套设施全覆盖；场地标高、道路宽度、容积率、垃圾处理等各项指标控制到位；县城、集镇安置点建设了标准污水处理站。

麻阳苗族自治县易地扶贫搬迁安置包括集中安置和分散安置，以集中安置为主。集中安置区建设完成情况："十三五"麻阳苗族自治县实施集中安置项目 35 个，搬迁安置 2 438 户 9 653 人，其中城镇安置 1 375 户 5 348 人，城镇化安置率为 55.4%；农村安置 1 063 户 4 305

人，农村安置率为44.5%。落实后续帮扶措施2 438户，后续帮扶率为100%。

分散安置情况："十三五"麻阳苗族自治县实施分散安置1 025户4 432人，其中分散自建890户3 704人，进城购房141户751人，自筹资金人均3 000元，户均不超过10 000元。落实后续帮扶措施1 025户，后续帮扶率为100%。一是自主发展特色产业622户，其中543户搬迁户自主发展农业产业，29户搞生猪养殖，10户搞白鹅养殖，从事木耳产业的40户；二是委托帮扶发展产业403户；三是就业务工帮扶，劳务输出务工1 694人；四是社会兜底保障307人。

二、麻阳苗族自治县主要做法和成效

（1）就业方面主要有五种措施。一是创办扶贫车间招商企业入驻带动就业。在35个安置小区同步规划建设了后续产业用房5万多平方米，其中扶贫门面798个、市场摊位1 196个、产业用房670个，停车场1个，产业大棚4个，出台优惠政策，引进劳动密集型企业40余家，带动搬迁户就近就业。二是开发小区公益岗位直接就业。根据搬迁户的素能与需求，在35个安置区开发公益性岗位174个，直接解决特困搬迁群众就近就业。三是加强培训劳务输出就业。对接用人企业，采取"订单式""定向式"就业技能培训，实现培训就业和劳务输出共计1 565人，人均年增收2万元以上。四是依托工业园区帮助就业。如城西龙升社区利用临近工业园区的优势，协调园区25家企业，帮助198名搬迁户实现就业。

（2）产业发展方面。"十三五"实施搬迁3 463户，后续帮扶覆盖率为100%。自主发展特色产业1 878户。根据所在乡镇农业产业优势，引导有自主发展能力的搬迁户自主发展产业、生猪养殖、白鹅养殖等种养殖业，其中 1 607 户搬迁户自主发展农业产业，99 户生猪养殖，17 户白鹅养殖，155 户黑木耳产业。委托帮扶发展产业 1 585 户。就业务工帮扶。为搬迁户搭建就业信息平台，促进搬迁户就业，全县劳动力为 7 774 人，其中劳务输出务工 5 648 人（县内务工 1 573 人，县外务工 4 075 人），已培训劳动力人数 431 人；并且经技能培训后推荐到江浙务工，部分劳动力年人均收入较往年增加 8 000 元；加大物业、绿化、保洁等公益性岗位开发力度，确保每户有能力的搬迁家庭有 1 人稳定就业，安排公益性岗位、扶贫特岗 174 个，每年人均增收 1 万元；灵活就业和自主创业人数为 1 990 人；劳动力就业率达 100%，无零就业家庭。资产收益增收帮扶。在经济基础好、人口集聚的 12 个集镇易地扶贫搬迁集中安置点上，同步建设了 798 个扶贫门面（面积 34 017 平方米）、1 196 个市场摊位（面积 8 700 平方米）、670 个产业用房（面积 7 758 平方米），年租金总收益预计达到 483.6 万元，人均可分红 500 元左右，资产收益帮扶共计 1 936 户 7 707 人。

（3）社区管理和社会融入情况。三大举措并进。一是突出了党建引领。"四支队伍"集社区，干群同心攻脱贫。联社区县级领导和县直联社区帮扶单位责任人、包社区乡镇干部、驻社区帮扶工作队队员、社区两委干部"四支队伍"进驻社区，成立脱贫攻坚联合党支部，让搬迁群众有了主心骨。民生服务。对搬迁户基本医疗保险和基本养老保险做到应保尽保；帮助搬迁户落实低保转移；对无劳动能力的搬迁群众实行兜底保障；对搬迁户物业费实行减免，电、气等价格给予适当优惠。

二是"微菜园"建设。在安置区周边为每户搬迁户建设一块 30 平方米的菜园，既解决了搬迁户日常生活所需，又让搬迁户的农作习惯得以保留，为其进一步融入新生活起到了很好的过渡作用。"两块地"经营，对搬迁户的原有田地、林地按照"三权分置"进行确权颁证，通过土地流转等方式增加收入。

三是强化宣传引导。注重扶智和扶志，突出感恩教育、励志宣讲、文明创建，引导搬迁群众发扬自力更生的愚公移山精神，形成感恩奋进、勤劳致富的良好社会风尚。开展饮水思源激励感恩奋进斗志。集中宣传习近平总书记精准扶贫重要论述精神和扶贫政策知识，深化搬迁群众对"脱贫攻坚奔小康，党的恩情永不忘"思想认识。开展氛围浓厚感恩奋进宣讲教育。促使群众从"要我脱贫"向"我要脱贫"转变，知党恩、感党恩深入人心。

（4）在基本公共服务方面。全县35个易地扶贫搬迁集中安置点实施土地平整、场地硬化、挡土墙、室外管网、室内给排水、强弱电、人行道、道路硬化等附属设施建设，使搬迁安置区域基础设施进一步完善，35个安置区基础设施建设合格率为100%。通过把易地扶贫搬迁与麻阳苗族自治县支柱产业开发相结合，不断增强搬迁群众的自我发展能力。因地制宜选定了"特色农业＋乡村旅游""就业培训＋园区务工""资产收益＋物业经济"3种扶持方式，形成了产业推动型、市场带动型等多种产业发展模式。依托易地扶贫搬迁工程实施，配套规划建设消防工程、人饮工程、公共设施、环卫绿化等，有效解决了搬迁群众教育、文化、生活等需求，35个安置区公共服务设施建设合格率为100%。移动网络、广播电视覆盖率均达到100%。对迁出区不适宜耕作的坡耕地和旧宅基地，采取土地流转等方式，结合退耕还林、土地整治、水土保持等项目进行整体生态恢复，大力发展柑橘、黄桃等经济林，有效遏制了迁出区水土流失。同时，全力推进美丽乡村建设，对安置区垃圾进行集中收集清运，农村面貌焕然一新。

第四节　易地扶贫搬迁后续扶持
典型案例和经验做法

一、产业扶持方面经典案例

（1）麻阳兰里的产业发展项目。第一，政府以就业为导向，以商铺为平台，大力出台优惠政策，公开招商劳动密集型企业，以整体出租方式盘活产业用房资源，用好用活国家扶贫政策，先后引进了湖南政鑫农业有限公司、麻阳茜果农业有限公司两家购销一体电商企业，主要经营黄桃、冰糖橙等特色水果，经营周期至少为 5 个月，每天平均吸收贫困户就业 210 余人，其中易地扶贫搬迁户家门口就业 160 余人，占比超过 75%，每天贫困劳动力人均劳务收入 120 元左右，一个购销周期至少增收 18 000 元，仅此一项可创造劳务收入 288 万元。第二，大力鼓励兰里镇区域范围内企业单位优先提供贫困户，特别是易地扶贫搬迁户就近就业岗位，湖南群益禽业、湖南苗乡情、麻阳德宇农业、麻阳桃花源、麻阳三农兄弟、兰里镇幼儿园等企业和单位共吸收易地扶贫搬迁贫困户 120 余人，人均纯收入达到 8 000 元/年，此项创益共计 96 万元。以上两项合计共解决 280 多人就近就业，占比 40%，共创造价值 410 余万元，人平增收 1.46 万元。农贸市场建成后，将更具影响力和生产活力，预计就业率可达到 60% ~ 70%。第三，积极推动自主发展，以冰糖橙、黄桃、红心猕猴桃种植和兰里鹅养殖为主体，种植亩产都在 1 万元以上，养殖以特色产业兰里鹅为主；委托帮扶每人每年不少于 8% 的分红比例，即每年每人可创造约 200 元的分红。

（2）长寿镇集中安置区。长寿镇集中安置区是平江县最大的乡镇集中安置点，共安置贫困户560户2 027人。平江长寿镇的黄金洞矿业、余坪镇的辣条扶贫车间（来料加工厂）在产业扶贫中发挥了重要作用。第一，优化服务抓管理。成立了"轿顶山安置区管委会"，配备管理干部6人，想方设法帮助贫困户解决增收难题，提高贫困户"造血"机能。第二，提升技能抓培训。组织开展"巾帼建功"脱贫技能培训2批次97人次，湘绣公司承接产品回收，贫困家庭妇女在家也能创业增收；组织贫困户参加叉车、汽车驾驶员、计算机等各类适用技能培训31人；参加精准来料服装加工培训54人次；参加保洁员培训35人；参加育婴师培训30人。大大提高了搬迁贫困家庭的劳动技能。第三，以产业带动就业。一方面，帮助自主创业。贫困户开店创业，镇党委政府从办证、租赁、贷款等方面提供帮助，并在开店后帮助推广宣传。另一方面，安排公益性岗位。为集镇安置区贫困户安排生态公益性岗位53个，每人每年可增收6 000～10 000元以上。另外，安排企业就业。在黄金洞矿业、黄金林场药材基地、绿果农庄水果基地、金寿制药公司等安排180名集镇安置点的贫困群众就业；在县内平江县宏胜运动器材厂、兴盛电子厂等企业安排就业30人；在市内县外转移就业9人、省内市外转移就业106人、国内省外务工230人、国外务工2人。组织了复工复产现场见面招聘会，市、县、镇三级共有29家企业参与，现场招聘人数有835人，达成就业意向540人，其中贫困户202人，由政府和企业安排专车接送。

二、就业扶持方面典型案例

麻阳发展特色农业产业，通过培训种养殖技术，实现增加就业。一是抓后劲久久为功。在脱贫攻坚新时代，县委、县政府贯彻落实习近平总书记精准扶贫重要思想，特别是对麻阳县首创的"四跟四走"提出的指示精神，该县始终保持战略定力，届届接力、久久为功，努力实现"中国冰糖橙第一大县"向"中国冰糖橙产业扶贫第一强县"跨越。

二是抓韧劲持续发力。贯彻执行《麻阳苗族自治县柑橘产业发展条例》和《中共麻阳苗族自治县委关于深入学习贯彻党的十九大精神加快推进产业发展的意见》等政策法规，2020年县财政实际投入5 000万元、整合资金2.3亿元、带动社会资本投入3.8亿元，用于发展壮大冰糖橙产业发展。立足麻阳冰糖橙是"国家地理证明商标""中国驰名商标"，推动"湘品出湘"，麻阳牌冰糖橙热销全国各大城市和俄罗斯、越南、蒙古国、中国香港和中国澳门等国家和地区。

三是抓冲劲拓展升级。加快推进冰糖橙产业由增产导向转向提质导向。在品种品质上升级，实施冰糖橙品改1.5万亩（合1 000公顷）、建设了5万亩（约合3 333.33公顷）冰糖橙标准化基地，开发、引进、推广冰糖橙新品种，建设"锦红""锦蜜""锦玉"精品冰糖橙种植示范基地3 000亩（合200公顷），其中搬迁户1 000亩（约合66.67公顷），冰糖橙品种品质进一步提高。在科技服务上升级，强化与湖南农业大学、湖南省农业科学院等高校和科研院所的"院县合作"，建立县、乡、村三级技术服务团队，进一步强化冰糖橙产业科技支撑。在销售模式上升级，线上构建"互联网＋冰糖橙产业化"平台，超过50家电商和快递企业、5 000余名个体电商从业人员加入冰糖橙销售"大军"。线下探索跨区跨境远离市场的果园与舌尖的近态化，打造5家示范性"舌尖果园"，依托麻阳大农业电商物流产业园，构建集储存、运输、加工、流通、销售于一体的产业集群，销售网络立体覆盖、四通八达。坚持以促进就业为导向，用好用活国家扶贫政策，出台专项就业优惠政策。

三、社区融入方面经典案例

（一）平江洪家塅社区

一方面，为搬迁户安置后的基本生活提供保障服务。一是成立楼栋长、小组长，成立调解委员会，家庭纠纷矛盾调解委员会等长期服务于洪家塅安居小区；成立党支部，所有党员的党组织关系全部转入社区，发挥支部领导核心作用。二是依法产生小区业主委员会，社区牵头会同业主委员会管理好小区公共资产，所有公共资产均需通过公开招租等方式产生收益。其收益可用于支付式补贴物业管理等公共管理所需费用，若有节余按人均应占有面积的相关政策作为服务收益分红到户。三是由县公安局负责开设"绿色通道"，对有意愿进城落户的，免费及时办理落户手续，并须做到 2 小时以内办结。四是由县国土局牵头，办理房产权证。搬迁户入住一个月时间内完成搬迁入住的精准扶贫户社区住房不动产登记证免费办理。

另一方面，保障原迁出村的基本利益，积极转换市民身份。一是保障易地扶贫搬迁户籍变更的对象，其原农村生产资料的相关权属维持不变。二是所有入住安置小区的贫困对象由当地原社区负责，会同安监、食卫、交警、城管、文明办等单位采取集中培训或上门服务的方式在入住一周内完成好生活安全、交通安全、公共安全、城市文明等城市生活常识培训，让进城群众快速融入城市生活。

（二）麻阳大桥江乡安置点社区

为搬迁户提供便利的购买和销售渠道。重点打造"湘西年货"市场，发展农业产业电子商务平台。该市场位于大桥江乡易地扶贫搬迁集中安置点内，占地总面积 19 000 余平方米，市场内设门面商铺 64 间，钢架结构零售摊位 106 个，农副产品交易零担区 700 余平方米，基础设施配套到位，可供数千人同时交易。交易以当地及周边县市区生态有机土特产品为主，引进外商进行农产品批发、零售。该市场开市不仅为易地扶贫搬迁群众提供了更为丰富、便捷的购物渠道，切实保障了搬迁群众搬迁后的基本生活和后续发展，更方便了全乡人民群众出行和生产生活，增强了大桥江集镇的聚集和辐射功能，提升了集镇的品位和形象，有力带动了乡村经济发展。

（三）麻阳龙升社区

完善社区配套设施。建设建筑面积 2 230 平方米的龙升社区幼儿园，12 月完工后将增加 300 个学位；9 月份 142 名小学生到龙池小学就近入学，实现了无一人失学目标。完成社区医务室建设，配齐医务人员 2 名，慢性病签约和随访工作实现全覆盖。设立公交站台，开通龙升家园至城东锦江小学的 11 路公交线；亮化绿化提升，119 盏路灯安装到位；县农村商业银行自助银行投入使用；2 家购物平价超市营业，经常性开展优惠销售活动向群众派发"红包"；公厕、图书室、篮球场、健身器材等设施齐全。强化综合保障服务。抓好菜园建设，一期 28 亩（约合 1.87 公顷）、二期 32 亩（约合 2.13 公顷）按照户均 0.5 分面积无偿租给搬迁户。搬迁户基本医疗保险和基本养老保险做到应保尽保。帮助搬迁户落实低保转移，对无劳动能力的搬迁群众实行兜底保障。抓好住房管护，设立易地扶贫搬迁住房后期维护专项资金，确保搬迁户住房安全。抓好物业保障，荣升物业服务有限公司进驻，对搬迁户物业费实行减半收取，每户每月免费供应 4 立方米天然气。

第五节　易地扶贫搬迁后续扶持
工作存在的问题

一、产业扶持工作存在的问题

一是后续扶持的整体规划不够完善。前期搬迁安置工作已经基本结束，后续扶持的实施方案和年度实施计划部分仍处于规划阶段。后续扶持规划和项目储备正在进行中，因此无法落实后续扶持资金规划，后续产业难以做大做强。二是引进龙头企业具有风险。引进的企业对于当地的情况并不是很了解，可能将现代的产业建设方式盲目套用。产业应视情况进行深加工，发展纵向一体化，不应盲目引入加工厂进行深加工。三是资金保障有缺口。易地扶贫搬迁项目建设期间，正值各类建筑材料价格一路飞涨，导致建设成本大幅提高，同时易地扶贫搬迁项目配套设施建设投入大，以致形成了项目资金缺口。四是后续帮扶有瓶颈。搬迁对象帮扶缺乏产业项目、资金支撑，企业引进难度大，配套产业发展相对滞后，搬迁群众就近就地就业创业路子较窄。信贷支持搬迁农户产业经营的精准性和有效性欠缺（贺立龙等，2020）。五是持续发展有困难。镇、村两级帮扶以农业为主，大部分农业项目前期投入大、发展周期长、收益见效慢，且抗风险能力不足，导致搬迁对象的利益联结机制较弱。

二、就业扶持工作存在的问题

一是"扶贫车间"吸纳劳动力数量有限。虽然"扶贫车间"项目享有"零地价、零租金、建厂房"的优惠政策，但现有扶贫车间存在规模小、发展潜力不大、带动作用不强等问题，实际用工数量远低于规划标准，加上公益性岗位极为有限，还远远不能满足搬迁群众的就业需求。二是"扶贫车间"具有较强的同质性，无法兼顾不同性别、年龄层次搬迁户的就业需求。"扶贫车间"在一定程度上与安置点群众的需求脱节，没有依据搬迁社区的劳动力构成、就业技能情况匹配"扶贫车间"，做到就业岗位与搬迁户劳动力适配较难。三是生产产品同质化。现有扶贫车间存在规模小、发展潜力不大等问题，市场竞争力不强，收益不高。四是贫困户劳动力素质不高、技能水平不高、生产的产品质量差。一些扶贫车间存在进入门槛（如年龄限制）。扶贫车间提供的岗位技术难度偏低，大部分工作工资 500～1 200 元/月，远低于东部沿海地区的工资水平，很难吸引到劳动力到当地就业，现有就业群众基本以外出打工为主。

三、社区融入工作存在的问题

一是搬迁户的城市生活适应性较差。相当部分的搬迁贫困移民原有生活习惯仍未转变，需要逐户跟进卫生、水电、防火防灾等工作，因管理经费缺乏，垃圾清运、公共设施运行维护、小区治安管理等难度大。二是随着搬迁户人口增加，原有的住房面积不够。因为政策的原因，不允许搬迁户自己改建房屋，从而增加面积，所以原本合适的居住空间现在变得拥挤，生活水平无法进一步提高。三是医疗教育资源相对有限。对于暂时没有把医保迁入城镇的居民，看病、医药消费较高。当地学校在一定程度上与安置点群众的需求脱节。学校入学有名额限制，部分搬迁户无法就近上学，学校配套设施不足，需要进一步升级。四是户籍管理难。根据自治区"全区统一对搬迁移民实施免准迁证，对暂时不想把户籍迁入城镇的移民，允许保留农村户口"的户籍管理规定，搬迁户对原承包经营管理的山林、土地、旧宅基地等方面的收益存在顾虑，不愿把户籍迁入安置新区，因此导致组织安置点群众自治组织选举困难、工作推进缓慢。

第六节　易地扶贫搬迁后续扶持工作相关政策建议

一、产业扶贫方面

（1）优化搬迁后续产业发展机制，确保产业有效可持续发展。产业兴旺是检验易地搬迁是否成功的最后检验标准（宋安平，2018）。对于后续产业的资金扶持不能断，要做到"有始有终法"，尤其是像农业这样高风险的产业，没有政府的扶持，农户不提高自身的种养殖技术，不拓宽出口路径，很难在市场中保持竞争力，甚至难以存活。后续需要引入产业发展管理监督机制，确保后续产业可持续发展。后续扶持资金使用管理政策中应明确易地扶贫搬迁后续扶持资金的筹集渠道来源、切块比例、责任部门等；明确易地扶贫搬迁建设任务完成后的结余资金定义和用于建档立卡搬迁群众后续扶持的使用程序；明确规定易地扶贫搬迁后续扶持资金及途径。

（2）认真做好产业扶贫后续帮扶。按照"人员下山，产业上山"的思路，通过产业扶贫直接帮扶、委托帮扶和股份合作等方式，与企业、合作社建立紧密的利益联结机制，确保搬迁户产业后扶收入可持续。对搬迁户的原有山林、田、土确权颁证，通过土地流转等方式增加收入。

二、就业扶持方面

（1）进一步细化劳动力调查摸底工作。把细化劳动力调查摸底作为开展搬迁后续就业扶持的首要工作，并且劳动力调查摸底不应该只停留在统计劳动力数量以及是否就业情况上，应该对劳动力的性别、年龄、受教育情况、身体状况、就业技能、过往就业史、工作意愿、计划工作地点、工作种类、期望工资以及家庭基本情况逐一摸底调查，因人施策，做好搬迁劳动力就业引导与保障工作，切实提高搬迁劳动力就业比例。

（2）"按需定量"规划扶贫车间。扶贫车间的设立是为了搬迁户提供更便利的就业机会，促进其稳定脱贫。对于扶贫车间的设置与安置点实际需求脱节的问题，要在对安置点劳动力的分布状况、就业需要摸底的基础上合理规划扶贫车间，提高其有效利用率。

（3）多样化安置点附近的扶贫车间。对于调研中发现的扶贫车间吸纳劳动力有限的问题，建议不要把安置点附近的扶贫车间建设当成"一刀切"工程，在规划扶贫车间项目时要综合考虑搬迁劳动力的年龄、性别、就业技能等因素，"因地制宜"落实安置点扶贫车间建设规划，对于已经建成的扶贫车间，可以适当放宽任职条件，以吸纳更多的就业者。

（4）拓宽就业创业增收渠道。加大社区扶贫车间支持力度，积极引进企业入驻，实现"楼上生活，楼下生产"；支持个体经营，低价出售、出租门面，为搬迁户提供低成本创业场所；加大物业、绿化、保洁等公益性岗位开发力度。

三、社区融入方面

（1）改造扩建现有安置房。因人口变化、家庭生活条件改善等原因，强烈要求对现有安置房进行适当改造、扩建，以满足现实生活需要。建议应顺应群众所需，适当放宽易地扶贫搬迁安置政策，允许已脱贫且有一定经济能力的村内安置对象适当改扩建安置房。

（2）更进一步完善教育医疗基础配套。一是增加学前教育学位，完成中小学改扩建任务，实现无一人失学目标。二是完成社区医务室建设，慢性病签约和随访工作实现全覆盖。三是完善社区公共服务，公交、路灯、银行、超市、公厕、图书室、篮球场、健身器材等服务、设施，畅通便民服务渠道。开设基层党建、社区治理、产业对接、就业帮扶、文化活动、乡镇联络、项目建设等公共服务窗口，提供"一站式"服务。建设便民利民"六个一"服务中心，即社区综合服务中心、文体活动中心、老年活动中心、少儿活动中心、残疾人康复中心、平价超市购物中心，方便群众咨询政策、保健养生、休闲娱乐。

（3）健全社区管理组织，规范社区管理工作。通过示范、宣传等引导搬迁户适应城镇生活。通过开展城镇生活适应性教育，帮助搬迁群众熟悉家电使用，如进行用火用电安全培训，一对一现场示范等方式引导搬迁户尽量适应新的生活方式，遵守卫生道德规范、掌握相应的生活技能。通过海报宣传、开会宣讲等方式引导搬迁户养成文明卫生习惯，遵守交通规则和公共秩序的习惯，逐步由乡村居民向城镇市民转变。坚持示范典型引领，开展社区"文明家庭""致富能手""身边好人"等评选活动，用身边典型教育身边人。结合文明社区创建，开设道德讲堂，广泛开展社会公德、家庭美德、个人品德教育，推进移风易俗。

第十一章

山西省易地扶贫搬迁政策典型案例研究

为了切实解决好易地扶贫搬迁"重搬迁，轻后续帮扶"问题，真正实现"搬得出、稳得住、有事做、能致富"目标，按照国务院扶贫开发和脱贫工作领导小组的统一部署，2020年8月1~8日，中国人民大学农业与农村发展学院师生赴山西省围绕易地扶贫搬迁现状、安置工作实施现状、搬迁后续就业、产业以及社区管理工作等方面，以山西省临县、云州区为典型案例调研对象，围绕其易地扶贫搬迁安置具体工作进程、相关后续帮扶情况等与县委相关部门负责人进行详细座谈，并开展了入户调查。在此基础上对山西省易地扶贫搬迁安置地后续帮扶情况梳理如下，首先介绍山西省易地扶贫搬迁实施现状和后扶工作总体规划，围绕社区融入、产业扶持和就业扶持三个方面提炼典型案例和经验做法，在此基础上总结后扶工作存在的问题，并提出未来改进方向和政策建议。

第一节 易地扶贫搬迁后续扶持
基本情况和总体规划

山西省以"一方水土养不起一方人"为原则，对建档立卡贫困人口和有明确需求的自愿同步搬迁人口实施易地扶贫搬迁。"十三五"以来，山西省委、省政府持续推进"一县一策"落地落细，着力攻克"两不愁三保障"突出问题，强化到村到户帮扶举措，坚持"六环联动"闭环推进，持续关注后续扶持问题，努力实现"搬得出""稳得住"。

一、山西省易地扶贫搬迁现状

"十三五"期间山西省原计划完成 56 万人易地扶贫搬迁任务，其中建档立卡贫困人口 45 万人，同步搬迁人口 11 万人。后经过反复核查，严格按照"一方水土养不起一方人"标准，排查生态环境脆弱、不适宜人类生存并且有整村搬迁意愿的地区，最终确定"十三五"期间全省共实施易地扶贫搬迁 47.2 万人，其中建档立卡贫困人口 36.2万人。

截至 2020 年底，山西省"十三五"规划建设的 1 502 个易地扶贫搬迁集中安置点全部竣工。同时，山西省整体脱贫工作也取得一定成果。剩余贫困人口全部达到脱贫标准，"两类户"全部落实帮扶措施，问题整改基本到位。上半年，全省贫困地区农村居民人均可支配收入4 646 元，同比增长 5%，比全省平均增速高 1.9 个百分点。

二、安置状况

山西全省以整村搬迁为主。山西省从全省 7 993 个贫困村中，选择生态环境脆弱、经济发展滞后、基础设施薄弱、社会文明程度低，分布分散且规模较小，确需整体搬迁的 3 350 个深度贫困村作为异地扶贫攻坚重点，实施整村搬迁。这 3 350 个实施整村搬迁的贫困村主要来源于省内采煤沉陷区、地质灾害区、重要水源地和农林交错区。"十三五"

期间，3 350 个整体搬迁村共计搬迁 24.7 万人，其中建档立卡贫困人口 13.7 万人，占全省贫困搬迁人口的 38%。截至 2019 年 6 月，山西省 3 350 个深度贫困自然村中已有 3 084 个村完成整体搬迁，随后山西省在多个方面采取超常规举措，在 2019 年底基本完成易地扶贫搬迁任务。

以集中安置为主，分散安置为辅。截至 2020 年底，山西省"十三五"规划建设的 1 502 个易地扶贫搬迁安置点全部竣工，安置贫困户 32.3 万人，非贫困户 8 万人，安置人数占总搬迁人口的 85.4%；分散安置点安置贫困户 3.9 万人，非贫困户 3 万人，安置人数占总搬迁人口的 14.6%。超半数集中安置的贫困人口为县城安置，城镇化显著。32.3 万集中安置的贫困人口中，中心村镇集中安置贫困人口 12.6 万人，占比 39.0%；县城附近安置 19 万人，占比 58.8%；县外安置 0.7 万人，占比 2.2%。

无土安置近六成，就业需求较大。以集中安置为安置方式的贫困人口（32.3 万人）中，无土安置人口数目约占 60%。从地域分布来看，无土安置比例较大的地区主要是运城、晋中、晋城、太原等地势相对平坦便于土地流转实施规模化种植的地区和吕梁、忻州等退耕还林开展力度较大的地区。城乡安置区采取不同方式实现"稳得住"。城镇安置区以就业安置为主，推动安置区配套产业园区建设和项目落地，推动扶贫车间投产达效，开发公共管理服务岗位和公益性岗位兜底就业，并预留安置区场地扶持创业。对于农村安置区，引导农产品加工产能向安置区周边集聚，鼓励农村安置区农产品加工企业组建农业产业化联合体，通过贷款贴息、项目投资奖补等政策，解决融资难、人才引进难等问题。

三、山西省产业、就业、社区管理方面的未来政策规划

为进一步加强未来产业、就业发展和社区管理完善的后扶政策力

度，山西省在省级层面出台了一系列相关政策进行科学布局。

在产业发展方面，《2020 年山西省易地扶贫搬迁后续扶持若干政策措施》提出引导农产品加工产能向安置区周边集聚。农村安置区以发展产业为主，倾斜支持、综合提升安置区农产品加工业发展水平。鼓励安置区农产品加工企业组建农业产业化联合体，在认定省级、市级示范联合体时予以倾斜。通过贷款贴息、高学历人才补助、项目投资奖补等支持政策，解决融资难、人才引进难等问题，推动带贫主体与搬迁户建立稳定紧密的利益联结机制。

新冠肺炎疫情的暴发冲击了扶贫产业的发展，部分农产品滞销，产业资金周转不畅，无法及时复工复产等都是需要应对的严峻挑战。为应对疫情影响，山西省出台了《关于克服疫情影响确保贫困群众产业就业增收有关政策措施的通知》《关于做好新冠肺炎疫情防控期间脱贫攻坚工作的通知》等有关文件，在抗击疫情的同时减少产业效益损失。具体从以下三方面着手。

第一，采取积极的财政政策助力稳增收。适时调整完善财政政策。市县可在现有资金管理制度框架内，加大对产业发展、产销对接、开工复工和贫困群众基本生活保障等方面的支持力度。明确对扶贫周转金支持受到疫情影响的中小微企业贷款。第二，打好信贷支持组合拳。针对出现的融资难、还款难等问题，《通知》从展期、续贷、利率优惠等方面明确了一系列政策措施。第三，发挥保险防范致贫返贫作用。发挥好保险的作用，利于构建防范致贫返贫风险长效机制，巩固脱贫攻坚成果。这些措施，对于防范"因疫返贫、因疫致贫"，确保脱贫攻坚决战完胜具有重要意义。

在就业方面，山西省出台《2020 年山西省易地扶贫搬迁后续扶持若干政策措施》鼓励发展电商并多渠道支持搬迁群众创业。统筹利用电子商务进农村综合示范政策，指导示范县对具备条件的安置区予以支持，为搬迁群众免费开展电商培训。健全安置区公共就业服务体系，在大型安置区确定专门场所设立公共就业服务站或窗口，提供一站式就业管理服务。对大型安置区开展专项帮扶，召开专场招聘会。对有就业意愿和培训需求的搬迁劳动力，开展针对性强的职业技能培训，实施"人人持证，技能社会"工程，确保有就业意愿的搬迁群众至少接受一次职业技能培训。

新冠肺炎疫情使得诸多外出务工人员延迟复工，培训项目推迟开展，劳务输出困难。山西省发布《关于统筹推进疫情防控和稳就业工作的通知》，要求落实阶段性减、免、缓、降社会保险费政策，减免期间企业吸纳就业困难人员社会保险补贴期限可顺延。实行订单式、菜单式和项目制培训，开展职业技能线上培训，线上线下融合教学，落实培训补贴。将劳动预备制培训人员范围扩展到未继续升学初高中毕业生及20岁以下有培训意愿的登记失业人员，给予培训补贴。

在劳务输出方面，《关于应对疫情加强就业扶贫促进有组织劳务输出的通知》明确提出已有岗位准备外出贫困劳动力，优先纳入农民工返岗复工"点对点"服务范围，协调专车专列等接送至务工地点。为贫困户开辟网上招聘绿色通道，促进与用工企业精准对接、应聘择岗。不具备上网条件贫困劳动力，组织专人通过电话、视频提供"一对一"对接服务，最大限度地在抗击疫情的背景下帮助贫困劳动力联系岗位外出务工。

在社区管理方面，《2020年山西省易地扶贫搬迁后续扶持若干政策措施》中着重强调了健全安置社区治理机制和美丽乡村的建设工作。在社区治理机制方面，要进一步配套建设社区综合服务设施，实现社区公共服务均等化、利民服务便捷化。充分发挥社区自治组织服务群众、凝聚人心的作用，增强自我管理和自我服务能力，实现搬迁群众办事有地方、议事有组织、纠纷有人管、困难有人帮。建立社区治理联动机制，鼓励社会工作和志愿服务力量积极参与安置区治理，促进搬迁群众融入新生活。发掘宣传安置区社区治理好做法，形成富有山西特色的搬迁社区治理模式。农村集中安置区建设要以美丽乡村为标杆，突出整村搬迁特色，打造外观风貌亮点。让搬迁群众住上好房子、过上好日子、养成好习惯，形成邻里和睦、守望相助、文明节俭的好风尚，将易地搬迁扶贫工作和新农村建设工作结合在一起。

新冠肺炎疫情也是对社区管理工作的一项大考。面对当前境外疫情暴发增长态势仍在继续，我国局部地区出现零星散发病例或聚集性疫情，疫情防控任务仍然十分艰巨。山西省进一步完善多点触发机制，在口岸、机场、车站、学校、社区、机关企事业单位等9类场所建立监测哨点，在每个哨点设置健康管理员作为疫情监测第一报告人，提高早期监测的时效性、敏感性。

第二节　易地扶贫搬迁后续扶持 工作成效和整体评价

"十三五"以来，山西省委、省政府高位推动、持续发力、狠抓落实，易地扶贫搬迁任务基本完成，后续扶持工作有序推进。全省1 502个集中安置点全部竣工，呈现出山庄窝铺搬出来、陡坡耕地退下来、荒山荒坡绿起来、转移就业走出来、群众生活好起来的新景象。省委、省政府强力推进产业配套和就业扶持，农村安置点以发展产业为主，依托资源优势发展现代特色高效农业；县城安置点以解决就业为主，配套扶贫产业园，大力发展扶贫车间；通过构建有效的社区治理体制机制，引导群众形成良好的生产生活习惯。

2020年是脱贫攻坚收官之年，突如其来的疫情却打乱了原有的工作节奏。山西省委、省政府认真学习贯彻习近平总书记重要讲话重要指示精神，义不容辞扛起主体责任，千方百计降低疫情影响，把确保贫困群众稳定增收作为最紧要的事，立足于早、落实于细，争时间抢进度，以有力措施对冲不利影响，采取"五个优先"（优先返岗、优先复工、优先吸纳、优先招聘、优先培训），精准帮扶贫困劳动力。优先支持扶贫龙头企业、扶贫车间开工复工，2021 年计划实施扶贫项目 1.58 万个，开工率 99.6%，410 家扶贫龙头企业、985 家扶贫车间全部复工，吸纳贫困劳动力 4.2 万人。

一、后续产业扶持的经验与工作成效

（一）山西省的主要做法与工作成效

山西省提出农村安置区要大力推进产业配套，发展现代特色高效农业。第一，农村安置区要以发展产业为主，倾斜支持、综合提升安置区农产品加工业发展水平，支持安置区配套产业开展绿色、有机、地理标志农产品认证，减免认证登记费用。第二，产业扶贫坚持"造血"式扶贫原则，坚持以特色产业发展为引领，加大特色产业扶贫信贷力度，通过市场机制引导加大信贷投入，引导信贷资源向贫困地区倾斜。第三，准确对接贫困地区特色产业发展规划，依托其资源优势，打造"山西药茶""大同黄花"等有影响力的特色品牌，注重产品包装设计和品牌推广，并不断推出符合市场需求的深加工产品。第四，统筹利用电子商务进农村综合示范政策，鼓励电商企业免费提供农产品包装、加工、配送等服务，并通过直播带货、创建网店等形式扩大品牌影响。第五，生态扶贫提升，实施"两山"生态系统保护修复工程，深化拓展生态扶贫"五大项目"。

山西省在产业帮扶工作中取得良好成效。截至 2020 年 7 月底，山西省新增小额信贷投放 24.6 亿元、惠及 5.5 万户。完成造林 167.4 万亩（合 11.16 万公顷），惠及 2 021 个合作社 3.2 万名贫困社员，聘用建档立卡生态护林员 3.08 万人，安排贫困县干果经济林任务 150 万亩（合 10 万公顷），实施林业生态扶贫 PPP 项目，首批落实 20 亿元资金，兑现退耕还林、造林绿化补助。发挥光伏扶贫规模优势，结算到村收益 8.7 亿元，发放工资 5.26 亿元。深化消费扶贫"五进九销"，认定 495 家供应商扶贫产品 1 464 种，143 名市县党政领导直播带货 325 场次、销售 1.2 亿元。举办"晋品晋味·助农益农"农产品百日消费季活动，中国消费扶贫生活馆（山西馆）率先开馆，2021 年共销售贫困地区农副产品 17.86 万吨、15.46 亿元。

（二）调研县的主要做法和工作成效——临县

临县政府把握县情贫情，立足特色产业优势，延伸链条打造品牌，推行"龙头企业 + 基地 + 合作社 + 贫困户"的产业扶贫模式，铺开发展以提高产业扶贫覆盖面为主的"小庭院、小农场、小加工、小养殖、小园区"等六小产业，把生态治理与脱贫攻坚紧密结合起来，大力推动光伏产业全面覆盖，搭上电商快车道，稳步巩固产业脱贫成果。临县采取的特色措施如下。

第一，实施"3N35"产业扶贫计划，兴旺乡村业态。该计划是指财政统筹整合资金年户均投入 3 000 元以上，统筹实施 N 个产业，通过"三个一"保障措施，实现村村有扶贫产业、户户有增收项目，确保每贫困户有 2 个以上稳定增收来源，贫困户户均增收 5 000 元以上。到 2019 年底，临县经济林提质增效 54 万亩（合 3.6 万公顷），发展枣木香菇种植 1 800 万棒，中药材种植 9 万亩（合 6 000 公顷），生猪、蛋鸡、肉羊养殖分别达到 14.2 万头、214.5 万羽、25.7 万只。此外，临县实施农业托管经营，支持迁出区依托农业龙头企业、农业合作社、家庭农场等新型经营主体，发展农业托管经营服务，积极鼓励土地流转，适度规模经营，增收资产性收入。

第二，推动光伏全覆盖，强化村集体经济。临县把光伏作为"三大扶贫工程"之一，全县光伏扶贫项目总规模197.02MW，其中：村级分布式光伏扶贫电站162.99MW、共308座；城庄30MW集中式电站、1座；户用屋顶式电站4.03MW、共408座；实现贫困村平均年光伏收益30万元。目前村级分布式光伏扶贫电站162.99MW，截至2020年4月发电量共1.9亿度，税后结算电费5 807.8511万元，国家下达补贴2 488.4714万元，共计8 296.3325万元。同时，按照"80%的光伏扶贫收益要用于公益性岗位工资和小型公益事业劳务支出"的要求，全县目前设置保洁员等村级光伏扶贫公益岗位22 882个，涉及建档立卡贫困户19 473户，重点吸纳"无法离乡、无业可扶、无力脱贫"的贫困劳动力实现就地就近就业增收，切实推动"光伏扶贫"实现从"输血"到"造血"的转变。

第三，紧抓电商扶贫把手，确保发展与增收双赢。2017年以来，临县县委、县政府以建设全国电子商务进农村综合示范县为契机，紧抓机遇发展电商，将中央财政专项资金2 000万元，县财政配套资金300万元落实到具体项目，建成并启动乡村电商站点621个，初步形成县有园区、乡有站、村有点的电商服务网络。临县形成了"王小帮""宝珠山""阳府井"等知名电商品牌，临县红枣、临县枣木香菇、临县枣花蜜、临县小米等农特产品深受消费者的青睐，全县电子商务累计交易额突破4亿元，其中网络零售额累计达到2.5亿元，农业产业销售额占比达到65%以上。

（三）调研县的主要做法和工作成效——云州区

云州区立足区位优势，大力发展黄花特色产业，落实"人头一亩黄花"政策，让搬离原址969户2 136名贫困户今年全部可以享受黄花分红的"股金"，推广旱作农业，拓宽农户增收渠道。通过土地流转和以土地入股，搬迁户不仅可以得到每亩 400 元左右的土地"租金"和保底分红的"股金"，而且还可吸收约 210 个有劳动能力的搬迁户参与田间管理，获得"薪金"，入股扶贫合作社，让搬迁户领上"股金"。云州区采取的特色措施如下。

第一，发展特色黄花产业，提高搬迁户致富水平。黄花产业作为云州区脱贫攻坚的主导产业，市、区两级出台了 21 项产业扶持政策，财政累计投入资金 5.3 亿元。截至 2020 年底，全区黄花产业实现了规模化种植，产业化经营的目标，全区总面积达 17 万亩（约合 1.13 万公顷），盛产期黄花达 9 万亩（合 6 000 公顷），产值达 7 亿元。云州区还培育了 15 家黄花加工为主的龙头企业，打造出 8 个国家级品牌，盛产期黄花亩均收入 7 000 元左右，仅此一项全区农民人均可增收 5 000 元，达到了除社保兜底外 12 194 户 29 722 贫困人口人头一亩黄花的目标，成为省级现代农业产业园区。

第二，实施有机旱作农业项目，拓宽增收渠道。有机旱作农业在云州区经历了试验、示范、推广三个阶段，从有机旱作农业项目覆盖区的特点看，无论从土壤立地条件和作物种植品种，都与易地搬迁村的自然条件相吻合，增收效果明显。全区在沿桑干河两岸的半干旱区的 5 乡镇58 个村进行项目布点、设计，总规模为 10 万亩（约合 6 666.67 公顷），在项目落实过程中，围绕易地搬迁 18 个村迁入区，优选品种、落实面积，让群众得到新技术带来高收益。

二、后续就业扶持的经验与工作成效

（一）山西省的主要做法与工作成效

山西省提出城镇安置区以就业安置为主，持续关注劳动力就业技能水平的提高，通过扶贫车间安排一批，公益岗位吸纳一批，外出务工转移一批，职业培训输送一批，扶持创业带动一批，达到安置区劳动力充分就业的目的。第一，健全对安置区劳动力摸底、管理办法，建立就业帮扶动态跟踪机制和管理台账。第二，在就地就近就业方面，山西省推动安置区配套产业园区和扶贫车间建设，鼓励搬迁群众自主择业创业。第三，健全安置区公共就业服务体系，在大型安置区确定专门场所设立公共就业服务站或窗口，建立岗位信息推送机制。第四，确保有就业意愿的搬迁群众至少接受一次职业技能培训。第五，坚持宣传并落实好技能培训和以工代训补贴、吸纳就业补助、社会保险补贴等政策措施。第六，兜底保障提档，开展社会救助兜底脱贫行动，符合条件的未脱贫人口全部纳入低保、特困供养范围。

山西省对159万贫困劳动力实行建档立卡、精准培训、考核评价、发放证书、安置就业"一条龙"服务，累计培训贫困劳动力21.8万人。培训创业致富带头人2.53万人，创业项目6 100多个，辐射带动12.9万贫困人口增收。2020年返岗务工人数87.5万人，比2019年增加5.7万人，其中稳定就业57.76万人，"点对点"劳务输出9 715人，开发护林员、护路员等公益岗位安置42万人，临时救助6.2万余人次。农村低保连续5年提标，全省平均5 319元。

（二）调研县的主要做法和成效——临县

临县是山西省第二人口大县、劳务输转大县和全省首批农村劳动力转移示范县，全县69.95万人中，18～60周岁劳动力总人数41.05万人，累计劳务输出22.1万余人，剩余劳动力15.6万人，长期在外务工人员达到14.49万余人（其中贫困劳动力4.36万人），临县结合县情实际，实施劳务脱贫战略，把劳务培训就业工作作为全县精准扶贫、精准脱贫的重要把手，强化企业产业发展带动，增设公益性岗位，兜底保障特殊群体。临县采取的特色措施如下。

第一，靶向培训，提高就业精准度。临县坚持以市场供需导向，确保贫困劳动力就业精准度，推动劳务输出从"体力型"向"技能型"转变。全县累计培训吕梁山护工培训1.2万人，输出就业近8 000人，就业率达到66%，累计完成贫困户驾驶员、职业技能、全面技能提升等培训13 479人，就业4 045人，以红枣、核桃、食用菌种植管理等农民实用技术培训2.8万人次，全县外出务工人员达到14.9万人，其中贫困劳力4.36万人，劳务收入占到了全县农民人均纯收入的一半以上。

第二，建设扶贫车间，强化产业带动。临县出台《临县易地扶贫搬迁后续产业发展规划》等文件，紧盯"能脱贫"的问题，培育产业，建设车间，促进就业。临县在18个安置点建成11个产业园区。指定招商引资"十项优惠政策"，目前，全县已建成扶贫车间10个。全县18个安置点的农业园区和扶贫车间带动建档立卡贫困人口就业人数3 577人，依托周边96个企业，带动建档立卡贫困人口就业4 106人，确保搬迁户实现就近就地稳定就业。

第三，跟踪服务，做好就业保障。临县各部门通力协作，为贫困劳动力提供了良好的服务和坚实的保障。县人社局与北京、太原、离石、神木等地的家政公司紧密合作，挂牌设立了12个"临县就业服务站"，在北京等地设立就业联络站，精准对接每一位外出就业人员，定期跟踪回访；提供就业服务，提前与省外家政公司对接，每期培训结束后都邀请太原、天津、北京等地的家政公司，在培训学校召开专场招聘会。

（三）调研县的主要做法和成效——云州区

云州区易地搬迁涉及7乡镇18个村（整村），6 040户13 498人，其中贫困户5 516户12 431人，同步搬迁524户1 067人。18个整存搬迁村共1 492户3 199人（其中贫困户968户2 132人），劳动力2 079人，就业人数1 663人，包括公益岗位安置126人。通过摸清劳动力底数、以户建立劳动力台账，有针对性地开展技能培训、开发就业岗位、组织劳务输出、提供就业帮扶等多种渠道，重视女性就业，尽可能实现易地搬迁劳动力就业、创业。云州区的特色措施如下。

第一，建立贫困劳动力台账，积极推进技能培训。云州区在各村实行网格化管理，建立了贫困劳动力、易地搬迁户劳动力台账，有针对性地对未脱贫劳动力开展技能提升培训，通过对未脱贫劳动力摸底，对177人未脱贫劳动力实施送教入户技能培训，有5个培训机构，进行黄花种植技能、家政服务培训。手工编织培训，在全区推广柳编技能，10个乡镇已培训560人。疫情影响期间积极采用线上培训，全区共有7个培训机构开展线上培训，开展了美容化妆、计算机软件工程、家政服务、电子商务等市场紧缺工种的职业技能培训，线上培训1741人，其中贫困劳动力90人。

第二，加快发展产业园和扶贫车间，就近就地吸纳劳动力就业。云州区发挥各类合作社带动作用，如黄花合作社、旱作农业合作社、造林合作社、杏果合作社、劳务合作社等，吸纳搬迁户贫困劳动力。落实企业社会保险费减缓免政策和稳岗补贴政策。实施对扶贫车间、小微企业吸纳劳动力和贫困劳动力给予一次性补助，鼓励企业及扶贫车间吸纳劳动力，加快扶贫车间和宜民、云萱等黄花深加工企业建设，峰峪黄粉虫项目，到目前，已认定扶贫车间25个，吸纳638名贫困劳动力就业，平均增收5000元以上。

第三，手工发展带动女性就业，拓宽收入途径。云州区充分重视女性劳动力的就业情况，为了让广大缺乏知识、技能薄弱的贫困妇女能通过做手工增收，瓜园乡渔儿涧村建档立卡贫困户魏玉花，在市、区妇联组织的帮助下，领办了好媳妇手工合作社，从天津引进了外贸仿真花来料加工项目，在县城领办了5个加工点，并带动了周边村庄，该项目受到广大妇女姐妹的欢迎，从成立以来，先后培训3000多人，在13个车间长年做活的有600多人。

三、社区融入的经验与工作成效

（一）山西省的主要做法与工作成效

山西省统筹城乡发展推进新型城镇化建设，构建社区治理和社会融入新格局，提高对特殊群体的救助水平。第一，积极构建易地搬迁、城镇化建设、特色优势产业"三位一体"发展模式，把基础设施建设、社区建设、产业发展等"一揽子"融入搬迁计划，水、电、路、电视、通信一次配套到位，幼儿园、中小学、卫生所等同步建设，积极引导"老农民"向"新市民"的转换。第二，党建引领创新基层治理，通过构建有效的治理体制机制，配齐配好社区党组织和其他组织领导班子，健全社区网格化管理模式，建好用好一站式便民服务中心，促进社会融入。第三，建立健全基层自治体系，在农村大中型集中安置点逐步实行农村社区治理，小型安置点重点实行村民自治组织管理，引导群众养成良好生产生活方式。第四，不断提高对特殊群体的救助水平，坚持全面排摸和重点关爱相结合，各级有关部门要完善帮扶政策措施，切实保障特殊群体合法权益，形成全社会关心关爱特殊群体的良好氛围。

（二）调研县的主要做法和工作成效——临县

临县聚焦底线任务，持续发力解决社区融入过程中的突出问题，全方位保障搬迁户义务教育、基本医疗、住房安全、饮水安全方面的权益，完成 83 所农村义务教育学校的"全面改薄"工程，完成 447 个村级卫生室的新建和改扩建任务，新建日间照料中心 141 个、文化活动场所 266 个，临县政府紧盯"稳得住"的问题，突出党建引领，完善后续服务，强化社区治理，积极探索传统美德与精准扶贫相结合的养老新模式，营造可持续发展的良好环境。临县的特色措施如下。

第一，健全党组织班子，优化社区管理服务。新设立移民安置社区党组织18个，现已完成健全党组织班子、完善基本信息、制定规章制度等基础工作，组建了社区居民委员会，成立了物业管理公司，每个安置小区配备党群服务中心、就业服务站、建成基层医疗机构进驻服务的卫生室，设立便民服务中心，实行一站式综合服务。搬迁后继续由源村第一书记、驻村工作队、结对帮扶人员实行"不脱钩"精准帮扶，同时，建立楼长管理制度，每栋楼明确一名党员干部担任楼长，服务群众，建立重点人员动态管理台账，定期上门服务。在安置点设立新时代社区讲习堂，集中可开展惠民政策宣讲，带动群众参与，促进感情交流。

第二，实施孝心基金工程，破解老年贫困难题。临县建档立卡贫困人口中，70周岁及以上老年贫困人口近2万人，占比9%。2018年，临县以全县70周岁及以上贫困老年人为试点实施范围，设立临县扶贫孝心基金，向贫困老年人及五保孤寡老年人发放孝心红包，2019年将年龄放宽至65周岁，2020年临县为全县21 086名贫困老年人建立档案。2020年度贫困老年人子女缴纳赡养金4 819.3万元，县财政拨付1 010.86万元。各村扶贫孝心基金理事会在村内公共场所设置扶贫孝心晾晒台，每季度结束时，对贫困老年人子女缴纳养老金情况、领取孝心红包情况以及子女平时看望父母次数、孝敬父母的具体表现等统一进行公示，助推乡风文明建设。

（三）调研县的主要做法和工作成效——云州区

在社区管理的过程中，云州区首先聚焦于底线问题，落实社会救助政策，将符合条件的困难群众，纳入农村低保、特困救助供养、孤儿、事实无人抚养儿童等保障范围，全面落实残疾人两项补贴政策，区委、区政府高度重视社区建设工作及搬迁后群众的服务工作，将搬入西坪中心村的1 327户3 002人成立昊盛里社区，逐步实现由村委会管理向社区管理的转变，推行网格化管理工作制度，注重安置区党建引领作用，广泛开展群众文化活动，丰富人民群众的精神生活，逐步提升安置区居民的幸福感和融入度，不断强化社区服务水平。云州区的特色措施如下。

第一，以党建为抓手，优化社区管理水平。区委、区政府将西坪中心村安置点更名为昊盛里社区，同时设立昊盛里社区居民委员会，逐步向社区化管理模式过渡，落实由"村民"变"市民"的衔接。以"党建"为抓手，成立昊盛里党总支，加强以党建为引领，落实相关扶贫后续政策。推行"网格化管理"工作制度，实行由"社区服务中心＋党支部＋村委会＋楼长"的管理机制，楼长负责居民的垂直化管理，做到层层有任务，人人有责任。

第二，加强思想教育，提升居民自治水平。云州区积极开展做好搬迁户思想大教育，充分运用道德讲堂等平台，不断激发群众脱贫的内生动力，增强脱贫致富的积极性。通过居民自治，增强搬迁户的主人翁意识，促进他们参与到社区的管理当中，修订完善村规民约，建立村民议事会、道德评议会、红白理事会、禁毒禁赌会等群众组织，引导群众弘扬传统美德、树立文明新风。

第三，广泛开展群众文化活动，丰富人民群众的精神生活。文旅局积极开展"文化进万家"送戏下乡、"情系贫困户、春联送到家"等活动。广大文艺工作者和爱好者围绕持续打响"黄花、火山、生态"三张牌、宣传党的政策、弘扬社会主义核心价值观等创作主题，编排创作具有地方特色的文艺节目，寓教于乐，以群众喜闻乐见的文艺表演形式进行演出。累计送歌舞、戏曲下乡演出135场，让广大农民朋友受到了正能量的熏陶和教育，丰富了基层群众的精神文化生活。

第三节　易地扶贫搬迁后续扶持
典型案例和经验做法

在易地扶贫搬迁的总方针指导之下，各个市、县都根据自己地区的不同实际情况因地制宜地开展了不同形式的工作，并在产业、就业和社区管理方面取得了一定的成果。在产业发展扶持方面，临县给红枣产业主注入新活力，用小红枣撬动大脱贫工程；云州区坊城新村用黄花串联起一二三产业，在助力脱贫的同时促进农村产业结构的调整升级。在就业扶持方面，大同市云州区成立好媳妇扶贫车间，帮助留守女性居家就业；云州区瓜园乡成立蒲公英加工扶贫车间，推动农业结构调整的同时解决当地就业问题。在社区融入方面，大同市云州区昊盛里社区开展网格化社区管理模式，将党建组织与基层管理以一种精细网格的方式结合起来，方便基层社区管理与服务；吕梁市临县湫水柏林苑社区建立"爱心超市"，用积分兑换生活用品的方式激励村民积极参与社区活动，建设文明社区。

一、产业扶持典型案例

（一）吕梁市临县红枣产业——"老产业"焕发新生机

临县是首批国定贫困县之一、吕梁山集中连片特困县之一，是山西省贫困人口最多，攻坚任务最重的区域。全县有建档立卡贫困村447个，建档立卡贫困户80 916户207 549人。该县累计搬迁13 337户40 004人，其中贫困搬迁对象23 495人，建成集中安置点18个。众多搬迁人口能否"稳得住"，产业发展是关键。红枣是临县的主导产业，也是临县的扶贫产业。该县按照"基地做大、加工做深、龙头做强、品牌做响、销售做畅、链条做长"的思路不断发展红枣产业，推动红枣为主导的特色产业发展，带动群众增收致富。

临县政府为当地红枣产业的进一步发展做出了诸多努力并给予了充分的政策支持。立足特色产业优势，大力实施提质增效。2020 年计划投资 2 937 万元，在 12 个乡镇实施红枣经济林提质增效项目 13.101 万亩（合 8 734 公顷）。预计助推 12 个乡镇，176 个村，贫困户 10 226 户脱贫增收，预计人均增收 400 元。保险托底红枣产业，助推全县脱贫攻坚。2020 年，在八堡、克虎等 12 个主产区乡镇计划投资 280 万元，开展 10 万亩（约合 6 666.67 公顷）省级政策性红枣保险试点工作，预计人均增收 180 元。目前招投标已完成。建立带贫益贫机制，贫困群众稳定增收。临县通过"六带动"方式实现产业与扶贫互促共赢。一是通过设置公益性岗位带动脱贫；二是通过技术培训促劳务就业带动脱贫；三是通过枣园地流转模式带动脱贫；四是通过实施红枣保险带动脱贫；五是通过补助加工企业带动脱贫；六是通过落实补贴政策激发内生动力带动脱贫。

拉长红枣产业链条，带动效益整体提升。临县的红枣链条已经衍生出了各种项目。如枣芽茶，枣芽红茶被定为"山西四大药茶"重点发展；残次红枣加工饲料项目也已经获得了上百万投资；林下经济包含药材种植、肉鸡养殖的诸多项目，带动贫困户增收。实现"输血""造血"并举，培育壮大龙头企业。2020 年临县农业农村局申报 20 户企业为市级骨干龙头企业，其中有 8 户为红枣企业。做大做响知名品牌，提升红枣品牌价值。为提高临县红枣的知名度，临县在河北注册了商贸公司作为销售窗口，旨在扩大临县红枣影响力，为其未来发展提出更有针对性和前瞻性的建议。

临县在其原来红枣产业发展的基础上通过多种方式将红枣产业与精

准扶贫联系起来，在发展中帮扶，在前进中带动。目前临县的红枣产业还在与扶贫项目对接联合适应的过程中，尚存在产品产业链有待完善的问题，未来随着产业发展的逐步完善，这一问题或可得到解决。

（二）大同市云州区坊城新村黄花产业——一二三产业相融合

云州区西坪镇坊城新村地处云州区西部、云冈机场附近，由原大坊城村和西咀村合并而成，共安置易地扶贫搬迁户142户277人，其中贫困户77户158人。该安置点于2017年11月建成，总占地面积80 206平方米。2018年6月村民们陆续搬迁入住，新房建筑面积71平方米，铺地吊顶，室内上下水，整村实施煤改天然气工程。在易地搬迁过程中，由帮扶单位市规划局进行勘察规划设计，并为新村建设筹集300多万元资金，实施街道硬化、美化、净化，全村基础设施、服务设施、文化娱乐等设施配套齐全，功能完善。该区产业发展以黄花为主导，积极融合一二三产业共同发展。

该区在抓特色产业上想办法：围绕抓产业就是抓扶贫的理念，既考虑全村长远发展，又发动群众广泛参与，激发村民内生发展动力，自觉参与扶贫规划的实施当中。抓脱贫攻坚必须有特色产业做基础。根据包扶村实际和村情民意调查研究，按照"一村一品一主体"的发展战略，科学制定村综合发展规划。通过帮扶单位推动、合作社带动、村"两委"会发动、农户行动，采取"集体＋合作社＋农户"的模式精准施策，发展以黄花为主的特色长效产业，打造新的产业优势，狠抓产业项目扶贫。2020年新发展了300亩（合20公顷）黄花，盛产期亩产收益可达5 000~8 000元。

目前该村主要开展黄花种植和基本加工，坊城新村黄花产业园正在建设中，该项目将为大同市"黄花菜大产业"注入新动力。新村的黄花产业占地面积约605亩（约合40.33公顷），总建筑面积约8 650平方米，主要以黄花菜为主、各类特色小杂粮为辅，集生产加工、仓储物流、质量检测、产地集散、展示销售、品牌塑造、旅游服务等功能于一体的产业链延伸综合性产业园。总投资 9 000 多万元，项目建成投产后年收入 6 000 万元，可新增就业岗位 150 多个。产业园以黄花全产业链经营为目标，以一二三产业融合为路径，以黄花为依托，以原汁原味的田园风格为主，打造全市标杆产业园，将黄花打造成全国知名品牌，可带动当地旅游业的发展。

二 、 就 业 扶 持 典 型 案 例

（一）大同市云州区好媳妇扶贫车间——留守女性居家就业

扶贫车间的建设是解决搬迁农户就业问题的一项重大工程。为了让广大没有知识、技能的贫困妇女能通过做手工增收，云州区瓜园乡建档立卡贫困户魏玉花，在市、区妇联组织的帮助下，领办了好媳妇手工合作社，从天津引进了外贸仿真花来料加工项目，在县城领办了五个加工点，聚乐乡西关和张庄等八个村的车间也运行良好。绢花制造手工受到广大妇女的欢迎，从 2019 年 8 月成立以来，先后培训 3 000 多人，在 13 个车间长年做活的有 600 多人，特别是西坪移民中心村的第八车间，带动上百户 200 多人做花增收，为移民搬下后能稳得住、能增收、快转型做出贡献。

好媳妇扶贫车间的具体运营状况以及综合效益如下：（1）利用农闲时间增收。2019 年 11 月云州区绢花第八车间开业以来，农户们已来料加工 200 万枝仿真花，出口加工费收入 50 多万元。疫情期间，他们抓住出口地波兰疫情不重的时机，从正月初三就组织 100 多个家庭的男女老少做花保收入。（2）解决居家女性就业问题。贫困妇女和带孩子的妇女是就业困难群体。绢花项目让她们能够利用零散时间做工，这在大同催生了居家就业增收的"炕头经济"，显示出良好的发展"钱"

景。（3）加入沿海产业链。手工项目能把家庭妇女闲人多的这个包袱转化为资源，融进京津冀经济大循环。（4）形成文明新风尚。手工绢花让众多云州妇女离开麻将桌来做手工，居家做手工更增进了家人之间的感情，树立了"脱贫不歇脚，致富靠双手"的良好社会导向。

好媳妇手工绢花的发展得益于看到了闲置在家的富余劳动力资源，并把零散劳动时间运用起来。项目组实地调研感受了绢花工厂的工作氛围，同时也发现其生产的绢花存在价格偏高的问题。相信在未来手工绢花进一步融入更大范围市场时，其产品形态和定价将会进一步市场化。市场淬炼将助力绢花产业发展得更加坚实，走得更远。

（二）云州区瓜园乡蒲公英加工扶贫车间——农业结构调整与精准扶贫

云州区瓜园乡乡社一体合作社（云州区瓜园产业发展专业合作社联合社）为了破解易地扶贫搬迁村产业单一难题，2019 年在滕家沟村种植蒲公英 200 亩（约合 13.33 公顷），长势良好，为了把这一产业做大做强，该区新建蒲公英茶加工厂，使之成为巩固脱贫成果的又一新型产业。项目总建筑面积 1 230 平方米；建筑工程主要包括新建厂房 500 平方米和硬化场地 730 平方米，新建库房 110 平方米，改造办公用房 100平方米；购置加工蒲公英茶自动流水线设备 1 套；项目总投资 100 万元。项目完成后，年可加工蒲公英茶 4 万千克，可为附近村贫困户提供长期务工岗位 20 个，季节性务工岗位 80 个，增加贫困户收入，巩固脱贫成果。项目建成后，收益的 40% 联合社用来壮大产业，收益的 60%用来给联合社内的贫困户分红。

蒲公英加工扶贫车间的项目效益分析如下：（1）助力地方主导特色产业建设。扶持发展地方特色蒲公英产业，由"输血"救济到"造血"自救，是当地脱贫的依托，是乡村振兴的物质基础。（2）建立新型经营主体。蒲公英项目的建设支持新型经营主体发展特色产业，创造更多就业岗位，提升产业附加值；同时鼓励新型经营主体与贫困户建立稳定带动关系，让贫困户更多分享农业产业链和价值链增值收益。（3）建立利益联结机制。项目的建设提高了农业产业集约化、组织化、规模化程度，建立"市场主体＋村集体＋贫困户"利益联结，形成市场主体、村集体、贫困户共同受益的"红利式"产业发展格局。（4）树立绿色发展观念。农村的生产、生活与生态是一个有机体，项目的建设实现了农业农村绿色发展。蒲公英产业立足本地资源环境承载力，综合考虑产业基础、市场需求、技术支撑等因素，切实把生态优势转化为经济优势，实现可持续发展。

该项目具有一定的地区优势，生产资料和劳动力充足，原料价格便宜，数量充沛。项目实施的条件较好，交通便利，基础设施齐全。该项目不仅有效地将资源优势变为经济优势，而且能够极大地带动一批相关产业的发展，推进本地区农业和农村经济结构调整。目前该项目仍处于初期发展阶段，产业规模尚在发展过程中，未来其发展状况仍要继续观察跟进。

三、社区融入典型案例

（一）大同市云州区昊盛里网格化管理——精细化社区管理

昊盛里社区成立于2020年7月，服务辖区为西坪中心村，建设安置住房1 398套，该安置点安置西坪镇、瓜园乡和聚乐乡3个乡镇17个村1 348户、3 002人，建档立卡贫困户953户2 175人，同步搬迁395户827人。为更好地融入社区治理，该社区提出了网格化管理方法，采用精细化管理方式提升社区服务和管理水平。

昊盛里网格化社区管理的主要做法有：（1）党建引领。把党组织设在网格上，设立一个或多个网格党小组，协同管理。把基层党组织建设工作融入移民新村建设全过程、各方面（方亮，2017）。（2）建章立制。实施一套制度，做到"发现问题在网格，大事不出社，小事不出片"。（3）健全工作机制。社区以网格信息库为基础，建立有人巡查、有人报告、有人负责、有人解决、有人督查的"五有"工作机制。（4）摸清家底。社区开展辖区内人口信息摸底工作，实现各群体翔实信息全部入库，为网格化管理提供了信息基础。（5）组建队伍。"两委"干部担任片长，社区老党员和有责任心的群众担任楼长，明确岗位职责，社区为他们提供必要的工作保障。（6）定人定岗定责。"定人"，是明确一名党员干部责任人，实行包保到位。"定岗"，是将巡查作为网格责任人的日常工作，坚持每天巡查。"定责"，是明确网格管理的职责内容，其中不仅包括市党建、文化、容管控、环境卫生，民政、计生、社保、创城、违建巡查等内容将逐步被纳入网格中。

昊盛里的网格化管理目前已经取得了显著的成效：（1）打通了服务群众"最后一公里"。通过网格化管理，推动了社会治理重心下移。信息在网格采集、问题在网格解决、矛盾在网格化解，服务的触角直接延伸到了居民的家中。（2）密切了党群干群关系。网格化管理搭建了党员干部与居民群众的联系纽带。党员干部每月对重点人群开展不定期走访，使党员更了解居民的生活情况，同时居民认识了党员干部、感受到了党组织就在身边。（3）有效转变工作作风。因为每位片长和楼长都有自己的一份"责任田"，这促使他们深入群众，了解听取居民的意见建议，逐步消除了机关化工作现象，有效减少了工作"盲区"和"真空"。（4）助力疫情防控。在疫情防控期间，各楼长逐户排查，通过"双网"（网络＋网格）和线下走访线上统计，共摸排居民1 327户3 002人。居民情绪平稳，社区秩序稳定，促进了"防输入，防蔓延，防输出"疫情防控目标的实现。

昊盛里社区通过网格化管理方式推动社区管理模式朝着社会化方向

过渡，同时伴随着由"村民"变"市民"的转变。网格化管理与昊盛里社区的千人规模相适应，其运行模式的核心在于将党建组织与基层管理以一种精细网格的方式结合起来，实现了基层中的干群互动沟通。目前仍存在群众对社区网格体系不熟悉的问题，未来随着网格化管理体系的进一步建设与成熟，这一情况或有待改善。

（二）吕梁市临县湫水柏林苑社区"爱心超市"——积分兑换激励社区参与

临县湫水柏林苑移民安置点是临县县委、县政府重点打造的易地扶贫搬迁集中安置工程之一，位于城庄镇东柏村。项目总占地 252 亩（合16.8 公顷），预算总投资 3.87 亿元。共建有 32 栋 1 371 套安置房，共安置 9 乡镇 67 个自然村 4 944 人，其中：贫困人口 3 595 人，同步搬迁1 349 人。该安置点聚焦"稳得住"的问题，突出党建引领，强化社区治理，组建社区党支部、居民委员会，设立便民服务中心，实行"一站式"综合服务，并提出成立"爱心超市"积分项目，为社区管理提供了新样式新思路。

"爱心超市"积分项目即为居民（重点是建档立卡的贫困户）在内生脱贫、参政议政、移风易俗、环境卫生、勤俭节约等方面的突出表现进行积分，居民可以凭借积分在"爱心超市"兑换免费生活用品，以此激励广大群众在以上各方面的活动积极性，发挥先锋模范的示范引导作用。

"爱心超市"相关详细情况如下：（1）超市设立及运行管理。该超市负责居民日常积分兑换；按要求配备、补充货物；设立消费扶贫与捐助物品兑换专间，用于发布、展览村民待售农产品及存放接受的捐赠物品。（2）物资筹集。"爱心超市"物资主要由包联单位（人员）、爱心人士和企业捐赠，社区适当购买补充。（3）积分原则。以居民自治为依据，扶贫扶志为目的，建立"扶勤扶智、以工代赈、以奖代补、多劳多得"的脱贫奖励激励机制。具体积分范围包括环境卫生积分、公益活动积分、文化事业积分、产业发展积分等。（4）消费扶贫。"爱心超市"设立消费扶贫专区，全社区居民将各户准备销售的农特产品具体情况提供给超市，由超市登记建档，并向帮扶人员及外界发布，帮助居民推广、销售产品。

为适应该社区人口规模大且来源地广的实际情况，溇水柏林苑通过"爱心超市"积分项目整合社会帮扶资源，激发广大群众脱贫致富内生动力，充分发挥道德模范的示范引导作用，促进消费村民农特产品，提升村民在内生脱贫、参政议政、移风易俗、社区卫生、勤俭节约等方面的主动性与参与率，将各方面的积极行为量化变现，是社区基层管理的一项创新举措，利于村民在社区融入的过程中形成良好现代的生活习惯，改善整体的精神面貌。目前该项目在具体积分计算和赠予的环节仍存在界定不清晰问题，随着社区管理工作经验的积累这一问题或可解决。

第四节　易地扶贫搬迁后续扶持工作存在的问题

一、后续产业扶持方面

（1）当前产业阶级性强，带动方式仍以"输血"为主。部分安置区的产业带动模式依托于当地农业产业链，所需要的劳动力有限，用工高峰期持续只有 1~2 个月。同时贫困户通过发展产业获得的工资性收入有限，因此大多数农户在产业发展中的参与度还有待提高。相关产业收益多以分红的形式发放给贫困户，该方式对于调动贫困户积极性有限，对未来的产业良性发展埋下隐患。

（2）产业链条短，产品缺乏竞争力。大多数安置区的产业园以提供初级农产品为主，纵向链条短，缺乏对产品价值的深度挖掘，产品附加值低，缺乏集生产、加工、物流、销售为一体的产业融合发展模式。截至 2019 年，云州区黄花产业实现了规模化种植、产业化经营的目标，但是销售的产品仍以简单晾晒、脱水后的黄花干为主，产品类别单一。虽然云州区近年来也陆续推出了诸如黄花酱、黄花饮料等加工产品，但由于目前生产此类产品的企业较少，还未形成规模，口味也尚未得到市场的认可，竞争力有限。

（3）收集、把握市场信息的能力有限，需要专业化指导。临县在安置区建立多个蔬果大棚，由于缺乏及时的市场信息，出现过订单生产供给与需求时间不协调的情况，导致农产品无法卖出高价，滞销给合作社带来一定损失。临县大力发展食用菌产业，但该产业出现时间较晚，在生产过程中经验有限，很长时间处于摸索阶段，尽管所生产的枣木香菇具有较高的营养价值，但由于没有打造当地的品牌，产品特色未完全被消费者认可。

二、后续就业扶持方面

（1）锁定帮扶对象面临挑战，劳务输出困难大，劳动力与岗位需求难以匹配。在调研中发现，农户家中外出务工者的工作大多数属于自找或是亲戚朋友介绍，通过政府获得工作的人数相对有限，其原因大致两点：首先，留在家中成员多以老年人为主，村（居）委会发布就业信息并不适合他们，而真正需要这些信息的劳动力已经在外务工无法接收此类信息；其次，政府所介绍的工作或是有较高的技能要求，或是工资水平较低，无法满足农户的预期水平。

（2）公益性岗位管理制度还有待规范。调研中发现，部分获得公益性岗位的易地扶贫搬迁贫困户存在不能完全履行工作职责的现象。同时，存在部分有劳动能力的人仍依靠公益性岗位解决其就业问题。对于部分55岁以上仍有劳动能力但缺乏劳动积极性的搬迁群众，过多依靠低保兜底、政府捐赠等福利性措施解决其生计问题。这有可能导致地方政府长期的财政压力。

（3）扶贫车间带动能力较弱，对劳动力吸纳容量有限且上岗率不稳定。调研团队在参观扶贫车间时发现，大多车间吸纳劳动力的能力非常有限，生产的产品质量有限且面向低端市场销售，此类产品的利润率总体偏低。因此，扶贫车间支付的工人工资水平低，无法保证优良的工作环境，因此许多贫困劳动力去扶贫车间工作的积极性有限，部分车间存在有岗位无工人的现象。

三、后续社区融入方面

（1）严峻的人口老龄化问题加大社区管理难度。搬迁户中的青壮年劳动力多选择外出务工，安置区内的常住人口中，60岁以上的老年人占据了绝对比例。由于许多老年人出行不便，对于社区组织的各类活动缺乏兴趣，难以真正地参与到社区活动中去，这对社区管理提出了更大的挑战。

（2）部分搬迁户适应社区新环境存在困难。部分搬迁农户进城入镇后对新的生活方式适应缓慢，主要表现在以下几个方面。其一，生活开支加大，在农村地区农户多用柴火做饭，自家种的蔬菜一般都能满足生活所需，而搬迁后电费明显增加，蔬菜都需要购买；其二，生活习惯不适应，一些农户反映不习惯上下走楼梯、使用马桶如厕等问题；其三，社区内居民交往较少，有农户反映由于事务繁忙，没有时间与周围邻居打交道、参加社区活动，多名被采访的农户表示自己几乎不与当地村民一起进行娱乐活动。

（3）后续生活开支部分政府补贴较高、未来财政负担较重。在调研中发现，大多安置区都是由政府代缴水费。对于部分引入专业物业管理机构的社区，未能严格规定物业费收缴程序，对不愿缴纳物业费的搬迁户不做强制要求，物业管理费用主要依靠政府补贴。政府对于这些搬迁户后续生活费用的高昂的补贴会给财政带来较大压力，长期难以为继，并且会加大后期收取和管理这些费用的难度。

第五节　政策建议

从山西省调研情况来看，该省"十三五"易地扶贫搬迁任务基本完成，后续扶持工作有序推进。但是在后续工作开展和推进的过程中，仍然存在一些不可避免的困难和挑战。针对这些问题，调研组提出以下政策建议。

一、针对产业发展方面存在的问题，提出以下政策建议

第一，因地制宜做好后续产业扶持工作。要因地制宜选择产业，发展后续产业不能产业配套"一窝蜂"，忽略搬迁户的自身能力。要始终立足当地实际情况，持续深挖适宜当地发展的优势产业，注重产业链条的科学延伸，带动贫困户就业。

第二，通过培训等方式提高搬迁户就业素质，助其适应新工作环境。对于调研中发现的在城镇安置的贫困户产业不匹配问题，可以通过就业培训等方式引导其尽快适应城镇第二、第三产业的工作环境。同时

要积极做好产业转移支持，将产业发达地区劳动密集型产业，向深度贫困县转移，为易地扶贫搬迁地区创造更多的就业岗位。

第三，延伸产业链条，打响地方品牌。政府应当提高对地方特色农业产业的扶持力度，继续拓展产业链条。在推出新的深加工产品之前，应当对市场偏好（口味、包装等）进行充分调研，为地方企业提供及时、准确的市场信息，助其提高产品的市场认可度。

第四，引入专业化组织，促进后续产业稳定发展。大力推广农业实用技术，积极探索农业科技成果进村入户的有效机制和办法，加大科技特派员工作力度，鼓励农业科技人员到农村专业合作社、协会兼职，取得合理报酬，推广节水灌溉、测土配方施肥、双膜栽培等农业新技术，突出抓好动物疫病防治、牲畜品种改良、果品贮藏保鲜、设施农业等技术的推广。

二、针对就业帮扶方面存在的问题，提出以下政策建议

第一，对劳动力现状动态摸底，与岗位需求对象精准对接。在对劳动力情况摸底时，不仅要掌握年龄、性别、学历等，也要充分去了解他们的特长、需求、对工作的期望，同时要了解在外务工的这部分人对现有工作是否满意、是否有换岗需求；在进行岗位推送时，应当与合适的目标对象精准对接，可以上门询问、电话询问等。

第二，建立健全用工机制，加强公益性岗位的规范化管理。建立健全外出务工交通补贴和人身意外伤害保险制度，建立企业吸纳贫困户的奖补机制，激励企业优先聘用搬迁劳动力，适当放宽企业聘用搬迁劳动力用工年龄限制。要严格公益性岗位的管理办法，雇员要切实履行城镇公益性岗位管理职责，根据岗位规模和就业补助资金承受能力，科学制订岗位开发计划和实施方案。

第三，扶贫车间项目选择应当重视质量，并继续改善工作环境。扶贫车间目前的利用率还有待提高，考虑到许多扶贫车间前期投资巨大，回收相关投入的压力较大。政府在招商引资的过程中应当准确甄别、严格把控项目优劣，所选择的项目应当能与市场需求相对接。对项目入驻贫困车间的后需开展情况应当持续关注，对产品质量应当严格把控，避免产品滞销的情况。地方政府还应当持续改善扶贫车间工作质量，关注其中就业的贫困人口的适应状况。

第四，推进劳动力的后续培训，强化政策保障机制。城镇安置区要继续强化就业帮扶，因人而异进行劳动力培训，基于培训资金支持，落实贫困劳动力输出、稳岗、转岗、拓岗、托底安置优先等政策。给予转移就业的农村劳动力社会保险补贴，促进贫困劳动力在制度保障下稳定就业脱贫。

三、针对社区融入方面存在的问题，提出以下政策建议

第一，要主动引导搬迁户适应社区的新生活。相关党员干部应当经常与搬迁户交流，去农户家串门谈心的方式去了解农户生活上的困难，创建温馨家园文化，开展感恩奋进教育，引导群众养成良好生产生活方式，健全群众安居乐业、社区安定有序的综合治理体系，提升群众融入感、归属感和幸福感。

第二，未来政策设计应当适当关注同步搬迁户及未搬迁非贫困户的利益。山西省易地扶贫搬迁安置中贫困户和非贫困户之间享受政策补贴的区别很大，这种"一刀切"的政策虽是当前条件下的无奈选择，但是同步搬迁户与想搬但没有能力搬迁的非贫困户的利益也需要未来政策的关注。建议在后续搬迁政策中或者扶贫政策中，利用精准扶贫和乡村政策中的多种政策工具，对未享受的大量政策福利的农村

群众适度帮助。

第三，应当继续提高社区管理服务水平。加快健全社区的组织机构，构建良好的社区治理体系。统筹做好教育、低保、新农合、户籍等日常服务管理，以发挥其在满足群众需求、活跃社区文化生活、疏导群众情绪等方面的积极作用。探索实行安置点社区物业化管理，由县级政府牵头组建物业服务总公司，在安置点设立相应分支机构，统一为搬迁户提供物业服务，帮助搬迁户更好地适应、融入城镇生活。

第四，应该有计划地逐步化解地方财政压力。在当前的精准扶贫、易地扶贫搬迁工作中，基础建设、产业发展等需要大量的投资，造成了地方财政，尤其是县一级政府的短期财政压力，对安置区搬迁户搬迁后高昂的生活补贴更是加重了这一负担，因此开始逐步引导地方政府有计划地减少财政压力，不能一味通过补贴的方式来帮扶群众，要规范社区管理，加强安置区居民的主人翁意识，让搬迁户意识到缴纳水费、物业费等的必要性。

第十二章

陕西省易地扶贫搬迁政策典型案例研究

陕西省易地扶贫搬迁建设任务基本完成，工作重心已由工程建设全面转向后续扶持。"十三五"以来，陕西省易地扶贫搬迁工作已取得了显著成效，工作重心由工程建设全面转向后续扶持。为了切实解决好易地扶贫搬迁"重搬迁，轻后续帮扶"问题，真正实现"搬得出、稳得住、有事做、能致富"目标，按照国务院扶贫开发和脱贫工作领导小组的统一部署，2020年7月25～31日，中国人民大学农业与农村发展学院师生赴陕西省开展易地扶贫搬迁典型案例调研，选择平利县、紫阳县为典型案例调研对象，围绕易地扶贫搬迁安置具体工作进程、相关后续帮扶情况等与县委政府相关部门负责人进行详细座谈，并开展了入户调查。以及通过梳理陕西易地扶贫搬迁相关研究文献，发现陕西省移民安置对于搬迁农户生计适应策略（黎洁，2016）和生计脆弱性（刘伟等，2018）具有不同的影响，以及在如何降低多维贫困脆弱性方面所有益的探索（王磊和李聪，2019）。在此基础上本章对陕西省易地扶贫搬迁安置地后续帮扶情况进行梳理。首先介绍陕西省易地扶贫搬迁实施现状和后扶工作总体规划，围绕社区融入、产业扶持和就业扶持三个方面提炼典型案例和经验做法，在此基础上总结后扶工作存在的问题，并提出未来改进方向和政策建议。

第一节　易地扶贫搬迁后续扶持基本情况

一、易地扶贫搬迁工作进展情况

（1）易地扶贫搬迁建设任务基本完成。"十三五"以来，陕西省共搬迁易地扶贫搬迁群众 24.93 万户 90.66 万人。旧宅基地腾退率 99.84%，拆除率 99.83%，复垦复绿率 99.19%。在易地扶贫搬迁计划规模大、任务重的情况下，陕西省因地制宜，稳步推进并基本顺利完成了易地扶贫搬迁建设任务，工作重心已由工程建设全面转向后续扶持。

（2）加大易地扶贫搬迁资金扶持。陕西省积极争取中央预算内资金 6.09 亿元用于全省大型安置点补短板项目，两年共安排中省以工代赈资金 4.22 亿元优先支持集中安置点设施建设，积极协调中央预算内教育医疗资金向集中安置点倾斜。从 2020 年开始每年在省级基建资金中安排 5 000 万元，专项支持后续扶持项目建设。联合省农发行建立了后续扶持专项融资对接保障机制，给符合信贷支持的 800 人以上的集中安置区易地扶贫搬迁后续扶持项目，在准入条件、贷款利率、贷款期限等方面给予最优惠的政策支持。

（3）加快推进易地扶贫搬迁补短板项目建设。结合"稳增长、促投资"，对 99 个补短板项目开展挂牌督战，建立处级领导干部包抓后续扶持重点县工作机制，抽选 36 名优秀处级干部，下沉到工作一线，协调解决影响工程建设的重点难点，指导、督促各地抓好工程建设，确保按期完成。截至 2020 年 6 月 24 日，99 个项目中，已建成投用 15 个，建设进度 80% 以上（主体完工）的 42 个。

（4）易地扶贫搬迁后续扶持工作实现动态化管理。陕西省建立了全省易地扶贫搬迁后续扶持工作信息平台系统，目前已开展试运行，为易地扶贫搬迁后续扶持动态化管理奠定基础。组织全省集中安置区开展对标排查、梳理问题短板，细化整改措施，梳理形成工作台账，确保按期高质量完成工作任务。会同相关部门制定印发了易地扶贫搬迁安置点后续扶持监管巡查《工作方案》，进一步加强安置区的监管巡查。

二、易地扶贫搬迁安置情况

（1）易地扶贫搬迁以小规模安置（800 人以下）为主。陕西省搬迁安置点共有 2 116 个，800 人（不含）以下的安置点 1 886 个，占总安置点数量的 89.13%，共安置 39.78 万人，其中陕南地区安置点有 1 393 个，陕北地区安置点有 135 个，关中地区安置点有 358 个。800 人（含）至 3 000 人（含）的安置点有 207 个，共安置 30.99 万人，其中陕南地区安置点有 157 个，陕北地区安置点有 32 个，关中地区安置点有 18 个。3 000 人（不含）至 10 000 人（含）的安置点有 21 个，共安置 9.97 万人，其中陕南地区安置点有 17 个，陕北地区安置点有 3 个，关中地区安置点有 1 个。10 000 人（不含）以上的安置点有 2 个，共安置约 2.3 万人，2 处安置点均在陕南地区。由此可见，陕西易地扶贫搬迁以小规模集中安置（800 人以下）为主。

（2）易地扶贫搬迁户主要以中心村镇安置为主。从安置地类型来看，陕西的易地扶贫搬迁主要以中心村镇安置为主，依托靠近交通要道、具有产业发展基础和条件的中心村镇，引导本村镇内搬迁对象就近集中安置。陕西"十三五"易地扶贫搬迁期间，集中安置约 83 万人，其中行政村内就近安置 23.71 万人、建设移民新村安置 19.46 万人、小城镇或工业园区安置 30.11 万人、乡村旅游区安置 0.83 万人、其他方式安置 9.47 万人；分散安置约 7.1 万人，其中村内安置 931 人、村外安置 4 398 人、乡镇安置 64 204 人、县城安置 1 527 人、县外安置 273 人。

第二节　易地扶贫搬迁后续扶持
工作成效和整体评价

一、产业扶持工作成效和整体评价

通过部门职能、政策引导、产业效能、技术帮扶等方面的精准施策有效推动了产业扶贫工作。

（1）扶持机制方面，形成多部门协同推动、多渠道资金投入、多层次参与帮扶和多层面风险防范的产业工作运行机制。立足落实省级部门横向联动、推动市县镇村协同攻坚的职能，陕西省成立脱贫攻坚领导小组产业脱贫办公室，聚集 14 个省级部门和单位，形成多部门协同推动、多渠道资金投入、多层次参与帮扶和多层面风险防范的工作运行机制，推动资金、项目、政策向贫困地区和贫困群体聚集，向产业扶贫集中。

（2）扶持工作方面，固根基、促带动、提效能、解难题、畅流通、保权益、树榜样、强支撑，全面推进全省产业扶贫工作。一是抓产业固根基，陕西省以推进实施农业特色产业 "3 + X" 工程为抓手，大力发展以千亿级苹果为主的果业、以千亿级奶山羊为主的畜牧业、以千亿级棚室栽培为主的设施农业，因地制宜培育茶叶、魔芋、红枣、中药材等 30 多种特色产业，形成了 "大产业、大聚集" "小产业、广覆盖" 格局，实现了产业扶持户稳定增收产业全覆盖。2019 年产业扶贫入库项目 15 000 多个，已启动实施 7 000 多个，促进 40 多万户贫困户通过产业增收。二是抓主体促带动，陕西省持续推进新型经营主体培育工程，截至 2020 年 5 月，全省累计扶持培育龙头企业 2 127 家、发展农民专业合作社 61 000 余家、注册家庭农场 17 000 余家、认定职业农民 8.7 万人，新型经营主体不断发展壮大，带动能力持续增强。三是抓融合提效能，陕西省坚持"补短板、拓功能、促融合"，大力实施果蔬贮藏库建设，建设苹果大数据中心、11 个现代农业产业园、35 个省级农业产业化示范联合体、9 个产业强镇和 12 个农村特色产业小镇项目。四是抓服务解难题，陕西省按照"专家团队指导到县、技术干部帮扶到户、新型经营主体带动职业农民帮扶到人"的思路，组织 4 000 名农业专家、1.2 万名技术干部、1.4 万个新型经营主体和 8 005 名职业农民对口结对帮扶，选聘 1.6 万名产业指导员驻村入户，带领贫困户发展产业。五是抓营销畅流通，借助陕西特色优质农产品"三年百市"营销行动，陕西省建设品牌形象店超过 400 家，在全国设立陕西农产品营销点 6 600 多个，借助江苏浙江商会推进消费扶贫签订特色农产品销售协议，有效缓解了产业市场风险。六是抓产改保权益，2020 年整合产业扶贫资金 5 800 万元，重点支持计划"脱贫摘帽"县发展壮大集体经济。利用中央财政资金 4.38 亿元，支持 600 多个村发展壮大集体经济。截至 2020 年上半年，全省共登记集体经济组织 11 770 个，其中贫困村 5 978 个；12 789 个村集体经济有了发展，3 583 个村实现集体经济分红，190 多万群众获得分红收入，覆盖贫困人口 108.7 万人。七是抓典型树榜样，陕西省以总结提炼的 22 种模式 35 个范例为基础，启动"推模式、学范例"活动，推广宝鸡"嵌入式"、千阳县"项目超市"、白水"果园托管"等行之有效的扶贫模式，广泛推广全省先进产业扶贫经验和模式。八是抓政策强支撑，陕西省农业农村厅围绕产业扶贫中存在的突出问题，制定了《强化主体带动促进产业扶贫精准脱贫指导意见》《贫困地区精准发展优势特色产业助推脱贫攻坚指导意见》等，进一步规范资金管理、合作社建设、完善利益机制、夯实产业基础。明确要求各地用于产业扶贫的资金不得少于涉农资金整合的60%，保证产业扶贫引导资金切块下达每年不低于10%的增长幅度，加大高标准农田、有机肥替代等产业发展项目和资金向贫困地区倾斜力度，优先投放扶贫产业基金等。

陕西省的产业扶持工作首先从顶层设计的角度出发优化和落实扶持工作运行机制，其次从产业基础、产业效能、产业带动等多个角度推进产业扶持工作，取得了较好的成效。但也存在产业发展方案不完善、可持续发展动力不足等困难与问题，需要加大创新力度，适度资金倾斜，强化搬迁后续帮扶，建立完善后续帮扶台账，采取多元化帮扶措施，促进贫困群众稳定脱贫。

二、就业扶持工作成效和整体评价

通过就业服务、社区工厂、劳务输出和技能培训四个方面稳步推进安置区就业帮扶工作。

（1）加强安置点就业服务体系建设，满足搬迁群众就业需求。陕西省人社厅在全省800人（300户）以上安置区建立就业服务站（窗口），已建立102个，剩余服务站（窗口）已初步落实服务场所。陕西省有劳动力的建档立卡搬迁户共209 947户，至少实现1人就业和创业的有209 889户，占比99.97%。剩余58户"零就业"家庭中贫困劳动力暂无就业意愿。对暂无就业意愿的贫困劳动力，至少提供三次就业帮扶，经过三次帮扶仍不愿就业的，确定为无就业意愿并建立帮扶档案。

（2）强化招商引资建社区工厂，全力推进社区工厂吸纳就业。陕西省正加快推广"社区＋工厂"模式，以安置社区为中心，科学布局，推行"楼上居住、楼下建厂""建园区，山下建社区、农民变工人"的社区工厂模式，因地制宜，发挥安置区原材料、劳务优势，带动搬迁群众就近就地就业。截至 2019 年底，陕西省共创建社区工厂 779 个，重点吸纳易地扶贫搬迁户就业。

（3）多渠道积极推动劳务输出，促进搬迁群众转移就业。一是实现人岗精准对接。以就业为中心，提高劳务输出组织化程度，充分开发各类就业岗位，满足不同层次劳动力就近就地就业需求。二是建立就业信息采集发布制度。借助苏陕帮扶交流契机，建立苏陕两省就业信息采集发布制度，线上线下招聘联动，互通就业信息 2.7 万条，联办专场招聘会 319 场，帮助 7 897 名贫困劳动力赴江苏就业。三是拓展与发达地区劳务协作。通过劳务派遣促进就业，根据企业用工需求，有组织地将搬迁群众派遣至发达地区的企业，通过报销差旅、定期回访，让其安心在外就业。四是强化省内劳务协作。依托泛西安用工协作联盟，向省内贫困地区提供就业岗位、用工信息等服务，组织关中 6 市与延安市对接、省内 11 个经济强县与 11 个深度贫困县结对帮扶，加强革命老区和深度贫困县就业扶贫。五是多渠道开发公益专岗。在全省各级机关、事业单位等开发公益专岗，在每个贫困村开发从事治安防护、保洁绿化等工作的特设公岗，面向无法离乡、无业可扶、无力脱贫的"三无"贫困劳动力，在县城、乡镇和农村就地就近安置贫困户就业。截至 2019 年底，陕西省在贫困村开发特设就业扶贫公益性岗位，共安置 9.6 万名贫困劳动力就业。

（4）加强技能培训，增强搬迁群众自我发展能力。一是开展就业技能培训，着力提高培训就业率。针对省内外企业用工需求、社区工厂（扶贫车间）实际需求和贫困劳动力特点，以制造业、建筑业、服务业等劳动力密集型产业为重点，对拟转移到非农产业的贫困劳动力开展初

级技能培训。二是开展农村实用技术帮扶，做好职业农民培训。对无法
转移就业和愿意从事农业生产的贫困劳动力开展以种养殖为重点的农业
实用技术帮带扶。三是做好职业技能学历教育，加强电子商务培训。通
过中等职业学校和技工学校学历教育，确保贫困家庭新生劳动力学会一
项有用技能，创业就业能力得到提升。截至 2019 年底，陕西省全省累
计培育就业扶贫基地 1 059 家，免费培训 27.1 万人，扶持贫困劳动力转
移就业 66.4 万人。

陕西省以安置社区为单位，坚持先业后搬、以业促搬，主要通过就
业服务、社区工厂、劳务输出和技能培训四个方面促进了搬迁群众的就
业脱贫，增强了搬迁群众发展能力。但其后续就业帮扶工作仍存在劳动
力信息管理机制不健全、就业激励体系不完善、部分企业参与力度不
足、搬迁群众外出就业动力不足等问题，需要进一步加强易地扶贫搬迁
就业帮扶，加强深度贫困地区人力资源社会保障扶贫攻坚工作，全面做
好就业扶贫工作。

三、社区融入工作成效和整体评价

通过提升安置区治理服务水平、保障搬迁户基本权益、开展新民风
建设、夯实社区党建基础等措施满足搬迁群众的社区融入需求，实现了
易地扶贫搬迁工作与经济社会发展互促共赢的目标。

（1）治理服务水平方面，从社区自治、民主管理、公共服务供给
等方面，对搬迁群众实施了精细化管理。陕西省印发了《关于进一步加
强移民搬迁社区自治建设的指导意见》，以提高搬迁群众生活质量和文
明素质为目标，以加强社区自治为根本、优化社区服务为重点，创新移
民安置社区治理模式，推进公共服务重心下移，加强社区网格化管理，
确保搬迁群众有序参与社区治理，融入当地生活。全省集中安置区基层

党组织和各类村级自治组织已基本健全，村（居）务公开已经全覆盖，村规民约修订正在加紧推进。

（2）基本权益保障方面，通过加强对搬迁群众教育、就业、医疗等权益保障完善了社区权益服务体系。目前，陕西省搬迁群众适龄子女均能就近接受义务教育，全省搬迁群众均办理了城镇医疗和大病保险，并能就近享受基本公共卫生服务，目前已实现市域范围内线下、线上双通道业务办理。依托社区设城乡居保协办员，服务站对搬迁群众提供城乡居保参保登记、待遇申领、资格认证和业务咨询等服务。对部分安置点社区管理暂不完善的和分散安置的，由就近劳动保障站所和迁出地负责提供城乡居民保险双服务，真正实现易地搬迁群众城乡居保服务全覆盖。安置区依托配套设施和周边公共教育医疗资源，能够满足义务教育阶段学生入学和搬迁群众基本医疗需求，符合低保、特困供养条件的已实现应保尽保。

（3）新民风建设方面，多渠道多举措促进搬迁群众社区融入，实现了城乡一体化推进与新市民素质提升的良性互动。在提升搬迁群众素质方面，陕西省成立了专门的培训机构，组织广大搬迁群众学习法律知识、文明礼仪和健康卫生等社区生活知识，帮助搬迁群众改变原有陈旧观念，推进搬迁群众的市民化转变。在加强社区文化建设方面，陕西省加强了对搬迁群众的社会主义核心价值观宣传教育，倡导科学、文明、健康的生活方式和团结互助、奋发向上的道德风尚，积极开展助困、助学、助医、助残活动，关心弱势群众生活，与此同时，建立社区文化服务中心，组建文化活动队伍，分层次举办文化活动，丰富了搬迁群众精神文化生活。

（4）社区党建基础方面，积极探索易地扶贫搬迁社区的党建工作模式。通过选派、挂任、代管等多种形式明确移民社区党组织负责人，在安置社区及时成立基层党组织。以提升社区服务功能为着力点，强化社区党组织对其他各类经济组织、社会组织的带动作用，不断完善社区功能、拓展工作内容、创新服务方式，在服务发展、服务民生、服务群众上下功夫，推进易地扶贫搬迁社区建设，切实发挥基层党组织脱贫攻坚中的战斗堡垒作用。陕西省构建了以社区党组织为核心的组织、服务、民主管理、维稳和党建责任"五大体系"，促进了全省易地扶贫搬迁工作稳步推进。

陕西省易地扶贫搬迁主要通过提升安置区治理服务水平、保障搬迁户基本权益、开展新民风建设、夯实社区党建基础等措施在社区融入工作方面取得了一定成绩，但也存在一些待改进的困难与问题，如搬迁与发展不同步、配套改革进展缓慢导致不同程度存在"人户分离""两头跑"等现象，需要紧盯搬迁群众的社会融入问题，加强搬迁安置点基层社会治理，提高基础设施和公共服务供给保障水平，增强搬迁群众的安全感、归属感和幸福感。

第三节　易地扶贫搬迁后续扶持
典型案例和经验做法

以陕西省平利县、紫阳县作为典型案例，从安置点基础设施、产业就业情况、社区治理对易地扶贫搬迁后续扶持典型经验进行梳理。

一、产业扶持典型案例和经验做法

（1）平利县产业扶持经验和做法——社区工厂。平利县按照"移民搬迁建社区、依托社区办工厂、办好工厂促就业"的思路，采取"总部在园区、工厂在社区、车间进家庭"的模式，用最大的招商力度、最优的投资环境、最强的扶持政策，大力兴办社区工厂，成功探索出了一条社区工厂产业扶贫新模式。截至目前，全县共发展社区工厂83家，主要是毛绒玩具、服装、手套、棉鞋、袜子、电子元件加工等，提供就业岗位6 000余个，人均月工资达到2 000元以上，让搬迁群众过上了"楼上居住、楼下就业"的新生活，实现了"一人进厂、全家脱贫"的目标。主要做法是：

一是系统谋划抓基础。坚持把厂房建设作为发展社区工厂的基础，按照靠近城市社区、靠近工业园区、靠近农业园区、靠近旅游景区"四靠近"原则，统一规划建设100户以上安置区55个，每个安置区都预留门面房用作社区工厂厂房，总面积37 350平方米。加快县城工业园区建设，建成标准化厂房30 000平方米，为社区工厂龙头企业落户奠定坚实基础。

二是聚焦多赢抓主体。县委、县政府主要领导分别带队外出招商，引进了杭州合力电动玩具、爱维毛绒玩具、香港嘉鸿手套等一批社区工厂龙头企业落户县城工业园区，辐射全县11个镇建设社区工厂83家，其中毛绒玩具30家，基本形成了毛绒玩具、服装手套、电子元件、手工艺品4个支柱产业。

三是优化政策抓保障。制定出台《平利县新社区工厂发展扶持政策十条》《平利县新社区工厂"两个全覆盖"实施方案》，采取"一厂一策"办法，切实加大扶持力度，着力解决困难问题。厂房提供方面，各镇将安置区一楼门面房免费提供给社区工厂业主使用3年，自行租赁厂房的补贴3年房租，补贴水电费。用工保障方面，县人社局按600元/人/月的标准兑现"以工代训"补贴，补贴期限不超过6个月。企业融资方面，县人社局发放10万~50万元创业贴息贷款，做到应发尽发；为8家社区工厂在安康建行申请了"新社区工厂贷"600万元。

四是创新机制抓推进。成立了以县政府主要领导任组长，县委、县政府分管领导任副组长，22 个职能部门主要负责人为成员的社区工厂发展工作领导小组及其办公室，全面负责综合协调、督查指导、招商引资等工作。健全结对帮扶机制，为社区工厂发展提供"店小二"服务，在生产经营稳定、规模相对较大的社区工厂配套建设儿童空间 7 家，解决了员工上班后顾之忧。健全工作推进机制，实行镇为主体、人社主管、部门包建、社区工厂办综合协调，各负其责、齐心协力抓落实。健全资源共享机制，搭建网络销售平台，依托县电商孵化基地，培育 10 家电商公司，开设 796 家网络店铺，建成运营社区工厂扶贫超市，网上直播销售平台，为社区工厂拓宽销售渠道，确保各类产品始终不愁销路。

五是精准施策抓管理。实行精细化管理，对全县 83 家社区工厂逐一编号，进行"一企一档"管理，各社区工厂定期上传用工需求、企业生产运营等资料，县镇管理部门掌握动态信息，及时指导和帮扶。县人社局实行精准化培训，指导组建电子加工、毛绒玩具等产业联盟，提升管理水平，实现抱团发展，降低市场风险。实行常态化督查，采取"每月提示、双月督办、季度暗访、半年点评、年终考核"的方式，常态化督导各镇加快发展社区工厂。

（2）紫阳县产业扶持经验和做法——电商扶贫。紫阳是全国两大富硒区之一，但长期以来，受种植分布零散、交通不便、信息不畅等因素制约，出产的各种天然富硒特色农产品"养在深闺人未识"，难以转化为群众实际收入。在加快推进易地扶贫搬迁后续扶持发展工作中，紫阳县将农村电子商务作为产业扶持的重要抓手，探索了"12345"电商扶贫紫阳模式，收到了"搬迁下山、产品出山"的效果。

一套体系筑基础。结合国家电子商务进农村综合示范县和陕西省电商扶贫试点县项目，建立起一整套电商服务体系，夯实了农村电商发展基础：一是建立电商公共服务体系；二是建立电商营销服务体系；三是建立电商人才培训体系；四是建立电商创业孵化体系；五是建立电商产品供应体系；六是建立产品质量标准体系；七是建立富硒特产溯源体系；八是建立农村电商物流配送体系；九是建立电商宣传教育体系；十是建立综合保障管理体系。

两个重点促发展。一是突出农产品上行。积极培育、组织电商企业，统一开设电商扶贫频道，推动农产品实现商品化、标准化，把城市消费和贫困地区扶贫产业联结起来，有效挖掘电商扶贫潜力，把贫困地区产品卖到城里，让贫困户获得市场红利，促进贫困户增收，加快贫困地区脱贫步伐。二是助力工业品下行。通过电商网点代购代办，打开贫困地区与现代社会的通道，改善贫困群众生产生活条件，降低生产成本和生活支出。

三个精准保实效。一是电商扶贫对象精准。参与电商扶贫的企业与县扶贫部门紧密对接，电商扶贫各项政策优先兑现到建档立卡贫困户，电商企业优先对贫困户下订单。二是电商扶贫对策精准。根据贫困户情况，按照电商市场规律，以市场为导向，因户因人施策，有针对性地开展电商帮扶，做到宜养则养、宜种则种、宜小则小、宜大则大。三是电商扶贫数据精准。建立了紫阳电商扶贫大数据体系，对贫困户、电商扶贫企业、产品销售等情况进行汇总分析，找出电商扶贫的优势产业和短板，促进电商与产业深度融合，实现差异化发展，为精准施策、科学扶贫提供数据支撑。

四种资源做保障。一是统筹领导力量。成立县主要领导挂帅的电商扶贫工作领导小组，全面部署电子商务工作，统筹各镇各部门力量，有力有序有效推进各项工作。二是统筹电商项目。将商务部电子商务进农村综合示范项目与中华供销总社电子商务惠农工程项目捆绑实施，整合优势资源，合力推进电商扶贫。三是统筹项目资金。在县级财力允许情况下预算电商扶贫专项资金，同时整合其他相关项目资金。四是培育市场主体。积极培育电商龙头企业，组建紫阳县电子商务行业协会，引导和培育电商创业者建立与贫困户共促共进联动机制。

四项举措助增收。一是订单农业增收。大力发展订单农业，实行统一种植、统一管理、统一收购的模式，使农户的土地变成企业的"第一车间"，搞好产销对接，引导农业结构调整，规避市场风险，保护双方利益，促进农业增产，利于农民增收。二是入资收益增收。电商企业与贫困户签订精准扶贫帮扶、入股分红协议，由政府量化资金或贫困户自行筹资入股至电商企业，贫困户通过获取电商企业每年支付的固定收益，实现稳定增收。三是溯源增值增收。加强对地理标志农产品的保护和管理，对紫阳富硒茶等电商扶贫产品进行质量溯源，提高其品牌形象和附加值，通过加大利润空间促进贫困户增收。四是就业创业增收。引导贫困户通过直接开设网店创业、在电商企业从事快递、打包等工作，实现劳务增收。

二、就业扶持典型案例和经验做法

（1）平利县就业扶持经验和做法。通过实施"劳务输出转移就业一批、社区工厂吸纳就业一批、返乡创业带动就业一批、提升技能促进就业一批、公益性岗位安置就业一批"五个一批就业帮扶行动，平利县已搬迁贫困人口实现就业 9 655 户 17 295 人，户就业覆盖率100%，劳动力就业覆盖率92%。主要做法是：

建设扶贫车间。按照"总部在园区、工厂在社区、车间进村庄"的思路，在300户以上的安置区建设标准化厂房，对100户以上的安置区建设加工车间。统筹社区规模、厂房面积、劳动力资源等情况，宜大则大、宜小则小，宜农则农、宜工则工，在高速公路及县镇公路主干道沿线优先布局毛绒玩具文创产业新社区工厂，在相对偏远的安置社区因地制宜发展其他类型新社区工厂。扶贫车间的管理以企业自行管理为主，在招工方面政府部门会通过举办免费招聘会和入户宣传等方式鼓励群众就近进厂务工。扶贫车间主要针对解决以贫困劳动力为主的搬迁群众就业问题，2020 年在厂务工月平均工资达到 2 000 元左右，基本实现了"搬得出、稳得住、能致富"的目标。

开发公益性岗位。全县共开发各类就业扶贫公益性岗位 3 494 个，其中生态护林员 2 317 个、村级特岗 375 个、水利护河员 245 个、临时性防疫公益性岗位 135 个、就业扶贫信息员 148 个、扶贫公益性岗位 274 个，安置贫困劳动力就业 3 273 人。生态护林员由县林业局开发管理，工资从中央财政补助资金中解决，补助标准为每人每年 4 800 元；村级特设公益性岗位由县人社局开发管理，工资从就业专项资金中给予补贴，补助标准为每人每年 7 200 元；水利护河员由县河长办开发管理，工资从就业专项资金中解决，补助标准为每人每年 5 000 元；临时性防疫公益性岗位由县人社局开发管理，工资从中央财政补助资金中解决，补助标准为每人每月 1 600 元（补贴期限不超过 6 个月）；村级基础设施管护公益性岗位由人社部门开发，工资由县扶贫局从扶贫专项资金中核拨，补助标准为每人每月 500 元。

（2）紫阳县就业扶持经验和做法。紫阳县成立了工作专班，设立专门的办公室负责日常工作，出台了《紫阳县搬迁群众就业后续保障三年行动方案》（紫人社发〔2020〕107 号）及《紫阳县易地扶贫搬迁"零就业"家庭动态消除工作方案》，明确工作目标，细化工作任务，全力做好搬迁后扶促就业工作。具体做法如下：

开发公益性岗位。全县共开发公益性岗位 3 957 个，其中特设公益性岗位 742 个，补贴标准为 600 元/月；弱能户扶贫公益专岗 1 991 个，补贴标准为 450 元/月；护河员水利公益性岗位 276 个，补贴标准为 416.6 元/月；村级就业扶贫信息员公益性岗位 176 个，补贴标准为

1 000 元/月；临时防疫公益性岗位 200 个，补贴标准 1 600 元/月；村级饮水安全管护员公益性岗位 175 个，补贴标准为 800 元/月；城镇公益性岗位 397 个，补贴标准为非贫困户 800 元/月，贫困户 900 元/月。

发展新社区工厂增加就业岗位。紫阳积极贯彻落实市委、市政府"大力发展以毛绒玩具文创产业为主的新社区工厂"战略部署，以苏陕扶贫协作为契机，坚持"政府引导、市场引领、就业优先、厂社融合、协调推进"的原则，落实好当前上游抓链条延伸、下游抓规模生产、前端抓文创开发、关键抓人力保障、配套抓物流运输五个方面重点工作，按照以"企业建在园区、车间建在社区"的发展思路，大力发展以毛绒玩具文创产业为主新社区工厂，形成群众楼上安居、楼下就业模式，促成全产业链"总部工厂 + 新社区工厂 + 村加工点 + 家庭工坊"新业态。

劳务输出。外出务工是贫困群众脱贫的重要途径，提高劳务输出组织化程度，实现"就业一人，脱贫一户"，对紫阳脱贫攻坚有着重要意义。主动对接本县人力资源公司、西安航空基地管委会社会事业局、江苏企业等用工需求较大的企业或人力资源服务机构，收集西安、江苏、浙江等发达地区务工岗位信息，工作岗位包含一线操纵工、缝纫工、检验员、设备技术员、仓储叉车工、焊接工（胶工）、装配工等，所有岗位优先聘用建档立卡贫困劳动力，劳动者可以自由选择适合自己的工作岗位，各级就业扶贫工作人员有义务对有就业意愿的贫困劳动力进行就业指导和后续跟踪服务。

技能培训。2014 年以来，紫阳积极探索发展"党政主导 + 龙头企业 + 免费培训 + 定向就业"技能培训"紫阳模式"，以紫阳县劳动就业培训中心为龙头，民办培训机构为辅助，结合市场需求和群众意愿合理设置培训专业，鼓励搬迁群众主动参与，增强劳务经济发展后劲。针对企业、社区工厂实际用工需求和贫困劳动力特点，适时开展"订单式"

"定向式"技能培训。对县内各类生产经营主体，新招录员工开展岗前培训。对建档立卡贫困劳动力、易地扶贫搬迁劳动力参加培训的，培训课时达 80 课时以上的每人每天 50 元的生活和交通补助，提高其参加培训的积极性。

三、社区融入典型案例和经验做法

（1）平利县"十小惠民工程"。在社区融入方面，平利县以"十小惠民工程"为切入点，点上抓点示范，面上逐步推开，以点带面精选 13 个安置规模较大、基础配套较完善的安置区抓点示范，率先在 2 个市级示范点全面推进，11 个县级示范点梯次跟进，以小见大全面补齐安置区基础设施、公共服务领域短板弱项，以宜居、宜业、宜养的良好环境和惠民、利民、便民的服务举措，有力促进了搬迁群众从迁入向融入转变，从安家向安居迈进。具体做法如下：

一是建好"小管家"，解决搬迁群众管理服务问题。建立健全社区工作机构，提升社区管理服务水平。全面开展"五新社区"创建，300 户以上的安置社区全部创建达标。制定安置区住宅专项维修基金管理办法，稳步推进安置房不动产权登记办证。积极推进户籍制度改革，依法保障搬迁群众原有土地承包权益，全面落实医保、社保等各项惠农政策，聚力做好群众产业发展、就业落实、服务管理、权益保障和后续扶持等工作。

二是建好"小配套"，解决安置区基础设施短板问题。聚焦大型安置区，对道路、饮水、用电、通信、排污、环卫、绿化、亮化、公厕、停车场、充电桩等基础设施进行配套完善，实现提质扩容，增强服务功能。

三是建好"小平台"，解决搬迁群众居住质量问题。规范提升大型安置社区活动中心、卫生室、警务室服务水平，规划建设图书阅览室、老年活动室、儿童托管中心、日间照料中心等配套服务设施，立足实际配建健身活动场所，满足搬迁群众公共服务需求，提升居住和生活质量。

四是建好"小库房"，解决搬迁群众物资物品存放难问题。充分利用集中安置区附近腾空收回的易地扶贫搬迁旧宅中安全的连体房、政策保留房等，就近就地集中解决搬迁户生产工具、棺材寿木等存放问题。同时，按照统一规划、统一管理的原则，在有条件的集中安置区周边建设小型库房，供搬迁户存放物资、物品等使用。

五是建好"小餐厅"，解决搬迁特殊群体吃饭问题。在大型集中安置区开办"爱心"餐厅，引导社会志愿服务，为重残、重病、智障等生活不能自理的搬迁群众，提供集中就餐和送餐上门等服务，照顾好他们的吃穿起居，解决日常生活困难。

六是建好"小课堂"，解决搬迁群众技能培训问题。建设 11 个集镇安置社区职业农民教育培训基地，由人社、扶贫、教科、农业农村、司法等部门分别组成专家团队，采取"群众点单，政府做菜"的方式，通过集中、巡讲、实训、自媒体等方式，有针对性地组织开展创业就业培训，为群众就业增收打牢基础。

七是建好"小厅堂"，解决搬迁群众婚庆嫁娶场所问题。统筹利用闲置资源，作为搬迁群众婚庆嫁娶的专用场所，实行有偿使用，统一管理。加强农村社区婚庆理事会建设管理，移风易俗，倡导社会新风尚。

八是建好"小市场"，解决搬迁群众融入问题。创造条件引入金融、邮政、电信、电力、供销、经贸、交通等在大型安置社区设点服务，科学布局生活超市、金融网点、公交站点、电商网点、快递物流等服务设施；积极建设农产品线上、线下交易市场，拓展农产品销售渠道，推进社会消费扶贫，逐步打造功能完善、生活便利的智慧型安置社区。

九是建好"小菜园"，解决搬迁群众吃菜难问题。通过土地流转等形式，在大型安置区周边集中建设相应规模的"安心菜园"，解决搬迁群众吃菜问题。对有种菜愿望、具备种植能力的搬迁户合理配置菜园种菜。

十是建好"小公墓"，解决农村文明殡葬问题。按照尊重习俗与移风易俗相结合的原则和殡葬管理相关要求，科学规划，合理选址，稳步推进农村公益性公墓建设，实行统一管理，解决搬迁群众安葬老人问题。"小公墓"后续服务、绿化、防火等由各镇聘请生态护林员进行管理。

（2）紫阳县新民风建设。紫阳县在加快推进易地扶贫搬迁后续扶持工作中，坚持扶志扶智相结合，大力推进"诚孝俭勤"和新民风建设，扶起了搬迁群众自主脱贫的志气和能力，助推搬迁群众精神融入、文化融入。具体做法如下：

一是坚持党建引领，上下联动抓新风。县委把新民风建设纳入年度目标责任考核和脱贫攻坚考核，县委主要领导任领导小组组长，宣传部门牵头抓总，县、镇、村（社区）三级书记齐抓共管、协同发力、层层推进。坚持把新民风建设融入基层党建工作全过程，充分发挥基层党支部引领和党员干部带头作用，全县 197 个村、街道社区党支部书记和 133 名驻村第一书记组织引导广大群众主动参与，各级党员干部以身作则、带头落实，引领推动新民风吹进搬迁安置社区。

二是坚持思想发动，宣传引导践新风。强化宣传引导，户户签订承诺书、发放告知书，在 139 个安置点设立文化墙、公益广告、遵德守礼提示牌；组建新民风"文艺演出团"，巡回开展"百场文艺进百村"演出，引导群众主动融入新民风建设。强化舆论引导，在政府网站、广播电视台、紫阳宣传微信公众号等媒体开设"新民风建设"专栏，在网络平台、广播电视、电子显示屏定时播放公益广告、动态信息、典型事迹，推动新民风建设家喻户晓、深入人心。

三是坚持问题导向，标本兼治树新风。大力整治"人情风"，坚持纪律规定约束干部、村规民约管理群众，做实"一约四会"，多方联动整治大操大办、请客送礼等不良风气。大力推行《八种喜事集中新办简办仪式》，2019 年全县农村摆酒席减少 2/3，人情分子下降七成。深入开展道德评议，对先进典型进行宣传褒奖，对落后群众专人帮包转化，2017 年以来全县开展道德评议 1 970 场次，帮教转化后进群众 1 600 余人，提振了脱贫攻坚精气神。狠抓民风积分"爱心超市"建设，引导群众以"劳动""善行义举"换"积分"，以"积分"换"商品"，激发贫困群众内生动力。

四是坚持培育典型，示范引领立新风。着力培育脱贫攻坚先进典型，开展星级文明家庭、勤劳致富先进个人和"最美家庭"等评选表彰，开展"树千名自强标兵、交万名农民朋友"活动，全县评选表彰"脱贫标兵、诚信个人、文明家庭、美德少年"等先进典型 4 200 余人。

第四节　易地扶贫搬迁后续扶持工作存在的问题

一、后续产业扶持工作存在的问题

（1）产业组织形式以农户自己发展为主，且缺乏产品销售帮扶，导致产业效能低下、抗风险能力不足。大部分村内安置或就近安置的易地扶贫搬迁户仍会选择种植业、养殖业、林果业等农业生产作为主要的生计方式。目前这些搬迁户的后续产业组织形式主要是"农户自己发展"，缺乏企业、合作社等新型经营主体的带动。调研数据显示，陕西省被调研搬迁户的产业组织形式比例最高的是"农户自己发展"，占比为47%。产业政策帮扶方面，以直接生产补贴方式为主，服务供给也主要集中在生产环节，忽略了对搬迁户人力资本、金融资本、产品销售等其他方面的帮助与扶持。在短期内能够提高搬迁户的农业经营性收入，却不利于搬迁户的农业生产效率、产品质量等方面的提升，大大限制了农业产业对搬迁户家庭收入的积极作用。调研数据显示，45%的搬迁户表示享受了生产技术培训服务，但仅有8%的搬迁户享受了销售服务；搬迁户的产品销售稳定性较低，仅有4%的搬迁户签订了销售订单合同。农户自己发展的单一产业组织形式和缺乏销售帮扶，直接导致搬迁户的产业效能低下、抗风险能力不足。调研发现，88%的搬迁户反映受新冠肺炎疫情的影响，导致产品滞销和价格低迷，造成了户均3 500元的经济损失。

（2）部分资产收益扶贫实际上变成了财政兜底，收效甚微，不能真正提升搬迁户的自我发展能力。资产收益扶贫是帮助无劳动能力或弱劳动能力的贫困户的精准扶贫措施，收益分配优先向贫困户倾斜，重点向无劳动能力或弱劳动能力的贫困户倾斜。但在实施过程中，多数贫困地区的资产收益扶贫覆盖所有的贫困户。调研数据显示，95%搬迁户参与的资产收益扶贫项目都是以资金入股，且大部分都是政府配股入股的形式。搬迁户在这种没有主观能动性，只知道每年分红250元/户。对他们而言，这250元和财政补贴没有差别，容易让贫困户形成依赖心理，不能真正提升有劳动力的贫困户的自我发展能力，不能形成撑起脱贫的能力。部分地方对资产收益扶贫所需的产业基础重视不够，急于把钱花出去，没有把更多精力放在选择好的项目或"合伙人"上，同时部分地区的资产收益项目对财政资金投入的依赖性过强，收益可持续性堪忧，存在贫困户权益无法保障的风险。投资主要靠财政补助和银行贷款，贷款由财政贴息、政府性担保机构担保，享受风险补偿，此外龙头企业或专业合作社优先享受其他财政补助。对贫困户的红利返还甚至不及财政贴息规模，使得资产收益实际上变成了财政兜底。这种靠财政兜底的资产收益扶贫，缺乏必要的"造血"和盈利能力。财政资金一旦抽离，贫困群众收益就难以保障。

（3）部分企业和合作社与搬迁户的利益分配机制不健全，产业风险最终还是由搬迁户承担。政府已经为大部分易地扶贫搬迁户配套了产业发展项目，也通过扶持合作社、企业等新型经营主体来带动搬迁户发展产业。例如，紫阳县、西乡县通过扶持生态产业园、茶叶合作社、企业等带动搬迁户发展茶业。调研发现，部分合作社或企业与易地扶贫搬迁户的利益联结机制不够紧密。这些企业或合作社一般拿到了政府的资金或政策补贴，但仅仅通过收购搬迁户的茶叶带动贫困户发展，且没有签订正式的收购合同，也没有给易地扶贫搬迁户分红。这样的产业带动模式其实还是把产业风险留给了搬迁户，很难真正解决搬迁户的产业发展难题。当茶叶销售市场不景气时，合作社或企业就会大量减少鲜茶叶的收购量，反过来会影响搬迁户的茶叶销售渠道和价格，不利于他们增加家庭收入、实现脱贫致富目标。

（4）对当地龙头企业的激励不足，限制了对搬迁户的带动。龙头企业作为当地产业发展的引领者和推动者，经过长期的发展其生产的产品已经在市场上有一定竞争力，它对搬迁户的带动效果应该是好于其他带动模式。但就目前情况来看，缺乏"企业＋农户""合作社＋农户"等新型产业组织形式的主要原因是对龙头企业的政策激励不足。除了因带动贫困户有部分资金补贴之外，其他有关支持龙头企业的激励政策基本上没有，单纯地依靠地方政府很难提供相应的优惠政策，大大限制了龙头企业的发展，及其对搬迁户的带动效果。调研时有基层干部反馈，农业项目在初期往往需要投入大量的成本，例如茶园的基础设施建设，如果没有相关的支持，根本没有企业愿意进驻。

（5）人才支持、保险机制等基础保障不足，影响产业扶持项目的可持续性。产业扶贫项目的可持续发展需要大批的懂市场、善经营，懂技术、有专长的人才支持，这在一定程度上已成为制约其脱贫攻坚进度、脱贫能否稳定的关键性因素。调研过程中，较多基层干部反馈，人才短缺是目前产业扶贫项目遭遇的关键瓶颈之一，尤其是专业的技术人才。例如，部分农产品受制于品种落后、质量较差而出现大规模滞销，搬迁户增收受到较大的影响。这些产品急需品种改良、嫁接改造，却因缺懂技术的人、缺学技术的人、缺会技术的人，迟迟无法进行有效的品种改良，严重影响了当地搬迁户增收致富的步伐。另外，农业保险制度供给不足也是影响农业产业扶贫项目可持续发展的重要因素。例如，非洲猪瘟导致大量的养殖业项目遭遇损失，但是农业保险缺乏或者能保的额度太低，没有真正起到分担产业风险的作用。

（6）部分产业扶贫项目短期化、同质化和产业链短现象严重，不能满足持续性、多元化发展的目标。政府部门为了能够如期保障易地扶贫搬迁户稳得住、能致富，利用产业扶贫、易地扶贫搬迁等资金为安置点配套了短平快的农业产业，而没有顾及相关的市场评估、产业遴选、合理布局、差异化与可持续发展等。调研发现，陕西多个地方选择了食用菌、水果等项目来发展，例如紫阳的黑木耳、西乡的樱桃，规模一般比较小。这些项目扶贫效果确实能立竿见影，但忽视市场评估，缺乏足够的预判，等周边资源禀赋相似地区采取同样项目发展之后，就会出现无序竞争，导致特色产业再无特色，产品销路困难，甚至出现滞销现象，贫困户脱贫增收受到影响。另外，易地扶贫搬迁后续配套的产业链条短，对易地扶贫搬迁户增收的贡献有限。调研时发现，部分产业项目如食用菌、洋芋等基本都只是停留在初级生产阶段，忽略了产品的销售、深加工等环节。这样导致产品竞争力不足、附加值不高，影响产业项目的带动效果，难以有效带动搬迁户增收致富。

二、后续就业帮扶工作存在的问题

（1）部分搬迁群众因自身素质、家庭顾虑等多方面导致外出就业动力不足。主要体现在三个方面：一是自我发展能力不强。易地扶贫搬迁人口总体文化层次较低，劳动力技能欠缺，自我发展能力较弱，外出就业只能从事低效能的工作。从文化水平看，90 万易地扶贫搬迁人口中，文盲半文盲 11.7 万人，小学文化程度 30.4 万人；从劳动力的状况看，一般劳动力约 50 万人，有一定技能劳动力的仅有 1.9 万人，有 38 万人为丧失劳动力、无劳动能力或弱劳动力。二是自我转移就业意愿不强。多数搬迁户常年生活在大山深处、思想保守，习惯了自由散漫的生活，外出务工或就地就业积极性不高。即便在接受短期技能培训后走向就业岗位，也常会不习惯固定的工作时间与制度约束，导致出现就业质量不高、就业不稳定等问题。三是因家庭或自身顾虑而外出就业动力不足。部分搬迁群众由于客观上要赡养老人、照顾子女或因年龄、因病、因技等原因，外出打工存在很多顾虑，即使被动员外出就业，也会在短时间回来，没有实现稳定就业。四是因担心外出务工的权益没保障而不愿劳务输出。由于部分地方出现重搬迁群众转移就业，轻就业质量和权益保障等问题，导致很多搬迁群众担心就业权益得不到保障而不愿就业。

（2）企业参与就业扶持工作的动力不足、参与度不高。一方面，缺乏激励政策，限制了企业参与就业帮扶。目前后续就业帮扶的大部分工作是政府主导，由于政府缺乏对就业市场信息的敏感性，使得帮扶效果大打折扣。企业不仅对就业市场信息较为敏感，还是就业岗位的主要供给方，但因缺乏激励政策，很少有企业愿意参与到后续就业扶持中，造成就业市场中就业岗位供给不足，不利于搬迁群众转移就业。另一方面，部分企业提供的就业岗位对劳动力基本技能要求较高。有些企业在就业帮扶过程中，缺乏对搬迁劳动力基本信息的了解，提供的就业岗位的要求往往较高，大多数搬迁群众因受教育程度较低、劳动技能不高被排除在外，造成就业岗位有供给无需求，大大限制了搬迁群众转移就业。

三、安置区管理及融入存在的问题

（1）部分搬迁群众"市民"意识还比较薄弱，社区融入还需要进一步加强。部分搬迁群众虽然搬进社区新家，但仍然依赖于农村生活和土地生存，对新社区生活不太适应，搬迁群众直接从"农民"变成"市民"还需要一定的发展过程。搬迁户的社区融入问题主要体现在以下几个方面：第一，搬迁后物价水平高、水电费缴纳等导致搬迁户产生经济融入问题。调研数据显示，75%的搬迁户表示搬迁后的家庭消费与搬迁前相比有所增加。第二，少数年龄偏大、文化不高的搬迁群众不会使用电梯、煤气灶、马桶等必备生活用具。第三，不适应物业公司的规章管理制度。第四，缺乏社区公共区域卫生、公共基础设施的保护意识。第五，个别社区的民风建设不足，社区内聚众赌博的现象严重。

（2）部分安置区后期基础设施配套还有待完善。部分地区由于地质条件差、施工难度大，前期主要精力投入在安置楼建设。搬迁群众入住后，部分安置点公共厕所、农贸市场、停车场、文化广场等功能设施还不够完善，不能完全满足搬迁群众需求。例如，陕西省平利县的白果社区安置点，因为前期主要精力集中在征地新建安置楼，尚未为搬迁户配置文化广场、农贸市场等基础设施。调研过程中发现部分搬迁户将农产品摆在安置区道路、楼道等地方销售，不利于社区的管理和整洁；还有部分搬迁户反映没有文化广场可以开展文化娱乐活动。

（3）安置区后续的物业管理缺乏市场主体的有效参与。易地扶贫搬迁户在未搬迁之前，都是一户一宅，房屋、环境卫生、水电暖等设施的权属归农户自己所有，对它们的建造和维护农户都很有意愿，属于自发行为。但当他们全部搬迁到同一个安置区之后，安置区内的环境卫生、住房、水电暖等公共设施的权属归社区所有，它们的管理和维护单纯依靠单个搬迁户很难解决。有些安置区目前由政府负责水电暖、环境卫生等公共服务与管理，这些并不是政府的强项，缺乏市场参与的社区管理机制的持续性值得怀疑。有些地方（如紫阳县）探索了引入物业公司，实施"三业统筹"解决物业管理问题的思路，是安置区物业管理的一大进步和创新，但实际开展过程中仍存在一些未能有效解决的问题：一方面，部分搬迁户对于物业费、暖气费等费用具有抵触情绪；另一方面，物业公司进驻意愿不高。贫困地区产业风险高、搬迁户购买力较低等原因导致物业公司发展产业效益有限是阻碍物业公司进驻安置区的重要因素。

第五节　易地扶贫搬迁后续扶持工作未来发展方向和相关政策建议

一、促进后续产业发展的对策建议

（1）加强新型经营主体的培育，完善利益联结机制，促进其在产业扶贫乃至产业兴旺中充分发挥带动作用。针对目前产业发展存在农户自己发展比例太高、新型经营主体带动不足等问题，应该从新型经营主体的培育和提升方面着手解决：第一，规范新型经营主体的运行机制。对于运营不规范新型经营主体进行整改，提高新型经营主体的运营水平和盈利能力。第二，完善贫困地区龙头企业的激励机制。通过实施补贴、信贷、税收等优惠政策，提高龙头企业参与产业扶贫的动力，尤其是对一些前期固定成本投入较高的项目，应该给予支持。第三，完善新型经营主体的带动方式。除资产收益带动外，新型经营主体应多发展直接生产带动、就业创收带动、混合带动等模式，让搬迁户更多地参与到相应的经营活动中，增加其脱贫致富的积极性，提高其可持续发展能力。第四，积极探索多种合作模式，完善利益联结机制。鼓励新型经营主体与搬迁户建立契约型、分红型、股权型等合作方式，引导低收入户积极参与产业发展，进入产业链，获得持续稳定增收。第五，带动范围辐射到安置区低收入人口，促进产业扶贫和产业兴旺有机衔接。除了贫困户之外，还要进一步考虑对安置区低收入人口的带动能力和方式，扩大新型经营主体对贫困地区的辐射带动范围。

（2）做好产业规划和产业布局，秉持"村级专业化，县级多元化"的原则合理选择产业发展项目。解决产业项目短期化、同质化的问题，应从以下几个方面着手：首先，远近兼顾，优化布局。从顶层设计出发，产业发展规划和布局既要考虑当前贫困群体的增收效果，又要具备前瞻性、长效性以实现与产业兴旺的有机衔接。地方政府应当深入实地调研，立足当地资源禀赋、政策环境、市场条件等，合理选择产业发展项目。其次，统筹协调，避免同质化。统筹协调各地区的产业分布、利益格局，避免相同产业过于集中导致恶性竞争、效益降低。贫困地区要依据自己的资源优势，找准适合当地发展的特色主导产业，发挥比较优势，不盲目跟风，形成"村级专业化、县级多元化"的产业发展道路。最后，坚持走优质化、品牌化的道路。产业发展应当注重提升特色产品质量，充分利用贫困地区丰富的生态资源、无污染或污染少的特点，打造绿色、有机农产品品牌，实现特色产业的优质化和品牌化发展，增强产品的市场竞争力。

（3）延长产业链条，多产业融合发展提升产业价值、增强产业生命力。产业链条的广度和宽度是影响产业价值、产业生命力和产业可持续性的重要因素。首先，要拓宽扶贫产业链的广度，实现多产融合。陕西有着浓厚的文化底蕴，当地也有很多的特色农产品，如茶叶、苹果等，可以考虑将这些农产品与当地的自然资源、文化资源等结合起来，发展生态和休闲旅游、电子商务等新产业新业态。通过多产融合既能提高产品的附加值，又能降低自然风险和市场风险。其次，要延伸扶贫产业链的深度，完善纵向产业链。这需要政府和企业同时发力：政府方面，要保证产业资金投入，鼓励支持延长产业链和多产业融合发展。政府应进一步调整财政支出结构，保障产业扶贫资金的投入需求，对于发展特色产业深加工的企业应给予政策支持，对特色产业深加工设备要给予一定的财政奖补。企业或市场方面，要把加工原料基地建设与农产品加工园区的建设有机结合起来，积极实现涉农企业、产业的集聚，促进产品加工产业链和块状带状经济的形成，提高产品加工业的整体水平。

（4）完善产业发展的人才支持和保险保障政策，促进产业可持续发展。人才支持决定产业发展的高点站位，保险供给关乎产业发展的安全底线，只有抢占高点坚守底线才能实现产业的可持续发展。人才支持方面，可从自主培育和积极引进两个渠道构建产业扶贫人才支持体系。自主培育可从培育致富能手、培育技术能手、培育营销能手等方面着手，通过奖励、补贴、培训等方法培育一批经营型、技能型、带动型、服务型、社会型产业发展人才。同时积极引进人才流向乡村，进一步放宽政策，降低人才引进门槛，优化服务，吸引人才，统筹各产业部门以岗位聘用、项目聘用、任务聘用和人才租赁等灵活用人方式吸引、使用人才。鼓励和引导人才回乡发展，以开发本地资源为支点，建立"培训—服务—回引"的联动服务机制。保险供给方面，可从以下三个方面进行完善：一是搭建以产品和经营模式创新为主的农业保险创新体系。利用农业保险的精准属性，开展"扶贫＋农业保险"的试点工作，有效规避扶贫产业的经营风险。创新收入保险、目标价格保险、区域产量保险、天气指数保险等农业保险险种，提高作物成本保险保障水平。二是坚持"政府主导＋市场运作"的运行机制。通过多种方式为扶贫产业购买农业保险服务，激活有效市场，提高脱贫效率和质量。加大政府支持力度，逐步降低县级财政补贴比例并取消贫困户负担的农业保险费用。三是实现农业保险供给助推产业扶贫的保障机制。加大贫困地区分支机构网点建设，努力实现扶贫地区保险机构网点全覆盖。

二、促进后续就业扶持的对策建议

（1）充分尊重搬迁户就业意愿，因人施策多途径拓展就近就业渠道。考虑到部分劳动力因自身素质、家庭顾虑等原因外出就业动力不足，应当在充分尊重其就业意愿的基础上，切实了解不同劳动力群体的真实需求，多途径拓展就近就业渠道解决其就业问题。针对留守妇女和语言不通的少数民族搬迁群众，通过吸引外地企业或当地龙头企业在大型安置点建立扶贫车间、社区工厂等，带动这些搬迁劳动力就地转移就业；针对文化程度较低、年龄稍大的搬迁群众，通过与交通、林业、县城公共服务等部门协调，设立保洁、门卫、护林员等公共服务岗位，将这些搬迁群众通过公益性岗位定向安置；针对有创业意愿的搬迁群众，激励农民返乡下乡创业，加强创业载体建设，加大创业服务和创业培训，培养致富带头人、返乡创业带头人，带动有创业意愿且有能力的搬迁群众自主创业；针对因未适应工人身份而逃避就业的搬迁群众，应通过组织各类思想教育培训活动，转变搬迁户传统农业生产的思想意识，使其尽快适应工人身份，提高就业质量。

（2）完善相关激励政策吸引企业参与就业扶持工作。首先，利用东西扶贫协作机制，通过免收 3 年税收的优惠政策吸引东部沿海地区的劳动密集型、生态友好型等企业到西部贫困地区建立生产基地、社区工厂等，带动搬迁劳动力就业。同时，依托当地产业基础，通过向外地企业、当地龙头企业发放 3 年贴息或免息贷款，吸引外地企业、扶持当地龙头企业发展产业，创造不同类型的就业岗位，带动搬迁群众就近就地转移就业。此外，通过加强贫困地区的道路、互联网等基础设施建设，为企业发展创造良好环境，促进企业融入当地，带动当地产业发展的同时，吸纳更多的搬迁劳动力从事非农就业活动，实现脱贫致富目标。

三、促进安置区社区管理及融入的对策建议

（1）多举措多渠道促进搬迁户社区融入，培养搬迁户的"市民"意识。政府应当在充分了解搬迁户社区融入困难和问题的基础上，多渠道多举措逐个突破，促进搬迁户真正融入新社区新生活。针对经济融入不足的问题，有条件的安置区可以借鉴平利县"小菜园"的做法，在安置区周边开辟居民小菜园，供搬迁户自己食用减少一部分食物支出；针对生活用具使用难题，通过楼长、帮扶干部等入户指导、宣传普及、入户示范的方式，解决少数年龄偏大、文化不高的搬迁群众不会使用电梯、煤气灶、马桶等必备生活用具的难题；针对不适应物业公司的规章管理制度问题，利用各安置社区（点）的宣传阵地，针对性地制作和发放物业知识图册等宣传资料，加大物业管理制度的宣传教育，引导安置社区（点）居民逐步树立正确的小区自治意识、物业消费意识，引导安置社区（点）居民自觉遵守社区管理规约和制度；针对民风建设

不足问题，通过丰富搬迁户业余生活、民风道德模范评选、红黑榜等活动和方式纠正搬迁户的不良行为和习惯，弘扬讲道德树新风的社区风气。

（2）加大对大型安置区的配套设施建设支持力度。针对安置区的配套设施建设，应当充分考察各地工程难度和工程周期，实施差异化的支持方案。首先，对于文化广场、农贸市场等基础设施建设困难的安置点，应当加大工程技术支持和建设资金支持力度，并做好建设资金的管理和监督工作，保证在关键的时刻资金要用到关键的地方。其次，对于社区工厂或扶贫车间引入困难的安置点，要相应给予更多的政策倾斜，通过设置补贴和奖励等吸引企业入驻。

（3）一手抓物业公司，一手抓搬迁群众，双管齐下探索有效解决社区物业管理问题的长效机制。物业公司和搬迁群众是社区物业管理问题中最重要的两大主体。一手抓物业公司，社区物业管理问题还是得通过引进物业管理公司的市场化手段解决。虽然紫阳县推行的"三业统筹"模式存在一些不足，但是这种模式还是值得推广的。政府可为物业公司提供税收、金融贷款等优惠政策，并为物业公司发展产业提供便利条件，例如通过产房减租、土地减租等方法吸引物业公司进驻安置区。让物业管理公司负责搬迁户的房屋及公共服务设施的管理和维护，提高社区物业管理效率。一手抓搬迁户群众，通过培养搬迁群众的物业管理意识、提高搬迁群众的收入水平让搬迁户愿意交物业费、交得起物业费。调研过程中，很多安置区都反映物业费难收是物业管理的痛点。只有通过加强宣传教育，培养搬迁户的公共区域保护意识，且提高搬迁户的收入才能有效解决该问题。只有搬迁户的物业费缴纳意愿提高了，物业公司入驻的意愿才会随之提高。

第十三章

四川省易地扶贫搬迁政策典型案例研究

"十三五"期间,四川省共搬迁 37.93 万户、159.25 万人口,其中 136.38 万贫困人口。目前,建设任务已全面完成,住房建成率 100%,集中安置率 44.60%,主要以小规模安置(800 人以下)、分散安置为主,工作重心由工程建设全面转向后续扶持。2020 年 8 月 1~7 日,中国人民大学农业与农村发展学院调研组赴四川省宣汉县和昭觉县就易地扶贫搬迁现状、安置工作实施现状、搬迁后续帮扶政策等内容进行座谈和典型案例调查。本章首先介绍四川省易地扶贫搬迁实施现状和后扶工作总体规划,进而围绕社区融入、产业扶持和就业扶持三个方面提炼典型案例和经验做法,在此基础上总结后扶工作存在的问题,并提出未来改进方向和政策建议。

第一节 易地扶贫搬迁实施现状

一、易地扶贫搬迁工作进展情况

(一)易地扶贫搬迁建设任务基本完成

"十三五"期间,四川省易地扶贫搬迁涉及 21 个市(州)、148 个

374

县（市、区）、37.93 万户、159.25 万人口。搬迁规模占全国总规模的13.96%，位列第二。截至目前，四川省搬迁建设任务已全面完成，建成住房37.94 万套，住房建成率100%。累计下达资金778.09 亿元，其中：中央预算内投资112.56 亿元、专项建设基金58 亿元，地方政府债务资金113 亿元，长期贴息贷款208.78 亿元，债券资金285.75 亿元。

（二）安置点基础设施及公共服务配套齐全

按照"规模适宜、功能合理、经济安全、环境整洁、宜居宜业"原则，四川省配套完善安置点水、电、路、电信网络、垃圾处理、污水处理等基础设施，满足群众生产生活和后续发展需求。截至2019 年11 月底，"十三五"时期累计新建、改建学校162 个、幼儿园514 个，贫困地区办学条件得到改善，较好解决了贫困家庭子女上学难的问题。新建、改建卫生院（所）2 581 个，基本消除贫困地区乡村医疗卫生机构"空白点"，大大提高了当地的基层医疗服务能力。修建村文化室、活动室等乡村公共活动场所3 191 个，强化了村级文化阵地建设，极大地丰富了安置区群众的文化生活。

二、易地扶贫搬迁的安置模式

四川省牢牢把握精准识别、精准施策原则，结合巴蜀地形地貌特征，在充分尊重搬迁群众意愿基础上，因地制宜、分类制定安置方案，宜散则散、宜聚则聚，探索形成了"小规模、组团式、微田园、生态化"的搬迁安置模式。

（一）易地扶贫搬迁以分散安置为主

从安置方式上来看，四川省易地扶贫搬迁分散安置25.56 户87.77万人，占比55.11%，主要为村内安置；集中安置12.37 万户71.48 万人，占比44.89%。在分散安置方面，安置地主要选择在靠近乡（镇）

政府、村委会、学校、卫生院（站）或公路沿线基础设施条件较好的地方，尽量减少基础设施和基本公共服务设施建设支出。在集中安置方面，主要分布在高原藏区和大小凉山彝区等大多属高寒山区或深山峡谷区域。

（二）集中安置以小规模安置（800 人以下）为主

从安置规模来看，四川省共建集中安置点 5 547 个，其中：800 人以下小型安置点 5 503 个，安置 60.95 万人；800～3 000 人大型安置点 38 个，安置 5.04 万人；3 000～10 000 人特大型安置点 4 个，安置 2.16 万人；10 000 人以上超大型安置点 2 个，安置 3.33 万人。由此可见，四川省易地扶贫搬迁集中安置以小规模安置（800 人以下）为主。

三、安置点后续扶持总体规划

四川省研究出台《关于加强易地扶贫搬迁后续脱贫发展指导意见》《坚决打赢易地扶贫搬迁攻坚战三年行动实施意见》《关于进一步加大易地扶贫搬迁后续扶持力度的指导意见》《关于规范易地扶贫搬迁结余资金使用的通知》等文件，进一步完善政策体系，督促指导各地充分整合资源，因村因户因人细化落实好产业、就业、社会保障、融资等后续扶持举措。牢固树立"搬迁是手段、脱贫是目的"工作理念，始终坚持"挪穷窝"与"换穷业"并举、安居与乐业并重、搬迁与脱贫并进，扎实做好易地扶贫搬迁"后半篇文章"。

（一）安置点后续社区融入总体规划

聚焦公共教育、医疗卫生、社会保障、社区服务等公共服务设施建设，打造搬迁户 500 米生活半径圈，为群众提供"一站式"服务。针对搬迁群众不同安置方式、特点，分类施策，实事求是，有序做好搬迁群众户籍管理、上学就医、心理疏导等接续服务工作。注重扶贫同扶智扶志相结合，切实加强搬迁群众"感恩奋进"主题教育和健康卫生理念教育，大力推进移风易俗。高度重视易地扶贫搬迁信访案件调处，及时回应群众关切、化解具体矛盾，不断增强搬迁群众归属感和迁入地群众对搬迁群众认同感。

（二）安置点后续产业扶持总体规划

依托川茶、川药、川酒、川果、川猪等品牌优势和资源特点，重点培育产业基础好、带动能力强、辐射面广的区域优势产业，确保每个集中安置点至少有1项主导产业。依托地形地貌多样、旅游资源富集、民俗文化独特优势，大力发展农业旅游、生态旅游、文化旅游等，促进产业深度融合发展，拓宽搬迁户增收渠道。通过"公司＋基地＋农户"、入股分红等模式，大力建基地、创品牌、搞加工，强化搬迁户与产业发展的利益联结。

（三）安置点后续就业扶持总体规划

坚持把就业安置作为重要途径，多措并举，确保有劳动能力和就业意愿的搬迁家庭至少有1人实现就业。建立搬迁户劳动力实名制登记数据库，依托东西部扶贫协作和省内7市35县对口帮扶45个深度贫困县机制，引导搬迁户到省内外充分就业。支持发展生态友好型、劳动密集型产业，扶持新型经营主体建设扶贫车间，就近就地吸纳就业。积极开发公益性岗位并优先安排具有劳动能力的困难搬迁户。

（四）建立健全防返贫机制，巩固脱贫成果

继续完善贫困劳动力实名制数据库，做实按季更新，加强与扶贫、公安、民政等部门沟通协调，建立数据协调机制，定期开展数据比对。探索开展与人社部、相关省份的数据协作，为实施精准就业扶贫奠定坚实基础。严格落实"四不摘"要求，健全防止返贫机制，完善监测预警、提前帮扶和综合保障各项措施，防止返贫和产生新的贫困。组织53个完成脱贫攻坚任务的县（市、区）开展试点，探索建立解决相对

贫困长效机制。坚持常态化问题发现和整改机制，不断巩固提升成效。

第二节 易地扶贫搬迁后续扶持
工作成效和整体评价

一、产业扶持的工作成效

四川省近年来相继出台一系列产业扶贫政策文件，系统安排部署全省农业产业扶贫重点工作。根据各地产业发展实际，以实现稳定脱贫为核心、以市场需求为导向、以改革创新为动力、以科技应用为支撑、以三产融合为重点，聚焦深度贫困地区，强化规划引领、龙头带动、产销对接、技术服务、人才培养和机制创新，提升农业产业扶贫、精准脱贫质量，为打赢脱贫攻坚战三年行动和贫困地区乡村振兴提供更为坚实的基础支撑。搬迁后续产业发展取得一定成效，具体如下：

（一）贫困地区特色优势产业得到发展

按照"区域、流域、全域"的布局思路，立足于贫困地区资源禀赋，把全省产业扶贫规划与"10＋3"[①]产业培育深度对接，带动贫困地区特色产业发展。在大小凉山彝区重点发展特色水果、烟叶、马铃薯等特色产业；在高原藏区重点发展高山蔬菜、牦牛、藏药等；在乌蒙山区重点发展热带水果、蚕桑、特色养殖等；在秦巴山区重点发展茶叶、地道药材、特色干果等。因地制宜发展休闲农业和乡村旅游，促进农业

---

① "10＋3"产业体系，即重点培育川粮（油）、川猪、川茶、川薯、川药、川桑、川菜、川果、川鱼、川竹十大特色产业，做强现代种业、智能农机装备制造、烘干冷链物流三大先导性支撑产业。

与旅游业的深度融合发展，拓宽农民就业增收渠道。

（二）聚焦转型升级，持续提升了农业发展水平

一是调整结构建基地。立足于贫困地区资源禀赋和市场需求，科学规划建设了一批标准化、规模化、集约化的特色产业基地。2016～2019年，累计在88个贫困县新建高标准农田417万亩（合27.8万公顷），新建或改造特色产业基地660万亩（合44万公顷），新建或改造机电提灌站2 556个，新建或改造各级标准化养殖场1 014个。二是园区建设促发展。把农业产业园区建设作为各地调整农业结构、促进产业融合、增加农牧民收入的主抓手，鼓励贫困群众入园务工，让他们分享更多产业发展红利。2016～2019年，累计在88个贫困县新建现代农业园区250个，认定省级星级园区13个；新建农产品初加工设施1 860座。三是提升价值创品牌。大力实施品牌孵化、提升、创新、整合、信息"五大工程"，组织贫困地区农产品参加各类展销会，着力提升贫困地区特色农产品知名度和市场占有率。2016～2019年，累计在88个贫困县推出优质农产品品牌86个、区域公共品牌4个，"三品一标"农产品1 350个，通过展会推介推广贫困地区农产品3万个（次、件）。

（三）突出主体带动，激发了贫困地区发展活力

一是鼓励创办新型经营主体。深入开展新型农业经营主体助推精准脱贫行动，着力在贫困地区培养一批带动能力强的省级示范社、示范场。2016～2019年，累计在88个贫困县培育农民合作社26 085个，纳入农场名录系统管理的家庭农场（含规模经营户）41 148个，其中农民合作社省级示范社493个，家庭农场省级示范场766个。二是不断完善利益联结机制。引导贫困地区农牧民采取互换、入股、托管、并地等方式，将农村土地向大户、合作社、龙头企业等新型经营主体集中，加快发展多种形式的适度规模经营。充分发挥新型经营主体纽带作用和支撑作用，通过股份合作、保底分红、二次返利等多种方式，引导农户与带动主体结成紧密的生产经营共同体和利益共同体，让贫困群众分享更多产业发展红利。三是持续深化农村改革。四川省印发《关于全面开展四川省农村集体资产清产核资的意见》《关于坚持和加强农村基层党组织领导扶持壮大村级集体经济的实施意见》等文件，稳步推进贫困地区集体产权制度改革，培育了一批运行机制健全的村级集体经济组织。截至 2019 年底，累计在 161 个承担扶贫任务的县培育村级集体经济组织 4 264 个，其中 88 个贫困县培育了 1 637 个。

（四）强化技术帮扶，增强了贫困地区"造血"能力

一是创新方式加强技术帮扶。实施"万名农业科技人员进万村开展技术扶贫行动"和"一村一名农技员"，对贫困户实现农技服务全覆盖，激发贫困群众的内生动力。截至 2019 年底，全省向 11 501 个贫困村派出驻村农技员 12 424 人，组建农技专家服务团 890 个、技术巡回服务小组 3 069 个。二是健全农技推广体系。出台《进一步健全基层农技推广服务体系的意见》，充实基层农技服务力量，着力打通农技推广服务"最后一公里"。在阿坝州、甘孜州、凉山州深度贫困县实施农技推广服务特聘计划。截至 2019 年底，累计在 45 个深度贫困县招募特聘农技员 326 人。三是加强科技示范引领，积极深化"农科教""产学研"结合机制，在贫困地区加快推进科技示范基地建设，大力培育农业科技示范户，加大新品种、新技术、新设备推广力度。在全省推介农业主推技术 80 项，建立科技示范基地 607 个，培育科技示范户 47 056 户。

二、就业扶持的工作成效

四川省准确把握就业在精准脱贫中的战略地位，突出高质量、精准度和针对性，以增加贫困群众收入为核心，探索并推动落实技能培训、开展有组织劳务输出、扶持有能力的贫困户创业、开发公益性岗位安置

等一系列就业扶贫举措，以"绣花"功夫精准实干，助力贫困劳动力增收脱贫。截至 2019 年 12 月，四川省共有 112.7 万农村贫困劳动力实现转移就业，提前一年完成"到 2020 年，贫困劳动力转移就业规模超过 100 万人"的任务。具体就业扶持工作成效如下：

（一）扎实开展技能培训，增强了搬迁群众发展能力

一是组织"培训下乡"，把培训项目"送下去"。对贫困劳动力较为集中的搬迁安置点，通过"农民夜校"平台开展集中授课；对贫困劳动力较为分散的乡村，采取"培训大篷车""田间课堂"等方式送培训上门。二是举办"扶贫专班"，把贫困劳动力"请上来"。组织全省 118 个就业训练中心、1 425 个民办职业培训机构和 84 所技工院校，根据贫困劳动力培训意愿和企业用工需求，开设"扶贫专班"，采取单独编班、小班教学的方式，做到"包吃住、包学会、包就业"。三是实行异地培训，让技能培训"走出去"。组织培训机构，直接到广东、浙江、福建等川籍农民工务工集中地开展免费技能培训。四是聚焦深度贫困地区，为技能培训"补短板"。采取"一帮一"的方式，对口承接 45 个深度贫困县技能培训任务，力争 3 年时间内，让深度贫困地区每个贫困劳动力至少参加一次免费技能培训。

（二）多渠道促进转移就业，增加了搬迁群众收入

一是促进就地就近转移就业。鼓励各类生产经营主体吸纳贫困劳动力长期稳定就业，财政按 1 000 元/人标准给予一次性奖补，吸纳 10 人以上的再给予奖补；开展以工代训的，按照 200 元/人·月给予最长不超过 6 个月的职业培训补贴。二是促进异地转移就业。强化东西部扶贫协作和省内对口帮扶，做实"就业需求、岗位供给"两张清单，提高人岗匹配度。通过联合举办专场招聘、开展培训合作、建立劳务协作基地、设立扶贫车间、落实交通和稳岗补贴等方式，积极拓宽省外就业渠道，促进贫困劳动力成规模有序外出务工。建立了"35+45"① 省内对口帮扶机制，引导贫困劳动力到省内发达地区就业。三是扶持创业带动就业。组织有创业意愿和创业能力的贫困劳动力免费参加创业培训，优先安排入驻创业园区（孵化基地），提供项目推介、证照代办、开业指导等一对一跟踪服务。定期邀请省市创业专家到贫困劳动力创业实地把脉巡诊，指导贫困劳动力创业脱贫。严格落实创业担保贷款贴息和创业补助等扶持政策。四是统筹公益性岗位安置就业。在安置点开发社会治安协管、乡村道路维护、地质灾害监测、就业扶贫专员、禁毒防艾宣传等公益性岗位，托底安置特困劳动力，每人每月给予不低于300元岗位补贴。

三、社区融入的工作成效

四川省在搬迁安置点配套建设道路、安全饮水、排污管网等基础设施，同时配套村级服务中心、通信网络、村民阅览室等公共服务设施，明显改善了搬迁群众的生活条件。经济状况、基础设施、公共服务三个维度的因素均与易地扶贫搬迁政策实施效果显著正相关（熊升银和王学义，2019）。有序做好搬迁群众户籍管理、上学就医、心理疏导后续公共服务工作，关注老人、留守儿童群体，开展系列关爱服务志愿项目。注重扶贫同扶智扶志相结合，持续推进移风易俗，积极推进培育新风正气，搬迁群众获得感、幸福感、安全感明显提升。

（一）生活条件显著改善

2019年底，全省贫困地区农村居民人均可支配年收入达到12 127元，比2013年底增加了6 544元，增长了117%；完成了49.2万贫困

---

① "35+45"是指四川省内7市35县（市、区）对口帮扶藏区彝区45个深度贫困县市。

户的危房改造；解决了 288.3 万贫困人口的安全饮水问题；累计新改建农村公路 7.4 万千米；累计完成 7 568 个行政村电网升级、11 501 个贫困村通光纤、10 954 个贫困村 4G 覆盖。

（二）公共服务水平得到提升

针对搬迁群众不同安置方式、特点，分类施策，实事求是，有序做好搬迁群众户籍管理、上学就医、心理疏导等接续服务工作。截至 2019 年 11 月底，"十三五"时期累计修建村文化室、活动室等乡村公共活动场所 3 191 个，强化了村级文化阵地建设，极大地丰富了安置区群众的文化生活。建设社区养老服务综合体和村级互助养老服务设施，积极在易地搬迁聚居区（点）培育涉老社会组织，鼓励基层社会组织开展为老服务等志愿活动。建立健全"三留守"关爱服务体系，完善"三留守"信息系统，加快妇女儿童之家建设，深入开展以解决留守儿童监护问题为重心的"合力监护、相伴成长"关爱保护专项行动，实施"童伴计划""百镇千村助爱牵手"等留守儿童关爱服务项目。

（三）搬迁户内生动力得到激发

四川省加强对搬迁群众的社会主义核心价值观宣传教育，倡导科学、文明、健康的生活方式和团结互助、奋发向上的道德风尚。加强教育引导，切实增强搬迁群众"感恩奋进"主题教育和健康卫生理念教育，让大家感党恩、听党话、跟党走。改进动员方式，通过生产奖补、劳务补助、以工代赈等，引导有劳动能力的贫困群众从事农村保洁员等公益岗位，树立"多干多得、早干先得"的良好导向。强化示范引领，充分利用农民夜校等平台，组织贫困群众学文化、学政策、学法律、学技术，定期组织开展脱贫攻坚评选表彰活动，激励贫困群众依靠勤劳双手脱贫致富。

第三节　易地扶贫搬迁后续扶持
典型案例和经验做法

调研组选取四川省宣汉县和昭觉县作为易地扶贫搬迁后扶工作重点调研县，与相关单位负责人围绕搬迁项目进展情况、当前工作存在问题等内容进行深入座谈，另外对宣汉县、昭觉县多村搬迁安置情况进行实地考察和入户访谈。

一、实地调研县安置现状

（一）宣汉县安置现状

宣汉县位于四川东北边缘大巴山南麓，地处川渝鄂陕结合部，是新一轮国家扶贫开发工作重点县、秦巴山集中连片特困县、革命老区县和享受少数民族待遇县。幅员 4 271 平方千米，辖 54 个乡镇、491 个村、77 个社区，总人口 132 万，其中农业人口 111.86 万。

宣汉县紧紧围绕"搬得出、稳得住、能致富"要求，精心调配力量，精准配置资源，精细组织实施，取得了易地扶贫搬迁阶段性成效。截止到 2020 年底，全县共搬迁 11 128 户 38 868 人，其中贫困人口 38 817 人，随迁人口 51 人。集中安置 1 163 户 3 880 人，分散安置 9 965 户 34 988 人。共建成集中安置点 104 个，安置 3 880 人，从安置规模上看，200 人以下的集中安置点 100 个，200~800 人的集中安置点 4 个。该县在乡镇的典型安置点为普光镇坎社区集中安置点，分布在村内的典型安置点是苗安乡洞子村集中安置点。

（二）昭觉县安置现状

昭觉县位于四川省西南部，地处大凉山腹心地带，是凉山东部的交通枢纽和重要物资集散地。全县面积 2 700 平方千米，辖 47 个乡（镇）、271 个行政村，总人口 34.18 万（彝族人口占 98.53%），齐集什扎、所地、阿都、依诺四大方言，是四川省少数民族人口第一大县、全国彝族人口第一大县。

截至 2020 年底，"十三五"期间昭觉县易地扶贫搬迁住房建成率 100%，实际入住 12 234 户 59 933 人。其中贫困人口 57 803 人，随迁人口 2 130 人。集中安置 11 850 户 58 128 人，分散安置 384 户 1 805 人。共建成集中安置点 175 个，集中安置 58 128 人。其中，规模 800 人以下的安置点共有 173 个，安置人数 35 604 人；规模 3 000～10 000 人安置点共有 1 个，安置人数 3 257 人；规模 1 万人以上安置点数 1 个，安置人数 19 267 人。累计建成安全住房 102.53 万平方米，累计完成投资 32.82 亿元（中央预算内补助投资 4.57 亿元），人均住房补助 2.85 万元，户均自筹 0.89 万元。该县易地扶贫典型安置点为县城南坪社区（县城安置）、日哈乡列拖村集中安置点（乡镇安置）和解放乡火普村集中安置点（村内安置）。

二、产业扶持典型案例和经验做法

（一）宣汉县产业扶持经验和做法——旅游扶贫

宣汉县抓住发展机遇，紧紧围绕资源大做文章、做大文章，大力实施"全域旅游"战略，全力推进巴山大峡谷文旅扶贫综合开发项目，带动巴山大峡谷片区贫困人口从 2014 年的 9.1 万人减少到 2019 年底的 0.2 万人，带动片区农村居民人均可支配收入增长 2 100 元，成功走出了一条贫困山区依托文化旅游实现脱贫奔康的新路子。具体做法如下：

一是资源入股。积极引导搬迁户将土地、林地等资源入股分红，按照稻田 600 元/亩、旱地 400 元/亩、林地 230 元/亩的标准折价入股。

在景区建成运营前按当年土地（林地）流转价格进行补偿，在景区建成后拿出运营收入的 10%，按"下要保底、上不封顶"的方式进行分红。其中，4% 用于土地补偿，4% 补给景区原住民，2% 作为村集体经济收入，景区上市后实行持股分红。

二是经合组织带动。积极引导农业科技人员、返乡农民工、工商业主"三类人才"在景区创业，采取"能人＋公司＋贫困户""能人＋贫困户""经合组织＋贫困户"等方式，带动贫困人口在经济实体中从事管理和生产工作，解决后续发展及稳定增收问题。目前，景区已培育能人公司 55 个，经合组织 123 个，带动 20 834 名贫困人口实现人均年增收 700 元。

三是经营帮扶带动。依托巴山大峡谷土特产品，加大对旅游产品的开发力度，打通农村电商销售渠道，打造独具特色的"商业风情街"，鼓励和支持有条件、有意愿的贫困人口在景区按规划摆摊设点，销售巴人服、手工艺品、巴山药蜂蜜、老腊肉等土特产品，经营农家乐、提供特色美食等餐饮服务。目前，景区已培育土特产商店 20 家、农家乐 32 家、餐饮服务 15 家，开园以来零售品销售额达 2 500 万元，有效带动 2 800 余名贫困人口实现人均年增收 3 000 元以上。

四是农旅联动带动。按照景区标准打造农业产业园区，大力发展"牛、药、果、茶、菌"五大特色产业，积极引导贫困人口参与农业产业园区经营和务工，大力探索"农事体验、观光旅游、休闲度假、民俗旅游、健康养生"等农旅融合发展形式，不断满足游客的需求，做到以农促旅、以旅兴农。目前，景区已发展茶叶、中药材、花卉等特色农业产业 3.2 万亩（约合 2 133.33 公顷），带动 26 000 余名贫困人口实现人均年增收 2 000 元以上。

五是文旅融合带动。建立当地民间艺人、巴文化传承人名录，广泛开展薅草锣鼓、巴人钱棍舞等"巴文化"传承培训活动，积极吸引当地贫困人口通过兼职当演员、当传承人等方式，参与巴文化活动。目前，已有870名贫困人口常态参与巴文化文艺展演，实现人均年增收1 500元以上。

六是广厦行动带动。景区核心区内实施"广厦行动"15 732户54 676人（包括易地扶贫搬迁1 783户6 792人，土溪口水库移民安置584户2 715人），极大地改善了当地群众的生产生活环境。同时，政府引进投资公司出租金，对景区500户"广厦行动"改造住房进行投资扩建，把"搬迁房"变"商住两用房"，为搬迁户找到生财"新门路"。

（二）仪陇县产业扶持经验和做法

仪陇县度门街道办事处枣子沟村易地扶贫搬迁集中安置点，面积2.5平方千米，辖6个村民小组238户798人，其中贫困户60户182人，贫困发生率22.8%，距离县城所在地新政镇10千米。该安置点在实践中探索出"整村互惠、效益分成、管护付费、定额分红、金融助力、党员示范带动"的利益联结产业扶贫新模式，实现安居与乐业并重、搬迁与脱贫同步。

一是整村互惠模式。采取"业主带项目、出资金、出技术，农户出土地，整村连片推进"的方式，引进川农大施友均教授在该村发展樱脆李和核桃。发展樱脆李800亩（约合53.33公顷），带动农户112户，贫困户36户。农户、业主、技术方、村集体按3∶3∶3∶1比例进行收益分成，预计每个农户年均收入3 000元。发展优质核桃620亩（约合41.33公顷），带动农户238户，覆盖全村所有贫困户。农户与业主按5∶5比例进行收益分成，三年投产见效后，农户年均预计可增收4 000元。

二是效益分成模式。针对有劳力、无技术、无资金的贫困对象，采取"业主出资金技术，贫困户出土地劳力"的方式，回引该村务工青年与贫困户共建食用菌种植基地。目前，共建大棚46个，带动15户贫困户种植食用菌，收益按贫困户与业主4∶6比例分成，贫困户年均可增收3 500元。

三是管护付费模式。针对有一定劳动能力，但年龄较大、体力弱、无法外出务工的贫困对象，采取"大户出技术管销售，贫困户出土地抓管护"的方式，由种植大户带动5户贫困户，发展15亩（合1公顷）苗木种植，按出苗每株1元给予管护费，贫困户年均可增收3 000元。

四是定额分红模式。针对无劳动力、无资金、无设备的贫困对象，采取"业主大户托养、产业帮扶资金支持"的方式，引进150余万元投资该村发展生猪规模养殖。由业主帮助8户贫困户托养生猪17头，每头定额分红100元，每年分红两次，户均年可增收400余元，贫困户不直接参与生产也能实现收益。

五是金融助力模式。针对有能力、有技术、缺资金的贫困对象，采取"金融政策扶持、贫困户自主发展"的方式给予帮扶。当地通过扶贫小额信贷、妇女创业贴息贷款等途径，支持贫困户汤官强筹措资金10万元，发展蛋鸡养殖1万只，实现年增收5万元，并辐射带动周边群众发展小家禽养殖，走上共同增收致富的路子。

六是党员示范带动模式。实施党员精准扶贫示范工程，由两户贫困党员牵头，分别带动4户贫困党员养殖蜜蜂20桶，贫困户年均可增收2 800元。

三、就业扶持典型案例和经验做法

（一）宣汉县就业扶持经验和做法

为确保搬迁群众"搬得出、稳得住、不返贫"，宣汉县人社就业部门把做好搬迁就业扶贫后续发展作为脱贫攻坚工作的重中之重来抓，采取建设扶贫车间吸纳一批、开发公益岗位安置一批、拐包宣传岗位外输一批工作举措，确保贫困群众人人有活干、户户脱贫致富。主要做法是：

一是建设扶贫车间。普光镇铜坎社区的宣汉县星耀玩具有限公司是一家劳动密集型企业，主要生产各种毛绒玩具。为解决贫困劳动力就近就地就业，该企业主动向贫困劳动力抛去橄榄枝，吸纳易地搬迁群众 2 人，人均年增收 1.7 万元左右。为鼓励和引导更多劳动密集型企业以"集中 + 分散"模式在乡镇建车间，县人社、财政、税务等部门出台各项优惠扶持政策，真真切切让企业获利、让贫困群众在"家门口"就业。截至 2020 年底，宣汉县建设就业扶贫车间 11 个，吸纳就业 762 人，其中贫困劳动力 159 人，易地搬迁劳动力 12 人。

二是开发公益岗位。宣汉县人社就业部门出台《关于在易地扶贫搬迁集居点及景区开发公益性岗位的通知》，通过政府购买服务方式，开发社会治安协管、乡村道路维护、地质灾害检测等公共公益性岗位，增加易地搬迁群众就业机会，托底安置搬迁群众中的大龄就业困难人员。全县共有 325 名搬迁群众在安置点公益性岗位上托底安置就业，他们怀揣感恩之心，兢兢业业地在岗位上工作，成为各安置点上亮丽的风景线。

三是定向定点劳务输出。近年来，宣汉县创新外输转移就业模式，以浙川东西部劳务协作为依托，采取扶贫专场招聘会与网上招聘相结合的方式，组建就业扶贫拐包服务队入村进院开展四送活动，积极搭建岗位信息推介平台，开展人岗精准对接服务，实施定向定点劳务输出，实现易地搬迁群众外输就业。截至目前，全县 7 348 名易地搬迁群众通过各种渠道实现了外输就业。

（二）昭觉县就业扶持经验和做法

一是产业园、企业就业。依托 13 个现代农业园区，采取"党支部＋公司＋专合社＋农户"模式，组织贫困户园区务工，受益贫困户3 270人。流转解决搬迁后空置土地23 050亩（约合1 536.67公顷），建设专业合作社278个，采取群众土地入股方式发展种养业增加群众收入。通过引进龙头企业，建成涪昭智慧产业园、天屹农业产业园等产业基地4个，带动就业，惠及本地搬迁群众约6 000余人。

二是本地创业。积极推动一二三产业深度融合，把乡村旅游作为振兴农村经济的强力抓手，积极创建"谷克德"湿地公园、悬崖村两个4A级旅游风景区，实现农民不用离乡离土的第三次创业。在洒拉地坡乡等地通过大规模土地流转集中发展万亩玫瑰园，实现农民本地自主创业。

三是政策救助。对没有劳动力，没有其他收入来源的贫困户实行低保兜底。截至2020年7月，该县农村低保25 930户69 323人（低保兜底8 304户30 189人），其中，易地扶贫搬迁享受低保兜底3 795户17 076人，兜底占比为31.32%。

四、社区融入典型案例和经验做法

（一）宣汉县普光镇任家沟安置点

任家沟集中安置点，于2018年3月开工，8月完工，位于普光镇铜坎社区6组，距普光高速路出口4千米。该安置点搬迁户来自全镇7个村（社区）的50户135人，目前自然减少5人（含去世4人，嫁出1人），剩余50户130人。住房面积3 375平方米，配套基础设施10 250平方米。

一是优化社区管理。任家沟安置点搬迁户来自7个不同的村（社区），现由铜坎社区进行统一管理，选举搬迁户罗成章为本安置点组长，负责日常社区管理工作。"现在有事情一个电话，不管什么时候，社区干部都会第一时间到我们这里来",原千河村3组的搬迁户罗广文对社区干部如此评价道。该安置点的搬迁群众反映,社区干部几乎每周都会到安置点与大家聊聊天,了解大家最近的生活生产情况,及时回应群众诉求。

二是适应性引导。镇村干部和贫困户帮扶责任人多次对搬迁群众做入住前后生活方式适应性教育引导,大力推进移风易俗,帮助其解决生活融入方面存在的困难。多次对清洁能源燃料使用、垃圾集中处理、院坝卫生保持以及邻里互帮互助等进行宣传引导。原千河村3组搬迁户陈明俊反映他非常适应并喜欢现在的邻里生活氛围,"以前在山里三四个月都碰不到其他人,现在在家门口就可以和邻居聊天,还是安逸"。

三是保障生活生产。该安置点已实现供电入户、供水入户全覆盖,天然气安装到户也已纳入规划,同时安排专人负责供电、供水维护,确保搬迁群众用电用水有保障。党委政府和铜坎社区居委多措并举,盘活闲置土地,为搬迁群众人均分配0.57亩(约合0.036公顷)土地,并为50户搬迁户建设了"满意菜园子",切实解决搬迁户的"菜篮子"问题,实现了瓜果蔬菜自给自足。

四是增加公共活动。2019年,该安置点举行了普光镇模范户灯笼颁发仪式,促进了当地居民与搬迁户的融合,推进了公共文化资源向安置区倾斜,为搬迁群众提供更多更好的公共文化服务,丰富其精神文化生活。

(二)昭觉县城北乡沐恩邸社区

沐恩邸社区是全省最大的易地扶贫搬迁集中安置点,共安置全县28个乡镇81个村1 428户6 258人。社区积极探索"1357"[①] 治理工作

---

① "1357"治理工作模式是指坚持党建"一个"核心,整合基层治理各方力量;用心实施"三治"融合,构建完善和谐治理体系;落实民生"五项"保障,确保搬迁群众持续稳定;开展优质"七化"服务,打造彝区基层治理品牌。

模式，采取线上线下结合、上下联合联动的方式，积极构建"双联四包"工作机制，实施"四心工程"（提振信心、党群联动群众安心、三治融合群众放心、七化服务温暖人心），让搬迁群众身心"安"下来、居住环境"优"起来、腰包"鼓"起来、日子"好"起来，着实提高幸福指数。

一是优化社区管理。县委成立集中安置点治理工作临时党工委，明确 1 名县级领导任沐恩邸社区点长，相关单位负责同志任副点长。抽调乡镇机关干部 9 名、招考干部 3 名、帮扶队员 6 名组成社区干部队伍，明确书记、副书记各 1 名，全面负责社区基层治理工作。构建"双联四包"工作机制，即县级领导联系社区，帮乡单位、乡镇、社区联动；总支部包社区、支部包楼栋、党小组包单元、党员干部包住户。所有党员干部全面下沉至社区，每名机关党员干部帮扶 2～4 户，全覆盖帮扶搬迁户，入户开展宣传培训，手把手教会搬迁户使用居家设施。

二是自治、法制、德治相结合。第一，健全自治。细化居民公约，组建居委会、居务监督委员会、居民自治组织三支队伍，实施"三事分流"自治模式，凸显居民主体地位，真正实现"群众的事大家办，别人的事帮着办"。第二，推进法制。搭建工作平台，健全居委会、司法员、德古、家支、禁毒 20 条五项工作机制，落实网格化管理，构建和谐法治社会。第三，提升德治。开展彝族传统道德教育培训，实施"一户一档"积分管理法，为社区 1 428 户居民建立"档案"，将社区治理重要事务量化为积分指标，民主形成评价办法，对居民日常行为进行积分评价。

三是开展优质服务。始终贯彻"治理为了群众"理念，落实"服务就是治理"的要求。第一，以一键式服务、一屏读懂社区等，建设智慧化社区。第二，建立基层干部反向考评机制，社区干部也实行"一人一档"积分考核办法,考评结果与绩效挂钩。第三,建立专业化工作队伍,引入物业管理公司,开展专题培训,提升"全岗通"服务能力。第四,实施"十问工作法",开展留守儿童爱心家园"四点半课堂"、居家老人暖心贴心、伤残人士上门护理等精准服务。第五,以亲民化服务打造党群服务中心,实现群众办事"最多跑一次"。第六,发挥日间照料、农家书屋、党员之家等作用,常态开展文体娱乐、志愿服务等多元化服务。第七,采取群众点单、支部派单、责任人接单、监委会验单的方式,实施点单化服务。

第四节　易地扶贫搬迁后续扶持
工作存在的问题

通过调研发现,四川易地扶贫搬迁后续扶持工作已取得一定的政策效果,但在社区融入、产业扶持、就业扶持方面还存在如下问题:

一、产业扶持工作存在的问题

(一)部分贫困户参与后续产业发展的程度较低,不利于长期稳定脱贫

部分地区搬迁户参与后续产业发展的主要方式为集体经济配股分红,该方式的增收带动效果很小,并且缺乏可持续性。部分地区产业扶持多是直接发种子或树苗,甚至直接将扶贫资金入股分红,相当于现金补贴,虽然在短期内能够提高家庭收入,却无法从根本上带动搬迁户持续发展。调研数据显示,四川样本中只有47%的搬迁户参与后续产业发展项目,其中37.5%的搬迁户是自主发展,享

受产业扶持的搬迁户中有 42.9% 接受的是生产资料提供。搬迁户自助发展，缺少产业组织的带动和扶持，会面临产业效能低下、抗风险能力不足等问题。

（二）产业发展缺乏品牌效应，产业链条较短

部分地区虽发展了较有特色的产业，但还未形成产品品牌，而且产业链条基本只包含生产环节，产业扶持很大程度上依靠政府补助。部分产业选择往往不是市场行为，更多是为了实现政策目标的政府行为，常出现农产品销售难的问题。这样的产业发展项目往往可持续性较差，很难在市场上形成有竞争力的自主品牌，产业链也由于内生动力不足难以延伸，难以实现易地扶贫搬迁户"稳得住、能致富"目标。

（三）产业发展带动搬迁户的利益分配机制不健全

部分搬迁户通过参与龙头企业、合作社等新型经营主体的产业项目实现增收。例如，宣汉县通过扶持脆李合作社、松柏公司来带动搬迁户发展脆李产业。但由于资源和能力限制，这些企业、合作社难以形成较好的带动作用，并且较大程度依赖于政府的财政补贴，然后以集体经济配股分红或者收购农产品的形式带动搬迁户增收。并且由于农产品也没有收购合同，这样的产业带动模式存在较大风险，且不具有可持续性。当市场不景气时，企业或合作社就会大量减少收购，分红也难以发放，这不利于搬迁户稳定脱贫目标的实现。

二、就业扶持工作存在的问题

（一）搬迁劳动力信息统计工作不到位，公益岗设置不合理

搬迁户因个人能力、家庭特征等因素对就业类型的需求和选择都存在明显差异，但由于相关政府部门对搬迁劳动力信息的摸底和管理等工作不到位，导致有就业需求的搬迁户劳动力很难寻找到合适的岗位。这

样一来，使得搬迁群众就业表现不尽如人意，达不到"稳得住"的政策目标。例如，部分地区公益岗位的设置没有一个较为明确的人选规章制度，导致许多真正需要公益岗位的人得不到就业机会，也出现了很多公益岗就业人员出门打工却仍然领着公益岗的工资。没有真正做到因需设岗，这对公益岗的公平性造成极大危害，不利于搬迁群众之间的团结。

（二）就业培训与对口岗位需求不符

部分地区就业培训不具有针对性，当地没有合适的对口岗位供搬迁户选择。例如，大凉山部分地区对搬迁户开展厨师和焊工培训，但却没有对口的劳务输出岗位。这不仅造成了政府资源的浪费，同时也降低了搬迁户对政府扶持的信心，最终使得搬迁群众对就业表现不积极，未真正实现搬迁群众转移就业。

（三）少数民族搬迁户外出就业动力不足

多数少数民族搬迁群众常年生活在大山深处，由于语言不通，思想保守，习惯了自给自足的生活，缺乏就业知识和技能等原因，外出务工或就地就业积极性不高。即便在接受短期技能培训后走向就业岗位，也常会不习惯固定的工作时间与制度约束，最终出现就业质量不高、就业不稳定等问题。再加上赡养老人、照顾子女等原因，外出打工存在很多顾虑，即使被动员外出就业，也很不固定。地方政府对于就业扶持往往重解决轻保障，不关心后续就业的可持续性，这也影响了少数民族搬迁户外出就业动力。

三、社区融入工作存在的问题

（一）社区管理不规范，社区管理机制缺乏市场主体参与

虽然搬迁户对社区生活已有了一定的熟悉程度，但部分社区没有出

台完善的管理办法，导致部分搬迁户不能像原居民一般熟悉物业规定。调研时发现部分搬迁户不清楚物业管理办法，对物业费、垃圾费等费用支付不理解，而相关组织又缺乏引导，若处理不好可能会影响安置区内部稳定与和谐。目前，部分社区搬迁户的物业费仍由政府补贴的形式完成，这对于社区管理可持续性是一个考验。例如，昭觉县南坪社区主要通过政府成立工作小组的形式管理社区的环境卫生、水电费收缴等服务，相关费用也由财政补贴支付。这种缺乏市场参与的社区管理机制不仅管理效率较低，可持续性也值得怀疑。

（二）搬迁户社区融入不足，与原居民的交流与互动较少

多数大型安置区还未成立专门的搬迁户社区管理组织机构，相关文化活动均由政府机构牵头，社区内搬迁户很少自发组织有关娱乐活动、集体生产活动等，这说明当前搬迁户在社区融入方面的积极性还不够高，后期需要不断引导。此外，由于搬迁户与原居民的生活条件、思想观念还存在一定差距，他们之间的交流互动还存在一定障碍，单纯依靠搬迁户自身去熟悉其他原居民非常困难，不利于安置区后续的管理工作。

（三）社区融入过程中贫困边缘户未受保障

安置区给予贫困户大量补贴及优惠政策，会让贫困边缘户产生心理不平衡现象，促使大家争当贫困户，长期影响社会风气。贫困边缘户搬迁后适应社区生活也需要过程，也会面临各种外界风险，而社区融入工作的保障力度不够，这将增加贫困边缘户的返贫风险，降低其社会融入的主观能动性，不利于社区治理长期发展。例如，调研时发现昭觉县南坪社区的安置住宅建设标准高于县城的平均水平，虽然说是为了县城将来的城市规划布局，但这会引发非贫困户的不公平感知心理，激发非贫困户和贫困户之间的矛盾。

第五节　易地扶贫搬迁后续扶持工作未来发展方向和相关政策建议

一、促进后续产业发展的对策建议

（一）聚焦优势产业，探索更多模式带动脱贫致富

聘请专家、企业家等组成产业扶贫指导小组，通过对安置区的自然条件、生产条件、产业特色等进行调查，确定区域优势和产业发展方向，制定科学的产业发展规划。充分考虑产业发展各个环节中可带动贫困户的内在潜能，围绕当地特色农产品种植、养殖、深加工、农业观光、乡村旅游、文化旅游等，向搬迁户提供多种参与生产、就业的机会。政府和企业要根据搬迁户自身家庭资源禀赋，合理安排带动模式，使他们积极参与安置区特色产业发展，加强相关专业技能学习，为脱贫致富铺平道路。要充分发挥产业扶贫的辐射作用和先进党员的带头作用，使得搬迁户真正地参与到产业发展中，形成长效、可持续的产业发展路径。

（二）打造特色品牌，延长产业链条

在特色品牌方面，政府要做好区域品牌的顶层设计，积极开展招商引资，发挥公司、合作社、经济能人参与特色产业推广和品牌营销的能力，同时在土地、资金、税收等方面给予政策扶持，提高特色产业的发展能力。企业要优先发展具有传统优势的特色产品，加快推进特色产业项目落地，注重特色品牌营销，从提高质量、美化包装、形成品牌、加大宣传四个层面打造特色优势品牌。在产业链条方面，要促进多产业融

合发展，以提高产业价值，增强产业生命力。政府应鼓励支持延长产业链，对发展特色产业深加工的企业给予政策支持，加大与科研院所、高校的合作，引进先进技术，形成合力。要将加工原料基地建设与加工业龙头企业的发展、农产品加工业工业园区的建设有机结合起来，促进产品加工产业链和块状带状经济的形成，提高产品加工业的整体水平。

（三）发展新型经营主体，完善利益联结机制

首先，引导产业化龙头企业和合作社转变观念和经营作风，探索与搬迁户建立利益共享共赢的新机制。其次，政府做好中间服务，在新型经营主体和搬迁户之间建立利益共享机制。政府要在土地流转、基础设施建设、农户培训等方面支持新型经营主体，并要求其在社会责任、经营期限、红利分配等方面有明确的制度设计，以保障搬迁户的合法权益。最后，培养职业农民。一是培养家庭农场主，二是培养农业工人。对于少部分有经营能力的小农户，转化为家庭农场主，成为新型经营主体；对于绝大多数缺乏经营能力的小农户，成为产业化联合体中的农业工人，通过稳定的工资性收入实现稳定脱贫。

二、促进后续就业扶持的对策建议

（一）完善安置点劳动力求职清单，做到"人岗匹配"

全面摸清安置区每个搬迁户基本的家庭劳动力情况，充分了解其就业意愿，建立搬迁群众求职信息管理数据库。根据企业用工岗位清单和安置点劳动力求职清单，进行精准匹配，为企业和搬迁劳动力搭建平台，对搬迁群众进行组织化管理，由平台公司与用工单位进行对接，做好就业岗位需求和用工信息统计，并针对搬迁劳动力求职需求，及时发布各类招工信息，真正做到"人岗匹配"。公益岗的设置首先要照顾到有意愿求职但没能力或条件的贫困搬迁户，设立公益岗评选标准，并进行公示，必要时可设立轮流公益岗，要公平公正，维护社区和谐、安定。

（二）开展针对性技能培训，提升贫困劳动力就业水平

首先，开展调查摸底，明确就业技能培训底数和重点。指定专人负责贫困家庭技能培训工作，制定职业技能培训意向摸底调查表，切实摸清扶贫对象的底数、培训的真实意愿。其次，围绕市场需求，明确培训工种、内容和方向。政府应召集专业的职业技能培训学校进行培训工作，科学制定实施方案和任务分解表，利用农闲季节有重点、有针对性地开展各项技能培训，同时确保培训技能的实用性和合格率。再次，针对特殊群体，采取多种形式开展培训。针对贫困家庭人员老弱病残、交通不便等情况，安排专车接送到培训地点培训或就近就地在家门口开展培训，通过与贫困人口点对点、面对面、手把手地培训，确保其掌握该项技能。最后，做好后续服务，帮助培训家庭人员实现就业。针对少数贫困搬迁户生活困难和理解能力差的实际情况，采取职业资格证书和职业资格结业证相结合的方式，依据市场需求和搬迁户劳动力求职清单，帮助其顺利实现就业。

（三）拓宽就业渠道，提升就业动力

首先，积极支持贫困劳动力和农民工等人员创业。对有创业意愿并有一定创业条件的贫困劳动力，及时开展创业培训，落实税费减免、资金补贴、场地安排、创业担保贷款及贴息等政策。其次，加强地区间的劳务协作，及时公布就业信息，送岗上门，引导贫困人口外出就业。再次，统筹利用各类资金开发公益性岗位。通过与交通、林业、县城公共服务等部门协调，设立保洁、门卫、护林员等公益性岗位，将文化程度低、年龄稍大的搬迁群众实施托底安置。最后，应通过组织各类思想教育培训活动，转变搬迁户的自由散漫的农业生产的思想意识，使其尽快适应工人身份，提高就业质量。

三、促进安置区社区管理及融入的对策建议

（一）明确安置区居民管理委员会职责，引进物业管理公司负责公共服务设施的管理和维护

首先，明确安置区居民管理委员会职责，做好工作分工。按照社区工作范畴做好管理委员会的任务分工，形成稳定的工作协调机制；充分利用基层党组织的领导职能，发挥党员的示范带动作用，促进社区团结和工作进展。其次，引入规范的物业管理公司对公共设施进行维护，通过市场化手段解决物业管理问题。政府机构要为物业公司提供低税收、金融贷款等优惠政策，以提高物业管理公司的积极性和工作效率。最后，加强宣传教育，规范生活方式，改变生活习惯，培养搬迁户社区生活的意识。物业公司要多加引导，加强宣传教育，可通过对垃圾分类、主动维护公共设施、促进社区和谐等行为进行奖励的办法提高搬迁户积极性，共同创建干净卫生和谐的安置区。

（二）积极举办社区活动，增进搬迁户与原居民之间的和睦程度

社区党支部或社区管理委员会要定期召开党组织生活会、理论学习等活动，以增加搬迁户党员的综合素养，发挥其示范带头作用，为构建治理有效的安置区奠定组织基础。根据当地文化传统，组织社区联谊、广场舞等各类文化娱乐活动，鼓励搬迁户和原居民共同参加，增加互相交流和了解的机会，孕育和睦融洽的社区氛围，为构建和谐的安置区奠定群众基础。加强校园学生和社区的互动，参考昭觉县城北乡沐恩邸社区采取"入社区、进校园"的方式，开展"小手牵大手"活动，引导搬迁户树立感恩意识，转变生活习俗，促进社区融入。

（三）实时关注贫困边缘户的心理、生活情况

安置区要高度关注并全面掌握贫困边缘搬迁户的生产生活情况，对

照实际因户施策，在政策范围内给予他们最大化的帮助。要加大对非贫困搬迁户的政策宣传、政策解释，切实增强群众对社区管理工作的认可度。要多关注贫困边缘搬迁户的心理状态，由于政策的不关注可能导致其心理不平衡，需要在就业咨询、法律援助等方面给予帮助。最后，加强非贫困搬迁户和贫困搬迁户以及原居民的交流，构建和谐、安定的社区氛围。

第十四章

云南省易地扶贫搬迁政策典型案例研究

易地扶贫搬迁是解决"一方水土养不活一方人"的六类地区贫困人口脱贫发展的根本之策，搬迁入住只是完成了第一阶段的目标，后续扶持才是"稳得住、能致富"的关键。2020年8月1日至8月8日，中国人民大学调研组在云南省依次对会泽县、红河州进行了深入调研。通过采取与当地职能部门多次开展座谈访谈、实地考察各类型安置点，以及对不同模式搬迁户进行入户调研的方式，对云南省易地扶贫搬迁后续帮扶有关社区融入和产业、就业扶持等工作进行深入摸底调查。本章从基本情况和总体规划、工作成效和整体评价、典型案例和经验做法等方面，对云南省易地扶贫搬迁后续扶持工作现状进行了实证分析、理性研判，深入分析和查找了当前云南省在易地扶贫搬迁后续扶持工作中存在的薄弱环节，为建立健全云南省易地扶贫搬迁后续帮扶长效机制提出政策建议。

第一节 易地扶贫搬迁后续扶持基本情况和总体规划

一、易地扶贫搬迁工作进展

依照"十三五"国家易地扶贫搬迁规划，云南省原计划搬迁贫困人口 65 万人，其中 2016 年计划搬迁 30 万人，2017 年计划搬迁 20 万人，2018 年计划搬迁 15 万人。2018 年 4 月，国务院扶贫办印发《调整后"十三五"易地扶贫搬迁建档立卡贫困人口分省规模的通知》（国开办发〔2018〕31 号），批准云南省"十三五"易地扶贫搬迁建档立卡贫困人口规模由 65 万人调整到 99.5 万人。云南省易地搬迁占全国搬迁总规模的 10%，居全国第三位。截至 2020 年底，全省建设万人以上安置点 18 个。

根据国务院扶贫办安排部署，云南省对易地扶贫搬迁贫困户对象进行了动态调整，在全国扶贫开发信息系统中标识 100.6 万人，扣除 2016~2018 年三年已搬迁家庭的人口自然增减，实际锁定全省易地扶贫搬迁对象 99.6 万人，比原定规模 99.5 万人增加 1 117 人。截至 2020 年 6 月底，全省 244 739 套安置房已全部建成，安置点水、电、路、通信等已全部达到入住要求，99.6 万名易地扶贫搬迁建档立卡贫困人口已全部搬迁入住。该项工作启动至今，国家发改委、财政部、国务院扶贫办倾力支持，目前已下达云南易地扶贫搬迁资金 575.79 亿元。

目前，云南省已形成茶叶、蔬菜、水果、生猪、肉牛等 26 个扶贫主导产业。截至 2020 年底，云南省产业扶贫覆盖有发展条件的贫困户 168.53 万户，覆盖率达 100%。其中，18 个万人以上安置点涉及的 13 个县计划投入产业扶贫项目资金 54.87 亿元，实施产业扶贫项目 799 个。

截至 2020 年 8 月，全省易地扶贫搬迁劳动力转移就业 51.35 万人，其中搬迁贫困劳动力转移就业 41.98 万人；全省开展易地扶贫搬迁劳动力培训 54.43 万人次，其中搬迁贫困劳动力培训 54.22 万人次；易地扶贫搬迁劳动力劳务输出就业 20.58 万人，其中搬迁贫困劳动力 16.79 万人；易地扶贫搬迁集中安置区认定就业扶贫车间 211 个，吸纳搬迁劳动力就业 1.33 万人，其中搬迁贫困劳动力 4 641 人；全省通过公益性岗位安置搬迁贫困劳动力就业 5.52 万人。

二、易地扶贫搬迁安置情况

云南省以集中安置为主。在搬迁过程中，云南易地扶贫搬迁安置实现了"三个转变"：一是建房方式由"统规自建和统规联建"向"统规统建为主"转变，统规统建比例由 2016 年的 20.8% 提高到 2019 年的 99.7%；二是安置点由"点多散小"向"适度集中"转变，集中安置比例由 2016 年的 80.6% 提高到 2019 年的 100%；三是安置方式由"农村安置"向"城镇集中安置"转变，城镇安置比例由 2016 年的 21.6% 提高到 2019 年的 90.6%。

三、安置点后续扶持总体规划

（一）安置点后续扶持整体规划

2020 年 3 月 12 日，印发《云南省易地扶贫搬迁"稳得住"工作方案》（以下简称《稳得住工作方案》）。《稳得住工作方案》对易地扶贫搬迁后续扶持中的搬迁户户籍迁移管理、房屋产权管理、物业管理等11个重点工作明确了40项措施要求，形成权责明晰的责任分工体系。该方案计划用5年时间（到2023年）实现搬迁群众稳得住、有就业，逐步能致富，基本融入新环境、适应新生活。

（二）安置点后续社区融入规划

根据《稳得住工作方案》，云南省从户籍管理、房屋产权、生活服务设施、义务教育设施、基本医疗保障、社会保障、安置点管理体制、构建和谐社区8个方面促进搬迁户融入新社区：第一，实行城乡统一的户口登记制度，积极组织动员群众将户口迁移至居住新址，在200户800人以上的城镇地区安置点，建立社区集体（家庭）户口；第二，安置住房按照法律和政策规定进行不动产权登记，核发不动产权证书，原则上20年内不得进行抵押、出售和转让（法定继承除外）；第三，配套完善生活服务设施，发展便民服务；第四，通过建设教育设施、调配教师、教育救助等手段保障义务教育；第五，通过建设医疗卫生设施、调配医务人员、管理医疗保险和医疗救助等手段保障医疗；第六，全面落实基本养老保险、最低生活保障、临时救助等社会保障政策；第七，建立健全基层党组织和城乡社区居民自治机制，引导社会力量协同参与社区治理；第八，畅通信访和诉求表达渠道，及时做好解释、疏导和安抚工作，倡导文明新风，通过多渠道大力推进社区文化建设，完善治安防控体系，推进警务室建设。

（三）安置点后续产业扶持规划

根据《稳得住工作方案》，云南省针对不同级别安置点设定了不同的后续产业发展规划。以县（市、区）为单位制定200户800人以上大型安置点后续产业发展规划，以乡镇为单位制定中小型安置点后续产业发展实施措施；针对农村安置点，提出应调整优化产业结构，促进一二三产业融合发展，积极吸引企业投资兴办农产品精深加工企业，推动安置点农产品就地加工，带动搬迁群众增收脱贫。另外，探索完善后续产业带贫益贫机制，让搬迁群众共享后续产业发展福利。

（四）安置点后续就业扶持规划

根据《稳得住工作方案》，云南省通过以下几种途径推进安置点就业帮扶：第一，全面摸清搬迁劳动力底数，实行动态管理；第二，加强在外稳定就业人员服务管理；第三，组织为有意愿外出搬迁劳动力转移就业；第四，帮扶无法外出务工搬迁劳动力就近就业。

2020 年 3 月，云南省人力资源和社会保障厅和云南省财政厅联合下发了《关于进一步做好就业扶贫工作的通知》，自 3 月 24 日起至2021 年 12 月 31 日，进一步做好就业扶贫工作：一是给予外出务工奖补；二是给予一次性创业补贴；三是给予当地用人单位吸纳就业补贴；四是给予就业扶贫车间吸纳就业奖补；五是给予公益性特岗补贴。

第二节　易地扶贫搬迁后续扶持
工作成效和整体评价

在易地扶贫搬迁工作推进过程中，云南省不断改进方案、总结经验，以"稳得住、能致富"为目标，探索出一些符合云南地方特点的后续扶持工作经验并取得了显著成效。本部分从产业扶持、就业扶持、社区融入三个方面，总结云南省后续扶持工作成效并进行了整体评价。

一、产业扶持的工作成效

云南省各级农业农村部门认真落实省委、省政府脱贫攻坚决策部署，强化工作措施，扎实推进产业扶贫，巩固提升扶贫成果，取得以下工作成效：

（一）规划引领，因地制宜发展特色产业

云南省坚持因地制宜、坚持市场导向的原则，进行特色产业扶贫。2018～2020年，云南省26个扶贫主导产业结构不断优化。种植业方面，茶叶、蔬菜、咖啡、坚果等特色产业面积持平略增，中药材、水果、食用菌产业发展势头加快，增加157.8万亩（合10.52万公顷）；养殖业方面，肉牛存、出栏分别增长2%、3.2%，生猪存出栏已基本恢复至2019年同期水平。

以云南省会泽县为例，在牛栏江、小江等低热河谷地区，重点发展冬早蔬菜、软籽石榴、葡萄等产业；在者海、新街、待补、田坝等温凉山区，重点发展绿色蔬菜、乐业辣椒、夏季草莓、苹果、生猪、肉牛等产业；在大桥、驾车、大海、火红等高寒山区，重点发展马铃薯、优质燕麦、中药材、肉羊等产业。

（二）利益联结，发展新型农村合作经济

云南省以产业发展为载体，积极引导龙头企业、农民合作社、家庭农场、专业大户等新型农业经营主体，通过生产合作、股份合作、劳务合作等多种形式，与贫困户建立紧密利益联结机制。

一是股份合作型，即村级扶贫开发合作社利用统筹整合财政涉农资金建成的资产入股其他新型经营主体，让村集体获得收益，实现利益联结。弥勒市东山镇安置点以小产业到户扶持资金入股庆富康规模养猪场，以每年每户不低于3 000元股金分红；引导安产、大栗、洛那三个贫困村贫困户采取"政府＋公司＋贫困户"模式，入股135万元产业资金到天耀公司分红和入股集镇农贸市场，每年人均可分红1 200元，3个贫困村每年可获15万元的集体经济收入。二是土地流转型，即新型经营主体流转建档立卡贫困户的土地，让贫困群众获得地租收入，实现利益联结。会泽县道成扶贫开发公司流转土地7 300亩（约合486.67

公顷）创办产业扶贫实体，涉及 8 000 余户农户，户均每年可获得
1 000 余元稳定的地租收入。三是劳务联结型，即新型经营主体在生产
经营中使用有劳动力的建档立卡贫困户，让贫困群众获得劳务收入，实
现利益联结。鲁甸县引进广东粤旺集团食用菌项目，帮助卯家湾安置区
500 户建档立卡贫困群众就近就业，间接带动 2 000 余人就业增收。四
是订单收购型，即新型经营主体与建档立卡贫困户签订农产品"订单收
购"合同，发展订单生产，让建档立卡贫困户获得收益，实现利益联
结。石羊镇成立了大姚石羊祥泰桑蚕服务专业合作社，与云南新丝路茧
丝绸有限公司签订优质茧基地建设协议，实行订单化养殖、全过程服
务、保护价收购，建立了稳定的利益联结机制。五是生产托管型，即新
型经营主体在生产环节中采用部分或全部委托托管的模式，让建档立卡
贫困户参与经营管理，获得服务收益，实现利益联结。罗平县板桥镇金
鸡村成立金鸡农业旅游观光合作社，积极鼓励引导 35 户贫困户全部参
与景区管理和经营，在 2 ~ 3 月旅游黄金季，金鸡村村民人均收入达
4 000 余元。

（三）技术支撑，产业发展提质增效

云南省各地在推进产业扶贫工作中，充分发挥产业技术体系作用，
结合各地实际建立产业扶贫专家库。目前，云南省已组建产业扶贫技术
专家组 436 个，聘用产业发展指导员 2.86 万人，到户指导服务 117.03
万人次。

屏边县湾塘乡沿河村引进一支省内外荔枝专家队伍进驻湾塘乡，对
安置点搬迁群众全覆盖开展技能培训，"课堂培训理论知识" + "基地
实地教学"相结合，采取"群众点菜 + 组织配菜 + 基地上菜"的农村
实用技术模式开展荔枝、大树菠萝、砂仁等产业种植技能培训 6 期 300
余人次，帮助群众解决技术瓶颈难题，推动产业种植管理标准化。2020
年以来，沿河村安置点群众累计种植荔枝、大树菠萝、砂仁等产业共

705.6亩（合47.04公顷），群众通过规模化发展产业，人均收入达1万元以上。

二、就业扶持的工作成效

按照"确保搬迁群众中有劳动能力和就业意愿的家庭至少1人实现就业"的目标，云南省通过有组织劳务输出、就业扶贫车间吸纳、返乡创业带动、公益性岗位兜底安置等渠道拓宽搬迁群众的就业门路。

（一）摸清底数，建好劳动力转移就业台账

云南省将发展劳务经济作为持续增收的主要途径，精准盘清建档立卡贫困户劳动力底数，建立了"一户一档"就业信息档案，大力组织劳动力转移就业，动态消除贫困"零就业"家庭，确保有劳动能力的搬迁家庭户均1人以上就业，力争实现"人人有事做"。对不能通过网络等渠道获取岗位信息的建档立卡贫困劳动力，通过村组干部、驻村扶贫工作人员、人力资源服务机构、劳务经纪人等进村入户，将岗位信息送至贫困户家中，及时开展就业指导，确保建档立卡贫困劳动力每年获取2次以上就业岗位信息。

调研组所走访的各县市基本都建立了劳动力转移就业台账，实现农村劳动力转移就业工作数字化、动态化、常态化精准管理。通过定期比对核实，精准识别帮扶对象，可以根据实际情况制定针对性的就业帮扶措施。会泽县采取"一点一站、一区一队、一户一档、一人一策"的方法，利用搬迁群众较集中的有利时机，组织人员逐户对搬迁安置家庭进行调查，精准收集搬迁户的就业需求意愿。2020年以来结合疫情防控排查工作，构建了"乡机关、村党组织、党员干部"三级联动机制，逐户逐人开展调查摸排，全面摸清、动态掌握劳动力转移就业情况、技能状况、培训需求和就业意向，并做好就业引导，推送就业岗位658

个，引导劳动力转移就业 185 人。

同时，云南省也积极在集中安置点设立公共就业创业服务站、服务点或专门窗口。其中，5 000 人以上的集中安置点设立公共就业创业服务站、2 500 人以上的集中安置点设立公共就业创业服务点，在其他安置点所在公共就业服务机构设立专门窗口，发挥基层就业服务平台作用，做好易地扶贫搬迁政策宣传，提供就业创业咨询和服务、劳动力转移就业岗位推介及就业创业咨询、指导、介绍和跟踪服务；帮助指导搬迁劳动力结合自身实际情况、个人能力特点、就业意愿、培训意愿等情况，选择适合自己的就业创业方式。

（二）积极谋划，创办扶贫车间促进就近就业

为顺利开展易地扶贫搬迁后续就业帮扶工作，云南省提出在 800 人以上的安置点都实现了一个安置点至少有 1 家扶贫车间的要求。

就业扶贫车间一是为有劳动力、有就业意愿但无法离乡、无业可扶、无力脱贫的搬迁劳动力提供了在家门口就业平台，让他们有工做、有钱赚、能看家，解决了留守老人、留守儿童等群体无人管护的问题；二是它成了一个传播知识、传播能量的播种机，一个不等不靠、勤劳致富的演兵场，起到了治贫先治愚、扶贫先扶技、扶贫先扶志的燎原作用；三是让安置点很多无所事事，整天打牌、闲逛、唠嗑的闲散人员实现稳定就业，减少了街道办事处的维稳压力。

各安置点的扶贫车间一般引进劳动力密集型企业，工作时间和工作形式灵活的企业，使得搬迁贫困劳动力能兼顾照顾老人小孩和工作。调研走访的会泽县充分利用搬迁安置区商铺，通过招商引资引进产品初加工、来料加工制造、特色手工业等劳动密集型企业到集中安置点创办"就业扶贫车间"，充分吸纳搬迁群众就业，实现搬迁群众"楼上住人、楼下务工"。截至目前，在全县各安置点创建就业扶贫车间 18 家，吸纳搬迁劳动力就业 1 200 余人，其中搬迁贫困劳动力 1 000 余人。

三、社区融入的工作成效

易地扶贫搬迁不仅涉及安置住房、基础设施和公共服务设施建设，更涉及搬迁群众的政治融入、经济融入、文化融入以及社区治理等诸多方面，直接关系到脱贫攻坚成效。

（一）创建网格化治理体系和综合治理格局

云南省在安置区同步设置乡镇（街道）和村（社区）党组织，在村（居）民小组、小区、楼栋合理设置党支部或划分党小组，依法选举产生村（居）民委员会等基层自治组织，构建"村（居）委会—网格—楼栋"的网格化管理机制，同步组建工会、共青团、妇联等群团组织。通过购买服务、落实税收减免政策、提供场地等扶持措施，培育邻里互助、居民融入、纠纷调解、健康养老、公益慈善、劳动技能培训等方面的社区社会组织。根据安置区具体情况合理设置派出所、警务室和执勤点，同步设置社区调解委员会和治保委员会。

截至 2020 年 4 月，云南省在安置点组建基层党组织 1 676 个、各类组织 2 480 个，新设派出所 15 个、配套警务室 647 个，实现了基层组织和警务力量的全覆盖。推选楼栋长 3 716 名，新增调解员 1 754 名。

（二）保障农户经济权益，降低生活成本

保障搬迁户在迁出地的经济权益不受损失。易地扶贫搬迁群众在搬迁后原有承包地（耕地、林地、草场等）权属不变，由此权属产生的政策补贴和收益也长期保持不变。宅基地复垦复绿后的土地经营权由村民会议讨论决定。调研组走访的安置区中，原有承包地的农户均保留了土地承包权，并享受退耕还林补贴、耕地补贴等。

降低搬迁群众在安置区的生活成本。云南省通过物业管理费、电视收视费减免和水电费补贴降低搬迁户的生活成本。搬迁入住第 1 年，收

视费全额减免；搬迁入住 5 年内，适当减免安置区物业管理费用，并对安置住房的水电费给予优惠补贴。进城安置的大型安置点物业管理费、水费、电费、电视收视费减免补贴由省财政承担 50%，其余 50% 由州（市）、县（市、区）两级财政分级承担。

（三）建立健全安置区设施

在基础设施方面，云南省在 200 户 800 人以上的大型安置点同步配建便民服务站、农贸市场、村史馆、红白理事场所、公共文体活动场所。在教育设施方面，云南省通过配套建设学校、改扩建校舍等方式保障搬迁户子女的义务教育。在医疗设施方面，在安置区配套建设村卫生室或社区卫生服务站，设有诊室、治疗室、公共卫生室、药房等。

截至 2020 年 4 月，全省安置点已经建成幼儿园 95 个、学校 60 个、卫生室 290 个、活动室 2 240 个、便民超市 175 个、文化广场 1 503 个、村史馆 151 个、篮球场 743 个、公厕 2 942 个、就业服务站（点）650 个、窗口 478 个。大型安置区均已配套便民服务中心、农贸市场和村史馆。

（四）推进社区文化建设

云南省安置点通过多渠道开展文化建设：一是利用村史馆（室）以图文影像、实物陈列等方式，展示迁出区民族文化、农耕文化、发展历史；二是深入开展"自强、诚信、感恩"教育活动，教育引导搬迁群众自觉拥护党的领导；三是积极开展新市民培训，帮助搬迁群众逐步由农民向市民转变，更好融入城市生活；四是积极开展"新时代新乡村新风俗"行动和社区普法教育，创建文明家庭；五是在安置点充分融入民族建筑文化元素和标志性民族符号，实现文化搬迁，支持搬迁群众保留好本民族特色工艺，充分发展一批民族传统工艺产品，做好民族文化传承。调查组走访的安置区均已开展各类党建宣讲活动、"文明家庭"评比、新市民培训活动等。

四、新冠肺炎疫情对安置点后续扶持工作的影响及应对

总体来看，新冠肺炎疫情对云南省安置点后续扶持工作影响较小，全省 100 万搬迁群众生活稳定，2020 年以来未发生 1 例新冠肺炎确诊或疑似病例，是全国搬迁任务前五位省份中唯一未发生病例的省份。

（一）产业扶持方面

新冠肺炎疫情对云南省后扶产业发展的影响在时间上集中在 2020 年 2 月初，体现在以下几个方面：第一，农产品运输方面，疫情严重时农产品无法运输出去，例如活禽交易运输通道的关闭。第二，农产品销售方面，疫情影响农产品的销售渠道，例如，由于疫情防控，学校推迟开学，专供学校的蔬菜基地销路受到影响。新冠肺炎疫情的影响在 3 月初开始逐渐恢复，复工复产在 3 月中下旬后基本正常。

云南省各级地方政府为降低疫情对后扶产业发展的影响，主要从以下方面着手：一是组织搬迁群众开展春耕生产工作。在疫情防控的基础上，组织当地和返乡搬迁群众就近就地参与农业生产，鼓励合作社、龙头企业等新型农业经营主体开展互助合作、互换用工，解决生产用工难的问题。二是全力谋划搬迁安置区后续产业。紧扣"一户一策"，持续抓好地方优势特色产业，扶持有条件的贫困搬迁户发展优势产业。积极支持县区在集中安置区建立农民专业合作社等新型经营主体、标准化种养生产基地，落实财政奖补政策，促进搬迁群众增加收入。三是开拓农产品销售渠道。开通云南"抗疫助农"产销信息服务平台，对接省外主要农产品批发市场，解决贫困地区农产品滞销卖难问题；有计划有组织地与北京、上海、广州、深圳、武汉、香港、澳门等农产品需求旺盛的大城市进行对接，拓宽并形成稳定的农产品市场供应链。

（二）就业扶持方面

总体来看，疫情对就业扶贫车间的运作影响不大，仅限于部分扶贫

车间开工时间推迟到了 3 个月。但在劳务输出方面，因很多企业没有复工复产，使得组织化劳务输出工作困难。部分务工人员返岗复工较往年有所延迟，工资性收入受到一定影响。疫情前期，由于控制疫情的需要，部分就业培训利用线上方式进行。

为降低疫情对搬迁群众就业的影响，会泽县实行"三免一补"政策，对于确定对口输送到贫困劳动力免车费、免体检费、免房租费，同时还发放临时补助。为做好劳务输出工作，蒙自市期路白乡采取"点对点""一站式"服务保障务工人员安全返岗。一是发动疫情防控党员战斗队、服务队等力量，摸清农户外出务工意愿，开展"点对点""一站式"直达服务，有序推动外出务工人员安全返岗就业；二是积极与劳务公司对接，主动向农村劳动力推荐就业岗位，为农村劳动力和用工企业牵线搭桥；三是为返岗复工人员发放口罩等防护物资，并由村委会、乡卫生院开具相关证明，鼓励农村劳动力返岗就业。

（三）社区融入方面

新冠肺炎疫情对云南省社区融入的冲击较小，但是部分安置区户籍迁移工作被迫推迟。党员干部、志愿者积极参与疫情防控志愿服务，开展防疫知识宣传"五进"活动；录制防疫宣传知识音频，动员志愿者、村组干部利用活动音箱、流动"小喇叭"定点定时开展宣传，确保边远山区群众在第一时间获得疫情防控信息。

五、整体评价

在产业扶持方面，云南省取得了显著成效：第一，扶贫产业稳步发展。云南省坚持产业进村、扶持到户，找准优势主导产业。截至 2020 年上半年，云南省产业扶贫覆盖有发展条件的贫困户 168.53 万户，覆盖率达 100%；共投入产业扶贫资金 185.71 亿元，占整合涉农资金的

41.5%，较2019年提高7.28个百分点。第二，发展新型农村合作经济。政府、基层组织、社会各界、新型经营主体、贫困户合力推进，带贫主体质量提升。截至2020年上半年，各类带贫新型经营主体达2.85万个，带动贫困户168.03万户，主体带动率达99.71%。第三，科技扶贫成效明显。云南省创新科技服务机制，建立产业扶贫科技支撑专家库，提高贫困村新品种、新技术覆盖率。截至目前，云南省已组建产业扶贫技术专家组436个，聘用产业发展指导员2.86万人，到户指导服务117.03万人次。

在就业扶持方面，云南省取得了显著成效：截至2020年5月，云南省易地扶贫搬迁安置点共建成扶贫车间1 260个，全省设立易地扶贫搬迁集中安置区就业服务站（点）650个、窗口478个，万人以上易地扶贫搬迁集中安置区实现公共就业服务平台全覆盖。截至2020年9月，全省实现搬迁劳动力转移就业43.27万人。

在社区融入方面，云南省在政治融入、经济融入、心理和文化融入、社区治理方面都取得了一定成效：一是完善自治格局，促进搬迁群众政治融入；二是保障搬迁户经济权益、降低生活成本，健全安置区基础设施、教育设施和医疗设施，促进搬迁户经济融入；三是开展丰富多彩的文化建设活动，促进搬迁群众心理和文化融入；四是党建引领群建，多组织协治，强化社区治理。

第三节　易地扶贫搬迁后续扶持
典型案例和经验做法

本部分从产业扶持、就业扶持、社区融入三个方面，通过分析、总结云南省典型安置区的经验做法和工作成效，探索具体运作机制。

一、产业扶持的典型案例和经验做法

（一）会泽县娜姑镇发基卡村：发展特色主导产业，带动安置点脱贫发展

产业发展无论是选择产业还是后续发展都要坚持因地制宜的原则（侯茂章和周璟，2017）。云南省会泽县娜姑镇发基卡村地处小江干热河谷地带，依据其自身气候、土壤等自然资源情况，将突尼斯软籽石榴作为重点推广品种，集中发展石榴产业。发基卡村在安置点周边村共发展种植突尼斯软籽石榴3 000亩（合200公顷），其中，4家种植专业合作社种植2 000亩（约合133.33公顷）；农户种植1 000亩（约合66.67公顷）。2019年有1 800亩（合120公顷）石榴进入盛果期，其余1 000余亩（约合66.67公顷）也将进入盛果期。按每亩产量1吨计算，全村石榴总产量可达3 000余吨，可实现产值4 000余万元。

发基卡村源果石榴种植有限公司通过"公司＋专业合作组织＋农户"的模式，把分散的农户联合起来成为基地的成员，形成"种植＋生产＋销售"的一站式产业化链条带动贫困户就业。目前，石榴种植公司、合作社和大户通过吸纳贫困户用工每年可为全村提供280户，410人的务工岗位，农户通过去大户地里务工学到技术不断扩大种植面积，全村散户种植面积现已达1 000余亩（约合66.67公顷），贫困户种植达525亩（合35公顷），其中易地扶贫搬迁安置点52户贫困户均参与石榴基地务工和自发种植，实现户均增收2万元以上。

（二）宣威市乐丰乡：建立利益联结机制，带动贫困户脱贫增收

宣威市乐丰乡每年种植马铃薯6万亩（合4 000公顷）以上，超过全乡耕地的50%。乐丰乡集镇及集镇周边共有4个易地扶贫搬迁安置点，建档立卡贫困户共470户1 987人。乐丰乡于2018年6月在昆交会

上招商引资，与无锡市梦思原食品有限公司达成合作，成立云南嫩丫农业科技开发有限公司，通过政企共建共赢的方式建设马铃薯深加工厂。通过整合易地扶贫搬迁产业扶持资金入股，建立贫困人口参与股权分红的资产收益扶贫长效机制，使安置点 1 987 名贫困人口占股 18.9%，预计每人每年可分红 2 100 元左右。同时马铃薯加工厂日均使用劳动力 300 人左右，通过组织贫困户到加工厂务工，有劳动能力的贫困户每人月均工资 2 500 元左右。依托马铃薯加工厂的原料需求，各村委会成立合作社带领贫困户订单种植加工薯，并与建档立卡贫困户签订马铃薯保底收购合同。通过股权分红、务工收入、生产收入，集镇及集镇周边 4 个安置点贫困户户均增收 5 000 元以上。

（三）会泽县县城安置点：统筹推进易地搬迁大型安置区规模化产业发展

云南省会泽县县城安置点共搬迁 20 358 户 84 235 人，占搬迁人口总规模的 82.3%。会泽县成立了"会泽县道成扶贫开发公司"，把后续产业发展与搬迁安置同步规划、同步实施、同步推进，按照"新平台＋新主体＋大产业＋贫困户"的思路，积极整合土地、资金等资源要素，统一规划布局、统一流转土地、统一标准建设、统一管理运营。已整合财政涉农资金 25 045.24 万元，建成 6 300 亩（合 420 公顷）易地扶贫搬迁产业扶贫基地、220 亩（约合 14.67 公顷）冷链物流园区和 200 亩（约合 13.33 公顷）现代农业产业示范园区、1 400 亩（约合 93.33 公顷）产业扶贫基地，形成了"两园四基地"的易地扶贫搬迁后续产业发展格局，2020 年实现农业产值 2.8 亿元左右，为不愿外出和无法外出务工的易地扶贫搬迁安置户和周边农户提供就业岗位 4 000 余个，同时形成了县城周边的旅游观光、园区采摘等乡村旅游带，生态环境得到了很大的改善。

二、就业扶持的典型案例和经验做法

（一）会泽县以礼街道清水社区：强化组织引导，提升转移就业力度

清水社区位于会泽县易地扶贫搬迁西片区，辖西1至西4四个组团，有40栋86个单元，涉及搬迁群众3 561户15 356人。

针对有就业意愿的群众，社区采取的"1 + 2 + n"的模式，切实提高就业率。"1"就是社区专门有1名负责企业招聘岗位与劳动力对接的人员，每天固定在社区上班，有意愿的随时都可以咨询；"2"就是外出务工补助政策和企业招聘信息的宣传，社区工作人员采取上门宣传、组织政策宣讲会等方式，让群众对外出务工的"三免一补"政策、外出务工奖补政策以及企业招聘信息知晓率达到100%；"n"，即多次组织群众参加县、街道及社区举办的招聘会，平均每月社区组织群众参加各级各类招聘会2～3次，岗位涉及省外、县外省内、县内等，截至2020年6月30日，社区9 315名劳动力中已有7 937名劳动力转移就业，其中省外就业1 428人，县外省内4 652人，县内就业1 857人（包括公益岗位开发316人），还有1 378人未转移就业，已开展劳动力技能培训903人（次）。针对未就业的1 378名普通劳动力，将进一步采取措施，加大宣传动员力度，外出务工再输出一批，县内企业再消化一批，扶贫车间吸收一批，公益岗位再开发一批，尽可能让每一个有就业意愿的劳动力都能就业。

（二）蒙自市芷村镇集中安置区：多措并举促就业，激发动力稳增收

蒙自市芷村镇集镇安置点共安置116户464人（其中建档立卡55户231人），有劳动力341人（其中建档立卡174人），已转移249人

（其中建档立卡 122 人），劳动力转移就业率 73%（贫困劳动力转移率达到 70.1%）。

芷村集镇探索出易地搬迁后续转移就业工作"组织推动、能人牵动、典型带动、政策撬动"的"组合拳"。一是组织推动。依托"蒙自建设者之家"就业综合服务中心，外联用工企业、劳务中介、驻外工作站，内联全市转移就业工作网格，推广 App 招聘、选岗，提高劳动力供需对接效率和精准度。对外出人员组织法律法规和基本劳动技能培训，使外出人员尽快适应工作环境。二是能人牵动。芷村镇集镇安置点的马连英，凭借数年来赴新疆摘棉花创收的经验，每年新疆棉花采摘期带家人和村里群众前往务工。2017 年以来每年带动务工 20 余人转移就业，30 余人与棉花种植基地形成了相对固定的雇佣关系。三是典型带动。每年春节务工人员返乡期间，市、乡镇、村各级都组织外出人员座谈，在集市、节庆活动现场等人员聚集地，跟大家讲外出务工的故事，对先进宣传、表彰，让群众看到他们通过务工盖房子、购置家电、娶媳妇过上了新生活。四是政策撬动。蒙自市出台市级奖补政策，按照带动转移就业的人数，对外出务工村民本人、村委会干部、劳务中介、外出就业带头人进行以奖代补，2018 年以来平均每年用于奖补 300 余万元。

（三）会泽县钟屏街道：精准施策，引进企业创建就业扶贫车间

在会泽县钟屏街道在多次对接、洽谈、深入调研和考察论证的基础上，引进了就业门槛低、工作时间灵活、增收见效快的企业落户辖区。

钟屏街道目前已有云南奋精电子科技有限公司、云南宏昌橡胶软木制品有限公司、等多家企业在安置点创建了扶贫车间，车间大多通过与东部沿海发达地区厂家合作，由厂家提供订单、原材料和技术支持并回购产品，车间采取集中和居家分散相结合的方式进行产品初加工和代加工，按件计酬发放人员工资待遇。目前，钟屏街道已创建就业扶贫车间 14 家，稳定吸纳搬迁劳动力就业 1 200 余人，直接或间接带动建档立卡搬迁户1 200户就业，车间务工人员月均收入在1 500元左右。

会泽县制定了针对扶贫车间的系列优惠政策，对吸纳5人（含5人）以上搬迁劳动力在车间就业1个月以上，每月按搬迁劳动力的工资额度的15%给予扶贫车间吸纳就业奖补。目前，钟屏街道的14家企业、就业扶贫车间申报用人单位吸纳就业奖补、就业扶贫车间吸纳就业奖补3万余元。

三、社区融入的典型案例和经验做法

（一）个旧市大屯街道幸福社区：开展社区文化建设，提升搬迁群众幸福感

个旧市大屯街道幸福社区涉及8个乡镇搬迁户，自2018年起分批搬入，共计249户1 019人，包含汉族、彝族、苗族、哈尼族、壮族、傣族、仡佬族7个民族。社区融入重要的是满足情感、社会归属感、社会认同等层面的心理需求（张寅霞和杨俊伍，2020）。幸福社区则多措并举开展社区文化建设促进搬迁户融入新社区。

一是强化宣传意识，切实增强责任感。通过微信群、手机短信、宣传栏等方式进行广泛宣传，积极动员社区居民主动参与到人居环境整治工作中来。二是积极开展"光荣搬迁户""家庭卫生星级评议""文明家庭""最美家庭"等评比活动，设立光荣榜，传递正能量。三是成立"巾帼志愿服务队"，以"革除陋习、移风易俗、清洁家园、精准脱贫"为目标，广泛宣传卫生习惯带来的好处和不卫生习惯带来的危害，培育居民群众清洁卫生的自觉意识。四是将有文艺爱好的搬迁群众集中起来成立小区文艺队，现在共有40名队员，其中最小的6岁，最大的68岁，已经自导自演了《我们都是追梦人》《最美花腰》《竹竿舞》《七月火把节》等节目。

（二）会泽县以礼街道：创建文明积分，培育健康生活方式

会泽县以礼街道共有易地扶贫搬迁安置人口 7 264 户 31 240 人。以礼街道导入银行管理理念，开设"文明银行"，"存折"里存的是以家庭为单位的文明积分，将文明积分与爱心超市衔接。

会泽县新时代文明实践中心制定了《"文明银行"积分评定细则》，围绕人居环境、政策知晓、崇德有礼、感恩自强制定 27 项评分标准，每一项赋予 1～10 分的具体分值，有"按月评定"和"按次计入"两种评定方式。如：楼道干净是"按月评定"；家庭成员新增外出务工是"按次计入"。"文明银行"设立了一票否决制度，针对"拒不履行赡养父母、抚养子女义务教育，造成恶劣影响的"等恶劣情形，取消本月积分。由社区志愿服务队牵头，街道、社区、楼栋长等组成考评小组。文明积分可到新时代文明实践超市、爱心超市兑换相应的生活物资。每个小区积分最高的前 10 户家庭将作为十星级文明户、文明家庭等对象优先推荐。"文明银行"注重发挥群众主体作用，引导搬迁群众自我管理和自我服务，正向激励群众坚持已有的文明习惯，改进不良的文明习气、群众参与积极性较高。

（三）弥勒市东山镇将军寨：狠抓基层党建，强化社区治理

东山镇将军寨社区将 5 个生存条件恶劣的地质灾害隐患村和 3 个偏远村整村搬迁纳入搬迁范围，易地扶贫搬迁贫困户 182 户 911 人，同步搬迁户 85 户 358 人，集聚带动 343 户 1 400 人。

一是实现网格化管理收集社情民意。选派 49 名干部职工全覆盖挂联搬迁群众，实现包保到组到户，确保工作不断档、队伍不减弱；通过科学划分社区五级网格，形成户户协同邻里守望的网格机制。二是开展创评活动凝聚发展合力。开展创建"五好五力"党支部和评选"五心"书记、"五示范党员""五好文明家庭"活动，营造比学赶超、奋勇争先的良好氛围。三是规范物业管理提升服务水平。由社区承担物管职

能，制定社区物业管理制度，由专人负责安保、绿化养护、环境卫生、私搭乱建、公共设施维护管理等，目前配备社区保洁员 29 名。通过免费发放菜苗、果树苗发动群众耕耘自家小院，发展庭院经济，打造和谐美丽社区。四是开展志愿服务活动增强群众获得感。筹建将军寨社区"医疗、巾帼、就业指导、法律宣传、文化宣讲" 5 支志愿者队伍作用，以新时代文明实践所（站）为平台，每月组织开展至少 1 次志愿服务活动。五是打通服务群众"最后一公里"。成立社区便民服务站，将社保、林水、村镇规划、综治信访等职能统一到一个地点集中办理，打通服务群众"最后一公里"。社区居民全部享受家庭医生签约服务，全部搬迁群众参加医疗保险和养老保险。建设平安设防系统，实现社区关键点位监控全覆盖，提高社区治安防控水平。

第四节　易地扶贫搬迁后续扶持工作存在的问题

在后扶体系中，由于资源、资金、技能、区位等要素限制，云南省在产业扶持和就业扶持、社区融入方面存在一些问题，制约了搬迁户后续的可持续发展。

一、产业扶持工作存在的问题

（一）个别搬迁户抗御自然灾害的能力相对较弱，农业稳步增效需持续用力

由于云南省土地面积中山区和丘陵占 94%，大部分耕地海拔高，土地不平整，坡度大，土地质量贫瘠。云南省农业发展受自然灾害影响大：2019 年，云南省先后发生了全省春季和初夏干旱、金平洪涝、盐

津山洪泥石流等一系列严重自然灾害，共造成全省 16 个州（市）124
个县（市、区）1 035.78 万人次不同程度受灾，农作物受灾面积
1 659.83 千公顷，其中绝收 125.76 千公顷。另外，云南省农田有效灌
溉率不高，高稳农田占耕地总资源的比重低，农业防灾减灾等保障体系
不健全，"雨养农业、靠天吃饭"的生产格局尚未改变，农业稳步增
效、农民持续增收的压力大。

**（二）新型经营主体带贫政策依赖性大，持续脱贫增收体制机制待
完善**

为鼓励各类新型农业经营主体参与脱贫攻坚，云南省对于新型经营
主体带贫给予政策奖补。具体奖补措施由各县、市、区统筹财政资金，
根据自身实际制定。

奖补政策的实施使得新型经营主体在用工方面向贫困户倾斜，但贫
困户仍存在自身素质低，生产技术水平低的问题。从长远来看，产业发
展仍然需要以市场为导向，若后期停止政策优惠，可能会影响新型经营
主体与贫困户利益联结机制的稳定性与持续性，增收产业培育有一定
难度。

（三）产业发展要素不足，抗风险能力相对较弱

云南省 18 个万人以上易地扶贫搬迁集中安置点实现搬迁劳动力转
移就业 16.17 万人，平均转移就业率 84.05%，青壮劳动力大多外出务
工，产业发展人口要素不足，结构单一，难以形成能够发挥比较优势、
具有自生能力的特色产业。另外，带贫主体面临的自然环境压力和市场
风险不能把控，小、散、弱现象仍然存在，产业发展抗风险能力弱。

二、就业扶持工作存在的问题

（一）扶贫车间对政策依赖性大，影响入驻企业的可持续性

目前搬迁的贫困劳动力自身就业动力不足，安置区对于走不出去的

劳动力本地吸纳有限，引进企业入驻发展扶贫车间成为就业扶持工作的重要渠道。

当前就业扶贫政策对于引进企业发展扶贫车间的优惠力度较大。通过实地调研了解，部分安置区为吸引企业落户本地，由街道出面协调厂房，免费装修，无偿使用门面三年，并减免三年水费、电费，解决了就业扶贫车间创建资金短缺的问题。同时对于创建扶贫车间的企业，每吸纳一个搬迁贫困劳动力，人社局就以贫困劳动力工资的15%作为补贴，上不封顶。从短期来看，扶贫车间的劳动力成本较低，政策优惠力度较大，稳定性较强。但从长远来看，扶贫车间的可持续发展仍然需要满足市场需求，属于市场行为，若后期停止政策优惠，可能会影响入驻企业的可持续性和稳定性。同时，现阶段各安置点普遍缺乏规模化劳动密集型企业入驻开办扶贫车间，离最大限度实现搬迁户就近就地务工还存在差距。

（二）劳动力信息变动快，动态跟踪监测机制待完善

针对搬迁人口劳动力就业情况的动态监测方面，在村镇层级，一般采用负责人入户调查的方式，进村入户，进家见人，以确保不漏户、不漏人、不漏项。管理上需要定期更新就业台账。例如红河州龙泉寨安置区通过设立劳动力摸底负责人，由村干部（小组长等）、乡镇工作队、驻村队和挂包干部共同负责。摸底方式则采取与人社局合作，基于工资证明、村干部和挂包干部的监督、农户自己的回答进行劳动力的摸底。而会泽县则在每个村聘请了劳动力信息调查员，组织522名建档立卡贫困劳动力组成的就业扶贫信息员对已搬迁贫困劳动力进行入户摸底。

为准确检测劳动力就业信息，各级政府前期投入的人力、物力、财力较大，而劳动力就业情况一般变化频率较大，对就业失业的动态情况进行长期跟踪的成本较高难度较大。

424

（三）个别集中安置点就地就近就业困难

云南省搬迁人口就近就业数量远远小于转移就业人口数量，仅为转移就业人口的 0.9%，这可能与云南省将易地搬迁户非农就业的重心放在劳务输出转移就业有关。然而云南省易地扶贫搬迁户的老龄人口基数较大，60 岁以上 13.24 万人，占搬迁总人口的 13.29%，这部分人群由于体力、健康原因以及对原有谋生渠道的依赖性，外出务工的倾向性小，更愿意在家附近工作。在入户调研过程中发现，老龄劳动力以及部分妇女劳动力技能水平较低，缺乏外出转移就业的基本素质与身体条件，就业收入较低。偏重于外出转移就业的后续扶持措施对这部分劳动力并不适用，而扶贫车间岗位和公益服务岗位相对稀缺，使得这部分劳动力没有适宜的就业方式。

此外，还有部分安置于由于所处地理位置等特殊原因，难以引入企业创建扶贫车间。如红河州蒙自县龙泉寨安置区，由于项目处于滇南中心城市饮水水源地，发展工业受到严格限制，易地搬迁户的就近就业存在很大挑战。

三、社区融入工作存在的问题

（一）个别搬迁户适应社区生活需时间，存在"两头跑"现象突出

在城镇集中安置点，群众的生活环境产生了巨大的变化，部分搬迁群众，尤其是老人难以适应社区的生产生活方式。一方面，他们脱离了原来的"熟人社会"，面临完全陌生的社会网络；另一方面，他们难以适应蹲厕、上下楼梯等行为习惯，也不适应缴纳水费、燃气费、伙食等"额外"支出，生活压力增加。此外，城镇就业以加工业为主，个别搬迁户由于年龄、身体、性格等原因找不到合适的工作，但他们仍然具备农业生产能力。

调查组走访的城镇安置区均存在老人借住在迁出地的亲友家继续务农，安置房仅有年轻人居住的现象。搬迁群众生活压力显著增加：有50%的受访者表示水电费和燃气费支出同搬迁前相比显著增加；有16.13%的受访者表示衣着消费支出同搬迁前相比显著增加；有50%的受访者表示食品烟酒消费支出增加。此外，有35.48%的农户经常回迁出地干农活，平均往返时间55分钟，"两头跑"现象突出。

（二）搬迁户与原住民互动较少，全面融入新社区待加强

在迁出地，搬迁户的社会关系依托熟人社会，城镇安置打破了搬迁群众原有的社会网络。大型安置区的搬迁群众来源复杂，搬入新社区后，邻居来自不同的村寨，互不相识，缺乏有效沟通与交流。此外，城镇安置区一般与原住民社区分离，搬迁群众与原住民之间处于"平行生活"的状态，相互互动相对较少。

调查组在会泽县城安置点走访发现搬迁群众之间存在"对门相见不相熟"的现象，部分搬迁群众仅与来自同村的"老乡"存在交流，其中，钟屏街道受访者平均仅认识17户社区内其他住民。搬迁户与原住民的日常生活是"平行的"，仅存在同事、工友关系。

（三）搬迁户不愿意迁户籍，社区后续管理待加强

尽管云南省规定搬迁户仍然持有迁出地土地承包权，但是许多搬迁群众依然担心失去迁出地承包地、宅基地的权益，不愿意把户籍迁入安置新区，出现户籍地与居住地分离的情况，给后续社区治理产生增加难度。此外，治理与沟通工作过度依赖原迁出地基层干部，现有管理团队与搬迁群众缺乏有效沟通。

根据调研数据，目前迁移户籍的搬迁户仅占8.06%，尚未迁移的搬迁户中，有17.54%由于担心土地、保留农村户口等原因主观上不愿意迁移户口。

第五节　易地扶贫搬迁后续扶持工作
未来发展方向和政策建议

针对云南省易地扶贫搬迁后续扶持工作当前存在的问题，本节主要从产业扶持、就业扶持、社区融入三方面提出易地扶贫搬迁后续扶持政策建议。

一、产业扶持工作发展方向及政策建议

（1）健全农业防灾减灾保障体系。把农业防灾减灾保障体系建设纳入后续产业扶持规划，在产业项目规划、资金安排时要考虑自然灾害因素，建立长效管理机制。在发展农业产业扶持的安置点，开展农业灾害风险评估。在作物品种安排、生产季节选择等方面适应自然规律，避免与自然灾害对抗，努力规避灾害风险。另外，要加强基础设施建设，提高抵御自然灾害能力。

（2）强化财税金融政策保障。创新财政支持方式，鼓励有条件的地区按市场化方式设立乡村产业发展基金。探索以县、乡镇（街道）组建的农投公司等为平台，优先为重点龙头企业提供风险抵押贷款；整合可整合的国有资源，以此质押申贷；鼓励农业龙头企业联合成立贷款担保组织，或参股现有的县、乡镇（街道）担保机构，切实解决带贫主体融资难问题，提高其抵御市场风险的能力。

（3）强化人才培育。加大各类人才的培育力度，尤其加强企业内部技术骨干队伍的培育。鼓励返乡农民工、高校毕业生、退役军人、农村实用人才等领办创办企业、合作社等。实施农村实用人才带头人和大

学生村官示范培训计划。通过本土人才回引、定向培养、统筹招聘等方式，培养项目区致富带头人。支持科技人员以成果入股农业企业，健全科研人员校企、院企共建双聘机制，实行股权分红等激励措施。通过3~5年逐步建立一支有技术、懂管理的人才队伍，为产业发展提供人才和技术支撑。

二、就业扶持工作发展方向及政策建议

（1）积极创造就近就业机会。对于"能出去，但不能远走"的搬迁贫困劳动力，帮扶就近就业。通过在安置点设立"扶贫车间"、开发公益性岗位、加强技能培训、吸纳搬迁户到附近企业上班等方式，满足搬迁点群众就近务工需求。鼓励搬迁劳动力从事现代农产品加工流通业和旅游产文化体验、健康养生、特色手工业、餐饮业、家政服务业等行业；鼓励当地用人单位（企业）、扶贫车间吸纳贫困劳动力就业；加强易地扶贫搬迁集中安置点就业扶贫车间的认定、管理，促进就业扶贫车间规范发展；开发楼长、保洁员、保安员等公益性岗位，提高岗位补贴标准，兜底帮扶，争取全面消除易地扶贫搬迁集中安置点零就业家庭。

（2）强化就业服务体系。充分利用易地扶贫搬迁就业服务站点，保障劳动力就业服务工作，为搬迁劳动力提供从岗位推送、技能培训、社保转接、维权服务到返乡创业的全流程服务。对于大型集中安置点，通过组织就业服务队、上门服务和定点服务的形式获取就业失业信息，为每户搬迁家庭建立一本就业台账；在搬迁小区栋楼单元门前制作悬挂就业公示牌的方式，对劳动力及就业情况进行公示公开，对已转移就业人员做到务工地点、就业单位、联系电话"三清"，对未转移就业人员做到培训意愿、就业意愿、帮扶措施"三清"；将搬迁群众全部纳入当地公共就业服务体系，全面提供一站式就业管理服务，已做到有就业意

愿的搬迁劳动力至少获得 3 个岗位信息，及时兑现就业帮扶政策补贴，促进有劳动能力、就业意愿的搬迁贫困劳动力就业创业，确保其家庭至少一人实现就业。

（3）大力开发点对点劳务输出。通过能人带动、典型带动、组织带动多种形式，鼓励搬迁劳动力外出打工。与长江三角洲、珠江三角洲等用工企业建立了长期的劳务输出关系。借助粤滇、沪滇东西扶贫协作等优势，通过包机、专列专车点对点组织成建制输出，通过搭建的专业招聘平台，加强了输出地和输入地劳务对接，与对口帮扶城市相互合作，提高劳务输出组织化程度，引导实现易地搬迁劳动力向经济活跃地区外出务工就业。

三、社区融入工作发展方向及政策建议

（1）多方引导适应新社区，养成文明习惯。一是加强培训引导。通过工青妇等组织，开展城镇生产生活方式适应性教育。在搬迁群众入住前和入住后初期，积极开展用电用气、消防安全、食品卫生、电梯乘坐、马路通行、煤气使用、垃圾堆放等知识普及和宣传，普及科学节水节电方法，特别要注意防范群众延续原有生活习惯在室内生火取暖导致一氧化碳中毒等情况发生，逐步实现由乡村居民向城镇市民转变。二是"小手拉大手"。通过发动搬迁户学生引导其长辈养成良好的生活习惯。三是劳动积分奖兑。通过文明积分和"爱心超市"，将文明礼仪具象化、数量化，激励搬迁群众自发树新风。在符合条件的情况下，公益岗位可以适当向有劳动能力但难以外出就业的老人倾斜。若安置区附近配套建设了蔬菜基地等农作物基地，工作岗位可以适当向老人开放。

（2）组织开展群众性活动，促进搬迁群众交流融入。目前云南省安置区的文化建设主要采取荣誉评比和教育宣传的形式，尚未完全发挥

搬迁群众的主观能动性。并且，这类活动一般采取"自上而下"的组织方式，搬迁群众之间难以直接交流，搬迁群众和原住民之间也没有积极互动。政府和社区要注重广泛发动，开展搬迁群众乃至原住民能够普遍参与的活动，促进双方的沟通与交流，引导搬迁户形成新的社会网络，获取新的社会资本，融入新社区。具体来看，地区政府或社区管理班子可以结合节日或是民族风俗等引导搬迁群众自发开展唱山歌、跳民族舞、打篮球等文体活动，或是组织广场舞比赛、包粽子比赛等富有趣味的群众性比赛，为搬迁群众创造交流机会，既能拉近搬迁群众之间及其与原住民的感情，也能引导群众传承好家风、树立新风尚。

（3）有效划分两地管理职责，支持鼓励搬迁群众自觉参与村务管理与服务。针对搬迁户土地在原籍，人在安置区的现象，按照"社区管理房和人，原籍管理地和林"的工作思路，划分两地管理职责，安置社区负责教育、医保、水电、治安、养老等以"人"为主的事务，迁出地负责保证搬迁户享有的土地承包经营权、集体收益分配权、分红权、房屋所有权等权益和对应的补贴。新社区管理班子要加强与搬迁群众的沟通与交流，减少对迁出地基层干部的依赖性，发动亲友圈、朋友圈，通过线下和线上多种途径有效普及搬迁政策。鼓励并引导搬迁群众参与公共服务，增强搬迁户的责任意识和归属感。例如，将楼道等社区公共区域分摊到搬迁户自行清理，相互监督和检查，树立主人翁意识。

参 考 文 献

［1］白南生，卢迈. 中国农村扶贫开发移民：方法和经验［J］. 管理世界，2000（3）.

［2］白永秀，宁启. 易地扶贫搬迁机制体系研究［J］. 西北大学学报（哲学社会科学版），2018，48（4）：62－74.

［3］陈枫，李泽红，董锁成，任扬，李静楠，Pavel V. Rykov. 基于 VSD 模型的黄土高原丘陵沟壑区县域生态脆弱性评价——以甘肃省临洮县为例［J］. 干旱区资源与环境，2018，32（11）：74－80.

［4］陈坚. 易地扶贫搬迁政策执行困境及对策——基于政策执行过程视角［J］. 探索，2017（4）：153－158.

［5］陈有华，张壮. 新冠肺炎疫情认知对就业预期的影响［J］. 华南农业大学学报（社会科学版），2020，19（4）：105－119.

［6］方亮. 移民新村"党建＋"模式的路径探索［J］. 人民论坛，2020（20）：98－99.

［7］葛志军，邢成举. 精准扶贫：内涵、实践困境及其原因阐释——基于宁夏银川两个村庄的调查［J］. 贵州社会科学，2015（5）：157－163.

［8］郭华，黎洁. 城镇安置模式对陕南移民搬迁农户生计活动影响研究——基于广义精确匹配模型［J］. 中国人口·资源与环境，2019，29（7）：149－156.

［9］ 郭俊华，边少颖．西部地区易地移民搬迁精准扶贫的企业扶贫模式探析——基于恒大集团大方县扶贫的经验［J］．西北大学学报（哲学社会科学版），2018，48（6）：43－52．

［10］ 何得桂．西部山区避灾扶贫移民型社区管理创新研究——基于安康的实践［J］．国家行政学院学报，2014（3）：97－101．

［11］ 贺立龙，杨祥辉，胡闻涛．易地搬迁农户的乡村产业可惠及性——湖南湘西的微观实证［J］．西北农林科技大学学报（社会科学版），2020，20（3）：9－24．

［12］ 贺立龙，郑怡君，胡闻涛，於泽泉．易地搬迁破解深度贫困的精准性及施策成效［J］．西北农林科技大学学报（社会科学版），2017，17（6）：9－17．

［13］ 侯茂章，周璟．湖南省易地扶贫搬迁后续产业发展研究［J］．经济地理，2017，37（8）：176－181．

［14］ 黄云平，谭永生，吴学榕，温亚昌．我国易地扶贫搬迁及其后续扶持问题研究［J］．经济问题探索，2020（10）．

［15］ 金梅，申云．易地扶贫搬迁模式与农户生计资本变动——基于准实验的政策评估［J］．广东财经大学学报，2017，32（5）：70－81．

［16］ 黎洁．陕西安康移民搬迁农户的生计适应策略与适应力感知［J］．中国人口·资源与环境，2016，26（9）：44－52．

［17］ 李春玲．疫情冲击下的大学生就业：就业压力、心理压力与就业选择变化［J］．教育研究，2020，41（7）：4－16．

［18］ 李聪．易地移民搬迁对农户贫困脆弱性的影响——来自陕南山区的证据［J］．经济经纬，2018，35（1）：35－40．

［19］ 李芳华，张阳阳，郑新业．精准扶贫政策效果评估——基于贫困人口微观追踪数据［J］．经济研究，2020（8）．

[20] 李民圣，韩辰．易地搬迁进小康［N］．求是，2020，18：73－74．

[21] 李培林，王晓毅．移民、扶贫与生态文明建设——宁夏生态移民调研报告［J］．宁夏社会科学，2013（3）：52－60．

[22] 李少星，高杨，黄少安．新冠肺炎疫情对脆弱群体收入及全面小康目标的影响测算：以山东省为例［J］．山东大学学报（哲学社会科学版），2020（5）：12－23．

[23] 刘福成．我国农村居民贫困线的测定［J］．农业经济问题，1998（5）：53－56．

[24] 刘伟，黎洁，李聪，李树茁．移民搬迁农户的贫困类型及影响因素分析——基于陕南安康的抽样调查［J］．中南财经政法大学学报，2015（6）：41－48．

[25] 刘伟，徐洁，黎洁．陕南易地扶贫搬迁农户生计脆弱性研究［J］．资源科学，2018，40（10）：2002－2014．

[26] 柳立清．政策多变与应对失矩——基层易地扶贫搬迁政策执行困境的个案解读［J］．中国农村观察，2019（6）．

[27] 陆汉文，覃志敏．我国扶贫移民政策的演变与发展趋势［J］．贵州社会科学，2015（5）．

[28] 吕建兴，曾小溪，汪三贵．扶持政策、社会融入与易地扶贫搬迁户的返迁意愿——基于5省10县530户易地扶贫搬迁的证据［J］．南京农业大学学报（社会科学版），2019，19（3）：29－40＋156．

[29] 马流辉，曹锦清．易地扶贫搬迁的城镇集中模式：政策逻辑与实践限度——基于黔中G县的调查［J］．毛泽东邓小平理论研究，2017（10）：80－86＋108．

[30] 宁静，殷浩栋，汪三贵，等．易地扶贫搬迁减少了贫困脆弱性吗？——基于8省16县易地扶贫搬迁准实验研究的PSM－DID分析

[J]．中国人口·资源与环境，2018，28（11）：20－28．

[31] 牛佳佳，张艳荣．生计方式对易地扶贫搬迁农户适应性影响——来自甘肃两县的调查分析 [J]．地方财政研究，2020（3）：45－52．

[32] 彭玮．当前易地扶贫搬迁工作存在的问题及对策建议——基于湖北省的调研分析 [J]．农村经济，2017（3）．

[33] 渠鲲飞，左停．协同治理下的空间再造 [J]．中国农村观察，2019（2）：134－144．

[34] 沈宏亮，张佳．精准扶贫政策对建档立卡户收入增长的影响 [J]．改革，2019（12）：87－103．

[35] 司伟，张玉梅，樊胜根．从全球视角分析在新冠肺炎疫情下如何保障食物和营养安全 [J]．农业经济问题，2020（3）：11－16．

[36] 宋安平．湖南易地扶贫搬迁的成效、问题及政策研究 [J]．湖南社会科学，2018（5）：126－133．

[37] 孙晗霖，刘新智，刘娜．易地扶贫搬迁脱贫户生计满意度及其影响因素研究——以重庆市酉阳土家族苗族自治县为例 [J]．西南大学学报（社会科学版），2018，44（6）：26－36．

[38] 孙永珍，高春雨．新时期我国易地扶贫搬迁安置的理论研究 [J]．安徽农业科学，2013，41（36）：14095－14098．

[39] 邰秀军，畅冬妮，郭颖．宁夏生态移民居住安置方式的减贫效果分析 [J]．干旱区资源与环境，2017，31（4）：47－53．

[40] 檀学文．中国移民扶贫70年变迁研究 [J]．中国农村经济，2019（8）．

[41] 涂圣伟．易地扶贫搬迁后续扶持的政策导向与战略重点 [J]．改革，2020（9）．

[42] 汪磊，汪霞．易地扶贫搬迁前后农户生计资本演化及其对增

收的贡献度分析——基于贵州省的调查研究［J］. 探索，2016（6）：93 – 98.

［43］汪三贵. 当代中国扶贫［M］. 北京：中国人民大学出版社，2019.

［44］汪三贵，郭子豪. 论中国的精准扶贫［J］. 贵州社会科学，2015（5）：147 – 150.

［45］汪三贵，胡骏. 从生存到发展：新中国七十年反贫困的实践［J］. 农业经济问题，2020（2）：4 – 14.

［46］汪三贵. 脱贫攻坚与精准扶贫：理论与实践［M］. 经济科学出版社，2020.

［47］汪三贵，杨龙，张伟宾等. 扶贫开发与区域发展——我国特困地区的贫困与扶贫策略研究［M］. 北京：经济科学出版社，2017：220.

［48］王君涵，李文，冷淦潇，仇焕广. 易地扶贫搬迁对贫困户生计资本和生计策略的影响——基于8省16县的3期微观数据分析［J］. 中国人口·资源与环境，2020，30（10）：143 – 153.

［49］王磊，李聪. 陕西易地扶贫搬迁安置区多维贫困测度与致贫因素分析［J］. 统计与信息论坛，2019，34（3）：119 – 128.

［50］王曙光. 易地扶贫搬迁与反贫困：广西模式研究［J］. 西部论坛，2019，29（4）：1 – 13.

［51］王晓毅. 易地扶贫搬迁方式的转变与创新［J］. 改革，2016（8）：71 – 73.

［52］王震. 新冠肺炎疫情冲击下的就业保护与社会保障［J］. 经济纵横，2020（3）：7 – 15 + 2.

［53］魏文松，宋才发. 民族地区易地扶贫搬迁方略的实施及法治举措探讨［J］. 广西社会科学，2018（7）：120 – 124.

［54］吴新叶，牛晨光．易地扶贫搬迁安置社区的紧张与化解［J］．华南农业大学学报（社会科学版），2018，17（2）：118 - 127．

［55］武汉大学易地扶贫搬迁后续扶持研究课题组．易地扶贫搬迁的基本特征与后续扶持的路径选择［J］．中国农村经济，2020（12）．

［56］夏艳玲．易地扶贫搬迁移民的可持续生计研究——以广西巴马瑶族自治县为例［J］．西南民族大学学报（人文社科版），2019，40（9）：7 - 13．

［57］肖菊，梁恒贵．贵州易地扶贫搬迁安置点教育保障研究［J］．贵州社会科学，2019（7）：102 - 107．

［58］谢玉梅，丁凤霞．基于贫困脆弱性视角下的就业扶贫影响效应研究［J］．上海财经大学学报，2019，21（3）：18 - 32．

［59］邢成举．搬迁扶贫与移民生计重塑：陕省证据［J］．改革，2016（11）．

［60］熊升银，王学义．易地扶贫搬迁政策实施效果测度及影响因素分析［J］．统计与决策，2019，35（13）：101 - 105．

［61］徐锡广，申鹏．易地扶贫搬迁移民的可持续性生计研究——基于贵州省的调查分析［J］．贵州财经大学学报，2018（1）：103 - 110．

［62］叶青，苏海．政策实践与资本重置：贵州易地扶贫搬迁的经验表达［J］．中国农业大学学报（社会科学版），2016，33（5）：64 - 70．

［63］叶兴庆，程郁，周群力，殷浩栋．新冠肺炎疫情对 2020 年农业农村发展的影响评估与应对建议［J］．农业经济问题，2020（3）：4 - 10．

［64］曾小溪，汪三贵．中国大规模减贫的经验：基于扶贫战略和政策的历史考察［J］．西北师大学报（社会科学版），2017（6）：11 - 19．

［65］翟绍果，张星，周清旭. 易地扶贫搬迁的政策演进与创新路径［J］. 西北农林科技大学学报（社会科学版），2019，19（1）：15－22.

［66］张桂文，吴桐. 新冠肺炎疫情对中国就业的影响研究［J］. 中国人口科学，2020（3）：11－20＋126.

［67］张磊. 中国扶贫开发政策演变（1949—2005 年）［M］. 北京：中国财政经济出版社，2007.

［68］张涛，张琦. 易地扶贫搬迁后续就业减贫机制构建与路径优化［J］. 西北师大学报（社会科学版），2020，57（4）：129－136.

［69］张寅霞，杨俊伍. 对易地搬迁扶贫人口社会融入问题的思考——基于云南省会泽县的实地调查［J］. 农村经济与科技，2020，31（4）：215－216＋284.

［70］赵晓英，段生平. 后扶贫时代易地搬迁群众稳定脱贫存在问题及对策建议——以甘肃省古浪县黄花滩移民区为例［J］. 农业开发与装备，2020（7）：100＋102.

［71］周恩宇，卯丹. 易地扶贫搬迁的实践及其后果——一项社会文化转型视角的分析［J］. 中国农业大学学报（社会科学版），2017，34（2）：69－77.

［72］周欢，陈英，谢保鹏，苏明明，庞学珺."上楼"贫困户幸福感评价及提升路径研究——基于榆中县易地扶贫搬迁贫困户调研［J］. 云南农业大学学报（社会科学版），2020，14（1）：61－69.

［73］邹英，向德平. 易地扶贫搬迁贫困户市民化困境及其路径选择［J］. 江苏行政学院学报，2017（2）：75－80.

［74］左停，苏武峥. 乡村振兴背景下中国相对贫困治理的战略指向与政策选择［J］. 新疆师范大学学报（哲学社会科学版），2020（4）：1－9.

［75］ Angelini V，Casi L，Corazzini L. Life satisfaction of immigrants：does cultural assimilation matter? ［J］. Journal of Population Economics，2015，28（3）：817 -844.

［76］ Büchel F，Frick J R. Immigrants' economic performance across Europe-does immigration policy matter? ［J］. Population Research and policy Review，2005，24（2）：175 -212.

［77］ Borjas G J. The slowdown in the economic assimilation of immigrants：Aging and cohort effects revisited again ［J］. Journal of Human Capital，2015，9（4）：483 -517.

［78］ Bratsberg B，Raaum O，Røed K. Immigrants，labour market performance and social insurance ［J］. The Economic Journal，2014，124（580）：644 -683.

［79］ Chatterjee S，Zahirovic-Herbert V. A road to assimilation：immigrants and financial markets ［J］. Journal of Economics and Finance，2014，38（2）：345 -358.

［80］ Cheong P H，Edwards R，Goulbourne H et al. Immigration，social cohesion and social capital：A critical review ［J］. Critical social policy，2007，27（1）：24 -49.

［81］ Dato-on M C. Cultural assimilation and consumption behaviors：a methodological investigation ［J］. Journal of Managerial Issues，2000：427 -445.

［82］ Facchini G，Patacchini E，Steinhardt M F. Migration，friendship ties，and cultural assimilation ［J］. The Scandinavian Journal of Economics，2015，117（2）：619 -649.

［83］ Fitzpatrick J P. The importance of "community" in the process of immigrant assimilation ［J］. The International Migration Digest，1966，1

（1）：5－16.

［84］ Gathmann C, Keller N. Access to citizenship and the economic assimilation of immigrants ［J］. The Economic Journal, 2018, 128 （616）: 3141－3181.

［85］ Khatiwada S P, Deng W, Paudel B, Khatiwada J R, Zhang J, Su Y. Household livelihood strategies and implication for poverty reduction in rural areas of central Nepal ［J］. Sustainability （Switzerland）, 2017, 9 （4）: 1－20.

［86］ Knapp T A, White N E. The effect of youth poverty rates and migration on adult wages ［J］. Journal of Regional Science, 2016, 56 （2）: 239－256.

［87］ Li C, Guo M, Li S, Feldman M. The Impact of the Anti-Poverty Relocation and Settlement Program on Rural Households' Well-Being and Ecosystem Dependence: Evidence from Western China ［J］. Society & Natural Resources, 2021, 34 （1）.

［88］ Li C, Kang B, Wang L. Does China's Anti-Poverty Relocation and Settlement Program Benefit Ecosystem Services Evidence from a Household Perspective ［J］. Sustainability, 2019 （11）.

［89］ Li C, Li S, Feldman M W et al. The impact on rural livelihoods and ecosystem services of a major relocation and settlement program: A case in Shaanxi, China ［J］. Ambio, 2017 （10）.

［90］ Marks G, Solis J, Richardson J L et al. Health behavior of elderly Hispanic women: does cultural assimilation make a difference? ［J］. American Journal of Public Health, 1987, 77 （10）: 1315－1319.

［91］ Redfield R, Linton R, Herskovits M J. Memorandum for the study of acculturation ［J］. American anthropologist, 1936, 38 （1）: 149－152.

［92］Xue L，Wang M Y，Xue T."Voluntary"poverty alleviation re-settlement in China ［J］. Development and Change，2013，44（5）：1159－1180.

［93］Yinger J M. Toward a theory of assimilation and dissimilation ［J］. Ethnic and Racial Studies，1981，4（3）：249－264.

［94］Zhou Y，Guo Y，Liu Y，Wu W，Li Y. Targeted poverty allevia-tion and land policy innovation：Some practice and policy implications from China ［J］. Land Use Policy，2018，74：53－65.

后　记

中国的脱贫攻坚是人类减贫史上前所未有的伟大实践，历经 8 年，帮助现行标准下近 1 亿农村贫困人口实现脱贫，832 个贫困县实现"摘帽"，历史性地解决了千百年来困扰中华民族的绝对贫困问题。易地扶贫搬迁是中国脱贫攻坚的"头号工程"和标志性工程，"十三五"期间搬迁总人口近 1 000 万人，相当于搬迁了一个中等人口规模的国家，这不仅在中国的历史上是前所未有的，在世界历史上也是空前的。

习近平总书记指出"脱贫攻坚不仅要做得好，而且要讲得好"。我们科研工作者要认真贯彻习近平总书记的讲话精神，讲好易地扶贫搬迁故事，向世界分享中国经验、传播中国智慧、提供中国方案，让世界更加全面、系统、深刻地理解中国共产党治国理政的大逻辑，理解中国广大党员干部践行初心使命的大担当。

成书不易，本书凝聚了研究团队所有成员的心血和付出，在这里诚挚感谢其他参与写作的人员：冯晓龙、唐建军、余嘉玲、杨三思、陈威、王翔瑞、张君、张崇尚、陈菲菲、张晨、洪俊桥、翟越骁。他们在文字整理、资料收集、制作图表以及数据分析等方面投入大量精力和时间。因为与他们的共同努力，我们的书稿才得以成型和完善。

除此之外，本书中的数据和案例除了研究团队实际调研和访谈收集以外，部分来自甘肃、广西、贵州、湖南、山西、陕西、四川和云南 8 省区地方政府提供的资料。为了使全书的风格统一，对相应的资料进行了必要的文字加工。在此，谨向给予本书帮助和支持的单位与个人表示诚挚的谢意。

本书中所开展的调研活动受到国家乡村振兴局（国务院原扶贫开发领导小组办公室）开发指导司"易地扶贫搬迁安置地后续帮扶情况摸底调研项目""2020年易地扶贫搬迁安置点跟踪监测项目"的委托和支持，在此，向国家乡村振兴局开发指导司表示感谢。本书是国家自然科学基金国际合作与交流项目"易地扶贫搬迁的社会经济与环境影响评估"（编号：71861147002）、国家自然科学基金重点项目"脱贫地区持续发展的内生动力及政策研究"（编号：72034007）和国家自然科学基金青年项目"易地扶贫搬迁户返贫风险评估与阻断机制研究——基于多维贫困脆弱性视角"（编号：72003185）的阶段性成果。在此，向国家自然科学基金委的支持表示感谢。另外，作者也感谢中国人民大学2021年度"中央高校建设世界一流大学（学科）和特色发展引导专项资金，以及西北农村科技大学西部发展研究院定向委托项目（编号：2016XBYD005）的支持。

作者

2021 年 6 月